Pflichten und Haftung des Leiters der GmbH-Gesellschafterversammlung

Europäische Hochschulschriften Recht

European University Studies in Law

Publications Universitaires Européennes de Droit

Band/ Volume **6699**

Felix Dörrenbächer

Pflichten und Haftung des Leiters der GmbH-Gesellschafterversammlung

PETER LANG

Bibliografische Information der Deutschen Nationalbibliothek
Die Deutsche Nationalbibliothek verzeichnet diese Publikation in der Deutschen Nationalbibliografie; detaillierte bibliografische Daten sind im Internet über http://dnb.d-nb.de abrufbar.

Zugl.: Leipzig, Univ., Diss., 2022.

D15
ISSN 0531-7312
ISBN 978-3-631-87664-0 (Print)
E-ISBN 978-3-631-88785-1 (E-PDF)
E-ISBN 978-3-631-88786-8 (EPUB)
DOI 10.3726/b20219

Diese Publikation wurde begutachtet.

www.peterlang.com

Vorwort

Die Juristenfakultät der Universität Leipzig hat die vorliegende Arbeit im Wintersemester 2020/21 als Dissertation zur Erlangung des Grades eines Doktors der Rechte angenommen. Die Arbeit befindet sich auf dem Stand von Februar 2021.

Ich bedanke mich herzlich bei Frau Prof. Dr. Dörte Poelzig, M.Jur. (Oxon) für die Betreuung meiner Dissertation. Sie hat mich mit wertvollen Anregungen bei der Anfertigung der Arbeit unterstützt und zügig das Erstgutachten erstellt. Herrn Prof. Dr. Tim Drygala danke ich ebenfalls herzlich für die zeitnahe Erstellung des Zweitgutachtens.

Inhaltsverzeichnis

Einleitung

Das Thema der Versammlungsleitung erfreut sich in der gesellschaftsrechtlichen Literatur in jüngster Vergangenheit stark zunehmender Beachtung.[1] Anstoß für viele Abhandlungen war eine Entscheidung des Landgerichts Ravensburg aus dem Jahr 2014. In dieser wurde, soweit ersichtlich, erstmalig von der Rechtsprechung eine mögliche Haftung des Hauptversammlungsleiters einer Aktiengesellschaft thematisiert.[2] Angesichts der – vor allem in häufig hohen Teilnehmerzahlen in Verbindung mit einer strengen Förmlichkeit begründeten – Fehleranfälligkeit von Hauptversammlungen bei der AG dürfte es nur eine Frage der Zeit sein, bis es zu neuen Haftungsklagen kommt. Zwar nahm die Zahl von Beschlussmängelklagen bei Aktiengesellschaften und damit auch das Phänomen der sog. Berufskläger[3] infolge des Gesetzes zur Umsetzung der Aktionärsrechterichtlinien (ARUG) im Laufe der letzten Jahre konstant und zuletzt so massiv ab, dass gar die Frage nach dem Aussterben der Spezies der aktienrechtlichen Beschlussmängelklage aufgeworfen wird. Den wenigen erhobenen Beschlussmängelklagen kam jedoch erhebliche (insbesondere wirtschaftliche) Bedeutung für die betroffenen Gesellschaften zu.[4] Erleidet eine Aktiengesellschaft aufgrund solcher Klagen wirtschaftliche Schäden, wird sie sich immer häufiger um die Regressnahme bei dem jeweiligen verantwortlichen Leiter der fehlerbehafteten Hauptversammlung bemühen. Das aktienrechtliche Schrifttum hat einem solchen Vorgehen bereits sehr umfassend den Weg vorgezeichnet.

Bei der Gesellschaft mit beschränkter Haftung stellt sich im Vergleich hierzu eine vollkommen andere Ausgangslage dar. In ihr vereinen sich die kapitalistische Struktur von Aktiengesellschaften mit der personalistischen Struktur von Personengesellschaften. Die strenge Förmlichkeit der aktienrechtlichen Hauptversammlung kann daher nicht der (alleinige) Maßstab für Gesellschafterversammlungen einer GmbH sein.[5] Vielmehr ist ein Ausgleich erforderlich zwischen

---

1 Siehe nur die Monografien *Pliquett*, Die Haftung des Hauptversammlungsleiters; *Kleemann*, Der Leiter der GmbH-Gesellschafterversammlung; *Langenbach*, Der Versammlungsleiter in der Aktiengesellschaft: Zurückweisungskompetenz – Abwahl – Haftung; *Sauerwald*, Der Versammlungsleiter im Aktienrecht; *J. Bayer*, Versammlungsleitung in Personengesellschaften; *Niemz*, Der Versammlungsleiter im Aktienrecht.

2 LG Ravensburg, Urt. v. 8.5.2014 – 7 O 51/13 KfH 1, NZG 2014, 1233.

3 Vgl. hierzu eingehend *Bayer/Hoffmann*, AG 2017, R155.

4 *Bayer/Hoffmann*, AG 2019, R113.

5 *Bunz*, NZG 2017, 1366, 1366.

den Bedürfnissen von kapitalistisch geprägten GmbHs mit hoher Gesellschafterzahl und großer Nähe zur AG und denen von stark personalistischen GmbHs mit wenigen oder gar nur einem Gesellschafter. Die formalen Anforderungen an den Ablauf einer Gesellschafterversammlung und insbesondere die Fassung von Gesellschafterbeschlüssen sind im Vergleich zur AG deutlich geringer. Ein Versammlungsleiter ist von Gesetzes wegen nicht vorgesehen – im Gegensatz zum Aktienrecht findet er im GmbHG nirgends Erwähnung; sein Amt ist rein fakultativer Natur.[6]

Angesichts dessen haben Beschlussmängelklagen bei der GmbH meist einen anderen Hintergrund als bei Aktiengesellschaften. Es geht nicht darum, streng formale Vorgaben (zum Beispiel bei der Einlasskontrolle oder hinsichtlich des Auskunftsrechts von Aktionären[7]) zu rügen und so etwa – wie im Fall von Berufsklägern – systematisch die Umsetzung von Beschlüssen der Hauptversammlung zu blockieren. Vielmehr sind Beschlussmängelklagen bei der GmbH in der Regel Ausdruck grundlegender Meinungsverschiedenheiten und damit einhergehender Machtkämpfe zwischen den Gesellschaftern. Als zentrales Beispiel sei die Abberufung von Gesellschafter-Geschäftsführern aus wichtigem Grund genannt. Hier entzünden sich Beschlussmängelstreitigkeiten vor allem an der Frage des Vorliegens eines wichtigen Grundes sowie des Eingreifens eines Stimmverbotes.[8] Das Amt des Versammlungsleiters ist aus diesem Grund aber keineswegs weniger bedeutend für die Gesellschaft. Vielmehr könnte ihm eine entscheidende Weichenstellung im Rahmen solcher Machtkämpfe in der GmbH obliegen: Analog zur Rechtslage bei der Aktiengesellschaft wird dem GmbH-Versammlungsleiter unter bestimmten (im Einzelnen strittigen) Voraussetzungen die Befugnis zugesprochen, gefasste Gesellschafterbeschlüsse verbindlich

---

6 Siehe nur *Römermann*, in: Michalski, § 48, Rn. 91; *Altmeppen*, in: Altmeppen, § 48, Rn. 12; *Schindler*, in: BeckOK-GmbHG, § 48, Rn. 40; *Masuch*, in: Bork/Schäfer, § 48, Rn. 8; *Hüffer/Schäfer*, in: GK-GmbHG, § 48, Rn. 27; *Seibt*, in: Scholz, § 48, Rn. 32; *Drygala/Staake/Szalai*, § 11, Rn. 141; *Kleemann*, S. 26; *Noack*, GmbHR 2017, 792, 792; *Bunz*, NZG 2017, 1366, 1366; *Lange*, NJW 2015, 3190, 3190.

7 Siehe zu letztgenanntem Beispiel etwa LG München I, Urt. v. 14.10.1999 – 5 HKO 8024/98, AG 2000, 139.

8 Siehe zu diesem Problemkreis etwa BGH, Urt. v. 4.4.2017 – II ZR 77/16, GmbHR 2017, 701ff.; *Grunewald*, FS Zöllner, Bd.1, 1998, S. 177ff.; *Kubis*, FS Winter, 2011, S. 387ff.; *Werner*, GmbHR 2015, 1185ff.; *K. Schmidt*, GmbHR 2017, 670ff.; *Altmeppen*, NJW 2016, 2833ff.; *ders.*, ZIP 2017, 1185ff.; *Fischer*, BB 2013, 2819ff.

festzustellen und ihnen so zu vorläufiger Wirksamkeit zu verhelfen.[9] Folgt man diesem Ansatz, birgt das Handeln des Versammlungsleiters auch bei der GmbH nicht unerhebliche wirtschaftliche Risiken für die Gesellschaft in sich. Von den Kosten der Wiederholung der betreffenden Gesellschafterversammlung bis hin zu Schäden aufgrund verpasster Geschäftschancen oder wegen der Versäumung wichtiger Strukturmaßnahmen sind zahlreiche Schadensposten denkbar, die sich auf Fehler bei der Beschlussfeststellung zurückführen lassen.

Die vorliegende Abhandlung soll vor diesem Hintergrund das Amt des Leiters der GmbH-Gesellschafterversammlung aus dem Blickwinkel seiner Pflichten und der aus diesen Pflichten folgenden Möglichkeit zur Haftbarmachung beleuchten. Im Rahmen des ersten Teils der Arbeit betreffend die Pflichten des Versammlungsleiters wird dabei besonderes Augenmerk auf seine Rechtsstellung – insbesondere die Frage einer möglichen Organstellung – sowie die Pflicht zur ordnungsgemäßen Beschlussfeststellung gelegt. Im zweiten Teil der Arbeit werden sodann mögliche Anspruchsgrundlagen einer Inanspruchnahme des Versammlungsleiters im Einzelnen erörtert.

Dieser Ansatz ist in mehrfacher Hinsicht ein Novum. Zum einen befassen sich die existierenden Abhandlungen zur Versammlungsleitung in der GmbH weit überwiegend mit den Befugnissen des Versammlungsleiters: Was *darf* der Versammlungsleiter?[10] Vorliegend aber soll es darum gehen, was der Versammlungsleiter einer GmbH *muss*. Nur wenn sein Pflichtenprogramm klar umrissen ist, lässt sich auch die Frage einer möglichen Inanspruchnahme beantworten. Die vertiefte Befassung mit der Haftung des Versammlungsleiters stellt das zweite Novum der vorliegenden Arbeit dar. Die GmbH-rechtliche Literatur hat sich mit dieser Frage – im Gegensatz zum Aktienrecht[11] und dem Recht der

---

9 Vgl. zur Bedeutung der Beschlussfeststellung bei der Geschäftsführerabberufung *Lutz*, Rn. 131.

10 Siehe nur *Seibt*, in: Scholz, § 48, Rn. 36f.; *Hüffer/Schäfer*, in: GK-GmbHG, § 48, Rn. 31f.; *Liebscher*, in: MüKo-GmbHG, § 48, Rn. 105ff.; *Römermann*, in: Michalski, § 48, Rn. 91ff.; *Schindler*, in: BeckOK-GmbHG, § 48, Rn. 43f.; *Zöllner/Noack*, in: Baumbach/Hueck, § 48, Rn. 16ff.; *Altmeppen*, in: Altmeppen, § 48, Rn. 12ff.; *Noack*, GmbHR 2017, 792ff.; *Bunz*, NZG 2017, 1366; *Lange*, NJW 2015, 3190; *Werner*, GmbHR 2006, 127ff.; *Böttcher/Grewe*, NZG 2002, 1086; *Altmeppen*, GmbHR 2018, 225ff.; *Kleemann*, S. 68ff.

11 Siehe nur *Theusinger/Schilha*, BB 2015, 131ff.; *Poelzig*, AG 2015, 476ff.; *Drinhausen/Marsch-Barner*, AG 2014, 757, 766ff.; *Schürnbrand*, NZG 2014, 1211ff.; *von der Linden*, NZG 2013, 208ff.; *Mutter*, AG 2013, R161; *Marsch-Barner*, FS Brambring,

Personengesellschaften[12] – bislang nur äußerst rudimentär befasst.[13] In diese Lücke soll nunmehr vorgestoßen werden.

2011, S. 267ff.; *Vetter*, FS Bergmann, 2018, S. 799, 820ff.; *Pliquett*, S. 59ff.; *Langenbach*, S. 151ff.; *Sauerwald*, S. 343ff.; *Niemz*, S. 154ff.

12 *J. Bayer*, S. 153ff.

13 *Zöllner/Noack*, in: Baumbach/Hueck, § 48, Rn. 19; *Altmeppen*, in: Altmeppen, § 48, Rn. 13; *Bayer*, in: Lutter/Hommelhoff, § 48, Rn. 14; *Noack*, GmbHR 2017, 792, 798; *Werner*, GmbHR 2020, 1168, 1169ff.; *Niemz*, S. 196f.; *Kleemann*, S. 154ff., der selbst weiteren Untersuchungsbedarf sieht.

Teil A: Der Versammlungsleiter in der GmbH und seine Pflichten

A. Der Versammlungsleiter in der GmbH

Im Rahmen dieses ersten Teils der Arbeit soll zunächst ein kurzer Überblick über das Amt des Versammlungsleiters gegeben werden. Insbesondere im Zusammenhang mit der Rechtsnatur des Amtes sowie der Bestellung und der Abberufung des Versammlungsleiters ergeben sich einige sehr kontrovers diskutierte Rechtsprobleme.

I. Allgemeines

1. Funktion des Versammlungsleiters

Primäre Aufgabe des Versammlungsleiters einer GmbH-Gesellschafterversammlung ist es, für einen geordneten Ablauf der Gesellschafterversammlung zu sorgen[14] und so insbesondere das Zustandekommen wirksamer Beschlüsse zu gewährleisten. Ordnungsgemäß bedeutet hierbei unter Beachtung sämtlicher Vorgaben des Gesetzes und der Satzung.[15]

Sämtliche Pflichten und Befugnisse des Versammlungsleiters sind von dieser Aufgabe abzuleiten.[16] Etwa muss der Versammlungsleiter die erforderlichen organisatorischen Rahmenbedingungen für einen geordneten Ablauf der GmbH-Gesellschafterversammlung schaffen.[17] Keineswegs hingegen darf er auf den Inhalt der von der Gesellschafterversammlung zu treffenden Entscheidungen Einfluss nehmen.[18] Zu den Pflichten des Versammlungsleiters im Einzelnen soll jedoch erst an späterer Stelle ausführlich Stellung genommen werden (siehe Teil A Ziff. B).

---

14 BGH, Urt. v. 11.11.1965 – II ZR 122/63, BGHZ 44, 245 (hier zur AG); *Liebscher*, in: MüKo-GmbHG, § 48, Rn. 111.

15 *Römermann*, in: Michalski, § 48, Rn. 108.

16 So zur AG BGH, Urt. v. 11.11.1965 – II ZR 122/63, BGHZ 44, 245; *Kubis*, in: MüKo-AktG, § 119, Rn. 121.

17 *Römermann*, in: Michalski, § 48, Rn. 108.

18 *Liebscher*, in: MüKo-GmbHG, § 48, Rn. 111.

2. *Notwendigkeit des Amtes*

a. *Amt in GmbH nicht zwingend vorgesehen*

Wie bereits dargelegt wird der Leiter der GmbH-Gesellschafterversammlung nicht ausdrücklich gesetzlich erwähnt. Auch wird er nicht mittelbar von Gesetzes wegen vorausgesetzt.[19] Einer formalen Beschlussfeststellung wie im Aktienrecht bedarf es in der GmbH gerade nicht (siehe hierzu ausführlich Teil A Ziff. B.VI.1.b). Grund hierfür dürfte sein, dass die GmbH von Seiten des historischen Gesetzgebers gerade als Gegenpol zur zunehmend formalisierten Aktiengesellschaft konzipiert wurde.[20] Für eine obligatorische Versammlungsleitung der Gesellschafterversammlung, bzw. das Erfordernis einer formalen Beschlussfeststellung war in diesem Konzept gerade kein Platz. Das Amt des GmbH-Versammlungsleiters ist daher nach absolut herrschender und überzeugender Auffassung rein fakultativer Natur.

b. *Zulässigkeit der Versammlungsleitung*

Es ist jedoch anerkannt, dass ein Versammlungsleiter in der GmbH eingesetzt werden kann. Dies kann durch eine entsprechende Regelung in der Satzung der Gesellschaft, in der Geschäftsordnung der Gesellschafterversammlung oder durch einfachen Gesellschafterbeschluss geschehen – soweit nicht die Satzung entgegensteht.[21] Das Recht zur Einsetzung eines Versammlungsleiters folgt dabei aus der Organisationsfreiheit der Gesellschafterversammlung.[22]

c. *Zweckmäßigkeit der Versammlungsleitung*

Eine völlig andere Frage ist, inwiefern eine Versammlungsleitung bei der GmbH zweckmäßig ist. So sollte die GmbH nach der Intention des historischen Gesetzgebers gerade einen Mittelweg zwischen dem „personalistischen Konzept“ der Personengesellschaften und dem „kapitalistischen Konzept“ der Aktiengesellschaft gehen.[23] Dieses Konzept mag bei Gesellschaften mit nur kleinem Gesellschafterkreis aufgehen, bei GmbHs mit zwei- oder gar dreistelliger

19 Siehe Nachweise in Fn. 6.

20 *Bunz*, NZG 2017, 1366, 1366.

21 *Römermann*, in: Michalski, § 48, Rn. 91f.; vgl. zur Zulässigkeit der Bestimmung eines Versammlungsleiters in Personengesellschaften *Scholz*, FS Spellenberg, 2010, S. 51ff.; *J. Bayer*, S. 30ff.

22 *Liebscher*, in: MüKo-GmbHG, § 48, Rn. 107; *Ihrig*, FS Goette, 2011, S. 205, 209 (zur AG).

23 *Bunz*, NZG 2017, 1366, 1366.

Gesellschafterzahl[24] geht es jedoch völlig an der Realität vorbei. Hier bedarf es zwingend strenger Förmlichkeiten, um einen geordneten Ablauf der Gesellschafterversammlung zur ermöglichen. Die Benennung eines Versammlungsleiters ist mithin nahezu unumgänglich.

Auch in kleineren Gesellschaften kann jedoch – insbesondere in emotionalen Konfliktsituationen, wie sie bei Familien-Gesellschaften nicht selten sind – eine Moderation durch einen (zweckmäßigerweise nicht aus dem Gesellschafterkreis stammenden) Versammlungsleiter sinnvoll sein. Schließlich wird sogar für Personengesellschaften angenommen, dass in bestimmten Situationen die Bestimmung eines Versammlungsleiters geboten ist.[25] In der Praxis werden Gesellschafterversammlungen zumeist unter Leitung eines Versammlungsleiters abgehalten.[26]

3. Rechtliche Stellung des Versammlungsleiters in der Gesellschaft

a. Keine Organqualität des Versammlungsleiteramtes

Der GmbH-Versammlungsleiter ist nach überwiegender und überzeugender Auffassung kein Organ der Gesellschaft,[27] sondern lediglich ein Funktionsgehilfe des Organs Gesellschafterversammlung.[28]

---

24 Vgl. zur Existenz solcher GmbHs *Meyer*, GmbHR 2002, 177, 180.

25 *Scholz*, FS Spellenberg, 2010, S. 51, 52.

26 *Böttcher/Grewe*, NZG 2002, 1086, 1087.

27 *Römermann*, in: Michalski, § 48, Rn. 105; *Schindler*, in: BeckOK-GmbHG, § 48, Rn. 42; *Seibt*, in: Scholz, § 48, Rn. 32; *Lange*, NJW 2015, 3190, 3193; *Kleemann*, S. 27; differenzierend *Schürnbrand*, Organschaft im Recht der privaten Verbände, S. 139 und *Hüffer/Schäfer*, in: GK-GmbHG, § 48, Rn. 28, wonach der Versammlungsleiter nur bei ausdrücklicher Verankerung in der Satzung der Gesellschaft und weisungsfreier Übertragung seiner Aufgaben durch die Gesellschafter als fakultatives Organ anzusehen ist; *Altmeppen*, in: Altmeppen, § 48, Rn. 13 und 18, wonach nur der „qualifizierte", d.h. mit Beschlussfeststellungskompetenz ausgestattete Versammlungsleiter ein echtes fakultatives Organ der Gesellschaft ist; siehe zu Personengesellschaften auch *J. Bayer*, S. 125; a.A. *Niemz*, S. 78ff., wonach es sich bei dem Leiter der GmbH-Gesellschafterversammlung unabhängig von der Art und Weise seiner Bestellung um ein fakultatives Gesellschaftsorgan handelt.

28 *Seibt*, in: Scholz, § 48, Rn. 32; *Lange*, NJW 2015, 3190, 3193; differenzierend *Schürnbrand*, Organschaft im Recht der privaten Verbände, S. 139 und *Hüffer/Schäfer*, in: GK-GmbHG, § 48, Rn. 28, wonach dies nicht für den satzungsmäßig als fakultatives Gesellschaftsorgan vorgesehenen Versammlungsleiter gilt; *Altmeppen*, in: Altmeppen, § 48, Rn. 13, wonach dies nur für den „moderierenden", d.h. nicht mit

aa. Gesellschaftsrechtlicher Organbegriff

Herauszuheben sind vor allem zwei Organbegriffe im Gesellschaftsrecht. Nach *Schürnbrand* ist dem Organbegriff im Gesellschaftsrecht ein institutionell-funktionales Verständnis zugrunde zu legen. Charakteristisch für Gesellschaftsorgane ist demnach zum einen die Wahrnehmung von Kompetenzen, welche sich unmittelbar aus der Verbandsverfassung ableiten, und zum anderen die Herstellung von Willens- und Handlungsfähigkeit der Gesellschaft durch sie (die Gesellschaftsorgane) als eigenständige Einheiten im Gesellschaftsganzen.[29] Der BGH betrachtet hingegen in mehreren Entscheidungen die organisatorische Eingliederung sowie die Wahrnehmung von Aufgaben für die Gesellschaft als wesentliche Merkmale eines Gesellschaftsorgans.[30]

bb. Aktienrechtlicher Diskurs zur Organqualität des Hauptversammlungsleiters

Bei der AG ist umstritten, ob dem Amt des Hauptversammlungsleiters Organqualität zukommt.[31] Im Folgenden werden zunächst die Argumente für und wider einer Organstellung dargelegt, bevor anschließend untersucht wird, inwiefern sich diese Argumente angesichts der erheblichen strukturellen Unterschiede zwischen AG und GmbH auf den Leiter der GmbH-Gesellschafterversammlung übertragen lassen.

Im aktienrechtlichen Diskurs wird anknüpfend an das von *Schürnbrand* zugrunde gelegte gesellschaftsrechtliche Verständnis des Organbegriffs als Argument für die Organstellung des Hauptversammlungsleiters unter anderem ins Feld geführt, dass es sich bei dem Versammlungsleiteramt um eine „kraft

---

Beschlussfeststellungskompetenz ausgestatteten Versammlungsleiter, gilt siehe zu Personengesellschaften auch *J. Bayer*, S. 125.

29 *Schürnbrand*, NZG 2014, 1211, 1212 und *ders.*, Organschaft im Recht der privaten Verbände, S. 30ff.; *Schäfer*, in: MüKo-BGB, § 705, Rn. 263 f.

30 BGH, Urt. v. 15.12.1954 – II ZR 322/53, NJW 1955, 499; BGH, Urt. v. 25.2.1965 – II ZR 287/63, NJW 1965, 1378; BGH, Beschl. v. 6.3.1997 – II ZB 4/96, NJW 1997, 1985.

31 Dafür *Mülbert*, in: GK-AktG, § 129, Rn. 124; *Poelzig*, AG 2015, 476, 478; *Schürnbrand*, NZG 2014, 1211, 1212; *ders.*, Organschaft im Recht der privaten Verbände, S. 142ff.; *Vetter*, FS Bergmann, 2018, S. 799, 807f.; *Niemz*, S. 69f. dagegen LG Ravensburg, Urt. v. 8.5.2014 – 7 O 51/13 KfH 1, NZG 2014, 1233; *Bachmann*, AG 1999, 210, 211 (Fn. 24); *von der Linden*, NZG 2013, 208, 109f.; *Marsch-Barner*, FS Brambring, 2011, S. 267, 271; *Pliquett*, S. 96ff.; *Langenbach*, S. 183; *Sauerwald*, S. 143.

Gesetzes erforderliche Einrichtung des Gesellschaftslebens handelt".[32] Außerdem wird vorgebracht, dass der Hauptversammlungsleiter in der AG seine Leitungs- und Ordnungsbefugnisse aus seiner eigenen, ihm kraft Gesetzes zustehenden Rechtsstellung wahrnimmt und mit unmittelbarer Wirkung rechtsgestaltend für die Gesellschaft tätig wird.[33] Er werde durch körperschaftsrechtlichen Organisationsakt in sein Amt berufen, dessen von Gesetzes wegen vorgesehene Zuständigkeiten satzungsmäßig nicht abänderbar seien.[34] Das Gesetz sehe vielmehr vor, dass der Hauptversammlungsleiter eine „Institution" der Gesellschaft sei, ohne dessen Existenz die Gesellschaft (partiell) handlungsunfähig werde.[35] Die Versammlungsleitung sei nicht Teil der Selbstorganisation der Hauptversammlung, sondern ein eigenständiger Kompetenzkomplex. Der Hauptversammlung seien bestimmte Verfahrensaspekte von vornherein entzogen. Durch diese Gewaltenteilung solle der Hauptversammlung ein funktionsadäquates Handeln im Interesse der Gesellschaft ermöglicht werden.[36]

Die Gegenansicht hält hingegen die weitreichenden Rechte des Hauptversammlungsleiters nicht für ein taugliches Argument zur Bejahung der Organqualität. Denn diese seien einzig auf die ordnungsgemäße Durchführung der Hauptversammlung ausgerichtet und damit auf die Unterstützung der Hauptversammlung bei der Wahrnehmung ihrer Aufgaben. Ein Tätigwerden für die Gesellschaft erfolge mithin lediglich mittelbar. Eine solche mittelbare Tätigkeit könne aber keine Organstellung des Hauptversammlungsleiters begründen.[37] Auch könne es nicht als Indiz für die Existenz originärer Kompetenzen des Hauptversammlungsleiters herangezogen werden, dass sein Amt von Gesetzes wegen vorgesehen ist.[38]

Ausgehend vom Merkmal der Herstellung von Willens- und Handlungsfähigkeit nach dem institutionell-funktionalen Begriffsverständnis wird auch darauf abgestellt, dass der Hauptversammlungsleiter durch sein Handeln sowohl zur Willensbildung innerhalb der Gesellschaft beiträgt – indem er die Hauptversammlung leitet und ihren in Beschlüssen gefassten Willen feststellt –, als auch

32 *Schürnbrand*, NZG 2014, 1211, 1212; *ders.*, Organschaft im Recht der privaten Verbände, S. 143; *Vetter*, FS Bergmann, 2018, S. 799, 808; *Niemz*, S. 69.

33 *Schürnbrand*, NZG 2014, 1211, 1212; *ders.*, Organschaft im Recht der privaten Verbände, S. 145f.; *Poelzig*, AG 2015, 476, 478.

34 *Vetter*, FS Bergmann, 2018, S. 799, 808.

35 *Niemz*, S. 71.

36 *Niemz*, S. 74f.

37 *Pliquett*, S. 100; *Langenbach*, S. 183f.; dahingehend auch *Sauerwald*, S. 142f.

38 *Sauerwald*, S. 142.

als Vertreter der Gesellschaft nach außen auftritt – indem er die von der Hauptversammlung gefassten Beschlüsse verkündet.[39]

Dem wird wiederum entgegengesetzt, dass die Herstellung der Willens- und Handlungsfähigkeit nicht für oder anstelle der Gesellschaft erfolgt, sondern der Hauptversammlungsleiter vielmehr nur das Organ Hauptversammlung bei seiner Willensbildung unterstützt, indem er den ordnungsgemäßen Lauf der Hauptversammlung sicherstellt. Außerdem führe eine andere Sichtweise dazu, dass die Hauptversammlung als oberstes Willensbildungsorgan der AG einem anderen Organ – dem Hauptversammlungsleiter – unterworfen wäre.[40] Auch vertrete der Hauptversammlungsleiter die Gesellschaft gerade nicht nach außen.[41]

Gegen die Organstellung des Hauptversammlungsleiters wird überdies eingewandt, dass seine Aufgaben in sachlicher und zeitlicher Hinsicht eng begrenzt sind.[42] Die Gegenmeinung argumentiert hingegen, dass auch die Hauptversammlung als Rechtsgebilde immer besteht, obwohl rechtsverbindliche Handlungen nur im Rahmen von Aktionärstreffen vorgenommen werden können.[43]

Schließlich soll gegen eine Organstellung sprechen, dass es an der notwendigen Unabhängigkeit des Hauptversammlungsleiters fehlt. Er sei bei der Ausübung seiner Befugnisse stets von anderen Gesellschaftsorganen, insbesondere der Hauptversammlung, abhängig.[44]

cc. Übertragbarkeit auf die GmbH

Soweit im aktienrechtlichen Diskurs zur Bejahung der Organstellung vorgebracht wird, dass das Versammlungsleiteramt von Gesetzes wegen obligatorisch ist,[45] lässt sich dieses Argument für die GmbH auf den ersten Blick leicht

---

39 *Schürnbrand*, NZG 2014, 1211, 1212; *Vetter*, FS Bergmann, 2018, S. 799, 808; dahingehend auch *Niemz*, S. 73, wonach der Hauptversammlungsleiter im Rahmen seiner Leitungsaufgabe zugleich als internes Willensbildungsorgan und externes Vertretungsorgan der Gesellschaft tätig werde, da die versammlungsleitenden Maßnahmen des Versammlungsleiters aufgrund ihrer mitgliedschaftsrechtlichen Relevanz letztlich stets der Gesellschaft zuzurechnen seien.

40 *Pliquett*, S. 99.

41 *Langenbach*, S. 183f.

42 *Von der Linden*, NZG 2013, 208, 210.

43 *Schürnbrand*, NZG 2014, 1211, 1212; *Langenbach*, S. 182; *Niemz*, S. 70.

44 *Pliquett*, S. 101, der bezüglich des Merkmals der Selbstständigkeit als Organeigenschaft auf die Entscheidung BGH, Urt. v. 15.12.1954 – II ZR 322/53, WM 1955, 150 verweist.

45 Siehe Nachweise in Fn. 32.

entkräften. Das Amt des Versammlungsleiters ist in der GmbH gerade nicht zwingend gesetzlich vorgeschrieben (siehe oben Teil A Ziff. A.I.2.a). Es gilt jedoch zu bedenken, dass bei der GmbH wegen der fehlenden Satzungsstrenge unbestritten die Möglichkeit der Schaffung fakultativer Organe, etwa eines Aufsichtsrates, besteht.[46] Das fehlende gesetzliche Erfordernis muss für die Organstellung folglich unschädlich sein.[47]

Dass der Versammlungsleiter seine Leitungs- und Ordnungsbefugnisse aus seiner eigenen, ihm kraft Gesetzes zustehenden Rechtsstellung wahrnimmt und mit unmittelbarer Wirkung rechtsgestaltend für die Gesellschaft tätig wird,[48] ist jedenfalls bei der GmbH nicht der Fall. Fehlt es an der Bestellung eines Versammlungsleiters, so wird über den Ablauf der Gesellschafterversammlung sowie die Verhängung von Ordnungsmaßnahmen gegen Gesellschafter durch die Gesellschafterversammlung selbst entschieden.[49] Die Befugnisse des Versammlungsleiters leiten sich folglich – im Gegensatz zur AG –[50] von der Gesellschafterversammlung als grundsätzlich allzuständigem Organ der GmbH ab.[51] Der Versammlungsleiter unterliegt bei seiner Amtsausübung grundsätzlich den Weisungen der Gesellschafterversammlung (siehe sogleich Teil A Ziff. A.I.3.b) und wird schon aus diesem Grund gerade nicht ohne Weiteres mit unmittelbarer Wirkung rechtsgestaltend für die Gesellschaft tätig.[52] Auch kann keine Rede davon sein, dass die Zuständigkeiten des Versammlungsleiteramtes von Gesetzes wegen zwingend vorgesehen und nicht durch die Gesellschaftssatzung abänderbar sind.[53] Vielmehr wird das Amt des Versammlungsleiters im GmbHG überhaupt nicht geregelt und es gelten damit erst recht keine zwingenden

46 Vgl. zur Möglichkeit der Schaffung fakultativer Organe bei der AG *Schürnbrand*, Organschaft im Recht der privaten Verbände, S. 53f.

47 *Niemz*, S. 78ff.; vgl. zur Organqualität des fakultativen Aufsichtsrats in der GmbH auch *Zöllner/Noack*, in: Baumbach/Hueck, § 52, Rn. 59.

48 Siehe zu dieser Argumentation die Nachweise in Fn. 33.

49 *Altmeppen*, in: Altmeppen, § 48, Rn. 12.

50 So die h.M., vgl. BGH, Urt. v. 11.11.1965 – II ZR 122/63, NJW 1966, 43; *Koch*, in: Hüffer/Koch, § 129, Rn. 1c; *Kubis*, in: MüKo-AktG, § 129, Rn. 6; *Poelzig*, AG 2015, 476, 478.

51 *Seibt*, in: Scholz, § 48, Rn. 37; differenzierend *Hüffer/Schäfer*, in: GK-GmbHG, § 48, Rn. 28, wonach dies nicht für den satzungsmäßig als fakultatives Gesellschaftsorgan vorgesehenen Versammlungsleiter gilt; *ders.*, Organschaft im Recht der privaten Verbände, S. 139.

52 A.A. *Niemz*, S. 82, wonach die Weisungsgebundenheit kein Indiz gegen eine Organstellung ist.

53 Siehe zu dieser Argumentation *Vetter*, FS Bergmann, 2018, S. 799, 808.

Vorgaben für die Regelung seiner Zuständigkeiten in der Gesellschaftssatzung. Dies gilt insbesondere für die verbindliche Beschlussfeststellung (siehe Teil A Ziff. B.VI.1.b).

Bezüglich der Frage, inwiefern der GmbH-Versammlungsleiter die Willens- und Handlungsfähigkeit der Gesellschaft herstellt,[54] sind keine wesentlichen Unterschiede zur AG erkennbar. Hier wie dort besteht die Aufgabe des Versammlungsleiters in der Sicherstellung eines geordneten Ablaufs der Versammlung sowie der Herbeiführung wirksamer Beschlüsse. Dies stellt zwar durchaus einen gewichtigen Beitrag zur Willensbildung in der Gesellschaft dar. Mit den Gegnern einer Organstellung[55] ist aber einzuwenden, dass diese Tätigkeit nur mittelbar für die Gesellschaft erfolgt, der Versammlungsleiter primär das Organ Haupt- bzw. Gesellschafterversammlung bei *dessen* Willensbildung unterstützt. Dies ist auch ein essentieller Unterschied zu anderen Gesellschaftsorganen wie etwa einem fakultativen Aufsichtsrat. Beschlüsse des Aufsichtsrates können unmittelbare Auswirkungen für die Gesellschaft entfalten, während das Handeln des Versammlungsleiters immer nur Relevanz hat für den Ablauf und das Ergebnis der Haupt-/Gesellschafterversammlung.

Kaum Unterschiede zur Lage bei der AG ergeben sich auch hinsichtlich der Argumentation, dass die Aufgaben des Versammlungsleiters in sachlicher und zeitlicher Hinsicht eng begrenzt sind[56] und es ihm an der für eine Organstellung erforderlichen Unabhängigkeit fehlt[57].

dd. Stellungnahme

Es ergibt sich folglich das Bild, dass viele Argumente aus dem aktienrechtlichen Diskurs über die Organqualität des Versammlungsleiteramtes auch im GmbH-Recht Geltung beanspruchen können. Soweit jedoch von den Befürwortern der Organqualität vorgebracht wird, der Hauptversammlungsleiter nehme seine Befugnisse aus seiner eigenen, ihm kraft Gesetzes zustehenden Rechtsstellung wahr,[58] zeigt sich ein gewichtiger Unterschied zur Rechtslage bei der GmbH. Weder stehen die Befugnisse des GmbH-Versammlungsleiters ihm kraft Gesetzes zu, noch entstammen sie seiner eigenen Rechtsstellung. Angesichts des Verständnisses des Organbegriffs von *Schürnbrand* ist damit eines der gewichtigsten

54 Vgl. Nachweise zu dieser Definition des Organbegriffs in Fn. 29.
55 *Pliquett*, S. 99.
56 *Von der Linden*, NZG 2013, 208, 210.
57 Siehe Nachweise in Fn. 44.
58 Siehe Nachweise in Fn. 33.

Argumente für die Organstellung des Hauptversammlungsleiters nicht auf die GmbH übertragbar: Das Merkmal der Wahrnehmung von Kompetenzen, die sich unmittelbar aus der Verbandsverfassung ableiten,[59] ist bei dem Versammlungsleiter der GmbH-Gesellschafterversammlung nicht gegeben.

Auch bei Zugrundelegung des durch den BGH entwickelten Organbegriffs[60] lässt sich die Organqualität des Versammlungsleiteramtes nicht bejahen. Jedenfalls fehlt es an der Wahrnehmung von Aufgaben für die Gesellschaft. Wie vorstehend ausgeführt, erfolgt die Tätigkeit des Versammlungsleiters lediglich mittelbar für die Gesellschaft. Der Versammlungsleiter ist Funktionsgehilfe der Gesellschafterversammlung und unterstützt diese bei der Willensbildung.

Soweit für die Organstellung des Versammlungsleiters der GmbH-Gesellschafterversammlung vorgebracht wird, dass die Entscheidungen eines durch einfachen Gesellschafterbeschluss begründeten Beirats einer GmbH – im Gegensatz zu denjenigen eines durch einfachen Gesellschafterbeschluss bestellten GmbH-Versammlungsleiters – mangels Organstellung notwendigerweise sanktionslos übergangen werden können und daraus zu folgern ist, dass der Versammlungsleiter als fakultatives Gesellschaftsorgan auch in der GmbH (ungeschrieben) gesetzlich vorgesehen ist,[61] vermag dies nicht zu überzeugen. Es ist zwar richtig, dass auch der durch einfachen Gesellschafterbeschluss bestellte Versammlungsleiter durch die verbindliche Beschlussfeststellung unmittelbare gesellschaftsinterne Rechtswirkungen erzeugen kann. Um die getroffenen Leitungs- oder Ordnungsmaßnahmen zu revidieren, bedarf es eines Gesellschafterbeschluss.[62] Die erfolgte förmliche Beschlussfeststellung ist von den Gesellschaftern – mit Ausnahme von der willkürlichen oder vorsätzlich falschen Beschlussfeststellung (siehe Teil A Ziff. C.V.4) – sogar ohne Korrekturmöglichkeit hinzunehmen. Jedoch ist diese Auffassung insofern unschlüssig, als auch der fakultative Aufsichtsrat oder Beirat als Organ der GmbH stets nur auf Grundlage einer Satzungsregelung (zumindest in Form einer entsprechenden Ermächtigung) geschaffen werden kann. Ein einfacher Gesellschafterbeschluss ohne Satzungsgrundlage genügt auch bei Erreichen der satzungsändernden Mehrheit nicht.[63] Wenn dies schon für den gesetzlich in § 52 Abs. 1 GmbHG ausdrücklich

---

59 Vgl. Nachweise zu dieser Definition des Organbegriffs in Fn. 29.

60 Siehe Nachweise in Fn. 30.

61 *Niemz*, S. 81.

62 *Niemz*, S. 81.

63 Zum fakultativen Aufsichtsrat *Giedinghagen*, in: Michalski, § 52, Rn. 7 m.w.N. sowie zum Beirat *Giedinghagen*, in: Michalski, § 52, Rn. 403f. und *Hommelhoff*, in: Lutter/Hommelhoff, § 52, Rn. 110f.

vorgesehenen fakultativen Aufsichtsrat gilt, muss es für den nirgends im Gesetz vorgesehenen Versammlungsleiter der GmbH aber erst recht gelten. Die Bindung an die Maßnahmen des Versammlungsleiters folgt vielmehr nicht aus dessen Organstellung, sondern allein aus dem Binnenrecht der Gesellschafterversammlung. Wie sich die Gesellschafterversammlung aufgrund ihres Selbstorganisationsrechts durch einfachen Gesellschafterbeschluss eine verbindliche Geschäftsordnung geben kann, so kann sie sich auch verbindlich der Leitung durch eine Hilfsperson unterstellen. Bei dieser handelt es sich – ähnlich wie etwa bei dem Vorsitzenden des Aufsichtsrats oder Beirats einer GmbH – quasi um einen Teil der Gesellschafterversammlung selbst. Die Organqualität des GmbH-Versammlungsleiteramtes ist folglich mit der überwiegenden Auffassung im Schrifttum[64] klar abzulehnen.

b. Weisungsabhängigkeit des Versammlungsleiters

Aus der Tatsache, dass die Befugnisse des Versammlungsleiters lediglich von der Gesellschafterversammlung abgeleitete Befugnisse sind, folgt grundsätzlich, dass die Gesellschafterversammlung dem Versammlungsleiter gegenüber – unabhängig von der Art und Weise seiner Bestellung – weisungsbefugt bleibt.[65] Dem GmbH-Versammlungsleiter steht folglich lediglich ein eingeschränktes Initiativrecht hinsichtlich der von ihm zu treffenden Maßnahmen zu. Es steht der Gesellschafterversammlung sowohl frei, von sich aus Maßnahmen zu ergreifen, als auch von Seiten des Versammlungsleiters getroffene Maßnahmen zu korrigieren.[66] Nur bei evidenter Rechtswidrigkeit entfällt die Weisungsgebundenheit.[67] Außerdem ist das Bestehen eines Weisungsrechts der Gesellschafterversammlung von vornherein ausgeschlossen, soweit die Beschlussfeststellungskompetenz des Versammlungsleiters berührt wird (siehe zur Begründung Teil A Ziff. B.VI.1.c).

Es wird jedoch vertreten, dass dann etwas anderes gelten soll, wenn sich bei dem statutarisch bestellten Versammlungsleiter ausnahmsweise der eindeutige Wille aus der Satzung ergibt, dem Versammlungsleiter ein Letztentscheidungsrecht

64 Siehe Nachweise in Fn. 27.

65 So auch *Seibt*, in: Scholz, § 48, Rn. 32; *Hüffer/Schäfer*, in: GK-GmbHG, § 48, Rn. 28; *Schindler*, in: BeckOK-GmbHG, § 48, Rn. 67; *Römermann*, in: Michalski, § 48, Rn. 161f.; a.A. für den statutarisch bestellten Versammlungsleiter *Wicke*, notar 2017, 235, 242.

66 *Hüffer/Schäfer*, in: GK-GmbHG, § 48, Rn. 28; *Römermann*, in: Michalski, § 48, Rn. 161f.

67 *Schindler*, in: BeckOK-GmbHG, § 48, Rn. 67.

zuzubilligen.[68] Dies vermag zu überzeugen. Der Gesellschafterversammlung muss es im Rahmen ihrer Organisationshoheit freistehen, einem Versammlungsleiter *in der Satzung* Leitungs- und Ordnungsbefugnisse weisungsunabhängig einzuräumen. Auf diese Weise kann verhindert werden, dass dem eingesetzten Versammlungsleiter mit einfacher Mehrheit der abgegebenen Stimmen (vgl. § 47 Abs. 1 GmbHG)[69] Weisungen erteilt werden, ohne dass dies von dem Willen der für eine Satzungsänderung gemäß § 53 Abs. 2 S. 1 GmbHG erforderlichen Drei-Viertel-Mehrheit gedeckt wäre. Einer solchen Mehrheit bedürfte es aber – neben den Formalitäten einer Satzungsänderung bzw. dem Vorliegen eines wichtigen Grundes –, um einen satzungsmäßig bestellten Versammlungsleiter abzuberufen (siehe Teil A Ziff. A.III.3.a). Umgekehrt formuliert kann so sichergestellt werden, dass der Versammlungsleiter so lange weisungsunabhängig agieren kann, wie sich keine ausreichende Mehrheit für seine Abberufung findet. Damit wird letztlich eine vergleichbare Situation hergestellt, wie sie bei dem mit einfachem Gesellschafterbeschluss bestellten Versammlungsleiter besteht. Dieser kann ebenfalls solange weisungsunabhängig agieren, wie sein Handeln von dem Willen der für seine Abberufung erforderlichen einfachen Mehrheit (siehe Teil A Ziff. A.III.3.b) gedeckt ist, nur dass hier ein Wahlrecht der einfachen Mehrheit zwischen seiner Abberufung oder der schlichten Weisungserteilung besteht.

Folgt aus der Satzung, dass ein Versammlungsleiter weisungsunabhängig bestellt worden ist, so ist außerdem anzunehmen, dass der Gesellschafterversammlung in diesem Fall auch kein initiatives Beschlussrecht hinsichtlich von Maßnahmen der Versammlungsleitung zusteht. Es ist ihr etwa verwehrt, initiativ einen Geschäftsordnungsbeschluss über den Ausschluss eines Gesellschafters aus der laufenden Gesellschafterversammlung zu fassen, auch wenn der Versammlungsleiter aufgrund seines Letztentscheidungsrechts nicht zur

---

68 So etwa *Hüffer/Schäfer*, in: GK-GmbHG, § 48, Rn. 28; *Altmeppen*, ZIP 2017, 1185, 1187; *ders.*, GmbHR 2018, 225, 230 (nur bezüglich des Beschlussfeststellungsrechts); weitergehend *Kleemann*, S. 72f., der einen solchen Willen bei satzungsmäßiger Bestimmung eines Versammlungsleiters grundsätzlich annimmt sowie *Niemz*, S. 83ff., wonach „jedenfalls für den Fall, dass Größe und Zusammensetzung des Gesellschafterkreises dem Leitbild des GmbH-Gesetzes nicht entsprechen" davon auszugehen ist, dass der statutarisch bestellte Versammlungsleiter im Zweifel nicht den Weisungen der Gesellschafterversammlung unterliegt.

69 Vgl. *Hüffer/Schäfer*, in: GK-GmbHG, § 48, Rn. 36; *Römermann*, in: Michalski, § 48, Rn. 161f.; vgl. auch *Schindler*, in: BeckOK-GmbHG, § 48, Rn. 67, wonach die Verhängung von Ordnungsmaßnahmen durch die Gesellschafterversammlung bei Fehlen eines Versammlungsleiters ebenfalls nur der einfachen Stimmenmehrheit bedarf.

Umsetzung des betreffenden Beschlusses verpflichtet wäre. Derartige Beschlüsse würden lediglich den Verlauf der Gesellschafterversammlung stören und so den Zweck der Bestellung eines weisungsungebundenen Versammlungsleiters – einen geordneten Versammlungsablauf unter Leitung eines möglichst neutralen Schiedsrichters sicherzustellen – untergraben.

c. *Entstehung eines korporationsrechtlichen Rechtsverhältnisses zur Gesellschaft*

Trotz fehlender Organstellung steht der GmbH-Versammlungsleiter in einem korporationsrechtlichen Rechtsverhältnis zur Gesellschaft.[70] Durch dieses wird der Versammlungsleiter in das Organisationsgefüge der Gesellschaft eingebunden und es vermittelt ihm seine durch Gesetz, Satzung, Gewohnheitsrecht und Beschlüsse der Gesellschafterversammlung ausgestalteten Rechte und Pflichten gegenüber der Gesellschaft.[71] Ein schuldrechtliches Rechtsverhältnis kann daneben bestehen, muss es aber nicht (siehe hierzu eingehend Teil B D.I.2).

4. *Mögliche Amtsträger*

Das Versammlungsleiteramt kann sowohl durch gesellschaftsinterne als auch gesellschaftsexterne, geschäftsfähige, natürliche Personen ausgeübt werden. Die designierte Person muss insbesondere nicht Gesellschafter der GmbH sein.[72] In Betracht kommen neben den Gesellschaftern etwa der Geschäftsführer, der Aufsichtsrats-/Beiratsvorsitzende oder ein Rechtsanwalt.[73] Gegen die Ausübung des Amtes durch einen Fremd-Geschäftsführer sprechen zwar keine rechtlichen Bedenken. Aufgrund seiner Berichts- und Auskunftspflichten sowie seiner Weisungsgebundenheit gegenüber der Gesellschafterversammlung, als deren Leiter er zugleich fungieren würde, ist jedoch an der Zweckmäßigkeit zu zweifeln.[74]

---

70 *Römermann*, in: Michalski, § 48, Rn. 105; *Zöllner/Noack*, in: Baumbach/Hueck, § 48, Rn. 19; *Hüffer/Schäfer*, in: GK-GmbHG, § 48, Rn. 28; *Schindler*, in: BeckOK-GmbHG, § 48, Rn. 42; *Drygala/Staake/Szalai*, § 11, Rn. 141; so für den satzungsmäßig bestellten Versammlungsleiter auch *Werner*, GmbHR 2020, 1168, 1170; a.A. *Kleemann*, S. 27f.

71 Vgl. zum Hauptversammlungsleiter in der AG *Sauerwald*, S. 162ff., der jedoch die Entstehung eines korporationsrechtlichen, *gesetzlichen Schuldverhältnisses* annimmt.

72 *Liebscher*, in: MüKo-GmbHG, § 48, Rn. 109; *Masuch*, in: Bork/Schäfer, § 48, Rn. 8.

73 *Hüffer/Schäfer*, in: GK-GmbHG, § 48, Rn. 29.

74 *Hüffer/Schäfer*, in: GK-GmbHG, § 48, Rn. 29; *Seibt*, in: Scholz, § 48, Rn. 33; *Wicke*, notar 2017, 235, 242; *Werner*, GmbHR 2006, 127, 128; *Böttcher/Grewe*, NZG 2002, 1086, 1088; anders wohl *Sudhoff*, S. 93, wonach der Geschäftsführer im Zweifel die

Nicht möglich ist es, einen Notar zum Versammlungsleiter zu bestellen, wenn dieser zugleich eine Niederschrift der Gesellschafterversammlung anzufertigen hat. Dies begründet sich dadurch, dass es einem Notar standesrechtlich verboten ist, Vorgänge zu beurkunden, an welchen er selbst beteiligt ist.[75]

5. *Zusammenfassung*

Primäre Aufgabe des GmbH-Versammlungsleiters ist es, für einen geordneten Ablauf der Gesellschafterversammlung und das Zustandekommen wirksamer Beschlüsse zu sorgen. Sämtliche Befugnisse und Pflichten leiten sich von dieser Aufgabe ab. Im Gegensatz zur AG besteht in der GmbH keine Notwendigkeit für die Bestellung eines Versammlungsleiters, eine solche ist jedoch zulässig und oftmals auch sinnvoll. Dem Amt des Versammlungsleiters kommt keine Organqualität zu. Die Argumente aus dem aktienrechtlichen Diskurs für und wider einer Organstellung des Versammlungsleiters lassen sich nur zu einem Teil auf die GmbH übertragen. Aufgrund der erheblichen strukturellen Unterschiede zwischen GmbH und AG ist die Organstellung des Versammlungsleiters in der GmbH klar abzulehnen. Bei dem Leiter der Gesellschafterversammlung handelt es sich um einen Funktionsgehilfen der Gesellschafterversammlung, welcher seine Befugnisse von dieser ableitet. Er ist daher den Weisungen der Gesellschafterversammlung unterworfen, soweit es sich nicht um einen satzungsmäßig bestellten Versammlungsleiter handelt, dem sein Amt zur weisungsunabhängigen Ausübung übertragen wurde. Der Versammlungsleiter steht in einem körperschaftlichen Rechtsverhältnis zur Gesellschaft. Daneben kann ein schuldrechtliches Rechtsverhältnis bestehen. Als mögliche Amtsträger kommen sowohl gesellschaftsinterne als auch gesellschaftsexterne natürliche Personen in Betracht. Von der Ausübung des Amtes ausgeschlossen ist ein Notar, welcher zugleich eine Niederschrift der Gesellschafterversammlung anzufertigen hat.

II. Bestellung

1. *Arten der Bestellung*

Die Bestellung des Versammlungsleiters ist auf vier verschiedene Arten möglich. Sie kann entweder statutarisch erfolgen, durch einfachen Gesellschafterbeschluss,

---

Leitung der Versammlung zu übernehmen hat; differenzierend *Lange*, NJW 2015, 3190, 3192.

75 *Bayer*, in: Lutter/Hommelhoff, § 48, Rn. 14; *Kleemann*, S. 34; *Wilsing/von der Linden*, ZIP 2009, 641, 645.

durch Regelung in der Geschäftsordnung der Gesellschafterversammlung oder durch das Handeln des Versammlungsleiters im (stillschweigenden) Einverständnis der Gesellschafter.[76]

a. *Statutarische Bestellung*

Der Versammlungsleiter kann zum einen durch Regelung in der Satzung der Gesellschaft bestellt werden. Hierbei ist zu unterscheiden zwischen Satzungsregelungen, welche lediglich das Ob einer Versammlungsleitung regeln, und solchen, die bereits eine Aussage über den designierten Amtsinhaber treffen. Beide Arten von Satzungsregelungen sind ohne weiteres zulässig.[77] Die Satzungsautonomie gewährt den Gesellschaftern eine weitgehende Gestaltungsfreiheit.[78]

aa. *Regelungen hinsichtlich des Ob der Versammlungsleitung*

Regelungen hinsichtlich des Ob einer Versammlungsleitung können etwa so ausgestaltet sein, dass sie die schlichte Aussage enthalten, dass Gesellschafterversammlungen der Leitung durch einen Versammlungsleiter bedürfen und dieser durch die Gesellschafterversammlung zu wählen ist.[79] Auch ist es möglich, ein bestimmtes Prozedere für die Wahl des Versammlungsleiters in der Satzung zu regeln.[80] Schließlich kann die Satzung vorsehen, dass der Versammlungsleiter durch Los zu bestimmen ist.[81]

bb. *Bestimmung der Person des Versammlungsleiters*

Soweit der Amtsinhaber bereits durch die Satzung selbst bestimmt werden soll, bieten sich im Wesentlichen zwei Gestaltungsmöglichkeiten. Die Person des Amtsinhabers kann zum einen ausdrücklich, d.h. namentlich, benannt sein oder aber die Satzung gibt konkrete Merkmale vor, anhand derer die Person zweifelsfrei bestimmbar ist (z.B. der Vorsitzende des Aufsichtsrats, der Gesellschafter mit den meisten Geschäftsanteilen, etc.).[82] Denkbar ist natürlich auch eine

---

76 *Liebscher*, in: MüKo-GmbHG, § 48, Rn. 106ff.

77 *Liebscher*, in: MüKo-GmHG, § 48, Rn. 106; *Hüffer/Schäfer*, in: GK-GmbHG, § 48, Rn. 29.

78 *Schindler*, in: BeckOK-GmbHG, § 48, Rn. 40; siehe zu einem Formulierungsvorschlag einer möglichen Satzungsregelung *Lohr*, GmbH-StB 2020, 304, 306.

79 *Liebscher*, in: MüKo-GmHG, § 48, Rn. 106.

80 *Schindler*, in: BeckOK-GmbHG, § 48, Rn. 40.

81 *Lange*, NJW 2015, 3190, 3191.

82 *Liebscher*, in: MüKo-GmHG, § 48, Rn. 106; *Hüffer/Schäfer*, in: GK-GmbHG, § 48, Rn. 29.

Mischform, bei welcher die Gesellschafterversammlung aus einem bestimmten vorgegebenen Personenkreis – etwa den Aufsichtsräten – einen Versammlungsleiter zu wählen hat oder an die Person des zu wählenden Versammlungsleiters bestimmte Anforderungen – berufliche Qualifikation, Alter, etc. – gestellt werden.[83]

cc. Entstehung eines Sonderrechts i.S.v. § 35 BGB?

Problematisch im Zusammenhang mit der satzungsmäßigen Bestellung eines Versammlungsleiters ist die Frage der Entstehung eines Sonderrechts im Sinne von § 35 BGB, welche nach teilweise vertretener – jedoch abzulehnender – Auffassung Bedeutung haben soll für die Voraussetzungen der Abberufung des Versammlungsleiters (siehe hierzu Teil A Ziff. A.III.3.a.bb). Von vornherein denkbar ist dies nur, soweit *ein Gesellschafter* durch die Satzung zum Versammlungsleiter bestellt wird. Eine entsprechende Anwendung von § 35 BGB auf die GmbH kommt nur dort in Betracht, wo es um Rechte eines „Mitglieds" der Gesellschaft geht. Soweit die Satzung keinen ausdrücklichen Vorbehalt enthält, wonach es der Gesellschafterversammlung freisteht, einen anderen Versammlungsleiter als den durch die Satzung designierten zu wählen, ist die Verleihung eines Sonderrechts eine Frage der Auslegung.[84] Wird die Person des Versammlungsleiters in der Satzung namentlich bestimmt, ist in der Regel davon auszugehen, dass dieser ein Sonderrecht i.S.v. § 35 BGB verliehen werden soll. Wird der Amtsinhaber hingegen nur nach abstrakten Merkmalen bestimmt – etwa der Vorsitzende des Aufsichtsrates –, ist nicht von der Einräumung eines Sonderrechts auszugehen.[85] Die letztgenannte Regelung impliziert bereits, dass die Gesellschafter bei Aufnahme der Klausel in die Satzung einen Wechsel in der Person des Amtsinhabers bewusst in Kauf nahmen. Es soll eben immer gerade diejenige Person Versammlungsleiter sein, welche *aktuell* den vorgegebenen Merkmalen entspricht. Wenn die Gesellschafter bei der Bestimmung des Versammlungsleiters aber kein Gesicht vor Augen haben, wird dies zumeist gegen die Verleihung eines Sonderrechts sprechen.

---

83 *Lange*, NJW 2015, 3190, 3191.

84 *Hüffer/Schäfer*, in: GK-GmbHG, § 48, Rn. 29; *Seibt*, in: Scholz, § 48, Rn. 33; *Römermann*, in: Michalski, § 48, Rn. 96.

85 *Lange*, NJW 2015, 3190, 3191; *Böttcher/Grewe*, NZG 2002, 1086, 1089f.

b. *Bestellung durch (einfachen) Gesellschafterbeschluss*

Sieht der Gesellschaftsvertrag keine Regelung zur Person des Versammlungsleiters vor, so steht es den Gesellschaftern frei, einen Versammlungsleiter zu wählen. Nach ganz überwiegender Auffassung genügt hierfür gemäß § 47 Abs. 1 GmbHG die einfache Mehrheit der abgegebenen Stimmen.[86] Zu unterscheiden von der Frage des Mehrheitserfordernisses bei der schlichten Bestellung des Versammlungsleiters ist diejenige, mit welchen Kompetenzen ein solcher durch einfachen Mehrheitsbeschluss bestellter Versammlungsleiter ausgestattet werden kann, insbesondere ob ihm das Recht zur (weisungsunabhängigen) Beschlussfeststellung eingeräumt werden kann. So wird vertreten, dass zwischen einem „einfachen Versammlungsleiter" mit lediglich moderierender Funktion und einem „qualifizierten Versammlungsleiter" mit Beschlussfeststellungskompetenz zu differenzieren ist.[87] Dies wird an späterer Stelle ausführlich zu erörtern sein (siehe Teil A Ziff. B.VI.3).

Die Wahl des Versammlungsleiters kann auch bereits für zukünftige Gesellschaftsversammlungen im Voraus erfolgen;[88] des Weiteren können durch einfachen Gesellschafterbeschluss die Kompetenzen des Versammlungsleiters geregelt werden.[89] Für einen zur Wahl stehenden Gesellschafter besteht – wie auch im Parallelfall der Bestellung von Organmitgliedern wie etwa Geschäftsführern, Aufsichtsräten oder Beiräten –[90] kein Stimmverbot nach § 47 Abs. 4 GmbHG bei der Abstimmung über seine Wahl.[91]

---

86 BGH, Beschl. v. 4.5.2009 – II ZR 166/07, ZIP 2009, 2193; OLG München, Urt. v. 12.1.2005 – 7 U 3691/04, GmbHR 2005, 624; *Römermann*, in: Michalski, § 48, Rn. 98; *Seibt*, in: Scholz, § 48, Rn. 33; *Hüffer/Schäfer*, in: GK-GmbHG, § 48, Rn. 29; *Schindler*, in: BeckOK-GmbHG, § 48, Rn. 41; *Liebscher*, in: MüKo-GmbHG, § 48, Rn. 107; *Wicke*, in: Wicke, § 48, Rn. 2; *Drygala/Staake/Szalai*, § 11, Rn. 141; *Bunz*, NZG 2017, 1366, 1368ff.; *Wiester*, GmbHR 2008, 189, 191; *Wertenbruch*, GmbHR 2020, 875, 877; *Lohr*, GmbH-StB 2020, 304, 305; *Werner*, GmbHR 2020, 1168, 1168; *Niemz*, S. 99; so für den Versammlungsleiter *ohne Beschlussfeststellungskompetenz* auch *Altmeppen*, in: Altmeppen, § 48, Rn. 15; *Zöllner/Noack*, in: Baumbach/Hueck, § 48, Rn. 16 und *Noack*, GmbHR 2017, 792, 799.

87 So *Noack*, GmbHR 2017, 792, 795 und *Altmeppen*, in: Altmeppen, § 48, Rn. 12ff.

88 OLG München, Urt. v. 12.1.2005 – 7 U 3691/04, GmbHR 2005, 624; *Hillmann*, in: Henssler/Strohn, § 48 GmbHG, Rn. 13; *Werner*, GmbHR 2006, 127, 128.

89 *Hüffer/Schäfer*, in: GK-GmbHG, § 48, Rn. 31; *Kleemann*, S. 69.

90 Vgl. hierzu *Drescher*, in: MüKo-GmbHG, § 47, Rn. 161.

91 *Hüffer/Schäfer*, in: GK-GmbHG, § 48, Rn. 29 und § 47, Rn. 181; *Schindler*, in: BeckOK-GmbHG, § 48, Rn. 41; *Lohr*, GmbH-StB 2020, 304, 305; *Werner*, GmbHR 2020, 1168, 1168.

c. *Bestellung durch Regelung in der Geschäftsordnung der Gesellschafterversammlung*

Alternativ zur Fassung eines Gesellschafterbeschlusses bietet sich der Gesellschafterversammlung die Möglichkeit, in einer Geschäftsordnung Regelungen zur Versammlungsleitung zu treffen. Im Gegensatz zur Satzung der Gesellschaft kann eine solche Geschäftsordnung der Gesellschafterversammlung durch einfachen Gesellschafterbeschluss ohne die Einhaltung der notariellen Form nach § 53 Abs. 2 S. 1 GmbHG von der Gesellschafterversammlung erlassen werden. Regelungen in einer solchen Geschäftsordnung können jederzeit durch einfachen Gesellschafterbeschluss wieder abbedungen werden.[92] Denkbar sind wiederum sowohl Regelungen bezüglich des Ob der Versammlungsleitung, als auch hinsichtlich der Person des Amtsinhabers.[93]

d. *Bestellung durch (stillschweigendes) Einverständnis der anwesenden Gesellschafter*

Ausreichend für eine wirksame Bestellung zum Versammlungsleiter ist es auch, wenn ein Gesellschafter oder eine sonstige Person ohne vorherige Wahl die Versammlungsleitung während der laufenden Versammlung *mit dem (stillschweigenden) Einverständnis sämtlicher anwesenden Gesellschafter* an sich zieht (siehe zur Frage der Beschlussfeststellungskompetenz eines auf solche Art und Weise bestellten Versammlungsleiters Teil A Ziff. B.VI.3).[94]

2. *Keine Pflicht zur Übernahme des Amtes*

Die wirksame Bestellung zum Versammlungsleiter setzt eine Annahmeerklärung des designierten Amtsinhabers voraus. Dies gilt unabhängig von der Art und Weise der Bestellung.[95] Es besteht hierbei keinerlei gesellschaftsrechtliche Verpflichtung zur Übernahme des Amtes.[96] Insbesondere gehört die Übernahme der Versammlungsleitung nie zum Pflichtenkatalog eines Geschäftsführers oder

---

92 *Römermann*, in: Michalski, § 48, Rn. 90.

93 *Hüffer/Schäfer*, in: GK-GmbHG, § 48, Rn. 29.

94 OLG Stuttgart, Beschl. v. 20.11.2012, GmbHR 2013, 472; *Werner*, GmbHR 2020, 1168, 1168; anders im Fall der Entscheidung des OLG Köln, Urt. v. 16.5.2002 – 18 U 31/02, GmbHR 2002, 913, wo sich der Versammlungsleiter sein Amt gegen den erklärten Willen der übrigen Gesellschafter anmaßte.

95 *Römermann*, in: Michalski, § 48, Rn. 107; *Bayer*, in: Lutter/Hommelhoff, § 48, Rn. 14; *Lange*, NJW 2015, 3190, 3192; *Kleemann*, S. 45.

96 *Lange*, NJW 2015, 3190, 3192; *Kleemann*, S. 45.

Aufsichtsrates (siehe hierzu eingehend Teil B Ziff. A.II und Ziff. B.II). Eine Pflicht zur Übernahme der Versammlungsleitung kann sich jedoch als Primärpflicht aus einem zwischen der Gesellschaft und dem designierten Versammlungsleiter bestehenden vertraglichen Schuldverhältnis ergeben – etwa bei Vorliegen eines Dienstvertrags (siehe diesbezüglich Teil B Ziff. D.III.3).

3. *Folgen des Handelns durch Schein-Versammlungsleiter*

Probleme können sich ergeben, falls es im Rahmen der Bestellung des Versammlungsleiters zu Fehlern gekommen ist. Denkbar ist dies vor allem, soweit die Bestellung per ad hoc-Gesellschafterbeschluss erfolgt. Hier kann es etwa zur fehlerhaften Auszählung der abgegebenen Stimmen kommen. Ebenfalls vorstellbar ist, dass eine Person sich die Leitung der Gesellschafterversammlung einfach anmaßt, ohne dass das in diesem Fall für ihre Bestellung erforderliche (stillschweigende) Einverständnis der Gesellschafterversammlung (siehe oben Teil A Ziff. A.II.1.d) vorliegt. Eine ähnliche Fallkonstellation liegt außerdem vor, wenn dem jeweiligen Aufsichtsratsmitglied satzungsmäßig die Versammlungsleitung zugewiesen ist und sich die Wahl des Aufsichtsratsvorsitzenden nachträglich als fehlerhaft erweist. Fraglich ist, wie sich derart fehlerhafte Bestellungen auf die Wirksamkeit der seitens des vermeintlichen Versammlungsleiters anschließend getroffenen Maßnahmen auswirken. Insbesondere ist zu klären, ob die Tatsache der fehlerhaften Bestellung des Versammlungsleiters allein schon einen sonst rechtlich einwandfreien Beschluss anfechtbar oder gar nichtig zu machen vermag.

a. *Fehler unmittelbar bei der Bestellung des Versammlungsleiters*

Zunächst soll auf die Folgen des Falles eingegangen werden, dass unmittelbar bei der Bestellung des Versammlungsleiters Fehler aufgetreten sind. Im Gegensatz zur AG bedürfen Beschlüsse der Gesellschafterversammlung in der GmbH grundsätzlich keiner verbindlichen Feststellung (siehe hierzu Teil A Ziff. B.VI.1.b). Üblicherweise erfolgt daher auch im Rahmen der Wahl des Versammlungsleiters keine Beschlussfeststellung. Es ist ja gerade noch niemand im Amt, der die Feststellung treffen könnte. Fehler bei der Wahl können daher in der Regel unabhängig von einer Anfechtungsfrist im Rahmen der allgemeinen Feststellungsklage geltend gemacht werden (siehe zum Beschlussmängelrecht in der GmbH Teil A Ziff. B.VI.2.b).[97] Hieraus wird zum Teil gefolgert, dass auch die

97 *Lange*, NJW 2015, 3190, 3192.

seitens eines Schein-Versammlungsleiters festgestellten Beschlüsse noch nach Ablauf der Beschlussanfechtungsfrist im Wege der allgemeinen Feststellungsklage angegriffen werden können.[98] Auch soweit eine Person die Versammlungsleitung einfach an sich reißt, ohne dass dies von Seiten der Gesellschafter zumindest auf rechtserhebliche Weise geduldet wird, soll sie nicht über die Kompetenz zur verbindlichen Feststellung von Beschlüssen verfügen können.[99] Demzufolge wäre die Konsequenz der fehlerhaften Bestellung im Hinblick auf die getroffene Beschlussfeststellung nicht die Fehlerhaftigkeit des Beschlusses selbst, sondern die fristungebundene gerichtliche Angreifbarkeit des Beschlusses. Dies vermag zu überzeugen. Im Falle der angemaßten Versammlungsleitung erscheint dieses Ergebnis beinahe zwingend, da es hier von vornherein überhaupt keine Legitimation des „Versammlungsleiters" zur Feststellung von Beschlüssen (siehe zu den Voraussetzungen der Beschlussfeststellungskompetenz Teil A Ziff. B.VI.3) gibt. Aber auch im Falle der nachträglichen Feststellung von Fehlern bei der Bestellung des Versammlungsleiters liegt mangels wirksamer Bestellung keine ausreichende Legitimationsgrundlage für eine verbindliche Beschlussfeststellung vor. Dass diese Fehler erst nachträglich aufgedeckt bzw. gerichtlich festgestellt werden, kann keinen Unterschied machen.[100]

Die fehlerhafte Bestellung des Versammlungsleiters führt hingegen nicht dazu, dass nachfolgende Beschlüsse der Gesellschafterversammlung stets anfechtbar oder gar nichtig sind,[101] wie dies zum Teil etwa bei der AG für den Fall der Anmaßung des Amtes des Versammlungsleiters angenommen wird[102]. In der GmbH ist die Leitung der Gesellschafterversammlung durch einen Versammlungsleiter gerade nicht zwingend vorgesehen. Fehlt es an einem Versammlungsleiter, so werden seine Leitungs- und Ordnungsbefugnisse von der Gesellschafterversammlung selbst ausgeübt. Auch unterliegt der

98 *Lange*, NJW 2015, 3190, 3192.

99 OLG Köln, Urt. v. 16.5.2002 – 18 U 31/02, GmbHR 2002, 913; *Seibt*, in: Scholz, § 48, Rn. 33; *Bayer*, in: Lutter/Hommelhoff, § 48, Rn. 14; *Lange*, NJW 2015, 3190, 3192; a.A. *Wertenbruch*, GmbHR 2020, 875, 882, wonach die Beschlussfeststellungskompetenz auch durch eine Teilnahme „unter Protest" nicht beseitigt werden kann.

100 Der BGH scheint hingegen offenbar auch in solchen Fällen von der Wirksamkeit erfolgter Beschlussfeststellungen auszugehen, vgl. BGH, Urt. v. 20.11.2018 – II ZR 12/17, ZIP 2019, 316; insofern kritisch *Noack*, LMK 2019, 417112.

101 BGH, Urt. v. 20.11.2018 – II ZR 12/17, ZIP 2019, 316.

102 *Wicke*, in: Spindler/Stilz, Anh. § 119, Rn. 4b; so grundsätzlich auch *Niemz*, S. 144f. und S. 148ff., die jedoch unter bestimmten Voraussetzungen die Lehre von der fehlerhaften Organstellung für anwendbar hält.

Versammlungsleiter grundsätzlich den Weisungen der Gesellschafterversammlung, sodass diese – abgesehen von der Beschlussfeststellung – bei ungewünschten Maßnahmen des fehlerhaft bestellten Versammlungsleiters intervenieren kann. Zur Anfechtung der gefassten Gesellschafterbeschlüsse bedarf es daher grundsätzlich eines für die Beschlussfassung ursächlichen oder relevanten Fehlers bei der Versammlungsleitung, der über die unberechtigte Übernahme der Versammlungsleitung hinausgeht.[103] Andernfalls fehlt es an der für eine erfolgreiche Anfechtung erforderlichen Relevanz des geltend gemachten Fehlers für das Mitgliedschafts- bzw. Mitwirkungsrecht des Gesellschafters (siehe hierzu Teil A Ziff. C.I.3).

Etwas anderes muss jedoch zum einen dann gelten, wenn die Gesellschaftssatzung die Beschlussfeststellung als obligatorische Wirksamkeitsvoraussetzung für Gesellschafterbeschlüsse vorsieht. Geht dann nämlich die Beschlussfeststellung wegen der fehlenden Legitimation des Versammlungsleiters ins Leere, so liegt ein Satzungsverstoß im Sinne von § 243 Abs. 1 AktG analog vor. Zum anderen sind sämtliche gefassten Gesellschafterbeschlüsse nichtig, soweit diese im Rahmen einer parallelen Schein-Versammlung gefasst wurden.[104] Dies ist beispielsweise möglich, wenn Streit über das Erreichen der erforderlichen Mehrheit bei der Bestellung des Versammlungsleiters besteht und sich daher die Gesellschafterversammlung zum Teil der Leitung des einen und zum Teil der Leitung eines anderen Kandidaten für das Versammlungsleiteramt unterwirft. Hier können allein diejenigen Gesellschafterbeschlüsse wirksam sein, welche unter der Leitung des tatsächlich gewählten Versammlungsleiters gefasst wurden.

b. Sonderfall: Fehler bei der Wahl zum Aufsichtsrat

Für den Fall des erfolgreichen Vorgehens gegen die Wahl eines Aufsichtsratsmitglieds in der AG, welches aufgrund satzungsmäßiger Bestimmung zugleich als Leiter der Hauptversammlung fungiert, wird aus der Rechtsprechung des BGH gefolgert, dass sämtliche unter der Leitung eines solchen Schein-Versammlungsleiters bis zur rechtskräftigen Erklärung der Nichtigkeit seiner Wahl zum Aufsichtsrat von der Hauptversammlung getroffenen und durch ihn festgestellten Beschlüsse von der Fehlerhaftigkeit seiner Wahl unberührt

---

103 BGH, Urt. v. 20.11.2018 – II ZR 12/17, ZIP 2019, 316.

104 BGH, Urt. v. 21.6.2010 – II ZR 230/08, GmbHR 2010, 977; *Wertenbruch*, GmbHR 2020, 875, 881.

bleiben.[105] So hat der BGH in Bezug auf Vorschläge zur Beschlussfassung der Hauptversammlung nach § 124 Abs. 3 S. 1 AktG durch den Aufsichtsrat einer AG entschieden, dass die ursächliche Mitwirkung eines Aufsichtsratsmitglieds, dessen Wahl zum Zeitpunkt des Beschlussvorschlags zwar bereits angefochten, aber noch nicht für nichtig erklärt ist, auch bei späterer Nichtigerklärung des Wahlbeschlusses keinen relevanten Verfahrensmangel der betreffenden Hauptversammlungsbeschlüsse bilden kann. Begründet wird dies damit, dass der Aufsichtsrat gar keinen anderen Beschlussvorschlag in anderer, „richtiger" Besetzung machen konnte, weil der Wahlbeschluss bis zur Nichtigerklärung Wirkung entfaltet und erst rückwirkend unwirksam wird und der Aufsichtsrat damit zur Zeit des Beschlussvorschlags ordnungsgemäß besetzt war. Eine Rückabwicklung der betreffenden Hauptversammlungsbeschlüsse wegen Fehlens des nach § 124 Abs. 3 S. 1 AktG erforderlichen Beschlussvorschlags stehe in Widerspruch zu dem Interesse der Gesellschaft und ihrer Aktionäre an der Einberufung einer Hauptversammlung und der Fassung wirksamer Beschlüsse[106] Nach anderer Ansicht lässt sich dasselbe Ergebnis über die Lehre von der fehlerhaften Organstellung herleiten.[107] Dasselbe soll dort gelten, wo durch den Aufsichtsrat eine Person zum Versammlungsleiter bestimmt wird und die Stimme eines anfechtbar gewählten Aufsichtsratsmitglieds entscheidend ist. Hier soll die Bestimmung des Versammlungsleiters bis zur rechtskräftigen Erklärung der Nichtigkeit der Aufsichtsratswahl wirksam bleiben.[108]

Es sind keine Gründe ersichtlich, diese Grundsätze nicht auch auf die GmbH zu übertragen, wenn das Amt des Versammlungsleiters satzungsmäßig mit der Inhaberschaft der Mitgliedschaft im Aufsichtsrat verknüpft wird und die Wahl des als Versammlungsleiter agierenden Aufsichtsratsmitglieds später für nichtig erklärt wird. Bis zur (gerichtlichen) Entscheidung über die Fehlerhaftigkeit der

105 *Koch*, in: Hüffer/Koch, § 129, Rn. 19; *Mülbert*, in: GK-AktG, § 129, Rn. 236; *Drinhausen/Marsch-Barner*, AG 2014, 757, 769 nehmen dies sogar für den Fall der Nichtigkeit der Aufsichtsratswahl an.

106 BGH, Urt. v. 19.2.2013 – II ZR 56/12, NZG 2013, 456.

107 Vgl. etwa *Habersack*, in: MüKo-AktG, § 101, Rn. 69ff.; *Herrler*, in: Grigoleit, § 129, Rn. 42; *Niemz*, S. 148ff., wonach die Lehre von der fehlerhaften Organstellung jedoch unmittelbar auf den Versammlungsleiter selbst als eigenständiges Organ der Gesellschaft angewendet werden kann; vgl. zu weiteren Lösungsansätzen des Problems der fehlerhaften Aufsichtsratswahl *Drygala/Gehling*, ZIP 2014, 1253.

108 *Koch*, in: Hüffer/Koch, § 129, Rn. 19; *Mülbert*, in: GK-AktG, § 129, Rn. 237; *Drinhausen/Marsch-Barner*, AG 2014, 757, 769 nehmen dies sogar für den Fall der Nichtigkeit der Aufsichtsratswahl an.

Aufsichtsratswahl war das Aufsichtsratsamt noch mit der die Versammlung leitenden Person besetzt und kann auch rückwirkend mit niemand anders mehr besetzt werden. Es ist damit im Interesse der Gesellschafter an der Fassung wirksamer Gesellschafterbeschlüsse anzunehmen, dass die spätere Nichtigerklärung der Wahl eines Aufsichtsratsmitglieds ohne Auswirkung auf die unter der Leitung dieses Aufsichtsratsmitglieds gefassten und festgestellten Gesellschafterbeschlüsse bleibt.

4. Zusammenfassung

Hinsichtlich der Bestellung des Versammlungsleiters sind vier verschiedene Wege zu unterscheiden – wobei die Frage der Beschlussfeststellungskompetenz vorerst außer Acht bleiben soll. Sie kann zum einen satzungsmäßig erfolgen. Denkbar sind sowohl Regelungen hinsichtlich des Ob der Versammlungsleitung bzw. des Prozederes für die Bestimmung eines Versammlungsleiters, als auch hinsichtlich der Person des Versammlungsleiters denkbar sind. Insbesondere im letztgenannten Fall kommt die Entstehung eines Sonderrechts i.S.v. § 35 BGB zugunsten des so bestimmten Versammlungsleiters in Betracht, was nach teilweise vertretener – jedoch abzulehnender – Auffassung erhöhte Voraussetzungen für die Abberufung des Versammlungsleiters zur Folge haben soll. Des Weiteren kann die Bestellung eines Versammlungsleiters – vorbehaltlich entgegenstehender Satzungsregelungen – durch einfachen Mehrheitsbeschluss der Gesellschafterversammlung, Regelung in der Geschäftsordnung der Gesellschafterversammlung oder das schlichte Tätigwerden einer Person im (stillschweigenden) Einvernehmen sämtlicher anwesenden Gesellschafter erfolgen. Die Bestellung kann auch bereits für künftige Gesellschafterversammlungen im Voraus erfolgen. Eine erfolgreiche Bestellung setzt stets die Annahme des Amtes seitens des designierten Versammlungsleiters voraus. Hierzu besteht keinerlei gesellschaftsrechtliche Verpflichtung. Eine Pflicht zur Übernahme der Versammlungsleitung kann sich aber aus einem gegebenenfalls bestehenden schuldrechtlichen Rechtsverhältnis zwischen Gesellschaft und Versammlungsleiter ergeben. Kommt es zu Fehlern bei der Bestellung des Versammlungsleiters, sind die von einem solchen Schein-Versammlungsleiter festgestellten Beschlüsse nicht per se fehlerhaft, jedoch fristungebunden angreifbar im Wege der allgemeinen Feststellungsklage. Eine Anfechtbarkeit der im Nachgang zu einer fehlerhaften Bestellung des Versammlungsleiters gefassten Beschlüsse ist dann anzunehmen, wenn die Gesellschaftssatzung eine förmliche Beschlussfeststellung durch den Versammlungsleiter als zwingende Wirksamkeitsvoraussetzung der Gesellschafterbeschlüsse vorsieht. Werden Gesellschafterbeschlüsse im Rahmen einer parallelen Schein-Gesellschafterversammlung gefasst, so sind diese nichtig. Im Sonderfall der fehlerhaften Aufsichtsratswahl bei satzungsmäßiger Bestimmung des jeweiligen Aufsichtsratsmitglieds zum Versammlungsleiter bleiben getroffene Beschlussfeststellungen von der nachträglichen Erklärung der Nichtigkeit der Aufsichtsratswahl unberührt.

III. Beendigung des Amtes

Die Beendigung des Versammlungsleiteramtes kann auf drei verschiedenen Wegen erfolgen. Zum einen durch automatisches Erlöschen des Amtes mit Ende der Gesellschafterversammlung, zum anderen durch Amtsniederlegung seitens des Versammlungsleiters und schließlich durch Abberufung des Versammlungsleiters seitens der Gesellschafter.

1. Ende der Gesellschafterversammlung

Soweit eine Bestellung des Versammlungsleiters nur für die laufende Gesellschafterversammlung erfolgt ist (insbesondere bei Bestellung des Versammlungsleiters durch ad hoc-Gesellschafterbeschluss), endet seine Amtsstellung ohne weiteren Rechtsakt mit Ablauf der jeweiligen Gesellschafterversammlung.

2. Amtsniederlegung durch den Versammlungsleiter

Dem Versammlungsleiter steht es frei, sein Amt jederzeit – d.h. auch während einer laufenden Gesellschafterversammlung – niederzulegen. Hierzu bedarf es keines wichtigen Grundes.[109] Es ist lediglich der Zugang der Niederlegungserklärung bei der Gesellschafterversammlung als Wirksamkeitsvoraussetzung zu verlangen.[110]

3. Abberufung durch die Gesellschafterversammlung

a. Abberufung bei statutarisch bestelltem Versammlungsleiter

Problematisch ist die Abberufung eines Versammlungsleiters, wenn dieser statutarisch bestellt wurde und (wie meist) eine Satzungsregelung zu seiner Abberufung fehlt. Hier stellt sich zum einen die Frage, ob sich für die Gesellschafterversammlung eine Möglichkeit zur Abberufung anders als im Wege der Satzungsänderung bietet. Zum anderen kann es – wie vorstehend bereits

---

109 *Seibt*, in: Scholz, § 48, Rn. 34; *Lange*, NJW 2015, 3190, 3193.
110 *Lange*, NJW 2015, 3190, 3193.

dargelegt (siehe Teil A Ziff. A.II.1.a.cc) – bei der satzungsmäßigen Bestellung eines Versammlungsleiters dazu kommen, dass ein Sonderrecht i.S.v. § 35 BGB entsteht. Dieses kann gemäß § 35 BGB grundsätzlich nur mit Zustimmung des Rechtsinhabers wieder entzogen werden. Es stellt sich folglich außerdem die Frage, unter welchen Voraussetzungen der mit einem Sonderrecht ausgestattete Versammlungsleiter seines Amtes enthoben werden kann, soweit er die Zustimmung zu seiner Amtsenthebung verweigert.

aa. Abberufung ohne Bestehen eines Sonderrechts

(1) Rechtliche Qualifikation von Satzungsregelungen betreffend die Versammlungsleitung

Im Vorfeld zur Frage der Voraussetzungen für die Abberufung eines statutarisch bestellten Versammlungsleiters ist zunächst zu klären, welche rechtliche Qualität einer Satzungsregelung betreffend die Versammlungsleitung zukommt. So kann es sich bei in dem Satzungstext einer GmbH enthaltenen Regelungen sowohl um sog. „echte Satzungsbestandteile" (auch „Satzung im materiellen Sinne") als auch um sog. „unechte Satzungsbestandteile" (auch „Satzung im formellen Sinne") handeln. Ungeachtet der strittigen Frage, unter welchen Voraussetzungen die Änderung von in der Satzungsurkunde einer GmbH enthaltenen Regelungen in rein formeller Hinsicht (d.h. eine reine Anpassung des Wortlauts) möglich ist,[111] bestehen jedenfalls im Hinblick auf den Eintritt der materiell-rechtlichen Wirkung von Änderungen erhebliche Unterschiede zwischen echten und unechten Satzungsbestandteilen. Während die Änderung echter Satzungsbestimmungen erst mit der Eintragung in das Handelsregister nach § 54 Abs. 3 GmbHG wirksam wird, vermag diese bezüglich unechter Satzungsbestandteile nur noch deklaratorische Wirkung zu entfalten. Der Eintritt der materiell-rechtlichen Wirkung richtet sich im letztgenannten Fall vielmehr nach den allgemeinen Vorschriften (etwa § 47 Abs. 1 GmbHG).[112] Es besteht hier folglich die Gefahr der Divergenz zwischen materieller Rechtslage und Satzungstext.[113]

Als echte Satzungsbestandteile anzusehen sind zum einen notwendig echte Satzungsbestandteile, d.h. zwingend in die Satzung aufzunehmende Regelungen (zur Abgrenzung zwischen notwendig echten von notwendig unechten Satzungsbestandteilen siehe sogleich), und zum anderen gewillkürte echte Satzungsbestandteile. Bei letzteren handelt es sich um weder zwingend als notwendig echte

---

111 Vgl. hierzu etwa *Ulmer/Casper*, in: GK-GmbHG, § 53, Rn. 31f.

112 *Hoffmann*, in: Michalski, § 53, Rn. 6.

113 *Ulmer/Casper*, in: GK-GmbHG, § 53, Rn. 10.

oder notwendig unechte Satzungsbestandteile einzuordnende Bestimmungen, hinsichtlich derer jedoch der (mutmaßliche) Wille der Gesellschafter auf das Vorliegen eines echten Satzungsbestandteils schließen lässt.[114] Der Aufnahme in den Satzungstext kommt hierbei grundsätzlich Indizwirkung zu.[115] Um unechte Satzungsbestandteile handelt es sich hingegen folglich bei notwendig unechten Satzungsbestandteilen und außerdem bei solchen Regelungen, die weder zwingend als notwendig echte oder notwendig unechte Satzungsbestandteile einzuordnen sind und hinsichtlich derer von den Gesellschaftern auch keine Aufnahme in die Satzung im materiellen Sinne gewollt ist.

Notwendig echte Satzungsbestimmungen sind zum einen solche Regelungen, welche „die Grundlagen der Gesellschaft, ihre Beziehungen zu den Gesellschaftern sowie die Rechte und Pflichten der Gesellschaftsorgane" betreffen. Insbesondere erfasst sind also die in § 3 Abs. 1 GmbHG zwingend vorgeschriebenen Satzungsregelungen oder etwaige Abreden über Sacheinlagen sowie -übernahmen.[116] Zum anderen fallen in diese Kategorie Bestimmungen, durch welche in das dispositive gesetzliche Normalstatut der Gesellschaft eingegriffen wird. Auch die Einräumung von Sonderrechten zugunsten von Gesellschaftern bedarf zwingend einer Regelung in der Gesellschaftssatzung.[117] Notwendig unechte Satzungsbestandteile liegen hingegen immer dann vor, wenn der in der Satzungsurkunde getroffenen Regelung aus inhaltlichen Gründen keine Satzungsqualität zukommen kann.[118] Zu denken ist insbesondere an deklaratorische Angaben (z.B. bezüglich der Inhaberschaft an Geschäftsanteilen) sowie schuldrechtliche Vereinbarungen, die lediglich verlautbart werden.[119] Auch die Begründung von Rechten zugunsten gesellschaftsfremder Dritter ist grundsätzlich stets als notwendig unechter Satzungsbestandteil einzuordnen.[120] Dies lässt sich unter anderem damit begründen, dass es hier sonst zu einem Widerspruch käme zwischen

114 Eingehend zur Abgrenzung echter und unechter Satzungsbestandteile *Harbarth*, in: MüKo-GmbHG, § 53, Rn. 11.

115 *Harbarth*, in: MüKo-GmbHG, § 53, Rn. 11; *Ulmer/Casper*, in: GK-GmbHG, § 53, Rn. 14.

116 *Ulmer/Casper*, in: GK-GmbHG, § 53, Rn. 15.

117 *Harbarth*, in: MüKo-GmbHG, § 53, Rn. 12ff.; *Ulmer/Casper*, in: GK-GmbHG, § 53, Rn. 16.

118 *Harbarth*, in: MüKo-GmbHG, § 53, Rn. 18.

119 *Ulmer/Casper*, in: GK-GmbHG, § 53, Rn. 9.

120 *Harbarth*, in: MüKo-GmbHG, § 53, Rn. 18; *Hoffmann*, in: Michalski, Rn. 10f.; eingehend zur Begründung von Rechten Dritter in der GmbH-Satzung *Ulmer*, FS Werner, 1984, S. 911ff. sowie *ders.*, FS Wiedemann, 2002, S. 1297ff.; a.A. *A. Bürkle*, S. 65ff.

der Regelung nach § 328 Abs. 2 BGB, wonach die Änderung von Verträgen zugunsten Dritter von der Zustimmung des Begünstigten abhängig gemacht werden kann, und der Vorschrift des § 53 Abs. 1 GmbHG, die Satzungsänderungen der alleinigen Kompetenz der Gesellschafter unterstellt.[121] Nicht dieser Fallgruppe unterfällt jedoch die bloße Ausgestaltung von Organkompetenzen. Hier kann eine echte Satzungsregelung auch mit Geltung für gesellschaftsfremde Amtsinhaber getroffen werden.[122] Bei der Benennung von Nicht-Gesellschaftern als Organwalter ist zu differenzieren: Während ein Forderungsrecht des Dritten hinsichtlich seiner Amtsstellung durch die Satzung nicht begründet werden kann, ist die Einigung der Gesellschafter auf einen bestimmten Organwalter im Innenverhältnis durchaus im Wege einer echten Satzungsbestimmung möglich. Die Abberufung des satzungsmäßig bestimmten Organwalters ohne Satzungsänderung stellt dann grundsätzlich eine Satzungsdurchbrechung (siehe hierzu Teil A Ziff. A.III.3.a.aa.(3)) dar, gegen die sich die überstimmten Gesellschafter unter Umständen gerichtlich zur Wehr setzen können.[123]

Die satzungsmäßige Bestellung eines Versammlungsleiters ist nach den vorstehend dargelegten Grundsätzen in der Regel ein echter Satzungsbestandteil. Wird einem Gesellschafter das Amt des Versammlungsleiters als Sonderrecht eingeräumt, so handelt es sich sogar um einen notwendig echten Satzungsbestandteil. Anderenfalls wird regelmäßig ein fakultativer echter Satzungsbestandteil vorliegen. Allein die Aufnahme der Bestimmung in die Satzungsurkunde bei alternativer Möglichkeit der Fassung eines einfachen Gesellschafterbeschlusses oder der Aufnahme in die Geschäftsordnung der Gesellschafterversammlung ist bereits ein gewichtiges Indiz für einen dahingehenden Willen der Gesellschafter. Dies gilt auch für die Bestellung eines gesellschaftsfremden Dritten zum Versammlungsleiter. Auch wenn es sich bei dem Amt des Versammlungsleiters nicht um ein Organ der Gesellschaft handelt (siehe Teil A Ziff. A.I.3.a), kann der Fall dennoch mit der satzungsmäßigen Bestimmung eines Nicht-Gesellschafters zum Organwalter verglichen werden. Auch hier kann folglich kein Forderungsrecht des Dritten allein durch die Satzung begründet werden. Im Innenverhältnis der Gesellschafter wird aber regelmäßig eine möglichst starke Verbindlichkeit der getroffenen Regelung, mithin eine echte Satzungsregelung, beabsichtigt sein.

---

121 *Hoffmann*, in: Michalski, § 53, Rn. 10.

122 *Priester/Tebben*, in: Scholz, § 53, Rn. 11; *Ulmer*, FS: Werner, 1984, S. 911, 923, der ebenfalls unterscheidet zwischen der Einräumung von Rechten zugunsten gesellschaftsfremder Dritter „ad personam" und der Begründung von Organbefugnissen.

123 *Ulmer*, FS Wiedemann, 2002, S. 1297, 1299 und 1318f.

(2) Meinungsstand

Hinsichtlich des statutarisch bestellten Versammlungsleiters ohne Sonderrecht wird vertreten, dass zu seiner Abberufung eine Satzungsänderung,[124] ein einstimmiger satzungsdurchbrechender Beschluss bzw. alternativ ein satzungsdurchbrechender einfacher Mehrheitsbeschluss in Verbindung mit dem Vorliegen eines wichtigen Grundes,[125] ein einfacher Mehrheitsbeschluss in Verbindung mit dem Vorliegen eines wichtigen Grundes,[126] ein wichtiger Grund[127] oder sogar lediglich ein mit einfacher Mehrheit gefasster Beschluss[128] erforderlich ist.

Soweit das Vorliegen eines wichtigen Grundes gefordert wird, ist hiermit ein Grund gemeint, der sich regelmäßig aus der Versammlungsleitung selbst ergeben muss (etwa die Volltrunkenheit des Versammlungsleiters oder die Unterdrückung der Minderheit).[129] Ob das Bestehen eines Stimmverbotes zulasten des Gesellschafter-Versammlungsleiters hinsichtlich einzelner Gegenstände der Tagesordnung einen solchen wichtigen Grund darstellt, ist umstritten, nach hier vertretener Auffassung jedoch klar abzulehnen, da ein Gesellschafter-Versammlungsleiter auch bei Bestehen eines Stimmrechtsausschlusses in Bezug auf einzelne Gegenstände der Tagesordnung stets von Gesetzes wegen zur rechtmäßigen Ausübung seines Amtes verpflichtet ist. Daher kann er weder bei der Ausübung seines Amtes befangen sein, noch das Bestehen des Stimmrechtsausschlusses in Bezug auf einen Gegenstand der Tagesordnung einen wichtigen Grund zu seiner Abberufung bilden (siehe eingehend unten Teil A Ziff. A.III.3.c.bb).[130]

(3) Stellungnahme

Soweit die Abberufungsmöglichkeit des satzungsmäßig bestimmten Versammlungsleiters mit den Grundsätzen zur Satzungsdurchbrechung begründet wird, ist dies wenig überzeugend. Als Satzungsdurchbrechung wird allgemein

---

124 *Bayer*, in: Lutter/Hommelhoff, § 48, Rn. 15; *Böttcher/Grewe*, NZG 2002, 1086, 1090; *Hüffer/Schäfer*, in: GK-GmbHG, § 48, Rn. 30.

125 *Bayer*, in: Lutter/Hommelhoff, § 48, Rn. 15f.

126 *Bayer*, in: Lutter/Hommelhoff, § 48, Rn. 15a.

127 *Schindler*, in: BeckOK-GmbHG, § 48, Rn. 46; *Liebscher*, in: MüKo-GmbHG, § 48, Rn. 108; *Noack*, GmbHR 2017, 792, 799.

128 *Lange*, NJW 2015, 3190, 3194.

129 *Bayer*, in: Lutter/Hommelhoff, § 48, Rn. 15a; dahingehend auch *Böttcher/Grewe*, NZG 2002, 1086, 1090.

130 So auch *Noack*, GmbHR 2017, 792, 800.

ein Beschluss angesehen, „der für einen Einzelfall eine Regelung trifft, die in Widerspruch zur Satzung steht, ohne den Satzungstext selbst zu ändern.“[131] Es ist hierbei zu unterscheiden zwischen punktuellen Regelungen, deren Wirkung sich lediglich in einer Maßnahme erschöpft, und Regelungen, die einen Zustand herbeiführen, welcher von der Satzung abweicht. Lediglich hinsichtlich erstgenannter Fallgruppe ist die Wirksamkeit des Beschlusses ohne Einhaltung der Formalitäten einer Satzungsänderung denkbar. Zustandsbegründende Satzungsdurchbrechungen hingegen sollen stets unwirksam sein – auch wenn der Zustand auf einen begrenzten Zeitraum beschränkt ist.[132] Bei der Abberufung eines Versammlungsleiters handelt es sich aber in der Regel um eine Zustandsbegründung, da sie regelmäßig jedenfalls für die gesamte (restliche) Gesellschafterversammlung erfolgen soll. Eine Ausnahme mag dann anzunehmen sein, wenn die Abberufung lediglich in Bezug auf einen Tagesordnungspunkt erfolgen soll (wobei dies auch hier schon zweifelhaft erscheint). Es muss jedoch auch in anderen Fällen eine Möglichkeit bestehen, den statutarisch bestellten Versammlungsleiter seines Amtes zu entheben, ohne hierbei den §§ 53 f. GmbHG Genüge zu tun.

Die Abberufungsmöglichkeit des Versammlungsleiters bei Vorliegen eines wichtigen Grundes wird zum Teil auch damit begründet, dass die satzungsmäßige Bestellung eines Versammlungsleiters stets unter der der Satzungsregelung immanenten Schranke steht, dass kein wichtiger Grund für die Abberufung des bestellten Versammlungsleiters besteht.[133] Dies ist überzeugend. Es kann für die Abberufung des satzungsmäßig bestellten Versammlungsleiters bei Vorliegen eines wichtigen Grundes keine Satzungsänderung erforderlich sein. Für die Gesellschafterversammlung muss die Möglichkeit bestehen, einen ihr unzumutbaren Versammlungsleiter seines Amtes zu entheben, ohne hierbei dem strengen Formalismus einer Satzungsänderung unterworfen zu sein. Stellt sich etwa im Laufe einer Gesellschafterversammlung die Volltrunkenheit des Versammlungsleiters heraus, muss dieser spontan auch ohne Einhaltung des Beurkundungserfordernisses nach § 53 Abs. 2 S. 1 GmbHG abberufen werden können. Bei dem Abberufungsbeschluss handelt es sich dann nicht um eine

131 *Hoffmann*, in: Michalski, § 53, Rn. 35; *Harbarth*, in: MüKo-GmbHG, § 53, Rn. 45.

132 Vgl. zur Abgrenzung *Hoffmann*, in: Michalski, § 53, Rn. 35 unter Verweis auf BGH, Urt. v. 7.6.1993 – II ZR 81/92, DNotZ 1994, 313; *Harbarth*, in: MüKo-GmbHG, § 53, Rn. 45.

133 *Bayer*, in: Lutter/Hommelhoff, § 48, Rn. 15a; *Noack*, GmbHR 2017, 792, 799.

Satzungsdurchbrechung. Die Abberufung des Versammlungsleiters bei Vorliegen eines wichtigen Grundes ist mit vorstehender Argumentation ja gerade von der Satzung gedeckt.

Es ist jedoch aus praktischen Erwägungen davon auszugehen, dass diese satzungsimmanente Abberufungsmöglichkeit bei Vorliegen eines wichtigen Grundes das Erreichen einer Drei-Viertel-Mehrheit voraussetzt. Zwar kann hier der Schutz des Willens der Drei-Viertel-Mehrheit, welche den Versammlungsleiter ursprünglich bestellt hatte, nicht als sonderlich starkes Argument dienen. Denn das Vorliegen eines wichtigen Grundes ist nicht dem Ermessen der Gesellschafterversammlung anheimgestellt, sondern gerichtlich voll überprüfbar.[134] In rechtlichen Zweifelssituationen erschiene es jedoch falsch, eine Abberufung zuzulassen, wenn nicht mindestens eine so große Mehrheit dieser zustimmt wie sie auch der Bestellung zugestimmt hatte. Die überstimmten Gesellschafter wären sonst auf den Klageweg verwiesen und müssten gegebenenfalls über Jahre die Abberufung vorläufig hinnehmen. Richtigerweise ist daher anzunehmen, dass die Abberufung eines statutarisch bestellten Versammlungsleiters eines wichtigen Grundes in Verbindung mit einer Drei-Viertel-Mehrheit bedarf.

Ist die Bestimmung des Versammlungsleiters ausnahmsweise einmal als unechte Satzungsbestimmung zu beurteilen, so ist das Vorliegen einer Satzungsdurchbrechung ohnehin von vornherein ausgeschlossen, da sich die diesbezügliche Problematik allein auf echte Satzungsbestandteile beschränkt.[135] Die materiell-rechtliche Wirksamkeit der Abberufung beurteilt sich hier völlig unabhängig von den §§ 53f. GmbHG. In der Regel wird eine Abberufung (unabhängig vom Vorliegen eines wichtigen Grundes) durch einfachen Mehrheitsbeschluss möglich sein.

bb. Abberufung bei Bestehen eines Sonderrechts

Wurde einem Gesellschafter die Funktion des Versammlungsleiters als Sonderrecht i.S.v. § 35 BGB eingeräumt, so wird zum Teil vertreten, dass eine Abberufung stets nur mit seinem Einverständnis möglich ist.[136] Nach vorzugswürdiger

---

134 Vgl. etwa BGH, Urt. v. 4.4.2017 – II ZR 77/16, GmbHR 2017, 701 (hier zur Abberufung eines Gesellschafter-Geschäftsführers aus wichtigem Grund).

135 *Harbarth*, in: MüKo-GmbHG, § 53, Rn. 45.

136 *Liebscher*, in: MüKo-GmbHG, § 48, Rn. 108; *Hüffer/Schäfer*, in: GK-GmbHG, § 48, Rn. 30; so wohl auch *Bayer*, in: Lutter/Hommelhoff, § 48, Rn. 15; sowie für den Verein *Hadding*, in: Soergel, § 35, Rn. 18, wonach jedoch die Verweigerung der Zustimmung im Einzelfall rechtsmissbräuchlich i.S.v. § 242 BGB oder treuwidrig sein kann.

Ansicht kann seine Abberufung hingegen auch (ohne Einverständnis) aus wichtigem Grund erfolgen.[137] Zu diesem Ergebnis lässt sich im Wege eines Erst-Recht-Schlusses zur Einziehung der Geschäftsanteile eines GmbH-Gesellschafters aus wichtigem Grund gelangen. Wenn schon der Entzug der Gesellschafterstellung selbst ohne Einverständnis des Betroffenen möglich ist, so muss dies erst recht auch für den Entzug eines Sonderrechts als Teil der Gesellschafterstellung gelten.[138]

Soweit man demnach eine Abberufung aus wichtigem Grund für zulässig erachtet, ist des Weiteren die Frage zu klären, welche formellen Voraussetzungen hierfür erfüllt sein müssen. Teils wird lediglich ein einfacher Mehrheitsbeschluss verlangt,[139] teils sogar eine Satzungsänderung für erforderlich gehalten.[140] Überwiegend wird diese Frage jedoch offen gelassen. Dies erscheint auch völlig legitim, da sich nach hier vertretener Auffassung keine Unterschiede zur Abberufung des statutarisch bestellten Versammlungsleiters ohne Sonderrecht ergeben: Das Bestehen des Sonderrechts wird allein durch das Erfordernis eines wichtigen Grundes überwunden. Bei Vorliegen eines wichtigen Grundes muss daher dasselbe gelten, was auch dann gelten würde, wenn der Sonderrechtsinhaber seine Zustimmung zur Abberufung erteilt hätte. Hier wäre aber zu fordern, dass zum Schutz des Willens der satzungsändernden Gesellschaftermehrheit, welche den Versammlungsleiter ursprünglich bestellt hatte,– wie bei der Abberufung eines statutarisch bestellten Versammlungsleiters ohne Sonderrecht – eine Drei-Viertel-Mehrheit der Abberufung zustimmt. Auch im Falle der Einräumung eines Sonderrechts ist unter den vorstehend genannten Voraussetzungen eine satzungsimmanente Abberufungsmöglichkeit anzunehmen, so dass keine Satzungsdurchbrechung vorliegt.

Zu bedenken ist im Rahmen der Abberufung eines Versammlungsleiters mit Sonderrecht schließlich noch die vorläufige Wirksamkeit des Abberufungsbeschlusses. So ist bei der Abberufung eines mit Sonderrecht ausgestatteten Gesellschafter-Geschäftsführers gegen dessen Willen anerkannt, dass er trotz Abberufung im Wege eines Mehrheitsbeschlusses bis zur rechtskräftigen gerichtlichen Klärung des tatsächlichen Vorliegens eines wichtigen Grundes zunächst

---

137 *Seibt*, in: Scholz, § 48, Rn. 34; *Lange*, NJW 2015, 3190, 3194; *Eickhoff*, Rn. 246; so für den Verein auch *Arnold*, in: MüKo-BGB, § 35, Rn. 10.

138 *Böttcher/Grewe*, NZG 2002, 1086, 1090.

139 *Lange*, NJW 2015, 3190, 3194.

140 *Kleemann*, S. 64f.

weiterhin im Amt bleibt.[141] Dieses Ergebnis wird unter anderem auf eine sinngemäße Anwendung der §§ 117, 127 HGB gestützt.[142] Es ist jedoch abzulehnen, diese Grundsätze auch auf den Versammlungsleiter zu übertragen. Aufgrund des Fehlens eines nach außen gerichteten Auftretens liegt hier eine völlig andere Interessenlage vor. Es kommt infolge des Amtswechsels weder zu einer Änderung der Vertretungsbefugnisse, noch ist dadurch bedingt etwa eine Eintragung des neuen Amtsinhabers in das Handelsregister gemäß § 39 GmbHG erforderlich. Folglich besteht ein deutlich geringeres Bedürfnis nach Rechtssicherheit als im Fall der Abberufung eines Geschäftsführers und auch die Gefahr von Reputationsschäden ist kaum gegeben. Ein mehrmaliger Wechsel in der Person des Versammlungsleiters (Amtsinhaberschaft des Sonderberechtigten – vorläufige Abberufung wegen behaupteten wichtigen Grundes – Rückgängigmachung der Abberufung infolge rechtskräftiger gerichtlicher Entscheidung) erscheint tolerabel.

Mithin ergeben sich für die Abberufung des satzungsmäßig bestellten Versammlungsleiters, der ein Sonderrecht i.S.v. § 35 BGB inne hat, keinerlei Unterschiede zur Abberufung ohne Sonderrecht. Auch hinsichtlich der zu fordernden Beschaffenheit des wichtigen Grundes kann auf die vorstehenden Ausführungen zur Abberufung ohne Bestehen eines Sonderrechts verwiesen werden.

b. Abberufung bei durch einfachen Gesellschafterbeschluss bestelltem Versammlungsleiter

Wurde der Versammlungsleiter durch Mehrheitsbeschluss von der Gesellschafterversammlung bestellt, so kann er von ihr nach ganz h.M. als actus contrarius auch durch einfachen Mehrheitsbeschluss ohne Vorliegen eines wichtigen Grundes wieder abberufen werden.[143] Dies kann erforderlichenfalls auch während einer laufenden Versammlung geschehen.[144]

---

141 Vgl. etwa *U. H. Schneider/S. H. Schneider*, in: Scholz, § 38, Rn. 66; *Kleindiek*, in: Lutter/Hommelhoff, § 38, Rn. 34; *Paefgen*, in: GK-GmbHG, § 38, Rn. 217; *Altmeppen*, NJW 2016, 2833, 2838.

142 Vgl. etwa *U. H. Schneider/S. H. Schneider*, in: Scholz, § 38, Rn. 66.

143 *Seibt*, in: Scholz, § 48, Rn. 34; *Liebscher*, in: MüKo-GmbHG, § 48, Rn. 108; *Schindler*, in: BeckOK-GmbHG, § 48, Rn. 46; *Noack*, GmbHR 2017, 792, 799; *Bayer*, in: Lutter/Hommelhoff, § 48, Rn. 15; *Lange*, NJW 2015, 3190, 3193; *Böttcher/Grewe*, NZG 2002, 1090, 1089; *Lohr*, GmbH-StB 2020, 304, 305.

144 *Liebscher*, in: MüKo-GmbHG, § 48, Rn. 108.

Dasselbe muss gelten, wenn der Versammlungsleiter durch Regelung in der Geschäftsordnung der Gesellschafterversammlung[145] oder durch das (stillschweigende) Einverständnis der Gesellschafter bestellt wurde.

c. *Stimmverbot des Gesellschafter-Versammlungsleiters bei seiner Abwahl?*

Hinsichtlich eines möglichen Stimmverbots bei der Abwahl eines Gesellschafter-Versammlungsleiters sind verschiedene Konstellationen zu unterscheiden. Die Abwahl aus wichtigem Grund sowie wegen eines Interessenkonflikts des Versammlungsleiters bezüglich eines oder mehrerer Tagesordnungspunkte sind von der Abwahl aus sonstigen Gründen gesondert zu betrachten. Insbesondere bei der Abwahl aus wichtigem Grund kann die Frage eines Stimmverbotes von entscheidender Bedeutung für die gesellschaftsrechtliche Praxis sein. Zwar ist in einem späteren gerichtlichen Beschlussmängelstreit letztlich immer das im Wege tatrichterlicher Würdigung zu ermittelnde Vorliegen eines wichtigen Grundes entscheidend. Denn eine Anfechtungsklage (in Verbindung mit einer positiven Beschlussfeststellungsklage) wegen der Abberufung des Gesellschafter-Versammlungsleiters aus wichtigem Grund kann keineswegs Erfolg haben, wenn zwar aufgrund fehlerhafter Bewertung von Stimmverboten ein in formeller Hinsicht falsches Beschlussergebnis zustande kam, dieses aber in materieller Hinsicht richtig war (Bsp.: Ablehnung der Abberufung aus wichtigem Grund mit der entscheidenden Stimme des betroffenen Gesellschafter-Versammlungsleiters, der gemäß § 47 Abs. 4 GmbHG analog wegen substantiierter Behauptung eines wichtigen Grundes eigentlich von der Stimmabgabe ausgeschlossen war, bei objektivem Fehlen eines wichtigen Grundes).[146] Entscheidend ist die Frage eines Stimmverbotes aber hinsichtlich der bis zur gerichtlichen Klärung vorherrschenden Rechtslage. Ob ein Stimmverbot anzunehmen ist oder nicht, kann das Abstimmungsergebnis im Rahmen der Beschlussfassung über die Abberufung des Versammlungsleiters entscheidend beeinflussen und so zur vorläufigen Wirksamkeit der (fehlenden) Abberufung führen (siehe zum Begriff der vorläufigen Wirksamkeit eingehend Teil A Ziff. B. VI.2.c).

145 *Bayer*, in: Lutter/Hommelhoff, § 48, Rn. 15.

146 So für den Parallelfall der Beschlussfassung über die Abberufung eines Gesellschafter-Geschäftsführers aus wichtigem Grund BGH, Urt. v. 4.4.2017 – II ZR 77/16, GmbHR 2017, 701.

aa. Abwahl aus wichtigem Grund

Im Rahmen der eigenen Abwahl eines Gesellschafter-Versammlungsleiters aus wichtigem Grund unterliegt dieser einem Stimmverbot, da er andernfalls als Richter in eigener Sache fungieren würde.[147] Fraglich ist, welche Anforderungen hierbei an die Substantiierung des Vorliegens eines wichtigen Grundes zu stellen sind. Im Parallelfall der Abberufung eines Gesellschafter-Geschäftsführers aus wichtigem Grund wird zum Teil bereits die Abstimmung über die Abberufung aus wichtigem Grund allein für ausreichend erachtet, um ein Stimmverbot anzunehmen.[148] Zum Teil wird die substantiierte Behauptung des Vorliegens eines wichtigen Grundes gefordert[149] oder aber es wird sogar das objektive Vorliegen des wichtigen Grundes verlangt.[150]

Liegt zwar objektiv kein wichtiger Grund für die Abberufung des Versammlungsleiters vor, wird ein solcher aber (substantiiert) behauptet, so können die beiden erstgenannten Auffassungen zur Folge haben, dass der zu Unrecht abberufene Versammlungsleiter aufgrund seines (rechtmäßigen) Stimmrechtsausschlusses bis zu einer gerichtlichen Feststellung der Unwirksamkeit seiner Abberufung mangels Vorliegens eines wichtigen Grundes vorläufig an dem inhaltlich falschen Beschlussergebnis festgehalten wird. Dennoch erscheint es überzeugend, lediglich die substantiierte Behauptung eines wichtigen Grundes zu verlangen. Anders als bei der Abberufung eines Gesellschafter-Geschäftsführers – mit Ausnahme des Falls der Personengleichheit zwischen abzuberufendem Gesellschafter-Geschäftsführer und Versammlungsleiter – müsste sonst der Versammlungsleiter prüfen, ob *in seiner eigenen Person* ein wichtiger Grund zur Abberufung tatsächlich gegeben ist und sich gegebenenfalls eigenverantwortlich einer Stimmabgabe enthalten. Dies erscheint völlig

---

147 So zum GmbH-Versammlungsleiter *Bayer*, in: Lutter/Hommelhoff, § 48, Rn. 15; *Noack*, GmbHR 2017, 792, 799; a.A. *Lange*, NJW 2015, 3190, 3194.

148 OLG Naumburg, Urt. v. 23.2.1999 – 7 U (Hs) 25/98, NZG 2000, 44; OLG Karlsruhe, Urt. v. 4.5.1999 – 8 U 153/97, NZG 2000, 264; *Grunewald*, FS Zöllner, Bd. 1, 1998, S. 177, 183; *Terlau*, in: Michalski, § 38, Rn. 59ff; *Stephan/Tieves*, in: MüKo-GmbHG, § 38, Rn. 78.

149 OLG Brandenburg, Urt. v. 17.1.1996 – 7 U 106/95, GmbHR 1996, 539; *K. Schmidt*, in: Scholz, Bd. 2, 11. Aufl. 2013, § 46, Rn. 76, der aber in GmbHR 2017, 670, 673 noch weiterzugehen scheint und auf das Erfordernis der substantiierten Behauptung verzichtet; *Diekmann*, in: MüHdB-GesR, Bd. 3, § 42, Rn. 62.

150 *Ensenbach*, GmbHR 2016, 8, 14; *Fischer*, BB 2013, 2819, 2820; *Hüffer/Schäfer*, in: GK-GmbhG, § 47, Rn. 188; *Zöllner/Noack*, in: Baumbach/Hueck, § 47, Rn. 85; *Schindler*, in: BeckOK-GmbHG, § 47, Rn. 118.2; *Bayer*, GmbHR 2017, 665, 669f.

realitätsfern. Eine Enthaltung von der Abstimmung wäre dann zugleich ein Eingeständnis des Vorliegens eines wichtigen Grundes. Der Versammlungsleiter könnte auch gleich sein Amt niederlegen. Tut er dies nicht, wird er sich auch nicht im Rahmen seiner Abwahl der Stimme enthalten. Vorzugswürdig ist daher der Mittelweg, wonach bereits bei Vorliegen einer substantiierten Behauptung eines wichtigen Grundes ein Stimmrechtsausschluss besteht.[151] Dem Versammlungsleiter verbleibt so die Möglichkeit, sich gegenüber der Gesellschafterversammlung auf den Standpunkt zu stellen, dass zwar das Vorliegen eines wichtigen Grundes für seine Abwahl substantiiert behauptet wurde und er sich deshalb der Stimmabgabe enthalten müsse, ein solcher aber tatsächlich nicht gegeben sei. Über das tatsächliche Vorliegen eines wichtigen Grundes entscheidet dann – jedenfalls bis zu einer eventuellen gerichtlichen Klärung – allein die Gesellschafterversammlung ohne die Stimme des befangenen Versammlungsleiters. Berücksichtigt der Versammlungsleiter bei der Feststellung des Beschlussergebnisses schuldhaft die eigene Stimme trotz Vorliegens eines Stimmverbotes in seiner Person kann er sich schadensersatzpflichtig machen (siehe Teil B).

In dem Sonderfall, dass der Versammlungsleiter zugleich Mehrheitsgesellschafter einer Zwei- oder Mehr-Personen GmbH ist, kann nichts anderes gelten. Er muss sich auf die hinreichend substantiierte Behauptung des Vorliegens eines wichtigen Grundes seitens des bzw. der Minderheitsgesellschafter(s) hin seiner Stimmabgabe enthalten, seine Abwahl zunächst hinnehmen und das tatsächliche Vorliegen eines wichtigen Grundes gerichtlich klären lassen. Um irreparable Schäden abzuwenden, bietet sich die Möglichkeit des einstweiligen Rechtsschutzes. Nicht überzeugend erscheint es indessen, das Problem zu lösen, indem der Gesellschaftermehrheit das Recht zugesprochen wird, grundsätzlich die Beschlussfeststellungskompetenz an sich ziehen zu können und so die Klageobliegenheit der Gesellschafterminderheit aufzuerlegen (siehe hierzu Teil A Ziff. B.VI.1.c).

bb. Sonderfall: Abwahl aus Anlass eines Interessenkonfliktes in Bezug auf einen Gegenstand der Tagesordnung

Es ist umstritten, ob ein Gesellschafter-Versammlungsleiter bei seiner Abwahl wegen eines zu befürchtenden Interessenkonfliktes in Bezug auf einen Gegenstand der Tagesordnung stimmberechtigt ist. Zunächst sei diesbezüglich zur Klarstellung angemerkt, dass in der vorliegenden Arbeit zwischen der Abwahl des Versammlungsleiters aus wichtigem Grund und der Abwahl wegen eines zu

151 A.A. *Bayer*, in: Lutter/Hommelhoff, § 48, Rn. 15b.

befürchtenden Interessenkonfliktes differenziert wird. Zum Teil werden diese Abwahlgründe miteinander vermischt und aus diesem Grund etwa aus einer BGH-Entscheidung zur Abwahl des Versammlungsleiters wegen Interessenkonfliktes[152] Rückschlüsse bezüglich seiner Abwahl aus wichtigem Grund gezogen. Nach hier vertretener Auffassung ist dies jedoch nicht sachgerecht und mit der Argumentation des BGH kaum vereinbar, da dieser zum Bestehen eines wichtigen Grundes in einer solchen Situation gerade keine Aussage trifft.

Beispielhaft für eine solche Abwahlentscheidung wegen zu befürchtenden Interessenkonfliktes sei die geplante Abberufung des Gesellschafter-Geschäftsführers, der zugleich das Amt des Versammlungsleiters innehat, aus wichtigem Grund genannt.[153] Hinsichtlich seiner Abwahl *als Geschäftsführer* unterliegt der Gesellschafter in einem solchen Fall nach herrschender Auffassung einem Stimmverbot nach § 47 Abs. 4 GmbHG analog.[154] Fraglich ist jedoch, ob dies auch dazu führt, dass ihm im Rahmen des Abwahlbeschlusses bezüglich seiner Stellung *als Versammlungsleiter* wegen zu befürchtenden Interessenkonfliktes eine Stimmabgabe verwehrt ist – unterstellt, dass der wichtige Grund für die Abberufung als Geschäftsführer nicht zugleich einen wichtigen Grund für die Abberufung als Versammlungsleiter darstellt.

Ein Stimmverbot hier aus dem Rechtsgedanken der Vorschrift des § 47 Abs. 4 GmbHG abzuleiten, erscheint sehr zweifelhaft. Denn die Tatsache, dass ein Gesellschafter im Rahmen der Abstimmung über einen Tagesordnungspunkt von seinem Stimmrecht gemäß § 47 Abs. 4 GmbHG wegen Befangenheit ausgeschlossen ist, vermag nichts darüber auszusagen, dass er in Bezug auf ebendiesen Tagesordnungspunkt sein Versammlungsleiteramt nicht ordnungsgemäß ausüben würde. Vielmehr ist er hierzu gesetzlich verpflichtet (siehe zu den Pflichten des Versammlungsleiters Teil A Ziff. B). Soweit es zu fehlerhaften Beschlüssen kommt, können diese auf dem Klageweg korrigiert werden und es steht gegebenenfalls eine Haftung des Versammlungsleiters im Raum (siehe Teil B).

Dass ein Gesellschafter-Versammlungsleiter schon bei der Abstimmung über seine Abwahl wegen zu befürchtender Befangenheit im Rahmen der Ausübung

---

152 BGH, Urt. v. 21.6.2010 – II ZR 230/08, GmbHR 2010, 977.

153 Vgl. zur einer solchen Konstellation BGH, Urt. v. 21.6.2010 – II ZR 230/08, GmbHR 2010, 977.

154 BGH, Urt. v. 20.12.1982 – II ZR 110/1982, BGHZ 86, 177; BGH, Urt. v. 24.2.1992 – II ZR 79/91, NJW-RR 1992, 993; BGH, Urt. v. 27.4.2009 – II ZR 167/07, WM 2009, 1141; *Stephan/Tieves*, in: MüKo-GmbHG, § 38, Rn. 77; *Beurskens*, in: Baumbach/Hueck, § 38, Rn. 38.

seines Amtes befangen sein soll, ist daher erst recht zu weit gegriffen. Ein Stimmverbot ließe hier außerdem erhebliche Probleme in der Praxis befürchten, soweit unter den Gesellschaftern Streit besteht über das tatsächliche Vorliegen eines Interessenkonfliktes i.S.v. § 47 Abs. 4 GmbHG in Bezug auf die Tagesordnung. In diesem Fall besteht die Gefahr, dass sich der Versammlungsleiter mangels Befangenheit bei seiner Abwahl weiterhin für zuständig hält, ein Teil der Gesellschafter jedoch einen anderen Versammlungsleiter als amtierend erachtet. Mit dem BGH gesprochen bestünde die Gefahr paralleler Gesellschafterversammlungen.[155] Dies steht auch keineswegs in Widerspruch zur Annahme eines Stimmverbotes bei der Abwahl des Versammlungsleiters aus wichtigem Grund. So ist das Vorliegen eines wichtigen Abwahlgrundes bei Befangenheit eines Gesellschafter-Versammlungsleiters in Bezug auf einen Gegenstand der Tagesordnung mit vorstehender Argumentation gerade abzulehnen. Auch der zitierten Entscheidung des BGH lässt sich nichts anderes entnehmen. Über die Stimmberechtigung des Gesellschafter-Versammlungsleiters bei tatsächlichem Vorliegen eines wichtigen Grundes für seine Abwahl – etwa groben Fehlern im Rahmen seiner Amtsausübung – wird hier gerade keinerlei Aussage getroffen.

Nach anderer Auffassung soll hingegen die unmittelbare Betroffenheit des Versammlungsleiters bezüglich eines Gegenstandes der Tagesordnung in entsprechender Anwendung von § 47 Abs. 4 GmbHG ipso iure zur Unwirksamkeit einer getroffenen Beschlussfeststellung führen.[156] Mit den bereits dargelegten Argumenten ist die Unwirksamkeit von Beschlussfeststellungen bei Selbstbetroffenheit des Versammlungsleiters hinsichtlich einzelner Punkte der Tagesordnung jedoch abzulehnen.

---

155 BGH, Urt. v. 21.6.2010 – II ZR 230/08, GmbHR 2010, 977; zustimmend *Noack*, GmbHR 792, 799; *Hüffer/Schäfer*, in: GK-GmbHG, § 48, Rn. 30; *Lange*, NJW 2015, 3190, 3194; *Penzlin*, BGH EWiR 2010, 783, 784; *Wicke*, notar 2017, 235, 239; a.A. *Herchen*, Gesellschaftsrecht in der Diskussion 2016, 2017, S. 83ff., 92f.

156 *Hoffmann/Köster*, GmbHR 2003, 1327, 1332f; *Zöllner/Noack*, in: Baumbach/Hueck, Anh. § 47, Rn. 120; *Jansen*, S. 225; dahingehend auch *Gerauer*, S. 196, wonach für den Fall der statutarischen Übertragung der Beschlussfeststellungskompetenz auf den abzuberufenden Minderheitsgesellschafter-Geschäftsführer die Kompetenz wegen Befangenheit des Versammlungsleiters an die Gesellschafterversammlung selbst zurückfällt; zwischen dem statutarisch und dem durch einfachen Gesellschafterbeschluss bestellten Versammlungsleiter differenzierend *Münnich*, GmbHR 2010, 979, 979f.; ablehnend OLG München, Urt. v. 12.1.2017 – 23 U 1994/16, BeckRS 2017, 102055; *Werner*, GmbHR 2006, 127, 129; *Lohr*, GmbH-StB 2020, 304, 305.

Altmeppen löst das Problem, indem er der rechnerischen Mehrheit der Gesellschafterversammlung das Recht zubilligt, die Beschlussfeststellung an sich zu ziehen, selbst wenn die Stimme des sich (vermeintlich) in einem Interessenkonflikt befindenden Gesellschafters hierbei entscheidend ist.[157] Dies ist nach der hier vertretenen Auffassung abzulehnen, da der besondere Zweck der Beschlussfeststellung, die Schaffung von Rechtssicherheit in Form der vorläufigen Wirksamkeit der gefassten Beschlüsse, die Wahrnehmung dieser Aufgabe durch eine möglichst neutrale dritte Instanz gebietet und außerdem schon die Ermittlung der rechnerischen Mehrheit erhebliche Probleme bereiten kann (siehe eingehend Teil A Ziff. B.VI.1.c).

Abschließend lässt sich demnach festhalten, dass ein Gesellschafter-Versammlungsleiter bei Bestehen eines Stimmverbotes in Bezug auf einzelne Gegenstände der Tagesordnung weder bei der Ausübung seines Amtes befangen ist noch das Bestehen des Stimmrechtsausschlusses einen wichtigen Grund zu seiner Abberufung bildet. Dies begründet sich damit, dass ein Gesellschafter-Versammlungsleiter auch in diesem Fall von Gesetzes wegen zur rechtmäßigen Ausübung seines Amtes verpflichtet ist. Mit dem Instrumentarium des Beschlussmängelrechts und der drohenden Schadensersatzhaftung des Versammlungsleiters (siehe Teil B) ist ein hinreichender Schutz zugunsten der übrigen Gesellschafter vor gesellschaftsschädigendem Handeln des Versammlungsleiters gewährleistet.

cc. *Abwahl aus sonstigen Gründen*

Erfolgt die Abwahl des Versammlungsleiters weder aufgrund eines zu befürchtenden Interessenkonflikts, noch aus wichtigem Grund (z.B. aufgrund der persönlichen Präferenz eines oder mehrerer anderer Gesellschafter zugunsten eines anderen Versammlungsleiters), so ist das Vorliegen eines Stimmverbotes nach § 47 Abs. 4 GmbHG – analog zur Abberufung von Organmitgliedern –[158] von vornherein zu verneinen.[159] Es muss bei Fehlen eines wichtigen Grundes für den

157 *Altmeppen*, NJW 2016, 2833, 2837 und zuletzt in GmbHR 2018, 225, 230; so für die Abberufung eines Mehrheitsgesellschafter-Geschäftsführers grundsätzlich auch *Gerauer*, S. 192ff., die aber für den Fall, dass die Satzung die Beschlussfeststellungskompetenz „eines Dritten" vorsieht, von der Unabhängigkeit des Dritten bei der Vornahme der Beschlussfeststellung ausgeht; unklar bleibt, ob mit Drittem auch der abzuberufende Mehrheitsgesellschafter-Geschäftsführer gemeint sein kann.

158 *Drescher*, MüKo-GmbHG, § 47, Rn. 162.

159 *Bayer*, in: Lutter/Hommelhoff, § 48, Rn. 15; *Lohr*, GmbH-StB 2020, 304, 305.

actus contrarius der Abberufung dasselbe gelten wie im Rahmen der Bestellung des Versammlungsleiters (siehe Teil A Ziff. A.II.1.b).

d. Folgen der fehlerhaften Abberufung des Versammlungsleiters

Fraglich ist, welche Konsequenzen sich aus Fehlern bei der Abwahl des amtierenden Versammlungsleiters ergeben. Denkbar ist sowohl, dass der aus wichtigem Grund abzuberufende oder bereits wirksam abberufene Versammlungsleiter weiterhin sein Amt ausübt (z.B. bei fehlerhafter Ermittlung des Ergebnisses des Abwahlbeschlusses), als auch die Beendigung der Amtsausübung aufgrund eines fehlerhaften Abberufungsbeschlusses.

aa. Amtsausübung durch abzuberufenden Versammlungsleiter

Eine Sonderkonstellation bildet die Amtsausübung durch einen aus wichtigem Grund abzuberufenden Versammlungsleiter. Wird ein Antrag auf Abwahl des Versammlungsleiters aus wichtigem Grund gestellt, so kann der Versammlungsleiter seine eigene Abwahl verhindern, indem er den Antrag nicht zur Abstimmung stellt. Für die AG wird von mehreren Instanzgerichten die Auffassung vertreten, dass nachfolgende Beschlüsse nichtig sein sollen, wenn der Hauptversammlungsleiter trotz schlüssigen Vortrags eines wichtigen Grundes einen Antrag auf seine Abwahl nicht zur Abstimmung stellt. Dies wird damit begründet, dass andernfalls nicht feststeht, welche Person zur Versammlungsleitung berechtigt ist und die gemäß § 130 Abs. 2 AktG für eine wirksame Beschlussfassung erforderliche Beschlussfeststellung vornehmen kann.[160] Diesen Entscheidungen wird von der Literatur entgegengehalten, dass von § 130 Abs. 2 AktG nur beurkundungsrechtliche Vorgaben geregelt werden. Aus der Vorschrift ergebe sich hingegen nicht, welche Rechtsfolgen die Beschlussfeststellung durch eine unzuständige Person habe. Außerdem bleibe der Versammlungsleiter auch bei tatsächlichem Vorliegen eines wichtigen Grundes bis zur Verkündung des Abwahlbeschlusses im Amt. Es könne daher nicht behauptet werden, dass die nach der unterlassenen Zur-Abstimmung-Stellung eines Abwahlantrags gefassten Beschlüsse nicht existent seien. Die Nichtdurchführung einer gebotenen Abstimmung über einen Antrag auf Abwahl des Versammlungsleiters selbst

160 LG Köln, Urt. v. 6.7.2005 – 82 O 150/04, AG 2005, 696; LG Frankfurt, Urt. v. 11.1.2005 – 3-5 O 100/04, AG 2005, 892.

stelle aber einen Verfahrensmangel dar, der zur Anfechtbarkeit nachfolgender Beschlüsse führe.[161]

In der GmbH verliert die vorstehend skizzierte Problematik dadurch an Relevanz, dass der Versammlungsleiter meist den Weisungen der Gesellschafterversammlung unterliegt (siehe oben Teil A Ziff. A.I.3.b). Unterlässt er es, einen Abwahlantrag zur Abstimmung zu stellen, so kann sich daher in der Regel die Gesellschafterversammlung über ihn hinwegsetzen. Dies gilt zwar nicht, wenn der Versammlungsleiter zugleich Mehrheitsgesellschafter ist. Jedoch ergibt sich bei der Versammlungsleitung durch einen Mehrheitsgesellschafter gegen den Willen der Minderheit – abgesehen von der Beschlussfeststellung (dazu sogleich) – kein Unterschied zur Situation ohne Versammlungsleiter, wo der Mehrheitsgesellschafter mit einfachem Mehrheitsbeschluss „die Versammlung leiten" kann. Unterliegt der Versammlungsleiter hingegen nicht den Weisungen der Gesellschafterversammlung, so kann sich der Versammlungsleiter durch die Nichtdurchführung einer gebotenen Abstimmung über seine Abwahl der Gesellschafterversammlung quasi aufdrängen. Fraglich ist, wie sich dies auf nachfolgend gefasste Beschlüsse auswirkt.

Auch bezüglich der Auswirkungen auf nachfolgend gefasste Beschlüsse besteht ein entscheidender Unterschied zur AG. Bei dieser ist die Beschlussfeststellung durch einen Versammlungsleiter im Gegensatz zur GmbH grundsätzlich konstitutiv (vgl. § 130 Abs. 2 S. 1 AktG).[162] In der GmbH bedürfen Beschlüsse hingegen zu ihrer Wirksamkeit keiner förmlichen Beschlussfeststellung. Etwas anderes gilt nur bei einer hiervon abweichenden zwingenden Satzungsregelung (siehe Teil A Ziff. B.VI.1.b). Soweit eine solche Satzungsregelung nicht existiert, kann daher die Argumentation der Instanzgerichte, dass infolge der unterbliebenen Abstimmung über die Abwahl des Versammlungsleiters nicht feststeht, wer die gesetzlich *gebotene* Beschlussfeststellung vornehmen kann, nicht verfangen.[163] Vielmehr ist anzunehmen, dass es für eine wirksame Beschlussfeststellung an einer hinreichenden Legitimationsgrundlage des Versammlungsleiters fehlt. Es war zum Zeitpunkt der Vornahme der Beschlussfeststellung nicht mehr

161 *Rose*, NZG 2007, 241, 244; *Krieger*, AG 2006, 355, 360; einschränkend *Niemz*, S. 104f., wonach dies nur für den Fall des tatsächlichen Vorliegens eines wichtigen Grundes zur Abberufung gilt.

162 *Kubis*, in: MüKo-AktG, § 130, Rn. 61; *Koch*, in: Hüffer/Koch, § 130, Rn. 22.

163 So auch *Kleemann*, S. 152; siehe für Fall eines satzungsmäßig bestellten und trotz Vorliegens eines wichtigen Grundes amtierenden Versammlungsleiters *Hüffer/Schäfer*, in: GK-GmbHG, § 48, Rn. 30, der weder die Fehlerhaftigkeit noch die Nichtigkeit in der Folge gefasster Gesellschafterbeschlüsse annimmt.

sicher, dass sein Handeln noch vom Willen der Gesellschafterversammlung getragen war. Entsprechend den Fällen der fehlerhaften Bestellung (siehe hierzu oben Teil A Ziff. A.II.3.a) ging die Beschlussfeststellung daher ins Leere.[164] Hierdurch bleibt zwar die Wirksamkeit der gefassten Beschlüsse unberührt, es kann jedoch keine vorläufige Wirksamkeit eintreten und damit auch keine Frist zur Anfechtung der gefassten Beschlüsse in Gang gesetzt werden.

Ist die Beschlussfeststellung durch einen Versammlungsleiter in der Gesellschaftssatzung obligatorisch vorgeschrieben, so stellt sich eine ähnliche Situation dar wie in der AG. Die Beschlussfeststellung ist hier gleichsam Wirksamkeitsvoraussetzung der Gesellschafterbeschlüsse. Mit den vorstehend zitierten Entscheidungen könnte daher eine Nichtigkeit der infolge der Nichtdurchführung der Abstimmung über die Abwahl des Versammlungsleiters gefassten Beschlüsse anzunehmen sein. Inwiefern diese Rechtsprechung für die AG angesichts der Einwände durch das Schrifttum[165] überzeugend erscheint, kann indessen dahingestellt bleiben. Denn anders als gemäß § 130 Abs. 2 S. 1 AktG in der AG besteht in der GmbH kein *gesetzliches* Erfordernis für gefasste Gesellschafterbeschlüsse, diese unter Angabe der Feststellung des Versammlungsleiters über die Beschlussfassung zu beurkunden. Eine entsprechende Anwendung des Nichtigkeitstatbestands nach § 241 Nr. 2 AktG muss daher von vornherein ausscheiden.[166] Gehen die vorgenommenen Beschlussfeststellungen mangels hinreichender Legitimation des Versammlungsleiters ins Leere, so fehlt es jedoch an der für eine wirksame Beschlussfassung statutarisch zwingend vorgesehenen Voraussetzung einer förmlichen Beschlussfeststellung durch einen Versammlungsleiter. Damit verstoßen die vermeintlich festgestellten Beschlüsse gemäß § 243 Abs. 1 AktG analog gegen die Gesellschaftssatzung und sind folglich (fristungebunden im Wege der allgemeinen Feststellungsklage) angreifbar.[167]

---

164 A.A. *Kleemann*, S. 153.

165 Siehe Nachweise in Fn. 161.

166 So auch *Kleemann*, S. 152; eine entsprechende Anwendung von § 241 Nr. 2 AktG für satzungsmäßige Beurkundungserfordernisse verneinend auch *Zöllner/Noack*, in: Baumbach/Hueck, Anh. § 47, Rn. 49; *Wertenbruch*, in: MüKo-GmbHG, Anh. § 47, Rn. 64; *Römermann*, in: Michalski, Anh. § 47, Rn. 111.

167 Weitergehend *Bayer*, in: Lutter/Hommelhoff, § 48, Rn. 15c, der für den Fall der Nichtdurchführung einer gebotenen Abwahlabstimmung stets von der Anfechtbarkeit nachfolgend gefasster Beschlüsse ausgeht.

bb. *Amtsausübung trotz erfolgter Abberufung des Versammlungsleiters*

Übt der Versammlungsleiter trotz wirksam erfolgter Abberufung sein Amt weiterhin aus (insbesondere infolge fehlerhafter Ermittlung des Ergebnisses des Abwahlbeschlusses), stellt sich dieselbe Situation dar wie im Parallelfall der fehlerhaften bzw. fehlenden Bestellung des Versammlungsleiters (siehe hierzu Teil A Ziff. A.II.3.a). Auch hier kann daher alleine die Fehlerhaftigkeit der Versammlungsleitung getroffene Beschlüsse der Gesellschafterversammlung nicht anfechtbar machen.[168] Die seitens eines solchen inhabilen Versammlungsleiters festgestellten Beschlüsse sind jedoch noch nach Ablauf der im Rahmen der Anfechtungsklage maßgeblichen Klagefrist angreifbar.[169] Auch hier fehlt es an einer hinreichenden Legitimationsgrundlage, um entgegen des gesetzlichen Regelfalles die vorläufige Wirksamkeit von Beschlüssen herbeiführen zu können.

Soweit die Satzung die förmliche Beschlussfeststellung durch einen Versammlungsleiter als Wirksamkeitsvoraussetzung für die Beschlüsse der Gesellschafterversammlung vorsieht, so sind die unter der Leitung des inhabilen Versammlungsleiters gefassten Beschlüsse wiederum wegen eines Verstoßes gegen eine zwingende Satzungsregelung gemäß § 243 Abs. 1 AktG analog angreifbar. Kommt es infolge der Abberufung des Versammlungsleiters zu einer parallelen Schein-Versammlung, indem sich ein Teil der Gesellschafterversammlung der Leitung des eigentlich bereits abberufenen Versammlungsleiters unterwirft und ein anderer Teil der Gesellschafterversammlung der Leitung eines wirksam neu bestellten Versammlungsleiters, so sind sämtliche im Rahmen einer solchen Schein-Versammlung gefassten Beschlüsse nichtig.[170]

cc. *Niederlegung des Versammlungsleiteramts aufgrund fehlerhaften Abwahlbeschlusses*

Auch im umgekehrten Fall der Amtsniederlegung und Neuwahl eines Versammlungsleiters aufgrund eines Abwahlbeschlusses, welcher sich nachträglich im Rahmen einer gerichtlichen Überprüfung als fehlerhaft entpuppt, sind die in der Folge gefassten Beschlüsse der Gesellschafterversammlung grundsätzlich

---

168 *Noack*, GmbHR 2017, 792, 799 und 800.

169 *Noack*, GmbHR 2017, 792, 800.

170 BGH, Urt. v. 21.6.2010 – II ZR 230/08, GmbHR 2010, 977; *Wertenbruch*, GmbHR 2020, 875, 881, wonach dieselbe Nichtigkeitsfolge eintreten soll, wenn zwar keine Parallel-Gesellschafterversammlung abgehalten wird, aber ein Teil der Gesellschafter abweichend von den Beschlussfeststellungen des Versammlungsleiters Beschlussergebnisse protokolliert und bekanntgibt.

nicht allein aus diesem Grund anfechtbar oder gar nichtig. Soweit infolge der fehlerhaft erfolgten Abberufung eines Versammlungsleiters durch einen neu eingesetzten Versammlungsleiter Beschlüsse festgestellt werden (zu den Voraussetzungen der Beschlussfeststellungskompetenz siehe Teil A Ziff. B.VI.3), gehen diese Beschlussfeststellungen jedoch ins Leere. Wie auch im umgekehrten Fall der Beschlussfeststellung durch einen inhabilen Versammlungsleiter ist ein solcher „Schein-Versammlungsleiter" nicht hinreichend legitimiert. Dies ist immer noch allein der fälschlicherweise abberufene Versammlungsleiter – und zwar so lange, wie dieser ursprünglich bestellt war und kein neuer fehlerfreier Abberufungsbeschluss gefasst wird.[171] Konsequenterweise ist damit auch hier eine Anfechtbarkeit nachfolgend gefasster Beschlüsse der Gesellschafterversammlung anzunehmen, soweit die Gesellschaftssatzung eine förmliche Beschlussfeststellung für die Wirksamkeit der Gesellschafterbeschlüsse voraussetzt. Wegen des Fehlgehens der Beschlussfeststellung liegt ein Verstoß gegen eine zwingende Satzungsregelung i.S.v. § 243 Abs. 1 AktG analog vor. Verweigert der Versammlungsleiter infolge eines fehlerhaften Abwahlbeschlusses (zu Recht) die Niederlegung seines Amtes und wird daraufhin dennoch von einem Teil der Gesellschafterversammlung ein Beschluss über die Bestellung eines neuen Versammlungsleiters gefasst, so kommt es zu einer parallelen Schein-Versammlung. Die von dem Teil der Gesellschafterversammlung, welcher sich der Leitung des (vermeintlich) neu bestellten Versammlungsleiters unterstellt hat, gefassten Beschlüsse sind sämtlich nichtig (siehe zum Fall der fehlerhaften Bestellung des Versammlungsleiters bereits oben Teil A Ziff. II.3.a).

4. *Zusammenfassung*

Das Amt des Versammlungsleiters endet entweder automatisch mit dem Ende der Gesellschafterversammlung, durch die (jederzeit mögliche) Amtsniederlegung seitens des Versammlungsleiters oder im Wege der Abberufung durch die Gesellschafterversammlung. Einzig die Abberufung des Versammlungsleiters bereitet größere rechtliche Schwierigkeiten. Insbesondere die Abberufung eines statutarisch bestellten Versammlungsleiters ist höchst umstritten. Vorzugswürdig erscheint es, in satzungsmäßigen Klauseln über die Person des Versammlungsleiters regelmäßig echte Satzungsbestandteile zu sehen, zu deren Änderung grundsätzlich die Formalia nach §§ 53f. GmbHG beachtet werden müssen. Es ist jedoch davon auszugehen, dass eine solche Satzungsklausel stets unter dem

171 So im Ergebnis auch *Noack*, GmbHR 2017, 792, 800; a.A. zur AG *Niemz*, S. 151f.

ihr immanenten Vorbehalt steht, dass kein wichtiger Grund zur Abberufung des designierten Versammlungsleiters vorliegt. Folglich kann der satzungsmäßig bestimmte Versammlungsleiter bei Vorliegen eines wichtigen Grundes von einer Drei-Viertel-Mehrheit ohne Beachtung der zusätzlich für eine Satzungsänderung oder Satzungsdurchbrechung erforderlichen Formalitäten abberufen werden. Dies gilt auch dann, wenn dem statutarisch bestimmten Versammlungsleiter ein Sonderrecht i.S.v. § 35 BGB eingeräumt wurde. Auch kann ein solcher Beschluss trotz Bestehens eines Sonderrechts vorläufige Wirksamkeit entfalten und wird nicht erst mit rechtskräftiger Entscheidung über das tatsächliche Vorliegen eines wichtigen Grundes wirksam. Der durch einfachen Gesellschafterbeschluss bzw. Regelung in der Geschäftsordnung der Gesellschafterversammlung oder aber das stillschweigende Einverständnis der Gesellschafter bestellte Versammlungsleiter kann ohne weitere Voraussetzungen durch einfachen Gesellschafterbeschluss wieder abberufen werden. Im Rahmen des Beschlusses über seine Abwahl unterliegt der Gesellschafter-Versammlungsleiter einem Stimmverbot nach § 47 Abs. 4 GmbHG, soweit die Abwahl aus wichtigem Grund erfolgen soll und das Vorliegen eines wichtigen Grundes hinreichend substantiiert behauptet wird. Ein Interessenkonflikt in Bezug auf einen Gegenstand der Tagesordnung statuiert keinen solchen wichtigen Grund zur Abwahl und der Versammlungsleiter ist im Rahmen eines Abwahlbeschlusses wegen zu befürchtenden Interessenkonflikts nicht von der Stimmabgabe ausgeschlossen. Auch ist ihm das Recht zur verbindlichen Beschlussfeststellung in einem solchen Fall nicht ipso iure versagt. Fehler im Rahmen der Abberufung des Versammlungsleiters führen immer zur Unwirksamkeit der nachfolgend getroffenen Beschlussfeststellungen – und damit zur fristunabhängigen Angreifbarkeit im Wege der allgemeinen Feststellungsklage – mangels hinreichender Legitimationsgrundlage des (vermeintlichen) Versammlungsleiters. Eine Anfechtbarkeit der nachfolgend zu einem Fehler bei der Abberufung gefassten Beschlüsse besteht nur dann, wenn die Satzung eine förmliche Beschlussfeststellung als zwingende Wirksamkeitsvoraussetzung der Gesellschafterbeschlüsse vorsieht. Kommt es infolge des fehlerhaften Abwahlbeschlusses zu einer parallelen Schein-Gesellschafterversammlung, sind sämtliche hierin gefassten Beschlüsse nichtig.

B. Pflichten des Versammlungsleiters

Nachfolgend werden nunmehr die Pflichten des Versammlungsleiters untersucht. Es findet folglich im Vergleich zu den im gesellschaftsrechtlichen Schrifttum bereits vorzufindenden Abhandlungen zum Thema der Versammlungsleitung, in welchen primär die Rechte bzw. Befugnisse des Versammlungsleiters betrachtet werden,[172] ein Perspektivwechsel stattfinden. Um später auf mögliche Pflichtverletzungen des Versammlungsleiters und die sich daraus ergebenden Haftungsfragen eingehen zu können, bedarf es zunächst einer umfassenden Darlegung seiner Pflichten.

I. Allgemeines

Der Versammlungsleiter ist zwar grundsätzlich nicht zur Übernahme seines Amtes verpflichtet (siehe Teil A Ziff. A.II.2), ab dem Zeitpunkt der Übernahme trifft ihn jedoch die Pflicht zur ordnungsgemäßen Erfüllung seiner Aufgaben. Diese Pflicht folgt primär aus dem zwischen Versammlungsleiter und GmbH stets bestehenden korporationsrechtlichen Rechtsverhältnis,[173] daneben kann sie sich aus einem schuldrechtlichen Rechtsverhältnis ergeben (siehe Teil A Ziff. A.3.c).

Die konkreten Pflichten des Versammlungsleiters bestimmen sich primär anhand des Zwecks seines Amtes, für einen geordneten Ablauf der Gesellschafterversammlung sowie die Fassung wirksamer Beschlüsse Sorge zu tragen.[174] Daneben besteht die Möglichkeit, die Pflichten des Versammlungsleiters in der Satzung, in der Geschäftsordnung der Gesellschafterversammlung oder durch Geschäftsordungsbeschluss näher auszugestalten, bzw. besondere Pflichten zu statuieren oder die vorhandenen Pflichten einzuschränken.[175] Hierbei kommt den Gesellschaftern in den Grenzen der zwingenden Kompetenzordnung der GmbH weitgehende Gestaltungsfreiheit zu.

Der Versammlungsleiter darf sich bei der Erfüllung seiner Pflichten nicht vertreten lassen, d.h. die ordnungsgemäße Ausübung des Amtes bedarf seiner persönlichen Anwesenheit. Zulässig ist es jedoch grundsätzlich, dass er sich der Mitwirkung von Hilfspersonen bedient.[176] Außerdem kann der Versammlungsleiter – mit Ausnahme von Beschlussfeststellungen – über von ihm zu treffende Maßnahmen stets im Wege eines Geschäftsordnungsantrags durch die Gesellschafterversammlung abstimmen lassen.[177] Soweit er den Weisungen

---

172 Siehe Nachweise in Fn. 10.

173 *Römermann*, in: Michalski, § 48, Rn. 106.

174 BGH, Urt. v. 11.11.1965 – II ZR 122/63, BGHZ 44, 245 (zur AG); *Römermann*, in: Michalski, § 48, Rn. 108.

175 *Seibt*, in: Scholz, § 48, Rn. 36.

176 Vgl. zur AG *Kubis*, in: MüKo-AktG, § 119, Rn. 127; *Herrler*, in: Grigoleit, § 129, Rn. 44; sowie eingehend zur Zulässigkeit der Hinzuziehung von Hilfspersonen durch den Hauptversammlungsleiter *Kocher/Feigen*, NZG 2015, 620 und *Niemz*, S. 130ff.

177 *Seibt*, in: Scholz, § 48, Rn. 36.

der Gesellschafterversammlung unterliegt, leuchtet dies ohne Weiteres ein, da dem Versammlungsleiter dann von vornherein kein Letztentscheidungsrecht zusteht. Aber auch im Falle der ausnahmsweisen statutarischen Bestellung eines weisungsunabhängigen Versammlungsleiters (siehe hierzu oben Teil A Ziff. A.I.3.b) sind keine Argumente gegen ein solches Vorgehen ersichtlich. Zweck der weisungsunabhängigen Bestellung ist es, dem Versammlungsleiter insbesondere in konfliktträchtigen Gesellschafterversammlungen die Möglichkeit zu geben, neutrale Leitungsentscheidungen treffen zu können. Es bleibt ihm jedoch unbenommen, sich dieser Möglichkeit freiwillig zu begeben. Schließlich handelt es sich bei seinen Pflichten bzw. den damit einhergehenden Befugnissen nicht um originäre, sondern lediglich von der Gesellschafterversammlung abgeleitete. Er hat folglich zwar ein Letztentscheidungsrecht, jedoch trifft ihn keine Letztentscheidungspflicht.[178]

II. Interne Legalitätspflicht

Den GmbH-Versammlungsleiter trifft zuvorderst eine Verpflichtung zu normgemäßem Verhalten. Er muss stets die für ihn relevanten gesetzlichen Regelungen (insbesondere das GmbHG), die Gesellschaftssatzung sowie das sonstige Binnenrecht der Gesellschaft (etwa Gesellschafterbeschlüsse) beachten. Diese auch für alle Gesellschaftsorgane geltende Verpflichtung[179] folgt aus dem Zweck seines Amtes. Ohne die Einhaltung der Pflichten des Versammlungsleiters im Innenverhältnis kann ein geordneter Ablauf der Gesellschafterversammlung sowie die Fassung wirksamer Beschlüsse nicht gewährleistet werden.

III. Pflicht zur Wahrung der Mitgliedschaftsrechte der Gesellschafter

Eine zentrale Pflicht des Versammlungsleiters ist es, die Mitgliedschaftsrechte der Gesellschafter zu wahren. Dies lässt sich letztlich ebenfalls aus der Aufgabe des

---

178 So auch *Kleemann*, S. 73f.

179 Vgl. zu GmbH-Geschäftsführern *Paefgen*, in: GK-GmbHG, § 43, Rn. 49; *Ziemons*, in: Michalski, § 43, Rn. 59; *Klöhn*, in: Bork/Schäfer, § 43, Rn. 17; siehe zu Vorstandsmitgliedern in der AG auch *Arden*, S. 11 (Fn. 15), wonach die interne Legalitätspflicht streng von der *strikten* internen Legalitätspflicht im Sinne eines Durchschlagens der externen Legalitätspflicht der Gesellschaft auf das Innenverhältnis zwischen Vorstand und Gesellschaft zu trennen ist; die Legalitätspflicht der Gesellschaft gegenüber Dritten ist für das Handeln des Versammlungsleiters kaum von Relevanz und bleibt daher im Rahmen dieser Arbeit außer Acht.

Versammlungsleiters folgern, die Fassung wirksamer Gesellschafterbeschlüsse herbeizuführen. Denn die Verletzung von Mitgliedschaftsrechten der Gesellschafter kann die Anfechtbarkeit oder gar Nichtigkeit der gefassten Beschlüsse zur Folge haben (siehe Teil A Ziff. C.II).

1. Herleitung und Umfang der Mitgliedschaftsrechte

Die Mitgliedschaftsrechte der Gesellschafter werden durch ihre Geschäftsanteile vermittelt.[180] Inhalt und Umfang dieser Rechte ergeben sich aus dem Gesetz und aus der Gesellschaftssatzung. Für die ordnungsgemäße Leitung der Gesellschafterversammlung unmittelbar relevant sind vor allem die sog. Verwaltungsrechte (oder auch Herrschaftsrechte genannt), die unter anderem das Stimmrecht nach § 47 GmbHG, das Teilnahmerecht nach § 48 GmbHG sowie das Informationsrecht nach § 51a GmbHG umfassen.[181]

Stimmrecht meint die „mitgliedschaftsrechtliche Befugnis, durch Stimmabgabe an Gesellschafterbeschlüssen mitzuwirken".[182] Das Teilnahmerecht der Gesellschafter umfasst neben der Berechtigung zur körperlichen Anwesenheit in den Gesellschafterversammlungen einer GmbH insbesondere auch das Recht, Stellungnahmen zu den einzelnen Beschlussgegenständen abzugeben und hierbei von den übrigen Gesellschaftern angehört zu werden (Anhörungs- und Rederecht).[183] Es ist streng zwischen dem Teilnahmerecht und dem Stimmrecht der Gesellschafter zu unterscheiden. Auch im Falle eines Stimmrechtsausschlusses steht es den Gesellschaftern grundsätzlich frei, an der Gesellschafterversammlung teilzunehmen und durch die Wahrnehmung ihres Rederechts Einfluss auf die Willensbildung der übrigen Gesellschafter zu nehmen sowie über die Förmlichkeiten der Beschlussfassung zu wachen.[184] Außerdem steht es einem von seinem Stimmrecht ausgeschlossenen Gesellschafter frei, Geschäftsordnungsanträge zu stellen oder etwa bei der (Ab-)Wahl des Versammlungsleiters mitzuwirken (siehe zur Abwahl des Gesellschafter-Versammlungsleiters aus Anlass eines Interessenkonflikts in Bezug auf einen Gegenstand der Tagesordnung eingehend oben Teil A Ziff. A.III.3.c.bb).[185] Das Informationsrecht nach §§ 51a f.

---

180 *Altmeppen*, in: Altmeppen, § 47, Rn. 36.

181 Vgl. zu den Arten von Mitgliedschaftsrechten *Verse*, in: Henssler/Strohn, § 14 GmbHG, Rn. 43.

182 *Drescher*, in: MüKo-GmbHG, § 47, Rn. 68.

183 *Liebscher*, in: MüKo-GmbHG, § 48, Rn. 9; *Römermann*, in: Michalski, § 48, Rn. 31.

184 *Liebscher*, in: MüKo-GmbHG, § 48, Rn. 11; *Wolff*, in: MüHdb-GesR, Bd. 3, § 39, Rn. 60.

185 BGH, Urt. v. 21.6.2010 – II ZR 230/08, GmbHR 2010, 977; *Wicke*, notar 2017, 235, 240.

GmbHG bezieht sich auf sämtliche Angelegenheiten der Gesellschaft und ist ebenfalls unabhängig vom Stimmrecht der Gesellschafter zu betrachten. Ziel dieses Rechts ist es, den Gesellschaftern die verantwortungsbewusste und sachgerechte Ausübung ihrer Mitgliedschaftsrechte bei gleichzeitiger Wahrung ihrer Einzelinteressen zu ermöglichen.[186] In der Gesellschafterversammlung gestellte Fragen der Gesellschafter sind grundsätzlich auch in dieser zu beantworten. Dies gilt jedenfalls, soweit die gewünschte Information erforderlich ist zur Meinungsbildung über Gegenstände der Tagesordnung und den zeitlichen Rahmen der Gesellschafterversammlung nicht sprengt.[187]

2. *Spannungsverhältnis zwischen Handeln des Versammlungsleiters und Mitgliedschaftsrechten der Gesellschafter*

Die Leitungs- und Ordnungsbefugnisse wie auch die Beschlussfeststellungsbefugnis des Versammlungsleiters stehen in einem ständigen Spannungsverhältnis mit den Mitgliedschaftsrechten der Gesellschafter. Verkürzt der Versammlungsleiter die Redezeit eines Gesellschafters, so wird dessen Teilnahmerecht beschnitten. Stellt er einen Beschluss unter fälschlicher Annahme des Stimmrechtsausschlusses eines Gesellschafters fest, so verletzt er dessen Stimmrecht. Um einen angemessenen Ausgleich zwischen den Befugnissen des Versammlungsleiters einerseits und den Mitgliedschaftsrechten der Gesellschafter andererseits zu schaffen, sind bei der Leitung der Gesellschafterversammlung einige Grundprinzipien zu beachten:

Zum einen ist dem gesellschaftsrechtlichen Gleichbehandlungsgebot Genüge zu tun.[188] Dieses fordert, dass alle Gesellschafter unter gleichen Voraussetzungen gleich behandelt werden müssen.[189] Ungleichbehandlungen bedürfen einer hinreichenden sachlichen Rechtfertigung. Sie müssen geeignet sein, dem Gesellschaftsinteresse zu dienen.[190] Überlange Redebeiträge etwa müssen bei allen Gesellschaftern gleich konsequent und intensiv sanktioniert werden.[191]

Ein weiteres zentrales Prinzip bei der Ausübung der Versammlungsleiterbefugnisse ist der Verhältnismäßigkeitsgrundsatz.[192] Diesem kommt insbesondere

---

186 *Hillmann*, in: MüKo-GmbHG, § 51a, Rn. 26.

187 *Wicke*, notar 2017, 235, 241.

188 *Bayer*, in: Lutter/Hommelhoff, § 48, Rn. 16.

189 *Verse*, in: Henssler/Strohn, § 14 GmbHG, Rn. 70.

190 *Verse*, in: Henssler/Strohn, § 14 GmbHG, Rn. 84.

191 *Römermann*, in: Michalski, § 48, Rn. 151.

192 *Bayer*, in: Lutter/Hommelhoff, § 48, Rn. 16f.

bei Ordnungsmaßnahmen große Bedeutung zu. In der Regel bedürfen diese der vorherigen Abmahnung. Ein Saalverweis kommt stets nur als ultima ratio in Betracht.[193]

Schließlich ist der Versammlungsleiter bei der Ausübung seines Amtes zur Neutralität verpflichtet.[194] Es ist ihm etwa verboten, Anträge der Gesellschafter ohne sachlichen Grund präjudizierend zu behandeln[195] oder einen Gesellschafter mit einer nachhaltig in dessen Mitgliedschaft eingreifenden Entscheidung zu überrumpeln (anstatt mit dem Versammlungsbeginn noch wenige Minuten auf das Eintreffen von dessen Bevollmächtigtem zu warten).[196]

IV. Pflicht zur Leitung der Gesellschafterversammlung

1. Allgemeines

Eine der Hauptpflichten des Versammlungsleiters im Rahmen seiner Aufgabe, für einen geordneten Ablauf der Gesellschafterversammlung und so für das Zustandekommen wirksamer Beschlüsse Sorge zu tragen, besteht in der Leitung der Gesellschafterversammlung. Durch eine geschickte Moderation können Spannungen vermieden und der Ablauf der Gesellschafterversammlung wesentlich beschleunigt werden. Im Folgenden werden die Pflichten des Versammlungsleiters im Rahmen seiner Leitungsfunktion im Einzelnen erläutert. Hierbei ist zu beachten, dass diese vorliegend – entsprechend der in der Literatur gängigen Differenzierung – von den Pflichten im Rahmen der Ordnungsfunktion des Versammlungsleiters (siehe hierzu unten Teil A Ziff. B.V) abgegrenzt werden.

2. Eröffnung der Gesellschafterversammlung

Soweit zu Beginn der Gesellschafterversammlung bereits ein Versammlungsleiter bestellt ist, eröffnet dieser die Gesellschafterversammlung.[197]

3. Feststellung der Anwesenden

Nach Eröffnung der Gesellschafterversammlung obliegt es dem Versammlungsleiter, die Anwesenden festzustellen. Zwar ist die Anwesenheitsfeststellung – anders

193 *Bayer*, in: Lutter/Hommelhoff, § 48, Rn. 17.

194 *Bayer*, in: Lutter/Hommelhoff, § 48, Rn. 16; *Seibt*, in: Scholz, § 48, Rn. 35.

195 OLG München, Urt. v. 8.10.1993 – 23 U 3365/93, GmbHR 1994, 251.

196 OLG Hamm, Urt. v. 3.11.1997 – 8 U 197/96, GmbHR 1998, 138.

197 *Römermann*, in: Michalski, § 48, Rn. 109; *Noack*, GmbHR 2017, 792, 797; *Bunz*, NZG 2017, 1366, 1367.

als bei der AG (vgl. § 129 Abs. 1 S. 2 AktG) – nicht von Gesetzes wegen vorgeschrieben. Wurde ein Versammlungsleiter bestellt, ist sie jedoch jedenfalls bei größeren Teilnehmerzahlen vorbehaltlich einer ausdrücklichen Abbedingung dieser Pflicht durch die Gesellschafter auch für den GmbH-Versammlungsleiter obligatorisch.[198] Mit der Feststellung der Anwesenden hat auch die Prüfung der Ordnungsmäßigkeit der Einberufung der Gesellschafterversammlung[199] sowie des Teilnahmerechts der erschienenen Personen[200] zu erfolgen.

Fraglich ist, wie bei Verspätungen von Versammlungsteilnehmern zu verfahren ist. Hier sollte zumindest versucht werden, die verspäteten Teilnehmer zu kontaktieren, bevor zur Abhandlung der Tagesordnung übergegangen wird. Außerdem wird das Abwarten von wenigstens 15 Minuten in der Regel zumutbar sein. Im Übrigen ist dies jedoch eine Frage des jeweiligen Einzelfalles.[201]

4. *Überprüfung der Beschlussfähigkeit*

Auch die Beschlussfähigkeit ist seitens des Versammlungsleiters festzustellen.[202] Diese ist von Gesetzes wegen grundsätzlich gegeben, soweit die Gesellschafterversammlung ordnungsgemäß einberufen wurde und mindestens ein Gesellschafter – gegebenenfalls auch ein Kleinbeteiligter – erscheint.[203] Eine Ausnahme gilt jedoch gemäß § 51 Abs. 3 GmbHG, falls alle Gesellschafter erschienen oder vertreten sind und das – ausdrücklich oder konkludent erklärte – Einverständnis aller mit der Fassung von Beschlüssen vorliegt.[204] Die Satzung kann hiervon abweichend besondere Voraussetzungen vorsehen.[205]

Ein Sonderproblem ergibt sich, soweit ein Versammlungsleiter erst während der laufenden Gesellschafterversammlung bestimmt wird. In der Regel erfolgt die Bestellung erst nach Prüfung des Teilnahmerechts der anwesenden Personen, ihrer ordnungsgemäßen Ladung sowie der Beschlussfähigkeit der Gesellschafterversammlung durch die Gesellschafterversammlung selbst. Auch wenn sich die Aufgaben des neu bestellten Versammlungsleiters in diesem Fall auf

---

198 *Hüffer/Schäfer*, in: GK-GmbHG, § 48, Rn. 33; *Hillmann*, in: Henssler/Strohn, § 48, Rn. 17; *Zöllner/Noack*, in: Baumbach/Hueck, § 48, Rn. 21.

199 *Römermann*, in: Michalski, § 48, Rn. 110.

200 *Seibt*, in: Scholz, § 48, Rn. 36; *Hüffer/Schäfer*, in: GK-GmbHG, § 48, Rn. 31.

201 *Eickhoff*, Rn. 252a.

202 *Römermann*, in: Michalski, § 48, Rn. 110; *Bayer*, in: Lutter/Hommelhoff, § 48, Rn. 16.

203 *Wolff*, in: MüHdb-GesR, Bd. 3, § 39, Rn. 75.

204 *Zöllner/Noack*, in: Baumbach/Hueck, § 51, Rn. 31.

205 *Wolff*, in: MüHdb-GesR, Bd. 3, § 39, Rn. 75.

die Zeit nach Übernahme des Amtes beschränken, so ist er dennoch zu einem Abbruch der Gesellschafterversammlung verpflichtet, falls er entgegen der bereits getroffenen Feststellungen vom Vorliegen eines Fehlers ausgeht und die Gesellschafterversammlung daher seines Erachtens nicht sinnvoll fortgesetzt werden kann.[206]

5. *Änderung der Tagesordnung*

Der Versammlungsleiter ist grundsätzlich verpflichtet, sämtliche in der Einberufung angegebenen Tagesordnungspunkte während der betreffenden Gesellschafterversammlung zu behandeln. Zwar ist es ihm erlaubt, die Reihenfolge der einzelnen Punkte aus Sachgründen zu ändern.[207] Auch steht es dem Versammlungsleiter frei, soweit ihm dies sachgerecht erscheint, bereits abgeschlossene Tagesordnungspunkte wieder aufzugreifen und zu ihnen das Wort zu erteilen oder sogar erneut Beschluss fassen zu lassen.[208] Nicht jedoch darf er eigenmächtig einzelne Gegenstände der Tagesordnung absetzen,[209] oder neue aufnehmen[210].

6. *Behandlung von Wortmeldungen*

Teil der Leitungsaufgabe des Versammlungsleiters ist es ebenso, den Gesellschaftern auf ihre Meldung hin das Wort zu erteilen.[211] Hierbei obliegt es ihm, die Reihenfolge der Wortmeldungen festzulegen sowie gegebenenfalls die generelle Redezeit der einzelnen Redner zu bestimmen.[212] Der Wortentzug bzw. die individuelle Redezeitbeschränkung gehört zwar auch zu den Aufgaben des Versammlungsleiters, jedoch ist dieser den Ordnungsmaßnahmen zuzuordnen (siehe

---

206 *Römermann*, in: Michalski, § 48, Rn. 111.

207 *Römermann*, in: Michalski, § 48, Rn. 113; *Zöllner/Noack*, in: Baumbach/Hueck, § 48, Rn. 18; *Seibt*, in: Scholz, § 48, Rn. 36; *Noack*, GmbHR 2017, 792, 797; *Bunz*, NZG 2017, 1366, 1367.

208 *Kleemann*, S. 82ff.

209 *Römermann*, in: Michalski, § 48, Rn. 113; *Zöllner/Noack*, in: Baumbach/Hueck, § 48, Rn. 18; *Seibt*, in: Scholz, § 48, Rn. 36; *Noack*, GmbHR 2017, 792, 797; a.A. *Liebscher*, in: MüKo-GmbHG, § 48, Rn. 112, der eine Ausnahme macht für rechts- und treuwidrige Anträge.

210 *Seibt*, in: Scholz, § 48, Rn. 36; *Noack*, GmbHR 2017, 792, 797.

211 *Römermann*, in: Michalski, § 48, Rn. 112; *Hüffer/Schäfer*, in: GK-GmbHG, § 48, Rn. 31; *Bunz*, NZG 2017, 1366, 1367.

212 *Ganzer*, in: Rowedder/Schmidt-Leithoff, § 48, Rn. 15; *Eickhoff*, Rn. 256 und 258.

hierzu Teil A Ziff. B.V.3 und Ziff. B.V.4). Weder zum eigenmächtigen Schließen der Rednerliste noch der Debatte ist der Versammlungsleiter befugt. Zu diesen Maßnahmen bedarf es stets eines Beschlusses der Gesellschafterversammlung.[213]

7. Behandlung von Anträgen

Dem Versammlungsleiter obliegt es, die Beschlussanträge der Gesellschafter zur Abstimmung zu stellen. Hierbei hat er auf eine klare Formulierung der Anträge zu achten und darf gegebenenfalls rein redaktionelle Änderungen am Wortlaut der Anträge vornehmen. Inhaltliche Korrekturen sind ihm hingegen verwehrt.[214] An die Reihenfolge, in welcher die Beschlussanträge seitens der Gesellschafter gestellt wurden, ist der Versammlungsleiter nicht gebunden.[215] Grundsätzlich ist es zweckmäßig, erst Verfahrensanträge und danach Sachanträge zur Abstimmung zu stellen.[216] Beschlussanträge, welche einer Beschlussfassung nicht zugänglich sind, dürfen nicht angenommen werden.

Fraglich ist, wie der Versammlungsleiter zu verfahren hat, wenn über einen Beschluss abgestimmt werden soll, der möglicherweise gegen Gesetz oder Satzung verstößt. Einerseits ist es die ureigenste Aufgabe des Versammlungsleiters, für das Zustandekommen *wirksamer* Beschlüsse zu sorgen. Aus diesem Grund könnte es vertretbar erscheinen, eine umfassende Prüfungskompetenz des Versammlungsleiters schon bei der Behandlung der Beschlussanträge zu bejahen. Andererseits ist die Frage von Verstößen des zu fassenden Beschlusses gegen Gesetz oder Satzung häufig nicht ohne Weiteres zu beantworten. Auch kann diesbezüglich keine Parallele gezogen werden zur Beschlussfeststellung, im Rahmen derer dem Versammlungsleiter eine umfassende Prüfungskompetenz einzuräumen ist (siehe Teil A Ziff. B.VI.4.b). Denn durch ein umfassendes Zurückweisungsrechts des Versammlungsleiters im Rahmen der Behandlung der Beschlussanträge kann das Beschlussverfahren völlig zum Erliegen gebracht werden, wohingegen durch das Unterlassen der Beschlussfeststellung lediglich der Eintritt der vorläufigen Wirksamkeit verhindert wird. Es erscheint daher nicht sachgemäß, eine Prüfungskompetenz des Versammlungsleiters hinsichtlich von Verstößen gegen Gesetz oder Satzung im Rahmen der Behandlung gestellter Beschlussanträge anzunehmen.

---

213 *Eickhoff*, Rn. 257.

214 *Römermann*, in: Michalski, § 48, Rn. 112f. und § 47, Rn. 39.

215 *Eickhoff*, Rn. 269.

216 *Römermann*, in: Michalski, § 47, Rn. 454; *Eickhoff*, Rn. 271.

Bei Anträgen zu Gegenständen außerhalb der Tagesordnung müssen alle Gesellschafter anwesend und einverstanden sein, damit entgegen der Regel des § 51 Abs. 4 GmbHG rechtmäßig Beschluss gefasst werden kann.[217] Es ist daher davon auszugehen, dass der Versammlungsleiter solche Beschlussanträge jedenfalls bei evidenter Abweichung von der Tagesordnung nicht zur Abstimmung stellen darf.[218] Etwas anderes gilt hingegen für Geschäftsordnungsanträge, d.h. Beschlussanträge hinsichtlich des Ablaufs der Gesellschafterversammlung. Diese sind stets – also auch ohne vorherige Ankündigung im Rahmen der Einberufung – zur Abstimmung zu stellen.[219]

8. Durchführung der Abstimmung

Der Versammlungsleiter ist außerdem verpflichtet, zur Abstimmung aufzurufen und diese zu leiten.[220] Vor Beginn der Stimmabgabe hat er hierbei den Abstimmungsmodus festzulegen (etwa Handheben, Zuruf oder schriftliche Stimmabgabe).[221] Die Pflicht des Versammlungsleiters zur ordnungsgemäßen Feststellung der gefassten Beschlüsse wird an anderer Stelle gesondert behandelt (siehe Teil A Ziff. B.VI).

9. Unterbrechung der Gesellschafterversammlung

Zwar steht es dem Versammlungsleiter nicht zu, die Gesellschafterversammlung zu vertagen. Seine Aufgaben umfassen jedoch die Unterbrechung der Gesellschafterversammlung für Pausen oder bei unvorhergesehenen Störungen.[222]

10. Protokollierung der Gesellschafterversammlung

Der Versammlungsleiter ist stets zur Protokollierung der Gesellschafterversammlung verpflichtet.[223] Dies gilt ungeachtet der Frage, inwiefern die zu

---

217 *Römermann*, in: Michalski, § 48, Rn. 113.

218 *Kleemann*, S. 85f.

219 *Römermann*, in: Michalski, § 51, Rn. 72.

220 *Seibt*, in: Scholz, § 48, Rn. 36; *Hüffer/Schäfer*, in: GK-GmbHG, § 48, Rn. 31; *Bunz*, NZG 2017, 1366, 1367.

221 *Römermann*, in: Michalski, § 48, Rn. 449.

222 *Seibt*, in: Scholz, § 48, Rn. 36; *Eickhoff*, Rn. 264.

223 OLG Stuttgart, Beschl. v. 20.11.2012 – 14 U 39/12, GmbHR 2013, 472; *Zöllner/Noack*, in: Baumbach/Hueck, § 48, Rn. 22; *Liebscher*, in: MüKo-GmbHG, § 48, Rn. 130; *Hüffer/Schäfer*, in: GK-GmbHG, § 48, Rn. 38; *Ganzer*, in: Rowedder/Schmidt-Leithoff, § 48, Rn. 18; *Werner*, GmbHR 2006, 127, 131; *Jansen*, S. 201.

fassenden Gesellschafterbeschlüsse zu ihrer Wirksamkeit der Protokollierung bedürfen. Denn die Protokollierungspflicht des Versammlungsleiters zielt auf die Schaffung von Nachweisen für Streitfälle im Nachgang zur Gesellschafterversammlung ab.[224] Aus diesem Grund ist nicht nur das reine Beschlussergebnis, sondern darüber hinaus auch der Hergang der Gesellschafterversammlung festzuhalten.[225] Bei der Erfüllung dieser Pflicht kann sich der Versammlungsleiter Hilfspersonen bedienen, d.h. einen Protokollanten hinzuziehen.[226]

11. Beendigung der Gesellschafterversammlung

Der Versammlungsleiter schließt die Gesellschafterversammlung förmlich nach Erledigung sämtlicher Tagesordnungspunkte.[227] So wird sichergestellt, dass die Gesellschafter den Saal mit der Gewissheit verlassen können, dass in ihrer Abwesenheit keine weiteren Tagesordnungspunkte mehr behandelt werden.[228] Zu einer Beendigung der Gesellschafterversammlung vor Erledigung sämtlicher Tagesordnungspunkte ist der Versammlungsleiter grundsätzlich nicht befugt.[229] Neben den vorstehend bereits erwähnten Fällen von schwerwiegenden Einberufungsmängeln bzw. der fehlenden Beschlussfähigkeit, kommt ein vorzeitiger Versammlungsabbruch ausnahmsweise dann in Betracht, wenn trotz der Ergreifung von Ordnungsmaßnahmen eine geordnete Fortsetzung der Gesellschafterversammlung unmöglich erscheint.[230] Nach förmlicher Beendigung der Gesellschafterversammlung durch den Versammlungsleiter besteht die Möglichkeit der Fassung eines Fortsetzungsbeschlusses durch die Gesellschafter.[231]

12. Zusammenfassung

Die Leitung der Gesellschafterversammlung gehört zu den Hauptpflichten des Versammlungsleiters in der GmbH. Es obliegt ihm, die Gesellschafterversammlung

224 *Zöllner/Noack*, in: Baumbach/Hueck, § 48, Rn. 22; *Werner*, GmbHR 2006, 127, 131.
225 *Liebscher*, in: MüKo-GmbHG, § 48, Rn. 130.
226 OLG Stuttgart, Beschl. v. 20.11.2012 – 14 U 39/12, GmbHR 2013, 472; *Liebscher*, in: MüKo-GmbHG, § 48, Rn. 130; *Hüffer/Schäfer*, in: GK-GmbHG, § 48, Rn. 38; *Werner*, GmbHR 2006, 127, 131.
227 *Römermann*, in: Michalski, § 48, Rn. 114; *Noack*, GmbHR 2017, 792, 797.
228 *Bunz*, NZG 2017, 1366, 1367.
229 OLG Hamburg, Urt. v. 22.1.2016 – 11 U 287/14, BeckRS 2016, 13976; *Noack*, GmbHR 2017, 792, 797.
230 *Seibt*, in: Scholz, § 48, Rn. 36.
231 *Kleemann*, S. 91.

zu eröffnen, die Anwesenden festzustellen und das Teilnahmerecht der Anwesenden, die Ordnungsmäßigkeit ihrer Einberufung sowie die Beschlussfähigkeit der Gesellschafterversammlung zu überprüfen. Er hat sämtliche Tagesordnungspunkte zu behandeln, darf jedoch aus Sachgründen Änderungen der Reihenfolge vornehmen. Des Weiteren gehört es zu seinen Aufgaben, den Teilnehmern der Versammlung das Wort zu erteilen, die Reihenfolge ihrer Wortmeldungen festzulegen und gegebenenfalls eine generelle Redezeit für sämtliche Versammlungsteilnehmer vorzuschreiben. Grundsätzlich müssen alle Beschlussanträge von dem Versammlungsleiter zur Abstimmung gestellt werden, wobei rein redaktionelle Änderungen am Wortlaut der Anträge zulässig sind. Auch ist der Versammlungsleiter nicht an die Reihenfolge der Beschlussanträge gebunden und darf Beschlussanträge (nicht jedoch Geschäftsordnungsanträge) jedenfalls bei evidenter Abweichung von der Tagesordnung zurückweisen. Er muss die Abstimmung über die gestellten Beschlussanträge durchführen und hierbei insbesondere den Abstimmungsmodus festlegen. Zu den Kompetenzen des Versammlungsleiters gehört außerdem die Unterbrechung der Gesellschafterversammlung für Pausen. Die Gesellschafterversammlung ist stets seitens des Versammlungsleiters zu protokollieren. Hierbei darf er sich der Mitwirkung von Hilfspersonen bedienen. Schließlich hat der Versammlungsleiter nach Erledigung sämtlicher Tagesordnungspunkte die Versammlung förmlich zu schließen. Nur in extremen Ausnahmesituationen kommt ein vorzeitiger Versammlungsabbruch in Betracht.

V. Pflicht zur Ermöglichung eines geordneten Ablaufs der Gesellschafterversammlung

1. Allgemeines

Neben der Pflicht zur Leitung der Gesellschafterversammlung gehört die Ausübung von Ordnungsbefugnissen zu den zentralen Pflichten des Versammlungsleiters einer GmbH-Gesellschafterversammlung. Die Ergreifung von Ordnungsmaßnahmen kann für die ordnungsgemäße Abhandlung sämtlicher Gegenstände der Tagesordnung unerlässlich und damit für den Versammlungsleiter obligatorisch sein.[232] Nach ganz h.M. steht dem Versammlungsleiter die diesbezügliche Kompetenz jedenfalls in Form eines Initiativrechts

232 Vgl. zum Zweck von Ordnungsmaßnahmen *Römermann*, in: Michalski, § 51, Rn. 141.

uneingeschränkt zu.[233] Im Rahmen der Erfüllung seiner Pflicht zur Ausübung von Ordnungsbefugnissen gilt es für den Versammlungsleiter jedoch in besonderem Maße dem Spannungsverhältnis zwischen dem Recht aller Versammlungsteilnehmer auf vollständige Behandlung sämtlicher Tagesordnungspunkte und den Mitgliedschaftsrechten der einzelnen Gesellschafter Beachtung zu schenken.[234] Die Eingriffsintensität der verschiedenen zur Verfügung stehenden Ordnungsmaßnahmen variiert erheblich. Stets ist daher seitens des Versammlungsleiters im Rahmen der Ausübung seines pflichtgemäßen Ermessens zu prüfen, ob die jeweilige Maßnahme sachlich erforderlich ist und dem Verhältnismäßigkeitsgrundsatz Genüge tut.[235] Nach hier vertretener Auffassung kommt dem Versammlungsleiter, wenn ihm sein Amt per Satzung zur weisungsunabhängigen Ausübung übertragen wurde, auch bei Ordnungsmaßnahmen ein Letztentscheidungsrecht zu (siehe zur grundsätzlichen Weisungsgebundenheit des Versammlungsleiters oben Teil A Ziff. A.I.3.b).

2. *Ordnungsruf*

Als mildeste Ordnungsmaßnahme kann der Versammlungsleiter einen Ordnungsruf, d.h. eine förmliche Abmahnung, aussprechen. Hierdurch wird das Fehlverhalten eines Versammlungsteilnehmers zum einen sanktioniert und zum anderen wird dem Versammlungsteilnehmer so vor Augen geführt, dass er für den Fall der Fortsetzung seines Verhaltens weitere Ordnungsmaßnahmen zu befürchten hat.[236] In Betracht kommt diese Maßnahme zum Beispiel, um unsachlichen oder übermäßig langen Redebeiträgen zu begegnen.[237]

3. *Beschränkung des Rederechts*

Die Beschränkung des Rederechts der Gesellschafter aus Ordnungsgründen ist von generellen Regelungen bezüglich des Rederechts abzugrenzen. So kann etwa die Gesellschafterversammlung in einer Geschäftsordnung die individuelle

---

233 *Römermann*, in: Michalski, § 48, Rn. 159ff.; *Zöllner/Noack*, in: Baumbach/Hueck, § 48, Rn. 18; *Seibt*, in: Scholz, § 48, Rn. 37; *Altmeppen*, in: Altmeppen, § 48, Rn. 13; *Hüffer/Schäfer*, in: GK-GmbHG, § 48, Rn. 36; *Wolff*, in: MüHdb-GesR, Bd. 3, § 39, Rn. 72; *Noack*, GmbHR 2017, 792, 797; *Lange*, NJW 2015, 3190, 3193.

234 *Hüffer/Schäfer*, in: GK-GmbHG, § 48, Rn. 34.

235 *Seibt*, in: Scholz, § 48, Rn. 37; *Hüffer/Schäfer*, in: GK-GmbHG, § 48, Rn. 34; *Wolff*, in: MüHdb-GesR, Bd. 3, § 39, Rn. 72.

236 *Römermann*, in: Michalski, § 48, Rn. 143.

237 *Hüffer/Schäfer*, in: GK-GmbHG, § 48, Rn. 35; *Seibt*, in: Scholz, § 48, Rn. 37.

Redezeit der Gesellschafter je Tagesordnungspunkt auf eine bestimmte Höchstdauer festlegen. Auch kann eine solche Regelung in Ausnahmefällen seitens des Versammlungsleiters im Rahmen seiner Leitungspflichten getroffen werden (siehe oben Teil A Ziff. B.IV.6). Hier geht es hingegen allein um Einzelfallentscheidungen, die als Reaktion auf das konkrete Vorverhalten eines Gesellschafters erfolgen.[238]

Anders als der Wortlaut von § 131 Abs. 2 S. 2 AktG es auf den ersten Blick nahelegt, ist bei der AG anerkannt, dass eine solche Redezeitbeschränkung auch ohne dahingehende Ermächtigung des Versammlungsleiters in der Satzung oder der Geschäftsordnung der Gesellschafterversammlung möglich ist.[239] Dies muss in Ermangelung einer solchen gesetzlichen Regelung bei der GmbH erst recht gelten.

Da eine Beschränkung des Rederechts einen intensiven Eingriff in das Mitgliedschaftsrecht des betroffenen Gesellschafters darstellt, ist dieses Ordnungsmittel nur in Ausnahmefällen zu gebrauchen. In der Regel muss mindestens ein Ordnungsruf oder eine sonstige Ermahnung seitens des Versammlungsleiters vorausgehen. Im Rahmen seiner Ermessensausübung hat der Versammlungsleiter sodann eine Prognoseentscheidung zu treffen, ob der Redner nach Ablauf einer verkürzten Redezeit noch zur Willensbildung der Gesellschafterversammlung beitragen würde. Denn Sinn des Rederechts der Gesellschafter ist es, auf die Willensbildung der übrigen Gesellschafter bezüglich eines Tagesordnungspunktes Einfluss zu nehmen und so möglicherweise ein anderes Ergebnis im Rahmen der Beschlussfassung über diesen Gegenstand der Tagesordnung zu bewirken. Erscheint ein Redebeitrag dem Versammlungsleiter als vollkommen ungeeignet, diesem Zweck (noch) zu entsprechen, so steht es ihm regelmäßig frei, eine Redezeitbeschränkung zu verhängen.[240] Beispielhaft seien Fälle genannt, in denen die Ausführungen eines Gesellschafters zum Gegenstand der Tagesordnung nichts beitragen können, sich wiederholen oder gar beleidigenden Charakter haben.[241] Geht mit der Beschränkung des Rederechts zugleich eine Beschneidung des Auskunftsrechts des Gesellschafters gegenüber der Geschäftsführung der Gesellschaft einher, so müssen die Voraussetzungen von § 51a Abs. 2 GmbHG gewahrt werden.

---

238 *Römermann*, in: Michalski, § 48, Rn. 145.

239 BGH, Urt. v. 8. 2. 2010 - II ZR 94/08, NJW 2010, 1604; *Kubis*, in: MüKo-AktG, § 131, Rn. 102; *Koch*, in: Hüffer/Koch, § 131, Rn. 50.

240 *Römermann*, in: Michalski, § 48, Rn. 146ff.

241 *Hüffer/Schäfer*, in: GK-GmbHG, § 48, Rn. 35.

4. *Wortentzug*

Falls ein Redner seinen Redebeitrag nach erfolgter individueller oder genereller Redezeitverkürzung nicht von selbst beendet, so geht mit der Redezeitverkürzung automatisch auch ein Wortentzug durch den Versammlungsleiter einher. Dieser Fall wirft rechtlich keine eigenständigen Probleme auf, da die Rechtmäßigkeit des Wortentzugs immer mit der (fehlenden) Rechtmäßigkeit der Redezeitverkürzung gleichläuft. Problematisch ist allein der Wortentzug ohne vorherige Redezeitverkürzung.[242] Dieser kommt nur in äußersten Ausnahmefällen in Betracht und setzt fast immer einen vorhergehenden Ordnungsruf, d.h. eine förmliche Abmahnung, voraus.[243] Zu denken ist etwa an Schimpftiraden des Redners, die für die sonst anwesenden Gesellschafter völlig unzumutbar sind.

5. *Saalverweis*

Als ultima ratio schließlich besteht die Möglichkeit, einen Versammlungsteilnehmer des Saales zu verweisen. Voraussetzung ist, dass die Gesellschafterversammlung – etwa durch verbale Entgleisungen oder Handgreiflichkeiten – derart massiv gestört wird, dass eine geordnete Fortsetzung quasi unmöglich gemacht wird. Vor Ergreifung dieser gravierenden Maßnahme sind in aller Regel ein oder sogar mehrere vorhergehende Ordnungsrufe und/oder eine Redezeitverkürzung erforderlich.[244] Als Alternative zu einer Verweisung aus dem Sitzungssaal für die gesamte restliche Versammlungsdauer ist eine Verweisung nur für den aktuellen Tagesordnungspunkt in Betracht zu ziehen.[245] Außerdem darf ein Saalverweis nie präventiv – d.h. entweder für die aktuelle oder gar künftige Gesellschafterversammlungen im Voraus – erfolgen, sondern stets nur als Reaktion auf vergangenes Verhalten.[246] Das Stimmrecht des Versammlungsteilnehmers wird

---

242 *Römermann*, in: Michalski, § 48, Rn. 152ff.

243 *Zöllner/Noack*, in: Baumbach/Hueck, § 48, Rn. 18; *Seibt*, in: Scholz, § 48, Rn. 37; weitergehend *Liebscher*, in: MüKo-GmbHG, § 48, Rn. 124 und wohl auch *Lange*, NJW 2015, 3190, 3193, die stets eine vorherige Abmahnung verlangen.

244 *Römermann*, in: Michalski, § 48, Rn. 155ff.; *Hüffer/Schäfer*, in: GK-GmbHG, § 48, Rn. 35; *Seibt*, in: Scholz, § 48, Rn. 37; *Römermann*, in: MAH-GmbHR, § 15, Rn. 127; *Lange*, NJW 2015, 3190, 3193.

245 *Liebscher*, in: MüKo-GmbHG, § 48, Rn. 124.

246 *Römermann*, in: Michalski, § 48, Rn. 155ff.; *Hüffer/Schäfer*, in: GK-GmbHG, § 48, Rn. 35; *Seibt*, in: Scholz, § 48, Rn. 37.

durch den Saalverweis nicht berührt, d.h. es steht ihm frei, Dritte mit der Ausübung seines Stimmrechtes zu bevollmächtigen.[247]

6. *Ausübung des Hausrechts*

Von den Ordnungsmaßnahmen im eigentlichen Sinne zu unterscheiden ist die Ausübung des Hausrechts. Dieses besteht unabhängig von der Durchführung einer Gesellschafterversammlung und steht allein der Gesellschaft – entweder als Eigentümerin oder Mieterin der jeweiligen Räumlichkeiten – zu.[248] Es wird während Gesellschaftsversammlungen grundsätzlich von der Gesellschafterversammlung selbst ausgeübt.[249] Der Versammlungsleiter wird jedoch durch seine Bestellung in der Regel konkludent zur Ausübung des Hausrechts ermächtigt.[250] Anders als seine Leitungs- und Ordnungsbefugnisse kann ihm dieses Recht nicht zur weisungsunabhängigen Ausübung übertragen werden.[251] Denn bei der Ausübung des Hausrechts handelt es sich nicht um ein reines Gesellschaftsinternum, sondern um Maßnahmen, die in ihrem Wirkungsbereich über die Gesellschafterversammlung hinausgehen. So können von der Ausübung auch an der Gesellschafterversammlung völlig unbeteiligte Dritte betroffen sein – z.B. bei Verweisung Unbefugter aus dem Versammlungsraum. Der besondere Zweck der Bestellung eines weisungsungebundenen Versammlungsleiters – eine neutrale Leitung der Gesellschafterversammlung zu gewährleisten – erfordert solche Maßnahmen nicht.

7. *Zusammenfassung*

Von der Leitungsaufgabe des Versammlungsleiters zu unterscheiden ist seine Pflicht, einen geordneten Ablauf der Gesellschafterversammlung zu ermöglichen. Um dieser Pflicht gerecht zu werden, stehen dem Versammlungsleiter verschiedene Ordnungsbefugnisse zur Verfügung. Bei ihrer Ausübung ist in besonderem Maße auf die Mitgliedschaftsrechte der Gesellschafter Rücksicht zu nehmen. Stets hat der Versammlungsleiter hinsichtlich ihrer Ergreifung ein Initiativrecht, einem weisungsunabhängigen Versammlungsleiter steht darüber

---

247 *Römermann*, in: MAH-GmbHR, § 15, Rn. 127; *Eickhoff*, Rn. 261.

248 *Lange*, NJW 2015, 3190, 3193.

249 OLG Hamm, Urt. v. 6.5.2003 – 27 U 131/02, GmbHR 2003, 1211; *Seibt*, in: Scholz, § 48, Rn. 37; a.A. *Lange*, NJW 2015, 3190, 3193.

250 *Seibt*, in: Scholz, § 48, Rn. 37.

251 *Seibt*, in: Scholz, § 48, Rn. 37.

hinaus ein Letztentscheidungsrecht zu. Als mildestes Ordnungsmittel kommt ein Ordnungsruf in Betracht. Dieser ist in der Regel zugleich Voraussetzung für die Ergreifung weitergehender Ordnungsmaßnahmen. Soweit ein Redebeitrag (voraussichtlich) nicht mehr auf die Willensbildung der übrigen Gesellschafter Einfluss zu nehmen vermag, kommt eine individuelle Beschränkung der Redezeit mit anschließendem Wortentzug in Betracht. In der Regel wird ein Ordnungsruf vorausgehen müssen. Nur in äußersten Ausnahmefällen kann ein sofortiger Wortentzug ohne vorherige Redezeitbeschränkung erfolgen. Eine Beschneidung des Auskunftsrechts der Gesellschafter ist nur unter den Voraussetzungen von § 51a Abs. 2 GmbHG zulässig. Als ultima ratio dürfen Versammlungsteilnehmer für eine beschränkte Zeit oder sogar die gesamte restliche Versammlungsdauer vom Versammlungsleiter des Saales verwiesen werden. Fast immer wird aus Gründen der Verhältnismäßigkeit vor Ergreifung dieser Maßnahme zumindest ein Ordnungsruf und/oder eine Redezeitbeschränkung auszusprechen sein. Das Stimmrecht der Gesellschafter wird durch einen Saalverweis nicht berührt. Kein Ordnungsmittel im eigentlichen Sinne ist das Hausrecht. Es steht während Gesellschafterversammlungen grundsätzlich der Gesellschafterversammlung selbst zu. Der Versammlungsleiter wird aber bei Fehlen entgegenstehender Anhaltspunkte mit seiner Bestellung konkludent zur Ausübung dieses Rechts ermächtigt, wobei er immer den Weisungen der Gesellschafterversammlung unterworfen bleibt.

VI. Pflicht zur ordnungsgemäßen Beschlussfeststellung

1. Allgemeines

a. Begriff der Beschlussfeststellung

Der Begriff Beschlussfeststellung meint ein förmliches Festhalten des getroffenen Beschlusses, „durch das die Unsicherheit darüber beseitigt werden soll, ob ein wirksamer Beschluss gefasst wurde".[252] Dies erfordert nicht nur das bloße Zählen der abgegebenen Stimmen, d.h. die Wiedergabe bzw. Feststellung eines tatsächlichen Geschehensablaufs. Vielmehr verlangt die verbindliche Feststellung der getroffenen Beschlüsse neben dieser rein mathematischen Aufgabe auch eine – häufig nicht ganz triviale – rechtliche Bewertung.[253] So ist etwa zu prüfen, ob Stimmverbote nach § 47 Abs. 4 GmbHG bestehen, Höchst- oder

252 BGH, Urt. v. 11.2.2008 – II ZR 187/06, NJW-RR 2008, 706; BGH, Beschl. v. 24.3.2016 – IX ZB 32/15, GmbHR 2016, 587.

253 BGH, Urt. v. 28.1.1980 – II ZR 84/79, NJW 1980, 1527.

Mehrstimmrechte zu berücksichtigen sind, welches Quorum überhaupt erreicht werden muss und ob gegebenenfalls eine wirksame Vertretung des stimmberechtigten Geschäftsanteils vorliegt. Auf ebendieser rechtlichen Prüfung begründet sich die weitreichende Wirkung, die der Beschlussfeststellung in Form der vorläufigen Wirksamkeit (siehe hierzu unten Teil A Ziff. B.VI.2.c) zugeschrieben wird.

b. Keine Notwendigkeit der Beschlussfeststellung in der GmbH

Anders als in der AG ist die Beschlussfeststellung in der GmbH nach ganz herrschender Meinung grundsätzlich keine Wirksamkeitsvoraussetzung für Beschlüsse der Gesellschafterversammlung.[254] Der in der GmbH herrschende Grundsatz der Satzungsfreiheit erlaubt es jedoch den Gesellschaftern, die förmliche Beschlussfeststellung durch einen Versammlungsleiter in der Gesellschaftssatzung als konstitutive Voraussetzung der wirksamen Beschlussfassung vorzusehen.[255]

Bei einem Gesellschafterbeschluss in der GmbH handelt es sich nach herkömmlicher Auffassung um ein Rechtsgeschäft eigener Art, welches aufgrund einer oder mehrerer Willenserklärungen der Gesellschafter – ihrer Stimmabgabe – zustande kommt.[256] Anders als bei einem Vertrag müssen hier jedoch nicht sämtliche Willenserklärungen übereinstimmen, sondern das Rechtsgeschäft beruht in der Regel auf den bzw. der mehrheitlich abgegebenen Willenserklärung(en).[257] Auch ein Vertrag als klassisches mehrseitiges Rechtsgeschäft bedarf keiner verbindlichen Feststellung über sein Zustandekommen. Sieht man mit dieser Auffassung den Gesellschafterbeschluss als (mehrseitiges)

---

254 BGH, Urt. v. 28.1.1980 – II ZR 84/79, NJW 1980, 1527; BGH, Urt. v. 26.10.1983 – II ZR 87/83, NJW 1984, 489; BGH, Urt. v. 11.12.2006 – II ZR 166/05, NZG 2007, 185; *Hüffer/Schäfer*, in: GK-GmbHG, § 47, Rn. 28; *Drescher*, in: MüKo-GmbHG, § 47, Rn. 54; *Zöllner/Noack*, in: Baumbach/Hueck, § 47, Rn. 26; *Drygala/Staake/Szalai*, § 11, Rn. 147; *Wolff*, in: MüHdb-GesR, Bd. 3, § 39, Rn. 81; *Zöllner*, FS Lutter, 2000, S. 821, 826f.; *Bunz*, NZG 2017, 1366, 1366.

255 Vgl. zur Zulässigkeit *Liebscher*, in: MüKo-GmbHG, § 48, Rn. 118; *Zöllner/Noack*, in: Baumbach/Hueck, § 47, Rn. 27; *Römermann*, in: Michalski, § 47, Rn. 600.

256 *Bayer*, in: Lutter/Hommelhoff, § 47, Rn. 1f.; *Hüffer/Schäfer*, in: GK-GmbHG, § 47, Rn. 3; MüHdb-GesR, Bd. 3, § 39, Rn. 3; *Noack*, GmbHR 2017, 792, 793; *Bauerfeind/Müller*, GmbHR 2020, 1215, 1216; dahingehend auch *K. Schmidt*, in: Scholz, Bd. 2, 11. Aufl. 2013, § 45, Rn. 18 und 22.

257 Vgl. *Wolff*, in: MüHdb-GesR, Bd. 3, § 39, Rn. 3.

Rechtsgeschäft an, so ist folgerichtig auch die Notwendigkeit einer Beschlussfeststellung abzulehnen.[258]

Neuerdings wird jedoch bestritten, dass es sich bei Beschlüssen der Gesellschafterversammlung um ein mehraktiges Rechtsgeschäft *der Gesellschafter* handelt. Vielmehr sei ein Gesellschafterbeschluss ein Organakt im Sinne eines einseitigen Rechtsakts *der Gesellschafterversammlung als Ganzer*. Dieser komme durch die Stimmabgaben in Verbindung mit einer konstitutiv wirkenden Feststellung des Beschlussergebnisses zustande. Bei der Stimmabgabe handele es sich lediglich um die Willensbildung des Organs Gesellschafterversammlung, erst durch die Feststellung des Beschlussergebnisses aber werde ein irgendwie gearteter Organwille erklärt.[259]

Von den Befürwortern dieser Ansicht wird unter anderem vorgebracht, dass die Betrachtung eines Gesellschafterbeschlusses als mehraktiges Rechtsgeschäft der Gesellschafter dort versage, wo etwa infolge eines Sammelsuriums von Ja-Stimmen, Nein-Stimmen und Enthaltungen ein Negativbeschluss gefasst werde. Hier sei gerade nicht die Mehrheit der übereinstimmend abgegebenen Stimmen ausschlaggebend, sondern die Gesamtheit der abgegebenen und nicht abgegebenen, teils entgegengesetzten Stimmen. Insbesondere bei Nicht-Erreichen eines bestimmten Quorums wegen des Fernbleibens vieler Stimmberechtigter von der Versammlung werde die Schwäche der Theorie besonders deutlich.[260] Die Notwendigkeit einer förmlichen Beschlussfeststellung wird zum Teil außerdem aus der Bindungswirkung des Beschlusses auch für die bei der Beschlussfassung abwesenden Mitglieder der Gesellschafter sowie für die Gesellschaftsorgane abgeleitet. Ohne Beschlussfeststellung herrsche Unklarheit sowohl über das Zustandekommen als auch den Inhalt eines gefassten Beschlusses[261] und es sei keine Zurechnung an den Verband als Träger der Beschlüsse der Gesellschafterversammlung möglich.[262] Nach anderer Auffassung folgt die Notwendigkeit schon aus den allgemeinen Grundsätzen des Privatrechts, wonach „ein Wille, um Geltung zu erlangen, Ausdruck finden muss".[263] Auch eine Willenserklärung

---

258 So auch *Noack*, GmbHR 2017, 792, 793.

259 *Ernst*, FS Leenen, 2012, S. 1, 7ff. und 39f.; *Altmeppen*, NJW 2018, 225, 228; *ders.*, NJW 2016, 2833, 2837; *Gerauer*, S. 163ff.; ablehnend *Herchen*, Gesellschaftsrecht in der Diskussion 2016, 2017, S. 83ff., 90; *Noack*, GmbHR 2017, 792, 793; *Bauerfeind/Müller*, GmbHR 2020, 1215, 1220f.

260 *Ernst*, FS Leenen, 2012, S. 1, 7.

261 *Ernst*, FS Leenen, 2012, S. 1, 9ff.; *Gerauer*, S. 170ff.

262 *Gerauer*, S. 172f.

263 *Altmeppen*, NJW 2018, 225, 228.

erlange nicht bereits durch die Willensbildung des Erklärenden, sondern erst aufgrund der hierauf beruhenden Erklärung ihre Wirkung.[264] Die Kundgabe des Beschlusses könne nicht bereits in den Stimmabgaben der Gesellschafter gesehen werden. Die Abstimmung stelle vielmehr lediglich einen Teil des Beschlussverfahrens dar, erst die Kundgabe bringe als letzten Tatbestand den Gesellschafterbeschluss hervor.[265] Außerdem unterscheide sich der Urheber des Organaktes Gesellschafterbeschluss von demjenigen der einzelnen Stimmabgaben.[266]

Dieser Auffassung können verschiedene Argumente entgegengehalten werden. Soweit von ihren Befürwortern ins Feld geführt wird, dass im Falle von Negativbeschlüssen unter Umständen eine Mixtur aus Ja-Stimmen, Nein-Stimmen und Enthaltungen und nicht eine Mehrheit von Nein-Stimmen den Beschluss herbeiführt, so kann dieses Argument entkräftet werden. Zum einen kann es bei dem Zustandekommen von Positivbeschlüssen zu einer ganz ähnlichen Situation kommen. Schließlich kann die für eine positive Beschlussfassung in der Regel erforderliche einfache Stimmenmehrheit auch nur deshalb zustande gekommen sein, weil die Mehrheit der Gesellschafter der Versammlung ferngeblieben ist oder sich der Stimme enthalten hat. Es fehlt also bereits an einer grundlegenden Verschiedenheit der Situationen bei Positiv- und Negativbeschlüssen. Vor allem aber setzt die Annahme, dass ein Gesellschafterbeschluss ein mehraktiges Rechtsgeschäft darstellt, nicht zwingend voraus, dass eine mehrheitliche Übereinstimmung der abgegebenen Willenserklärungen vorliegt. Wesentlicher Unterschied des Beschlusses von einem Vertrag ist es gerade, dass keine völlige Übereinstimmung der abgegebenen Willenserklärungen vorliegt. Vielmehr wird durch Gesetz und/oder die Gesellschaftssatzung bestimmt, welches Gewicht den einzelnen abgegebenen Willenserklärungen beizumessen ist. Im Fall von Negativbeschlüssen sieht das Gesetz eben vor, dass den ablehnenden Stimmen ein größeres Gewicht zukommt, solange durch die befürwortenden Stimmen keine Mehrheit erreicht wird. Auch in diesem Fall aber kommt das Rechtsgeschäft Gesellschafterbeschluss aufgrund mindestens einer Willenserklärung – namentlich der ablehnenden Stimmabgabe – zustande.

Dass es sich bei einem Gesellschafterbeschluss um einen einheitlichen Organakt der Gesellschafterversammlung und bei den Stimmabgaben der Gesellschafter lediglich um einen unselbstständigen Teil der Willensbildung dieses Organs handeln soll, untergräbt außerdem die Bedeutung des Stimmrechts und damit

---

264 *Altmeppen*, NJW 2016, 2833, 2837; so auch *Gerauer*, S. 166f.
265 *Gerauer*, S. 167f.
266 *Gerauer*, S. 169.

des Mitgliedschaftsrechts der einzelnen Gesellschafter. Schließlich durchlaufen die Gesellschafter selbst während der Gesellschafterversammlung einen Willensbildungsprozess. Die Einflussnahme auf den Willen der Gesellschafter ist gerade der zentrale Zweck der Debatte in der Gesellschafterversammlung. Diesen Willen bringen die Gesellschafter sodann im Wege der Abstimmung zum Ausdruck. Soweit sie hierbei Irrtümern unterliegen muss es ihnen möglich sein, die Willensäußerung im Wege der Anfechtung nach §§ 119ff. BGB wieder aus der Welt zu schaffen.[267] Diese Möglichkeit wird zum Teil sogar von den Vertretern der Organtheorie anerkannt.[268] Warum im Anschluss an die Willensäußerung der Gesellschafter auch noch das Organ Gesellschafterversammlung einer Kundgabe seines Willens bedürfen soll, ist nicht ersichtlich. Vielmehr ist anzunehmen, dass es gar keinen Willen der Gesellschafterversammlung als solcher, sondern eben nur der einzelnen Gesellschafter gibt. Durch Gesetz und Satzung wird bestimmt, welche Bedeutung den einzelnen Willenserklärungen der Gesellschafter beizumessen ist. Im Wege der Stimmauszählung und Subsumtion unter die relevanten Regelungen ist das Ergebnis des Gesellschafterbeschlusses für jedermann erkennbar.[269] Wie auch bei Verträgen können Unsicherheiten über die Wirksamkeit im Wege der allgemeinen Feststellungsklage beseitigt werden (siehe zum Beschlussmängelrecht Teil A Ziff. B.VI.2.b).

Erfolgt die Beschlussfeststellung dennoch, so ist dies folglich überobligatorisch und bezweckt allein die Herbeiführung der vorläufigen Wirksamkeit. Diese hat insbesondere bei Streit unter den Gesellschaftern über die Wirksamkeit (vermeintlich) gefasster Beschlüsse erhebliche Bedeutung. Infolge des Eintritts der vorläufigen Wirksamkeit können Gesellschafterbeschlüsse nur noch im Wege der fristgebundenen Anfechtungsklage angegriffen werden, was zum einen eine Verschiebung der Klagelast zur Folge hat und zum anderen aufgrund der kurzen Klagefrist zu größerer Rechtssicherheit führt (siehe zu den Folgen der vorläufigen Wirksamkeit unten Teil A Ziff. B.VI.2.c).

c. *Beschlussfeststellungskompetenz der Gesellschafterversammlung*

Eine völlig andere Frage als die Erforderlichkeit der Beschlussfeststellung ist diejenige, durch wen eine verbindliche Beschlussfeststellung bei der GmbH erfolgen

---

267 OLG Düsseldorf, Urt. v. 1.7.2011 – I-17 U 122/10, GmbHR 2012, 1363; *Hüffer/Schäfer*, in: GK-GmbHG, § 47, Rn.44; *Zöllner/Noack*, in: Baumbach/Hueck, § 47, Rn. 8; *K. Schmidt*, in: Scholz, Bd. 2, 11. Aufl. 2013, § 45, Rn. 22.

268 *Ernst*, FS Leenen, 2012, S. 1, 37ff.

269 So auch *Bauerfeind/Müller*, GmbHR 2020, 1215, 1220f.

darf. Neben der Person des Versammlungsleiters (siehe zu dessen Beschlussfeststellungskompetenz ausführlich Teil A Ziff. B.VI.3) kommt hierfür die Gesellschafterversammlung selbst in Betracht.

Weitgehend wird dem Einigsein von sämtlichen anwesenden Gesellschaftern über die erfolgte Beschlussfassung dieselbe Wirkung beigemessen wie der förmlichen Beschlussfeststellung durch einen Versammlungsleiter.[270] Dies lässt sich letztlich mit dem aus § 242 BGB folgenden allgemeinen zivilrechtlichen Grundsatz des Verbots des venire contra factum proprium begründen und erscheint überzeugend.[271] Haben die Gesellschafter einen Beschluss einmal als wirksam betrachtet, wäre es widersprüchlich, später im Wege der allgemeinen Feststellungsklage dessen (fehlendes) Zustandekommen feststellen zu lassen.

Außerdem soll nach einer zum Teil vertretenen Auffassung die Anfertigung eines privatschriftlichen Protokolls über die erfolgte Beschlussfassung durch die Gesellschafter einer verbindlichen Beschlussfeststellung gleichkommen.[272] Strittig ist unter den Vertretern dieser Ansicht, welche Anforderungen hierbei an das Protokoll zu stellen sind. Jedenfalls sollen sowohl die Tatsache der Beschlussfassung als auch der Inhalt des gefassten Beschlusses enthalten sein müssen.[273] Nicht ausreichend sei hingegen die schlichte Protokollierung der abgegebenen Stimmen.[274] Zum Teil wird außerdem verlangt, dass es von sämtlichen Gesellschaftern unterzeichnet werden muss, um die Wirkung einer verbindlichen Beschlussfeststellung zu entfalten.[275] Es erscheint indessen – ungeachtet der an die Protokollierung zu stellenden Voraussetzungen – nicht überzeugend, hier von einer vorläufigen Wirksamkeit der gefassten Beschlüsse auszugehen.[276] Soweit nicht ohnehin Einigkeit der Gesellschafter über die erfolgreiche

---

270 OLG München, Urt. v. 25.10.1989 – 7 U 3016/89, NJW-RR 1990, 804; OLG Celle, Urt. v. 15.6.1996 – 9 U 185/95, GmbHR 1997, 172; OLG München, Urt. v. 14.8.2014 – 23 U 4744/13, GmbHR 2015, 84; OLG Hamm, Urt. v. 24.11.2016 – 27 U 105/15; *Zöllner/Noack*, in: Baumbach/Hueck, Anh. § 47, Rn. 120a; *Bayer*, in: Lutter/Hommelhoff, Anh. § 47, Rn. 38; *Noack*, GmbHR 2017, 792, 797; *Jansen*, S. 209f.; a.A. *Schindler*, in: BeckOK-GmbHG, § 47, Rn. 34f.; *Römermann*, in: Michalski, § 47, Rn. 591f.

271 So auch *Raiser/Schäfer*, in: GK-GmbHG, Anh. § 47, Rn. 96; *Jansen*, S. 207.

272 OLG Thüringen, Urt. v. 30.5.2018 – 2 U 800/15; *Stephan/Tieves*, in: MüKo-GmbHG, § 38, Rn. 120; *Seibt*, in: Scholz, § 48, Rn. 53; *Bayer*, in: Lutter/Hommelhoff, Anh. § 47, Rn. 38; *Lieder*, NZG 2018, 1321, 1329.

273 *Stephan/Tieves*, in: MüKo-GmbHG, § 38, Rn. 120.

274 *Bayer*, in: Lutter/Hommelhoff, Anh. § 47, Rn. 38.

275 *Bayer*, in: Lutter/Hommelhoff, Anh. § 47, Rn. 38.

276 So auch *Jansen*, S. 207.

Beschlussfassung besteht, ist gerade streitig, ob ein Beschluss zustande kam. Dann aber müsste *von einem Teil der Gesellschafter* das Beschlussergebnis verbindlich festgestellt werden. Eine solche Befugnis ist aus den nachfolgend dargelegten Gründen abzulehnen.

Soweit diese Auffassung mit einem Verweis auf die Rechtsprechung des BGH untermauert wird, ist dem zu widersprechen.[277] Der BGH hatte über einen Fall zu entscheiden, in welchem die Gesellschaftssatzung ausdrücklich vorsah, dass infolge der Anfertigung und Unterzeichnung eines privatschriftlichen Protokolls über die gefassten Gesellschaftsbeschlüsse nur noch die Anfechtungs- und nicht mehr die allgemeine Feststellungsklage statthaft sei. Hier nahm der BGH an, dass bei Erfüllung der satzungsmäßig vorgesehenen Formalia ein der verbindlichen Beschlussfeststellung gleichzustellender Sachverhalt gegeben ist. Die Entscheidung enthält aber keinerlei Aussage darüber, ob dies auch bei Fehlen einer solchen Satzungsregelung gelten soll. Noch dazu war der protokollierte Beschluss durch die beiden Gesellschafterinnen einstimmig gefasst worden, sodass ohnehin ein Fall des Einigseins der Gesellschafter über die erfolgte Beschlussfassung anzunehmen war.[278]

Nach der am weitestgehenden Auffassung kann eine förmliche Beschlussfeststellung stets im Wege eines einfachen Mehrheitsbeschlusses durch die rechnerische Mehrheit der Gesellschafterversammlung selbst erfolgen.[279] Eine solche Beschlussfeststellung durch die Gesellschafterversammlung könne zwar nur ausdrücklich und „mit einer gewissen Förmlichkeit" erfolgen; die Einhaltung einer bestimmten Form sei jedoch nur erforderlich, wenn Gesetz oder Satzung dies vorschreiben.[280] Auch dieser Auffassung ist zu widersprechen. Zwar kann diesbezüglich keine Parallele zum Aktienrecht gezogen werden, wo eine Beschlussfeststellung von Gesetzes wegen dem Versammlungsleiter zugewiesen wird (vgl.

277 So etwa OLG Thüringen, Urt. v. 30.5.2018 – 2 U 800/15 und *Bayer*, in: Lutter/Hommelhoff, Anh. § 47, Rn. 38 unter Verweis auf BGH, Urt. v. 11.2.2008 – II ZR 187/06, GmbHR 2008, 426; vgl. auch BGH, Beschl. v. 24.3.2016 – IX ZB 32/15, GmbHR 2016, 587, wo das Urteil aus dem Jahr 2008 aufgegriffen und bestätigt wird.

278 BGH, Urt. v. 11.2.2008 – II ZR 187/06, GmbHR 2008, 426.

279 *Ernst*, FS Leenen, 2012, S. 1, 14; *Altmeppen*, NJW 2016, 2833, 2837 und zuletzt *ders.*, GmbHR 2018, 225, 230; dahingehend auch *Gerauer*, S. 175ff., wonach die Beschlussfeststellung durch die Gesellschafterversammlung selbst „mit der jeweils erforderlichen Mehrheit" erfolgen kann.

280 *Ernst*, FS Leenen, 2012, S. 1, 14 und 40; noch weitergehend *Gerauer*, S. 175 die auch eine konkludente Beschlussfeststellung durch die Gesellschafterversammlung für möglich erachtet.

§ 130 Abs. 2 S. 1 AktG).[281] Denn zum einen ist das Amt des Versammlungsleiters in der GmbH nicht obligatorisch und zum anderen gilt in der GmbH der Grundsatz der Allzuständigkeit der Gesellschafterversammlung. Beschlüsse kommen in der GmbH jedoch auch ohne eine förmliche Ergebnisfeststellung zustande. Erfolgt sie dennoch, dient diese allein dem besonderen Zweck, Rechtssicherheit – namentlich in Form der vorläufigen Wirksamkeit der gefassten Beschlüsse (siehe hierzu unten Teil A Ziff. B.VI.2.c) – zu schaffen. Es erscheint sinnwidrig, diesen Ausnahmefall zur Regel zu machen, indem die einen Beschluss (vermeintlich) zustande bringende Mehrheit immer auch das Zustandekommen des Beschlusses verbindlich feststellen kann. Um einen solchen Ausnahmefall herbeiführen zu können, bedarf es vielmehr einer möglichst neutralen Instanz, deren Pflichten sich nicht nur in der Gesellschafterstellung begründen. Außerdem kann schon über das Erreichen der rechnerischen Mehrheit Unklarheit bestehen, wenn etwa die wirksame Vertretung eines Gesellschafters streitig ist oder das Bestehen von Höchst- oder Mehrstimmrechten im Raum steht.[282]

Eine förmliche Ergebnisfeststellung kann folglich nur durch einen hinreichend legitimierten Versammlungsleiter (siehe zu den diesbezüglichen Anforderungen Teil A Ziff. B.VI.3) erfolgen. Dieser ist zwar eine Hilfsperson der Gesellschafterversammlung und seine Befugnisse leiten sich von dieser ab. Dies bedeutet jedoch nicht zwangsläufig, dass sämtliche Befugnisse des Versammlungsleiters auch von der Gesellschafterversammlung selbst ausgeübt werden können. Bezüglich der Beschlussfeststellung erhält der Versammlungsleiter zwar seine Legitimation von der Gesellschafterversammlung. Selbst kann diese weder Beschlüsse verbindlich feststellen, noch dem Versammlungsleiter diesbezüglich Weisungen erteilen.[283]

Dies ist kein Widerspruch zu den vorstehenden Ausführungen über die Wirkungen des Einigseins der Gesellschafter über die erfolgte Beschlussfassung. Denn in diesem Einigsein der Gesellschafter liegt gerade keine verbindliche Beschlussfeststellung, sondern ihm wird aufgrund des Verbots widersprüchlichen Verhaltens nach § 242 BGB lediglich dieselbe Wirkung beigemessen wie einer verbindlichen Beschlussfeststellung.[284] Sieht der amtierende Versammlungsleiter von einer Beschlussfeststellung ab, da seines Erachtens kein wirksamer Beschluss gefasst wurde, obwohl sich sämtliche anwesenden Gesellschafter

281 *Koch*, in: Hüffer/Koch, § 130, Rn. 22f.
282 *Noack*, GmbHR 2017, 792, 797.
283 *Schürnbrand*, Organschaft im Recht der privaten Verbände, S. 142.
284 *Raiser/Schäfer*, in: GK-GmbHG, Anh. § 47, Rn. 96; *Jansen*, S. 207.

über das Zustandekommen eines Beschlusses einig sind, so tritt ungeachtet dessen die vorläufige Wirksamkeit des Beschlusses ein. Eine Weisungserteilung an den Versammlungsleiter scheidet in diesem Fall zwar aus. Die vorläufige Wirksamkeit des Beschlusses tritt hier jedoch auch ohne verbindliche Beschlussfeststellung allein aufgrund der Einigkeit der Gesellschafter ein. Im umgekehrten Fall, dass der Versammlungsleiter einen Beschluss feststellt, die Gesellschafter sich hingegen über das fehlende Zustandekommen eines wirksamen Beschlusses einig sind, muss mangels Möglichkeit zur Weisungserteilung dem Handeln des Versammlungsleiters der Vorrang eingeräumt werden.

d. Notarielle Beurkundung als Alternative zur Beschlussfeststellung

Von der herrschenden Meinung im Schrifttum wird außerdem angenommen, dass die notarielle Beurkundung gefasster Gesellschafterbeschlüsse aus Gründen der Rechtssicherheit einer verbindlichen Beschlussfeststellung gleichzusetzen ist.[285] Gegen eine solche Wirkung der notariellen Beurkundung wird jedoch eingewandt, dass einem Notar als außenstehendem Dritten zum einen die gesellschaftsrechtliche Legitimation zur verbindlichen Beschlussfeststellung fehle und ihm zum anderen das Berufsrecht verbiete, im Rahmen seiner Beurkundungstätigkeit Schlussfolgerungen rechtlicher Art vorzunehmen. Die Niederlegung der schlichten Tatsache der Stimmabgabe in einer notariellen Urkunde könne aber nicht die Wirkung einer verbindlichen Beschlussfeststellung entfalten, da hierzu rechtliche Bewertungen – etwa über Stimmverbote der abstimmenden Gesellschafter – erforderlich seien.[286]

So wünschenswert es aus Gründen der Rechtssicherheit auch erscheinen mag, dass durch die notarielle Beurkundung von Gesellschafterbeschlüssen die vorläufige Wirksamkeit (vermeintlich) gefasster Beschlüsse herbeigeführt werden kann, muss den Argumenten gegen eine solche Wirkung beigepflichtet werden. So sprechen die Befürworter dieser Auffassung zwar davon, dass im Zuge einer solchen notariellen Beurkundung primär das Beschlussergebnis zu

---

285 BayObLG, Beschl. v. 7.11.1991 – BReg 3 Z 120/91, GmbHR 1992, 41; *Zöllner/Noack*, in: Baumbach/Hueck, Anh. § 47, Rn. 120a; *Drescher*, in: MüKo-GmbHG, § 47, Rn. 55 a.E.; *Lieder*, NZG 2018, 1321, 1329; a.A. *Seibt*, in: Scholz, § 48, Rn. 53; *Schindler*, in: BeckOK-GmbHG, § 47, Rn. 34f.; *Werner*, GmbHR 2006, 127, 131f.; *Wicke*, notar 2017, 235, 243; differenzierend *Hüffer/Schäfer*, in: GK-GmbHG, § 47, Rn. 29 sowie *Raiser/Schäfer*, in: GK-GmbHG, Anh. § 47, Rn. 93, wonach dies nur bei Erfüllung einer gesetzlichen oder statutarischen Beurkundungspflicht gelten soll.

286 OLG Hamm, Beschl. v. 14.1.1986 – 15 W 310/84, NJW 1987, 263; *Hoffmann*, in: Michalski, § 53, Rn. 69; *Werner*, GmbHR 2006, 127, 131f.

protokollieren sei.[287] Nicht ersichtlich wird jedoch, woraus das zu protokollierende Beschlussergebnis sich ergibt. Ist nämlich kein Versammlungsleiter mit Beschlussfeststellungskompetenz vorhanden und liegt auch kein Fall des Einigseins der Gesellschafter über das Zustandekommen eines Beschlusses vor, so ist gerade unter den Gesellschaftern streitig, ob ein Beschluss zustande kam und welchen Inhalt dieser hat. Dann aber müsste der Notar selbst den Vorgang der Beschlussfassung rechtlich bewerten und eine Beschlussfeststellung vornehmen. Dies ist ihm jedoch aufgrund seiner standesrechtlichen Vorgaben verwehrt.[288] Er wird daher in diesen Fällen lediglich den Beschlussantrag sowie den Hergang der Abstimmung protokollieren. Im Rahmen eintragungsbedürftiger Gesellschafterbeschlüsse erfolgt die Prüfung des wirksamen Zustandekommens des Beschlusses dann durch das Registergericht.[289]

e. *Zusammenfassung*

Unter dem Begriff der verbindlichen Beschlussfeststellung versteht man ein förmliches Festhalten des Gesellschafterbeschlusses, wobei im Rahmen der Ermittlung des Beschlussergebnisses nicht nur ein bloßes Zählen der Stimmen zu erfolgen hat, sondern auch eine rechtliche Bewertung gefordert ist. Wenn nicht in der Gesellschaftssatzung ausdrücklich ein solches Erfordernis vorgesehen ist, bedarf ein Gesellschafterbeschluss zu seiner Wirksamkeit der verbindlichen Beschlussfeststellung nicht. Die verbindliche Beschlussfeststellung ist vielmehr stets überobligatorisch und erfolgt allein, um dem gefassten Beschluss zu vorläufiger Wirksamkeit zu verhelfen. Dieselbe Wirkung wie einer verbindlichen Beschlussfeststellung durch den Versammlungsleiter ist dem Einigsein der Gesellschafter über die erfolgte Beschlussfassung beizumessen. Dies gilt auch dann, wenn der amtierende Versammlungsleiter von einer Beschlussfeststellung abgesehen hat. Darüber hinaus ist eine Möglichkeit der Gesellschafterversammlung zur Herbeiführung der vorläufigen Wirksamkeit von Gesellschafterbeschlüssen – sowohl im Wege der Anfertigung eines privatschriftlichen Protokolls als auch der Beschlussfeststellung durch die rechnerische Mehrheit der Gesellschafter – abzulehnen. Auch der notariellen Beurkundung kommt nicht die Wirkung einer verbindlichen Beschlussfeststellung zu.

---

287 So ausdrücklich *Wicke*, notar 2017, 235, 243.
288 *Jansen*, S. 207f.; a.A. *Zöllner/Noack*, in: Baumbach/Hueck, § 53, Rn. 67.
289 *Zöllner/Noack*, in: Baumbach/Hueck, § 54, Rn. 20ff.

2. *Bedeutung der verbindlichen Beschlussfeststellung durch den Versammlungsleiter*

a. *Allgemeines*

Nach der herrschenden Meinung in Rechtsprechung[290] und Schrifttum[291] führt die Beschlussfeststellung durch einen Versammlungsleiter zur vorläufigen Wirksamkeit bzw. vorsichtiger formuliert zur vorläufigen Verbindlichkeit[292] gefasster Gesellschafterbeschlüsse. Dieselbe Wirkung kommt nach der hier vertretenen Auffassung dem Einigsein der Gesellschafter über das wirksame Zustandekommen eines Beschlusses zu. Der Eintritt der Wirkungen der vorläufigen Wirksamkeit (siehe zu diesen im Einzelnen sogleich Teil A Ziff. B.VI.2.c) – bzw. nach Ablauf der Anfechtungsfrist der endgültigen Wirksamkeit – bedingt mithin, dass sowohl in tatsächlicher wie auch in rechtlicher Hinsicht festgestellt wurde, ob ein wirksamer Gesellschafterbeschluss gefasst wurde und welchen Inhalt dieser hat. Nicht erforderlich ist hingegen, dass diese Feststellung frei von Fehlern erfolgt ist. Gerade hierin liegen die weitreichenden Konsequenzen der vorläufigen Wirksamkeit begründet: Trotz etwaiger Fehlerhaftigkeit des (vermeintlich) gefassten Beschlusses, kommt diesem – abgesehen von Fällen der Nichtigkeit – grundsätzlich verbindliche Wirkung zu.[293]

b. *Exkurs: Beschlussmängelrecht der GmbH*

aa. *Fehlende Kodifizierung*

Das Beschlussmängelrecht der GmbH ist nicht kodifiziert und gründet auf einer Analogie zu den §§ 241ff. AktG. Die hiermit einhergehenden Unstimmigkeiten

---

290 BGH, Urt. v. 21.3.1988 – II ZR 308/87, NJW 1988, 1844; BGH, Urt. v. 13.1.2003 – II ZR 173/02, NZG 2003, 284; OLG München, Urt. v. 16.4.1999 – 23 U 5491/98, NZG 1999, 1173; BayObLG, Beschl. v. 2.7.1999 – 3Z BR 298/98, GmbHR 1999, 1839; OLG Dresden, Urt. v. 5.2.2001 – 2 U 2422/00, NZG 2001, 809.

291 *Zöllner/Noack*, in: Baumbach/Hueck, Anh. § 47, Rn. 118; *Hüffer/Schäfer*, in: GK-GmbHG, § 47, Rn. 29; *Bayer*, in: Lutter/Hommelhoff, Anh. § 47, Rn. 38; *Seibt*, in: Scholz, § 48, Rn. 53; *Drygala/Staake/Szalai*, § 11, Rn. 148; *Wolff*, in: MüHdB-GesR, Bd. 3, § 39, Rn. 81; *Eickhoff*, Rn. 285; *Zöllner*, FS Lutter, 2000, S. 821, 827; entgegen der ganz h.M. *Römermann*, in: Michalski, § 47, Rn. 599.

292 So die Formulierung in BGH, Urt. v. 13.11.1995 – II ZR 288/94, NJW 1996, 259; zum Teil wird im Hinblick auf die drohende oder sogar bereits laufende Beschlussanfechtung auch von potentieller Wirksamkeit gesprochen, vgl. *Noack*, GmbHR 2017, 792, 794.

293 *Wolff*, MüHdB-GesR, Bd. 3, § 39, Rn. 81; vgl. zum Ganzen auch *Noack*, DB 2014, 1851.

werden zunehmend als unbefriedigend empfunden und es mehren sich die Rufe nach einer Reform bzw. erstmaligen Kodifizierung des Beschlussmängelrechts der GmbH. So wurden etwa im Zuge eines Gutachtens zum 72. Deutschen Juristentag in Leipzig umfangreiche Reformen des gesamten geltenden Beschlussmängelrechts bezüglich sämtlicher Gesellschaftsformen angeregt.[294] Die Überarbeitung des aktienrechtlichen Beschlussmängelrechts ist Gegenstand des aktuellen Koalitionsvertrages vom 12.3.2018.[295] Von einem vertieften Eingehen auf die rechtlichen Probleme im Zusammenhang mit dem geltenden Beschlussmängelrecht sowie die diskutierten Änderungen wird vorliegend jedoch abgesehen. Im Folgenden wird ein grober Überblick über die seitens der Rechtsprechung geschaffenen Grundprinzipien für die Geltendmachung von Beschlussmängeln im GmbH-Recht gegeben. Zweck dieses Exkurses ist es einzig, die Tragweite der Beschlussfeststellungskompetenz des GmbH-Versammlungsleiters aufzuzeigen.

bb. Nichtigkeitsklage analog § 249 AktG

Im Wesentlichen unverändert gelten nach der Rechtsprechung des BGH die aktienrechtlichen Vorschriften betreffend die Nichtigkeit von Gesellschafterbeschlüssen (insbesondere also die §§ 241, 242 und 249 AktG) analog.[296] Es ergibt sich folglich die – abgesehen von etwaigen Heilungstatbeständen – fristungebundene Möglichkeit der Erhebung einer Nichtigkeitsklage bei Geltendmachung von Nichtigkeitsgründen in Bezug auf den angegriffenen Beschluss.[297] Bei Klageerfolg wird die Nichtigkeit des angegriffenen Beschlusses festgestellt. Hierbei kommen als Nichtigkeitsgründe allein die in § 241 AktG genannten in Betracht, die allgemeinen Vorschriften des BGB über die Nichtigkeit von Rechtsgeschäften (insbesondere also die §§ 134, 138 BGB) finden keine Anwendung.[298]

---

294 *Koch*, Gutachten F zum 72. Deutschen Juristentag: Empfiehlt sich eine Reform des Beschlussmängelrechts im Gesellschaftsrecht?; vgl. hierzu auch *Mülbert*, NJW 2018, 2771, der die Reformvorschläge des Gutachtens weitgehend ablehnt, sowie *Lieder*, NZG 2018, 1321, der die Reformvorschläge überwiegend positiv bewertet.

295 Koalitionsvertrag vom 12.3.2018, S. 131, unter: https://www.bundesregierung.de/resource/blob/975226/847984/5b8bc23590d4cb2892b31c987ad672b7/2018-03-14-koalitionsvertrag-data.pdf?download=1 (abgerufen am 10.1.2021).

296 BGH, Urt. v. 16.12.1953 – II ZR 167/52, NJW 1954, 385; BGH, Urt. v. 14.12.1961 – II ZR 97/59, NJW 1962, 538; BGH, Urt. v. 7.2.1983 – II ZR 14/82, NJW 1983, 1677; BGH, Urt. v. 1.6.1987 – II ZR 128/86, NJW 1987, 2514; *Raiser/Schäfer*, in: GK-GmbHG, Anh. § 47, Rn. 3; *Wertenbruch*, in: MüKo-GmbHG, Anh. § 47, Rn. 1.

297 *Wertenbruch*, in: MüKo-GmbHG, Anh. § 47, Rn. 224.

298 *Wertenbruch*, in: MüKo-GmbHG, Anh. § 47, Rn. 1.

Es steht grundsätzlich jedermann frei, sich auf die Nichtigkeit von Gesellschafterbeschlüssen zu berufen.[299] Zur prozessualen Geltendmachung im Wege einer Nichtigkeitsklage aktivlegitimiert sind jedenfalls die Gesellschafter der GmbH.[300] Außerdem ist die Klagebefugnis von Geschäftsführern und Aufsichtsratsmitgliedern anzunehmen.[301] Aus Gründen der Rechtssicherheit wird die Nichtigkeit eines Gesellschafterbeschlusses in den Fällen von § 241 Nr. 1, 3 und 4 AktG auch bei der GmbH grundsätzlich durch die Eintragung des Beschlusses in das Handelsregister und den Ablauf von drei Jahren geheilt (§ 242 Abs. 2 S. 1 AktG analog).[302] Mit dieser Heilungsmöglichkeit besteht für die Erhebung der Nichtigkeitsklage quasi doch eine Frist. Bis zum Eintritt der Heilungswirkung, die unter bestimmten Umständen durch Erhebung einer Nichtigkeitsklage nach § 249 AktG analog gehemmt werden kann,[303] werden nichtige Gesellschafterbeschlüsse im Gegensatz zu anfechtbaren Gesellschafterbeschlüssen jedoch nicht als vorläufig wirksam betrachtet.[304] Hat die Erhebung einer Nichtigkeitsklage Erfolg, so wird – entgegen den allgemeinen Regeln der subjektiven Rechtskraft, vgl. §§ 325ff. ZPO – mit Wirkung für und gegen alle Gesellschafter sowie die Geschäftsführer der GmbH die Nichtigkeit des angegriffenen Beschlusses festgestellt, §§ 248, 249 Abs. 1 AktG analog.[305]

---

299 Vgl. BGH, Urt. v. 16.12.1953 – II ZR 167/52, NJW 1954, 385, wonach dies etwa auch für Gesellschafter gilt, die selbst dem angegriffenen Beschluss zugestimmt haben.

300 BGH, Urt. v. 11.2.2008 – II ZR 187/06, NZG 2008, 317; BGH, Urt. v. 13.10.2008 – II ZR 112/07, NJW 2009, 230; OLG Düsseldorf, Urt. v. 24.8.1995 – 6 U 124/94, NJW-RR 1996, 607; *Wertenbruch*, in: MüKo-GmbHG, Anh. § 47, Rn. 242.

301 BGH, Urt. v. 14.11.1983 – II ZR 33/83, NJW 1984, 733; OLG Hamburg, Urt. v. 17.12.1982 – 11 U 21/82, BeckRS 1982, 31365917; *Zöllner/Noack*, in: Baumbach/Hueck, Anh. § 47, Rn. 69; *K. Schmidt*, in: Scholz, Bd. 2, 11. Aufl. 2013, § 45, Rn. 134; *Raiser/Schäfer*, in: GK-GmbHG, Anh. § 47, Rn. 193.

302 BGH, Urt. v. 23.3.1981 – II ZR 27/80, NJW 1981, 2125; BGH, Urt. v. 20.2.1984 – II ZR 116/83, WM 1984, 473; BGH, Urt. v. 19.6.2000 – II ZR 73/99, NJW 2000, 2819; *Wertenbruch*, in: MüKo-GmbHG, Anh. § 47, Rn. 298.

303 BGH, Urt. v. 20.2.1984 – II ZR 116/83, BeckRS 1984, 31071908; *Wertenbruch*, in: MüKo-GmbHG, Anh. § 47, Rn. 300.

304 Vgl. zum Ganzen *Wertenbruch*, in: MüKo-GmbHG, Anh. § 47, Rn. 1ff.

305 OLG Koblenz, Urt. v. 17.11.2005 – 6 U 577/05, NZG 2006, 270; *Zöllner/Noack*, in: Baumbach/Hueck, Anh. § 47, Rn. 69.

cc. *Anfechtungsklage analog § 246 AktG*

Daneben kommen auch die aktienrechtlichen Anfechtungsregeln (insbesondere die §§ 243 bis 248 AktG) unter bestimmten Voraussetzungen analog zur Anwendung.[306] Im Gegensatz zu Nichtigkeitsgründen können Anfechtungsgründe analog § 243 Abs. 1 AktG ausschließlich im Wege der Anfechtungsklage nach § 246 AktG analog geltend gemacht werden.[307] Hierin liegt gerade die wesentliche Wirkung der vorläufigen Wirksamkeit begründet: Solange ein anfechtbarer Gesellschafterbeschluss nicht rechtskräftig für nichtig erklärt wurde, ist dieser grundsätzlich als wirksam zu behandeln (siehe eingehend unten Teil A Ziff. B.VI.2.c).[308] Die Geltendmachung von Anfechtungsgründen unterliegt anders als bei der AG keiner strikten einmonatigen Klagefrist. Vielmehr soll die Frist des § 246 Abs. 1 AktG analog nach dem BGH als Mindestfrist zu verstehen sein, der lediglich Leitbildfunktion zukommt.[309] Für den Erfolg einer Anfechtungsklage bedarf es des Vorliegens eines Anfechtungsgrundes i.S.v. § 243 AktG analog, d.h. in der Regel eines Gesetzes- oder Satzungsverstoßes. Hierbei ist zwischen materiellen Rechtsverstößen und Verfahrensverstößen zu differenzieren.[310] Werden letztere geltend gemacht, so kann die erhobene Anfechtungsklage nur dann zum Erfolg führen, wenn der Verfahrensverstoß auch für die Fassung des angegriffenen Beschlusses relevant ist (siehe hierzu Teil A Ziff. C.I.3).[311] Bei der Ausfüllung

306 BGH, Urt. v. 20.1.1986 – II ZR 73/85, NJW 1986, 2051; BGH, Urt. v. 21.3.1988 – II ZR 308/87, NJW 1988, 1844; BGH, Urt. v. 3.5.1999 – II ZR 119-98, NJW 1999, 2115; BGH, Urt. v. 25.11.2002 – II ZR 69/01, GmbHR 2003, 171; *Raiser/Schäfer*, in: GK-GmbHG, Anh. § 47, Rn. 3; *Wertenbruch*, in: MüKo-GmbHG, Anh. § 47, Rn. 1.

307 BGH, Urt. v. 16.12.1953 – II ZR 167/52, NJW 1954, 385; BGH, Urt. v. 1.6.1987 – II ZR 128/86, NJW 1987, 2514; BGH, Urt. v. 17.2.1997 – II ZR 41/96, NJW 1997, 1510; *Wertenbruch*, in: MüKo-GmbHG, Anh. § 47, Rn. 1.

308 *Wertenbruch*, in: MüKo-GmbHG, Anh. § 47, Rn. 2.

309 BGH, Urt. v. 1.6.1987 – II ZR 128/86, NJW 1987, 2514; BGH, Urt. v. 21.3.1988 – II ZR 308/87, NJW 1988, 1844; BGH, Urt. v. 12.6.1989 – II ZR 246/88, NJW 1989, 2694; BGH, Urt. v. 12.1.1998 – II ZR 82-93, NJW 1998, 1559; *Raiser/Schäfer*, in: GK-GmbHG, Anh. § 47, Rn. 3.

310 Vgl. zum Ganzen *Bayer*, in: Lutter/Hommelhoff, Anh. § 47, Rn. 43ff.

311 BGH, Urt. v. 12.11.2001 – II ZR 225/99, NJW 2002, 1128 (zur AG); BGH, Urt. v. 18.10.2004 – II ZR 250/02, NZG 2005, 77 (ebenfalls zur AG); BGH, Urt. v. 2.7.2007 – II ZR 111/05, NJW 2008, 69 (zum Verein); OLG Hamm, Urt. v. 6.5.2003 – 27 U 131/02, NZG 2003, 926, wo jedoch etwas unpräzise von der „Kausalität bzw. Relevanz des Verstoßes" gesprochen wird; *Bayer*, in: Lutter/Hommelhoff, Anh. § 47, Rn. 50; *K. Schmidt*, in: Scholz, Bd. 2, 11. Aufl. 2013, § 45, Rn. 100; *Raiser/Schäfer*, in: GK-GmbHG, Anh. § 47, Rn. 101.

dieses Begriffes ist nicht mehr allein auf die Kausalität abzustellen – so die früher herrschende Ansicht in Rechtsprechung und Lehre –, sondern nunmehr auch auf wertende Aspekte.[312] Hat die erhobene Anfechtungsklage Erfolg, so wird der angegriffene Beschluss im Wege eines Gestaltungsurteils für nichtig erklärt.[313] Sowohl der Ablauf der Klagefrist für die Erhebung der Anfechtungsklage als auch die rechtskräftige Abweisung einer fristgerecht erhobenen Anfechtungsklage führen zur endgültigen Wirksamkeit eines Gesellschafterbeschlusses.[314] Der Nichtigkeitsklage nach § 249 AktG analog und der Anfechtungsklage nach § 246 AktG analog liegen nach der Rechtsprechung des BGH derselbe Streitgegenstand zugrunde, sodass mit beiden Klagearten sowohl Nichtigkeits- als auch Anfechtungsgründe geltend gemacht werden können.[315]

dd. Allgemeine Feststellungsklage

Ergänzend zu diesen beiden Klagearten kommt in Hauptsacheverfahren die allgemeine Feststellungsklage zur Anwendung. Nach allgemeinen Grundsätzen ist diese nur dann zulässig, wenn nicht „eine speziellere Klageart zur Verfügung steht, mit welcher das angestrebte Ziel durch eine endgültige und umfassende Erledigung des Streits erreicht werden kann".[316] Im Rahmen von Streitigkeiten über Gesellschafterbeschlüsse bleibt für die allgemeine Feststellungsklage folglich nur Raum, wenn weder die Anfechtungsklage (vgl. zur Abgrenzung zwischen dieser und der allgemeinen Feststellungsklage Teil A Ziff. B.VI.2.c.aa) noch die Nichtigkeitsklage anwendbar ist.[317] Dies ist dann der Fall, wenn entweder überhaupt das Zustandekommen eines irgendwie gearteten, wirksamen Beschlusses streitig ist,[318] bei Fehlen einer Beschlussfeststellung (oder eines

312 *Raiser/Schäfer*, in: GK-GmbHG, Anh. § 47, Rn. 101.

313 *Wertenbruch*, in: MüKo-GmbHG, Anh. § 47, Rn. 3 und 357.

314 *Wertenbruch*, in: MüKo-GmbHG, Anh. § 47, Rn. 3.

315 BGH, Urt. v. 17.2.1997 – II ZR 41/96, NJW 1997, 1510; BGH, Urt. v. 22.7.2002 – II ZR 286/01, NJW 2002, 3465; *Wertenbruch*, in: MüKo-GmbHG, Anh. § 47, Rn. 218.

316 OLG Koblenz, Urt. v. 17.11.2005 – 6 U 577/05, NZG 2006, 270.

317 So in Bezug auf die Nichtigkeitsklage ausdrücklich BGH, Urt. v. 23.2.1978 – II ZR 37/77, NJW 1978, 1325 (zur Genossenschaft) und OLG Koblenz, Urt. v. 17.11.2005 – 6 U 577/05, NZG 2006, 270 (zur GmbH); vgl. auch *Raiser/Schäfer*, in: GK-GmbHG, Anh. § 47, Rn. 254ff.

318 OLG Hamm, Urt. v. 24.11.2016 – 27 U 105/15; *Raiser/Schäfer*, in: GK-GmbHG, Anh. § 47, Rn. 254.

dem gleichzustellenden Vorgangs)[319] oder bei Geltendmachung von Beschlussmängeln durch Personen, denen im Rahmen der Anfechtungs- oder Nichtigkeitsklage die Klagebefugnis fehlt[320]. Soll in diesen Fällen nicht ein vermeintlich gefasster Beschluss angegriffen werden, sondern geht es um die Feststellung eines bestimmten Beschlussergebnisses, so spricht man von einer sog. Ergebnis- oder Beschlussfeststellungsklage.[321] Als Sonderfall einer solchen Beschlussfeststellungsklage besteht die Möglichkeit, die Anfechtung eines Negativbeschlusses mit einer Klage auf Feststellung des wirksamen Zustandekommens eines entgegengerichteten positiven Beschlusses zu verbinden (sog. positive Beschlussfeststellungsklage).[322] In diesem Sonderfall gelten für die Feststellungsklage ausnahmsweise dieselben verfahrensrechtlichen Besonderheiten wie für die Anfechtungsklage, d.h. insbesondere die gleiche Klagefrist.[323]

ee. *Einstweiliger Rechtsschutz*

Zu denken ist im Zusammenhang mit fehlerhaften Gesellschafterbeschlüssen schließlich an das einstweilige Rechtsschutzverfahren, dem im GmbH-Recht große praktische Bedeutung zukommt:[324] In Betracht kommt zum einen die Stellung eines Antrags auf Erlass einer einstweiligen Verfügung zur Herbeiführung oder Verhinderung eines bestimmten Gesellschafterbeschlusses. Hierbei kann etwa versucht werden, eine geplante Abstimmung gänzlich zu verhindern oder auf das Abstimmungsverhalten eines Gesellschafters Einfluss zu nehmen (insbesondere bei Bestehen eines Stimmbindungsvertrags).[325] Die Zulässigkeit einer solchen einstweiligen Verfügung wird in Rechtsprechung und Schrifttum nun nicht mehr per se verneint.[326] Jedoch soll eine derartige Anordnung

---

319 BGH, Urt. v. 28.1.1980 – II ZR 84/79, NJW 1980, 1527; BGH, Urt. v. 13.11.1995 – II ZR 288/94, NJW 1996, 259; OLG München, Urt. v. 25.10.1989 – 7 U 3016/89, GmbHR 1990, 263; *Raiser/Schäfer*, in: GK-GmbHG, Anh. § 47, Rn. 255.

320 *Raiser/Schäfer*, in: GK-GmbHG, Anh. § 47, Rn. 254.

321 Vgl. zu dieser Terminologie OLG München, Urt. v. 25.10.1989 – 7 U 3016/89, GmbHR 1990, 263; *Zöllner/Noack*, in: Baumbach/Hueck, Anh. § 47, Rn. 181.

322 BGH, Urt. v. 26.10.1983 – II ZR 87/83, NJW 1984, 489; BGH, Urt. v. 20.1.1986 – II ZR 73/85, NJW 1986, 2051; *Raiser/Schäfer*, in: GK-GmbHG, Anh. § 47, Rn. 250ff.

323 *Raiser/Schäfer*, in: GK-GmbHG, Anh. § 47, Rn. 252; *K. Schmidt*, in: Scholz, Bd. 2, 11. Aufl. 2013, § 45, Rn. 180; *Bayer*, in: Lutter/Hommelhoff, Anh. § 47, Rn. 40; *Mehrbrey*, § 19, Rn. 127.

324 *Mehrbrey*, § 19, Rn. 156.

325 *Raiser/Schäfer*, in: GK-GmbHG, Anh. § 47, Rn. 261 ff.

326 Vgl. etwa OLG Koblenz, Urt. v. 27.2.1986 – 6 U 261/86, ZIP 1986, 503; OLG Hamburg, Urt. v. 28.6.1991 – 11 U 65/91, GmbHR 1991, 467; OLG München, Beschl. v.

im Wege des einstweiligen Rechtsschutzes die absolute Ausnahme darstellen, so dass sowohl an den Verfügungsanspruch als auch den Verfügungsgrund besonders hohe Anforderungen zu stellen sind.[327] Die Autonomie der Willensbildung und -äußerung der Gesellschafter muss gewahrt werden.[328] Das Vorliegen eines Verfügungsgrundes ist abzulehnen, soweit dem Antragsteller als milderes Mittel ein Vorgehen gegen die Durchführung des Beschlusses möglich ist.[329] Die Vorwegnahme der Hauptsache genügt hingegen für sich genommen nicht als Ausschlussgrund für die einstweilige Verfügung, sondern ist im Rahmen der zu treffenden Interessenabwägung zu berücksichtigen.[330]

Als zweite Möglichkeit des einstweiligen Rechtsschutzes im Zusammenhang mit Gesellschafterbeschlüssen in der GmbH kann beantragt werden, die Ausführung eines bereits gefassten Beschlusses oder dessen Eintragung in das Handelsregister zu untersagen bzw. die erfolgte Eintragung in das Handelsregister zurückzunehmen.[331] Hierbei sind die Anforderungen an Verfügungsanspruch und -grund nicht ganz so hoch wie bei Maßnahmen im Vorfeld von Gesellschafterbeschlüssen. Zum Teil wird vertreten, dass bei (vermeintlicher) Nichtigkeit dem Interesse an einer einstweiligen Verhinderung der Ausführung des Beschlusses höheres Gewicht beizumessen ist als bei (vermeintlicher) Anfechtbarkeit. Dies ergebe sich aus dem Grundsatz der vorläufigen Wirksamkeit anfechtbarer Beschlüsse.[332]

20.7.1998 – 23 W 1455/98, GmbHR 1999, 718; *Raiser/Schäfer*, in: GK-GmbHG, Anh. § 47, Rn. 262; *Römermann*, in: Michalski, Anh. § 47, Rn. 606; *Mehrbrey*, § 19, Rn. 161; *Werner*, GmbHR 2006, 127, 132; vgl. zum Ganzen auch *Beyer*, GmbHR 2001, 467.

327 OLG Düsseldorf, Urt. v. 18.5.2005 – I-15 U 202/04, NZG 2005, 633; OLG München, Urt. v. 13.9.2006 – 7 U 2912/06, NZG 2007, 152 (zur AG); *Raiser/Schäfer*, in: GK-GmbHG, Anh. § 47, Rn. 263; *Mehrbrey*, § 19, Rn. 161.

328 *Drescher*, in: MüKo-ZPO, § 935, Rn. 45; *Herchen*, Gesellschaftsrecht in der Diskussion 2016, 2017, S. 83ff., 91.

329 OLG Jena, Urt. v. 4.12.2001 – 8 U 751/01, NZG 2002, 89; OLG Düsseldorf, Urt. v. 18.5.2005 – 15 U 202/04, NZG 2005, 633; OLG München, Urt. v. 13.9.2006 – 7 U 2912/06, NZG 2007, 152; *Drescher*, in: MüKo-ZPO, § 935, Rn. 45.

330 OLG München, Beschl. v. 20.7.1998 – 23 W 1455/98, NZG 1999, 407; OLG Düsseldorf, Urt. v. 18.5.2005 – I-15 U 202/04, NZG 2005, 633; *Zöllner/Noack*, in: Baumbach/Hueck, Anh. § 47, Rn. 203.

331 OLG Frankfurt, Beschl. v. 15.12.1981 – 5 W 9/81, GmbHR 1982, 237; OLG München, Urt. v. 13.9.2006 – 7 U 2912/06, NZG 2007, 152; *Raiser/Schäfer*, in: GK-GmbHG, Anh. § 47, Rn. 265.

332 *Raiser/Schäfer*, in: GK-GmbHG, Anh. § 47, Rn. 266; dahingehend auch *Zöllner/Noack*, in: Baumbach/Hueck, Anh. § 47, Rn. 201.

Macht bei eintragungspflichtigen Gesellschafterbeschlüssen das Registergericht von seiner Möglichkeit Gebrauch, das Eintragungsverfahren gemäß § 21 Abs. 1 FamFG wegen Rechtshängigkeit einer Anfechtungsklage auszusetzen (siehe hierzu Teil A Ziff. B.VI.2.c.dd), so besteht die Möglichkeit, auch hiergegen im Wege einer einstweiligen Verfügung vorzugehen.[333] Wird eine einstweilige Verfügung erfolgreich erwirkt, so darf in der Folge die Eintragung des angefochtenen Gesellschafterbeschlusses nicht mehr aufgrund des laufenden Anfechtungsverfahrens verweigert werden.[334] Schließlich sei noch der einstweilige Rechtsschutz im Zusammenhang mit der Einreichung einer neuen Gesellschafterliste nach § 40 GmbHG erwähnt (siehe zu den diesbezüglichen Fallkonstellationen Teil A Ziff. B.VI.2.c.dd). Hier kann unter Umständen mittels einer einstweiligen Verfügung die Einreichung der Gesellschafterliste verhindert werden.[335]

c. Folgen der vorläufigen Wirksamkeit von Gesellschafterbeschlüssen

aa. Klageart im Rahmen von Beschlussmängelstreitigkeiten

Die bedeutsamsten Folgen der vorläufigen Wirksamkeit von GmbH-Gesellschafterbeschlüssen ergeben sich in Bezug auf die Geltendmachung von Beschlussmängeln. Namentlich ist die Anfechtungsklage nach ganz herrschender Meinung nur dann anwendbar, wenn der angegriffene Gesellschafterbeschluss – nach hier vertretener Auffassung entweder durch verbindliche Beschlussfeststellung seitens des Versammlungsleiters oder durch Einigsein der Gesellschafter (siehe oben Teil A Ziff. B.VI.1.c) – vorläufige Wirksamkeit erlangt hat. Andernfalls ist die allgemeine Feststellungsklage, gerichtet auf die Feststellung des (fehlenden) Zustandekommens eines bestimmten Beschlusses, zu erheben.[336] Dasselbe gilt für die Nichtigkeitsklage. Auch diese setzt grundsätzlich die verbindliche Beschlussfeststellung durch einen Versammlungsleiter voraus.[337] Um die aktienrechtlichen Beschlussmängelklagen entsprechend heranziehen zu können, bedarf es auch der im Aktienrecht obligatorischen Feststellung des

333 *Zöllner/Noack*, in: Baumbach/Hueck, Anh. § 47, Rn. 205; *Mehrbrey*, § 19, Rn. 184.

334 *Mehrbrey*, § 19, Rn. 184.

335 BGH, Urt. v. 17.12.2913 – II ZR 21/12, NZG 2014, 184; *Noack*, DB 2014, 1851, 1856.

336 BGH, Urt. v. 28.1.1980 – II ZR 84/79, NJW 1980, 1527; BGH, Urt. v. 13.11.1995 – II ZR 288/94, NJW 1996, 259; *Raiser/Schäfer*, in: GK-GmbHG, Anh. § 47, Rn. 255; *Zöllner/Noack*, in: Baumbach/Hueck, Anh. § 47, Rn. 181; *Mehrbrey*, § 19, Rn. 147.

337 *Wertenbruch*, in: MüKo-GmbHG, Anh. § 47, Rn. 228.

Beschlussergebnisses durch einen Versammlungsleiter oder einen dem gleichzustellenden Tatbestand.

Durch die verbindliche Feststellung des Ergebnisses eines Gesellschafterbeschlusses stellt der Versammlungsleiter folglich die Weichen für etwaige nachfolgende Beschlussmängelstreitigkeiten. Ohne Beschlussfeststellung ist ein Gesellschafterbeschluss unbefristet – bis zur Grenze der Verwirkung – im Wege der allgemeinen Feststellungsklage angreifbar. Durch die Vornahme der Beschlussfeststellung wird hingegen der Lauf der (nach der Rechtsprechung im Einzelfall flexibel handhabbaren) Anfechtungsfrist nach § 246 Abs. 1 AktG in Gang gesetzt. Läuft die Frist ab, ohne dass zuvor eine Anfechtungsklage erhoben wurde, so wird der festgestellte Beschluss trotz Vorliegens etwaiger Anfechtungsgründe endgültig wirksam. Bereits durch diese Weichenstellung wird dem Versammlungsleiter nicht unerhebliche Macht verliehen.[338]

Soweit dies neuerdings mit dem Argument bestritten wird, dass im Fall des Fehlens einer Versammlungsleitung die Beschlussfeststellung grundsätzlich immer – jedenfalls konkludent – durch die Gesellschafterversammlung selbst erfolgt und daher stets die Anfechtungsklage gegen rechtswidrige (nicht nichtige) Beschlüsse zu erheben ist, wird dem nicht gefolgt, da der besondere Zweck der Beschlussfeststellung, die Schaffung von Rechtssicherheit in Form der vorläufigen Wirksamkeit der gefassten Beschlüsse, die Wahrnehmung dieser Aufgabe durch eine möglichst neutrale dritte Instanz gebietet und außerdem schon die Ermittlung der rechnerischen Mehrheit erhebliche Probleme bereiten kann (siehe eingehend oben Teil A Ziff. B.VI.1.b und Ziff. B.VI.1.c).

Auch wird zum Teil eingewandt, dass sich in der gesellschaftsrechtlichen Praxis kaum Unterschiede bezüglich etwaigen Beschlussmängelstreitigkeiten infolge der verbindlichen Beschlussfeststellung durch einen Versammlungsleiter ergeben: Die Klagefrist zur Erhebung einer Anfechtungsklage werde durch die drohende Verwirkung bei der allgemeinen Feststellungklage relativiert. Auch im Rahmen der allgemeinen Feststellungsklage seien Nichtigkeitsgründe stets und Anfechtungsgründe nur bei ihrer Geltendmachung zu berücksichtigen. Ebenso wie ein Anfechtungsurteil wirke auch das auf eine allgemeine Feststellungsklage ergangene Urteil inter omnes. Außerdem gehe es bei Beschlussmängelstreitigkeiten in der GmbH in der Regel im Ergebnis ohnehin um die Ergebnisrichtigstellung, d.h. um die *Feststellung* eines bestimmten Beschlussergebnisses.[339]

---

338 *Bunz*, NZG 2017, 1366, 1368.
339 *Noack*, GmbHR 2017, 792, 795.

Dem muss in mehrerlei Hinsicht widersprochen werden. Nach ganz herrschender Ansicht kommt eine doppelt analoge Anwendung von § 246 Abs. 1 AktG auf die allgemeine Feststellungsklage bei Beschlüssen der GmbH nicht in Betracht;[340] dies wird auch seitens *Noack* nicht bestritten.[341] Vielmehr ist hier die Klageerhebung in zeitlicher Hinsicht allein durch den Verwirkungseinwand Beschränkungen unterworfen. Um ein Recht nach Treu und Glauben infolge Zeitablaufs zu verwirken (§ 242 BGB), muss aber der Eindruck erweckt werden, das Recht werde künftig nicht mehr in Anspruch genommen, und so bei der Gegenseite ein schutzwürdiger Vertrauenstatbestand hervorgerufen werden.[342] Die Rechtsprechung fordert, um dem Verwirkungseinwand zu entgehen, die „zeitnahe" Erhebung der allgemeinen Feststellungsklage, ohne diesen Begriff näher auszufüllen.[343] Dennoch wird seitens des BGH betont dass der Eintritt der vorläufigen Wirksamkeit von Beschlüssen es rechtfertige, wenn sich hinsichtlich der zeitlichen Grenzen für die Geltendmachung von Beschlussmängeln deutliche Unterschiede ergeben.[344] Dem ist vollends beizupflichten. Ohne verbindliche Beschlussfeststellung (oder einem dem gleichzustellenden Vorgang) fehlt es gerade an einem hinreichenden Vertrauenstatbestand – mithin dem Umstandsmoment im Rahmen der Verwirkung –,[345] der einen ähnlich schnellen Eintritt der Verwirkung rechtfertigen würde wie den Ablauf der prozessualen Klagefrist des § 246 Abs. 1 AktG analog. Des Weiteren ist einzuwenden, dass auch die Wirkung von Urteilen, welche im Zusammenhang mit Feststellungsklagen wegen GmbH-Gesellschafterbeschlüssen ergehen, jedenfalls nicht unumstritten ist. Während bei positiven Beschlussfeststellungsklagen, welche mit Anfechtungsklagen verbunden werden, die inter omnes-Wirkung allgemein (insbesondere seitens des BGH) anerkannt ist,[346] gilt dies für sonstige Feststellungsklagen nicht

340 BGH, Urt. v. 13.11.1995 – II ZR 288/94, NJW 1996, 259; BGH, Urt. v. 1.3.1999 – II ZR 205/98, NJW 1999, 2268; OLG Zweibrücken, Urt. v. 29.6.1998 – 7 U 259/97, GmbHR 1999, 79; *Raiser/Schäfer*, in: GK-GmbHG, Anh. § 47, Rn. 258; *Zöllner/Noack*, in: Baumbach/Hueck, Anh. § 47, Rn. 181; *Mehrbrey*, § 19, Rn. 152.

341 *Noack*, GmbHR 2017, 792, 795.

342 *Schubert*, MüKo-BGB, § 242, Rn. 369.

343 BGH, Urt. v. 13.11.1995 – II ZR 288/94, NJW 1996, 259; OLG Zweibrücken, Urt. v. 29.6.1998 – 7 U 259/97, GmbHR 1999, 79.

344 BGH, Urt. v. 13.11.1995 – II ZR 288/94, NJW 1996, 259.

345 Vgl. zu den allgemeinen Voraussetzungen der Verwirkung infolge Zeitablaufs *Schubert*, MüKo-BGB, § 242, Rn. 369ff.

346 BGH, Urt. v. 13.3.1980 – II ZR 54/78, NJW 1980, 1465 (zur AG); BGH, Urt. v. 10.5.2001 – III ZR 262/00, NJW 2001, 2176; *K. Schmidt*, in: Scholz, Bd. 2, 11. Aufl.

ohne Weiteres.[347] Vor allem aber verschiebt sich infolge der Anwendbarkeit der Anfechtungsklage nach § 246 AktG analog die Klagelast bei der Geltendmachung von Beschlussmängeln.[348] Ohne verbindliche Beschlussfeststellung liegt diese grundsätzlich bei demjenigen, der sich auf die Wirksamkeit des strittigen Gesellschafterbeschlusses beruft. Ist hingegen die Anfechtungsklage einschlägig, so muss stets klagen, wer sich auf die Unwirksamkeit des Beschlusses beruft.

bb. Umsetzungspflicht der Geschäftsführung?

Wie sich um Umkehrschluss aus § 43 Abs. 3 S. 3 GmbHG ergibt, wird die Geschäftsführung im Rahmen ihrer Haftung nach § 43 Abs. 1 GmbHG durch einen wirksamen Gesellschafterbeschluss grundsätzlich entlastet, soweit nicht der Schadensersatzanspruch der Gläubigerbefriedigung dient.[349] Dies gilt jedenfalls bei verbindlich festgestellten Beschlüssen, denen kein Nichtigkeitsgrund anhaftet und die auch nicht mehr im Wege der Anfechtungsklage angegriffen werden können.[350] Schwebt allerdings noch das Damoklesschwert der Anfechtungsmöglichkeit über dem Beschluss, der von der Geschäftsführung umgesetzt werden soll, so erscheint es weder richtig, ohne Weiteres von der Wirksamkeit des Beschlusses auszugehen, noch von dessen Unbeachtlichkeit.[351] Vielmehr liegt es dann im pflichtgemäßen Ermessen der Geschäftsführung, ob sie im Hinblick auf die Anfechtbarkeit bzw. eine bereits erhobene Anfechtungsklage den betreffenden Beschluss ausführt oder bis zum Ablauf der Anfechtungsfrist bzw. der rechtskräftigen Entscheidung über die Anfechtungsklage mit der Ausführung zuwartet.[352] Im Rahmen dieser Abwägungsentscheidung soll die vorläufige

---

2013, § 45, Rn. 181; *Bayer*, in: Lutter/Hommelhoff, Anh. § 47, Rn. 40; *Raiser/Schäfer*, in: GK-GmbHG, Anh. § 47, Rn. 252.

347 Ablehnend *Raiser/Schäfer*, in: GK-GmbHG, Anh. § 47, Rn. 259; kritisch auch *Rützel*, ZIP 1996, 1961, 1968; bejahend hingegen OLG München, Urt. v. 27.3.1996 - 7 U 6037/95, GmbHR 1996, 451; *Römermann*, in: Michalski, Anh. § 47, Rn. 598; *Zöllner/Noack*, in: Baumbach/Hueck, Anh. § 47, Rn. 182; *K. Schmidt*, GmbHR 1992, 9, 12.

348 *Lutz*, Rn. 131.

349 *Noack*, DB 2014, 1851, 1854.

350 *Zöllner/Noack*, in: Baumbach/Hueck, § 43, Rn. 18f.; *Pelz*, RNotZ 2003, 415, 420.

351 *Noack*, DB 2014, 1851, 1852.

352 *Zöllner/Noack*, in: Baumbach/Hueck, § 43, Rn. 19; *Kleindiek*, in: Lutter/Hommelhoff, § 37, Rn. 22; *Pelz*, RNotZ 2003, 415, 420; *Noack*, DB 2014, 1851, 1854; *ders.*, GmbHR 2017, 792, 794; a.A. *Paefgen*, in: GK-GmbHG, § 43, Rn. 242, der hier die Grundsätze zum schuldhaften Rechtsirrtum anwenden will und grundsätzlich die Einholung von Rechtsrat fordert; ähnlich *Verse*, in: Scholz, § 43, Rn. 263f., der eine Exkulpation des

Wirksamkeit im Zweifel für die Ausführung des anfechtbaren/angefochtenen Gesellschafterbeschlusses sprechen.[353] Die Folgen der vorläufigen Wirksamkeit in Bezug auf die Umsetzung des gefassten Beschlusses sind demnach begrenzt. Hält die Geschäftsführung die erfolgte Beschlussfeststellung seitens des Versammlungsleiters mit plausibler Begründung für rechtsfehlerhaft, so kann sie nach herrschender Auffassung von einer Ausführung des Beschlusses absehen.

cc. Analoge Anwendbarkeit von § 84 Abs. 3 S. 4 AktG?

Von äußerst hoher praktischer Relevanz ist die vorläufige Wirksamkeit von Gesellschafterbeschlüssen bei der Abberufung von Geschäftsführern aus wichtigem Grund. Soll etwa in einer Zwei-Personen-Gesellschaft auf Antrag des Minderheitsgesellschafters hin der Mehrheitsgesellschafter als Geschäftsführer aus wichtigem Grund abberufen werden, so ist dieser bei seiner Abwahl gemäß § 47 Abs. 4 GmbHG von der Abstimmung ausgeschlossen[354] und der Versammlungsleiter stellt gegebenenfalls den Abwahlbeschluss unter alleiniger Berücksichtigung der Stimme des Minderheitsgesellschafters verbindlich fest. In dieser Situation ist die Wirkung der vorläufigen Wirksamkeit des festgestellten Beschlusses von entscheidender Bedeutung: Muss der Mehrheitsgesellschafter nun aufgrund seines Stimmrechtsausschlusses sein Geschäftsführeramt (vorläufig) niederlegen oder ist der Minderheitsgesellschafter dazu gehalten, gerichtlich die Beendigung der Amtsstellung des Geschäftsführers zu erzwingen?

In der AG existiert für die Abberufung von Vorstandsmitgliedern aus wichtigem Grund mit § 84 Abs. 3 S. 4 AktG eine Sonderregel, wonach die Abberufung durch den Aufsichtsrat (im Hinblick auf das Vorliegen eines wichtigen Grundes)[355] so lange als wirksam zu behandeln ist, wie nicht rechtskräftig die Unwirksamkeit festgestellt wurde. Diese Regelung findet auf die GmbH im Anwendungsbereich des Mitbestimmungsgesetzes gemäß § 31 Abs. 1 S. 1 MitbestG entsprechende Anwendung. Im Übrigen ist die Wirkung eines anfechtbaren/angefochtenen Beschlusses über die Abberufung eines Geschäftsführers aus wichtigem Grund umstritten.

Geschäftsführers nur wegen Rechtsirrtums oder nach den Grundsätzen des Handelns bei unklarer Rechtslage für möglich erachtet.

353 *Fleck*, ZHR 1985, 387, 407.

354 BGH, Urt. v. 20.12.1982 – II ZR 110/82, NJW 1983, 938; BGH, Urt. v. 27.4.2009 – II ZR 167/07, NZG 2009, 707; *Stephan/Tieves*, in: MüKo-GmbHG, § 38, Rn. 77ff.

355 So die ganz h.M. *Koch*, in: Hüffer/Koch, § 84, Rn. 39.

Fehlt es an einer förmlichen Beschlussfeststellung, soll nach der Rechtsprechung des BGH die objektive Rechtslage maßgeblich sein.[356] Der mit dieser Lösung verbundenen Rechtsunsicherheit könne nur im Wege des einstweiligen Rechtsschutzes abgeholfen werden.[357] Wurde der im Streit stehende Abberufungsbeschluss hingegen förmlich festgestellt, so lässt die Rechtsprechung weitgehend offen, welche Wirkung diesem zukommen soll. Jedenfalls in der Zwei-Personen-GmbH wurde die analoge Anwendung von § 84 Abs. 3 S. 4 AktG seitens des BGH ausdrücklich abgelehnt.[358] Im Übrigen ist keine einheitliche Linie der Rechtsprechung erkennbar.[359] Von den wohl überwiegenden Stimmen im Schrifttum wird die analoge Anwendung von § 84 Abs. 3 S. 4 AktG grundsätzlich bejaht.[360] Ausnahmen werden hiervon insbesondere für den Gesellschafter-Geschäftsführer gemacht bei Bestehen eines Sonderrechts auf Geschäftsführung i.S.v. § 35 BGB sowie in der Zwei-Personen-GmbH.[361] Zum Teil wird die sofortige Wirkung des Abberufungsbeschlusses auch ohne Rückgriff auf § 84 Abs. 3 S. 4 AktG analog schlicht mit der vorläufigen Wirksamkeit des Beschlusses begründet.[362]

Es bleibt folglich festzuhalten, dass der Meinungsstand in Rechtsprechung und Literatur über die Wirkungen eines durch einen Versammlungsleiter festgestellten Abberufungsbeschlusses aus wichtigem Grund sehr unübersichtlich ist. Soweit die analoge Anwendung von § 84 Abs. 3 S. 4 AktG bejaht wird, wird außerdem zum Teil angenommen, dass dies unabhängig von einer verbindlichen Beschlussfeststellung gelten soll.[363] Es wäre daher verfehlt, in diesem Zusammenhang von der Beschlussfeststellung als entscheidender Weichenstellung zu sprechen. Vielmehr hängt es nach dem derzeitigen Meinungsbild von den

---

356 BGH, Urt. v. 20.12.1982 – II ZR 110/82, NJW 1983, 938.

357 *Stephan/Tieves*, in: MüKo-GmbHG, § 38, Rn. 143.

358 BGH, Urt. v. 20.12.1982 – II ZR 110/82, NJW 1983, 938.

359 Vgl. die Rechtsprechungsübersicht bei *Stephan/Tieves*, in: MüKo-GmbHG, § 38, Rn. 143ff.

360 Vgl. zum Streistand *Stephan/Tieves*, in: MüKo-GmbHG, § 38, Rn. 153.

361 *Kleindiek*, in: Lutter/Hommelhoff, § 38, Rn. 31ff. und 34f.; vgl. auch *Werner*, GmbHR 2006, 127, 129, der für die Zwei-Personen-GmbH einen Ausschluss der Beschlussfeststellungskompetenz des Versammlungsleiters annimmt; a.A. *Altmeppen*, NJW 2016, 2833, 2836f., der jegliche Differenzierung ablehnt und das Problem stattdessen über eine Beschlussfeststellungskompetenz der rechnerischen Gesellschaftermehrheit löst.

362 So etwa *Paefgen*, in: GK-GmbHG, § 38, Rn. 196ff.; *U. H. Schneider/S. H. Schneider*, in: Scholz, § 38, Rn. 58; *Beurskens*, in: Baumbach/Hueck, § 38, Rn. 46.

363 *Stephan/Tieves*, in: MüKo-GmbHG, § 38, Rn. 154 und 156.

Umständen des jeweiligen Einzelfalls ab (etwa Vorliegen einer Zwei-Personen-Gesellschaft? Bestehen eines Sonderrechts auf Geschäftsführung?), ob die vorläufige Wirksamkeit des Abberufungsbeschlusses auch tatsächlich die sofortige Abberufung des Geschäftsführers bedingt oder nicht. Im oben skizzierten Beispielsfall ist nach wohl überwiegender Auffassung anzunehmen, dass der Geschäftsführer während der Anfechtbarkeit des Abberufungsbeschlusses bzw. des laufenden Anfechtungsprozesses bis zu einer rechtskräftigen gerichtlichen Entscheidung weiter im Amt bleibt.

dd. Pflicht des Registergerichts zur Eintragung in das Handelsregister?

Auch in Bezug auf die vorzunehmende Eintragung eines Gesellschafterbeschlusses in das Handelsregister ist danach zu fragen, inwiefern die vorläufige Wirksamkeit eine Zäsur darstellt. Wäre das Registergericht infolge des Eintritts der vorläufigen Wirksamkeit stets dazu verpflichtet, die Eintragung des betreffenden Gesellschafterbeschlusses bzw. der durch ihn bewirkten Veränderungen in das Handelsregister vorzunehmen, so würden insofern durch die Beschlussfeststellung zumindest vorläufig Fakten geschaffen (etwa bezüglich der Abberufung und Neubestellung von Geschäftsführern oder der Änderung des Unternehmensgegenstands der Gesellschaft).

Die Behandlung von Gesellschafterbeschlüssen, denen ein Anfechtungsgrund nach § 243 AktG analog anhaftet, im Registerverfahren ist höchst umstritten. Hierbei ist zunächst zwischen *konstitutiven* Eintragungen (insbesondere Satzungsänderungen, § 54 Abs. 1 S. 1 GmbHG) und rein *deklaratorischen* Eintragungen ins Handelsregister (etwa Eintragungen zu den Geschäftsführern, § 39 GmbHG) zu unterscheiden.[364] Während bei ersteren eine Prüfungskompetenz des Registergerichts bezüglich des der Eintragung zugrunde liegenden Gesellschafterbeschlusses anerkannt ist,[365] ist dies bei nur deklaratorischen Eintragungen strittig.[366] Im Rahmen von konstitutiven Handelsregistereintragungen soll wiederum zu unterscheiden sein zwischen anfechtbaren Beschlüssen, angefochtenen Beschlüssen und unanfechtbar gewordenen Beschlüssen.[367] Zum Teil wird

---

364 *Noack*, DB 2014, 1851, 1854f.

365 *Harbarth*, in: MüKo-GmbHG, § 54, Rn. 63.

366 *Stephan/Tieves*, in: MüKo-GmbHG, § 39, Rn. 39.

367 *Harbarth*, in: MüKo-GmbHG, § 54, Rn. 74ff.; *Hoffmann*, in: Michalski, § 54, Rn. 30; *Ulmer/Casper*, in: GK-GmbHG, § 54, Rn. 50ff.; *Priester/Tebben*, in: Scholz, § 54, Rn. 42ff.

außerdem zwischen Mängeln, die das Zustandekommen des Beschlusses betreffen, und inhaltlichen Mängeln differenziert.[368]

Es besteht bei konstitutiven Handelsregistereintragungen jedenfalls dahingehend Einigkeit, dass – außerhalb des Umwandlungsverfahrens (vgl. § 16 UmwG) – nach Erhebung einer Anfechtungsklage das Registergericht zur Aussetzung des Eintragungsverfahrens nach § 21 Abs. 1 FamFG befugt ist[369] und dass es nach Eintritt der Rechtskraft eines stattgebenden Urteils im Anfechtungsverfahren die Eintragung abzulehnen hat (dann liegt gerade kein anfechtbarer Beschluss mehr vor, sondern infolge der Gestaltungswirkung des Urteils ein nichtiger)[370]. Die Aussetzungsentscheidung nach § 21 Abs. 1 FamFG während des schwebenden Anfechtungsprozesses hat dabei nach pflichtgemäßem Ermessen zu erfolgen, wobei die ermessensleitenden Gesichtspunkte wiederum strittig sind.[371] Bei den übrigen Fallkonstellationen im Zusammenhang mit eintragungsbedürftigen Gesellschafterbeschlüssen – also Fälle der konstitutiven Eintragung von anfechtbaren (aber noch nicht angefochtenen) sowie von deklaratorischen Eintragungen –, denen ein Anfechtungsgrund anhaftet, gehen die Meinungen weit auseinander. Es wird diesbezüglich vorliegend auf eine umfassende Darlegung des Meinungsstands verzichtet. Umstritten, aber nach wohl überwiegender Auffassung abzulehnen ist außerdem die analoge Anwendbarkeit des aktienrechtlichen Freigabeverfahrens nach § 246a AktG.[372]

Es ergibt sich damit auch hier das Bild, dass die vorläufige Wirksamkeit keineswegs stets zur Schaffung von Fakten führt. Jedenfalls bei konstitutiven Eintragungen obliegt es im Fall eines anhängigen Anfechtungsverfahrens nach herrschender Auffassung dem pflichtgemäßen Ermessen des Registergerichts,

---

368 *Zöllner/Noack*, in: Baumbach/Hueck, § 54, Rn. 22ff.

369 *Harbarth*, in: MüKo-GmbHG, § 54, Rn. 77; *Hoffmann*, in: Michalski, § 54, Rn. 30a; *Ulmer/Casper*, in: GK-GmbHG, § 54, Rn. 51; *Noack*, DB 2014, 1851, 1854 und GmbHR 2017, 792, 794.

370 *Hoffmann*, in: Michalski, § 54, Rn. 31.

371 Siehe etwa die divergierenden Auffassungen von *Harbarth*, in: MüKo-GmbHG, § 54, Rn. 77; *Zöllner/Noack*, in: Baumbach/Hueck, § 54, Rn. 22ff.; *Ulmer/Casper*, in: GK-GmbHG, § 54, Rn. 51; *Priester/Tebben*, in: Scholz, § 54, Rn. 45.

372 Ablehnend etwa KG Berlin, Beschl. v. 23.6.2011 – 23 AktG 1/11, NZG 2011, 1068; *Zöllner/Noack*, in: Baumbach/Hueck, § 54, Rn. 28; *K. Schmidt*, in: Scholz, Bd. 2, 11. Aufl. 2013, § 45, Rn. 137; *Meuer*, GmbHR 2013, 729; *Fleischer*, DB 2011, 2132; die analoge Anwendbarkeit bejahend hingegen *Ulmer/Casper*, in: GK-GmbHG, § 54, Rn. 56; *Bayer/Lieder*, NZG 2011, 1170; *Habarth*, GmbHR 2005, 966; *Lieder*, NZG 2018, 1321, 1329f.

die Eintragung zu vollziehen (und damit etwa die Wirkung des § 54 Abs. 3 GmbHG herbeizuführen) oder das Verfahren auszusetzen.

Abschließend sei noch der praktisch äußerst relevante Sonderfall der Einreichung einer geänderten Gesellschafterliste nach § 40 Abs. 1 und 2 GmbHG erwähnt, um etwa dem Ausschluss eines Gesellschafters zur Wirksamkeit gegenüber der Gesellschaft zu verhelfen (vgl. § 16 Abs. 1 S. 1 GmbHG).[373] Hier steht dem Registergericht nach h.M. grundsätzlich allein eine Prüfungsbefugnis in formaler Hinsicht zu.[374] Auch im Rahmen der Einreichungspflicht der Geschäftsführung nach § 40 Abs. 1 GmbHG erscheint es nicht sachgerecht, dieser eine Prüfungspflicht bzw. -befugnis im Hinblick auf das Vorliegen von Anfechtungsgründen zuzubilligen.[375] Es handelt sich bei der Einreichung der Gesellschafterliste – trotz der weitreichenden Folgen von § 16 GmbHG – um eine bloße Formalität, die für die Geschäftsführung nicht mit einer komplizierten rechtlichen Prüfung verbunden sein sollte. Alles andere wäre nicht praktikabel. Wenn die Einreichung der Gesellschafterliste nach erfolgter Beschlussfassung mit verbindlicher Beschlussfeststellung verhindert werden soll, ist folglich ein Vorgehen im Wege des einstweiligen Rechtsschutzes unausweichlich.[376]

ee. Bindungswirkung für einen beteiligten Notar

Besondere Relevanz kann der vorläufigen Wirksamkeit von Gesellschafterbeschlüssen auch für die Tätigkeit von Notaren zukommen. So ist ein Notar etwa im Rahmen der Abtretung von Geschäftsanteilen nach § 15 GmbHG dazu verpflichtet, die aktualisierte Gesellschafterliste unverzüglich nach „Wirksamwerden“ der Veränderungen selbst zum Handelsregister einzureichen (vgl. § 40 Abs. 2 GmbHG). Das „Wirksamwerden“ der Abtretung eines Geschäftsanteils kann dabei gemäß § 15 Abs. 5 GmbHG von einer Vinkulierungsfreigabe durch die Gesellschafterversammlung abhängen. Ist ein solcher Beschluss zwar gefasst, jedoch anfechtbar oder gar bereits angefochten, so stellt sich die Frage, inwieweit der mit der Abtretung befasste Notar an diese Beschlussfassung gebunden ist. Nach der Regierungsbegründung zu § 40 GmbHG muss ein Notar bei Zweifeln

---

373 Vgl zur weitreichenden Legitimationswirkung von § 16 Abs. 1 S. 1 GmbHG jüngst BGH, Urt. v. 20.11.2018 – II ZR 12/17, ZIP 2019, 316.

374 BGH, Beschl. v. 17.12.2013 – II ZB 6/13, NZG 2014, 219; *Terlau*, in: Michalski, § 40, Rn. 41; *Heidinger*, in: MüKo-GmbHG, § 40, Rn. 354; *Paefgen*, in: GK-GmbHG, § 40, Rn. 100ff.; *Noack*, DB 2014, 1851, 1855.

375 *Servatius*, in: Baumbach/Hueck, § 40, Rn. 32; *Noack*, DB 2014, 1851, 1855f.

376 BGH, Urt. v. 17.12.2913 – II ZR 21/12, NZG 2014, 184; *Noack*, DB 2014, 1851, 1856.

an der Wirksamkeit der Veränderung, an welcher er mitgewirkt hat, von einer Eintragung absehen, bis die Zweifel ausgeräumt sind.[377] Es ist daher allgemein anerkannt, dass den Notar im Rahmen seiner Aufgabe nach § 40 Abs. 2 GmbHG eine Prüfungspflicht trifft, wobei der Grad der Überzeugungsbildung im pflichtgemäßen Ermessen des Notars steht.[378] Dass der mitwirkende Notar bei einer Vinkulierung des abgetretenen Geschäftsanteils überhaupt das Vorliegen eines Freigabebeschlusses nach § 15 Abs. 5 GmbHG zu prüfen hat, steht damit außer Frage.[379] Es erscheint jedoch aus denselben Gründen wie bei der Einreichung einer Gesellschafterliste durch die Geschäftsführung nach § 40 Abs. 1 GmbHG (siehe hierzu vorstehend Teil A Ziff. B.VI.2.c.dd) nicht überzeugend und unpraktikabel, eine Prüfungspflicht bzw. -befugnis auch hinsichtlich des Vorliegens etwaiger Anfechtungsgründe in Bezug auf den Freigabebeschluss anzunehmen.[380] Auch die Einreichung der Gesellschafterliste nach § 40 Abs. 2 GmbHG kann somit nach Fassung eines vorläufig wirksamen Gesellschafterbeschlusses nur im Wege des einstweiligen Rechtsschutzes verhindert werden.[381]

ff. Relevanz für die Kenntnis Dritter gemäß § 15 Abs. 1 HGB

Zu denken ist schließlich im Zusammenhang mit der vorläufigen Wirksamkeit von Gesellschafterbeschlüssen noch an die Kenntnis Dritter im Rahmen von § 15 Abs. 1 HGB. Diese kann insbesondere für die Frage der wirksamen Vertretung der Gesellschaft nach § 35 GmbHG entscheidend sein. Wurde nämlich ein Gesellschafterbeschluss über die Abberufung eines Geschäftsführers gefasst und verbindlich festgestellt, so ist dieser Beschluss im Hinblick auf mit Dritten geschlossene Verträge bis zur Eintragung der Änderung in den Personen der Geschäftsführer (vgl. §§ 10, 39 GmbHG) wegen § 15 Abs. 1 HGB grundsätzlich irrelevant. Etwas anderes gilt nur bei positiver Kenntnis des Dritten von der Abberufung des mit ihm kontrahierenden Geschäftsführers. Es stellt sich daher die Frage, ob es für die positive Kenntnis i.S.v. § 15 HGB genügt, wenn der Dritte von einem vorläufig wirksamen Abberufungsbeschluss erfährt, hinsichtlich

---

377 BT-Drs. 16/6140, S. 44.

378 *Heidinger*, in: MüKo-GmbHG, § 40, Rn. 214ff.; *Heilmeier*, in: BeckOK-GmbHG, § 40, Rn. 164ff.; *Paefgen*, in: GK-GmbHG, § 40, Rn. 193; *Mayer*, ZIP 2009, 1037, 1047.

379 So ausdrücklich *Paefgen*, in: GK-GmbHG, § 40, Rn. 193 sowie *Mayer*, ZIP 2009, 1037, 1046.

380 So im Ergebnis auch *Noack*, DB 2014, 1851, 1856; zum Teil wird außerdem die Anfechtung (ohne Begründung) als später eintretender Unwirksamkeitsgrund i.S.v. § 40 Abs. 2 GmbHG eingeordnet, vgl. etwa *Link*, RNotZ 2009, 193, 201.

381 *Noack*, DB 2014, 1851, 1856.

dessen die Erhebung einer Anfechtungsklage im Raum steht. Dies ist im Wege eines Erst-Recht-Schlusses zu den vorstehend geschilderten Konstellationen zu bejahen. Wenn sowohl die Geschäftsführung als auch der Notar im Rahmen der Listeneinreichung nach § 40 GmbHG die vorläufige Wirksamkeit von Beschlüssen ohne Ermessensspielraum hinzunehmen haben, so muss dies für Dritte erst recht gelten.[382] Eine andere Auffassung würde zu erheblicher Rechtsunsicherheit führen. Auch im Hinblick auf § 15 Abs. 1 HGB ist folglich tatsächlich von einer vorläufigen Wirksamkeit verbindlich festgestellter Beschlüsse auszugehen.

d. Zusammenfassung

Die verbindliche Beschlussfeststellung durch den GmbH-Versammlungsleiter sowie das Einigsein der Gesellschafter über die Beschlussfassung führen zur vorläufigen Wirksamkeit des gefassten Gesellschafterbeschlusses, welche vor allem im Hinblick auf die Geltendmachung von Beschlussmängeln erhebliche Auswirkungen hat. Das Beschlussmängelrecht in der GmbH ist nicht kodifiziert und gründet auf einer Analogie zu den §§ 241ff. AktG, wobei sich die Rufe nach einer Reform bzw. erstmaligen Kodifizierung mehren. Im Wesentlichen unverändert finden nach der Rechtsprechung des BGH die aktienrechtlichen Vorschriften betreffend die Geltendmachung der Nichtigkeit von Gesellschafterbeschlüssen Anwendung. Auch die Anfechtungsklage nach § 246 AktG ist analog anzuwenden. Der Klagefrist nach § 246 Abs. 1 AktG analog soll bei der GmbH jedoch lediglich Leitbildfunktion zukommen, sodass für die Geltendmachung von Anfechtungsgründen keine starre Monatsfrist besteht. Soweit keine dieser speziellen Klagearten einschlägig ist, findet daneben subsidiär die allgemeine Feststellungsklage Anwendung. Diese kann auch als sog. positive Beschlussfeststellungsklage mit der Anfechtung eines Gesellschafterbeschlusses verbunden werden. Es gelten dann für sie dieselben verfahrensrechtlichen Besonderheiten wie für die Anfechtungsklage. Ein Vorgehen im Wege des einstweiligen Rechtsschutzes ist sowohl im Vorfeld von Gesellschafterbeschlüssen (Bsp.: Beeinflussung des Abstimmungsverhaltens eines durch einen Stimmbindungsvertrages gebundenen Gesellschafters im Wege der einstweiligen Verfügung) als auch im Nachgang denkbar (Bsp.: Erwirkung einer einstweiligen Verfügung zur Verhinderung der Handelsregistereintragung einer Satzungsänderung). Die bedeutsamste Folge der vorläufigen Wirksamkeit von Gesellschafterbeschlüssen ergibt sich hinsichtlich der Geltendmachung von Fehlern: Soweit nicht Nichtigkeitsgründe im Raum stehen, kann gegen vorläufig wirksame Beschlüsse nur

---

382 *Noack*, DB 2014, 1851, 1856f.

im Wege der fristgebundenen Anfechtungsklage nach § 246 AktG analog vorgegangen werden. Ohne die verbindliche Beschlussfeststellung hingegen wäre die allgemeine Feststellungsklage einschlägig, die unbefristet bis zur Grenze der Verwirkung erhoben werden kann. Hierdurch verschiebt sich insbesondere auch die Klagelast. Die Umsetzung vorläufig wirksamer Beschlüsse, die anfechtbar oder sogar bereits angefochten sind, durch die Geschäftsführung liegt in deren pflichtgemäßem Ermessen. Die Folgen eines aufgrund verbindlicher Feststellung eines Versammlungsleiters oder Einigsein der Gesellschafter vorläufig wirksamen Gesellschafterbeschlusses über die Abberufung eines Geschäftsführers aus wichtigem Grund (insbesondere die Anwendbarkeit von § 84 Abs. 3 S. 4 AktG analog) sind umstritten. Auch in der Rechtsprechung ist keine einheitliche Linie erkennbar. Vielfach wird angenommen, dass zwischen bestimmten Fallgestaltungen zu differenzieren ist (Zwei-Personen-GmbH, Bestehen eines Sonderrechts auf Geschäftsführung, etc.). Das Registergericht kann jedenfalls während eines laufenden Anfechtungsprozesses die Eintragung gemäß § 21 Abs. 1 FamFG aussetzen, soweit diese für den angefochtenen Gesellschafterbeschluss konstitutiv ist. Wurde ein Gesellschafterbeschluss durch Anfechtungsurteil rechtskräftig für nichtig erklärt, so hat das Gericht die Eintragung abzulehnen. Im Übrigen ist höchst umstritten, wie das Registergericht bei der Eintragung vorläufig wirksamer GmbH-Gesellschafterbeschlüsse zu verfahren hat. Im Rahmen der Einreichung einer Gesellschafterliste nach § 40 Abs. 1 und 2 GmbHG stehen weder der Geschäftsführung noch dem beteiligten Notar eine Prüfungskompetenz hinsichtlich des Vorliegens von Anfechtungsgründen in Bezug auf einen für die Eintragung relevanten vorläufig wirksamen Gesellschafterbeschluss zu. Das Registergericht hat bei der Einreichung von Gesellschafterlisten nach h.M. lediglich eine Prüfungskompetenz in formaler Hinsicht. Auch für die Kenntnis Dritter im Rahmen von § 15 Abs. 1 HGB ist das Bestehen von Anfechtungsgründen bezüglich vorläufig wirksamer Gesellschafterbeschlüsse irrelevant.

3. *Erwerb der Beschlussfeststellungskompetenz durch den Versammlungsleiter*

a. *Meinungsstand*

Die Frage, unter welchen Voraussetzungen der GmbH-Versammlungsleiter die Befugnis zur verbindlichen Beschlussfeststellung innehat, ist umstritten. Zum Teil wird in diesem Zusammenhang zwischen dem „einfachen“ bzw. „moderierenden“ und dem „qualifizierten“ Versammlungsleiter differenziert. Während ersterer nur zur Moderation der Gesellschafterversammlung befugt sei, habe letzterer auch die Befugnis zur verbindlichen Beschlussfeststellung.[383] Die Bestellung des Versammlungsleiters läuft nach dieser Auffassung also entgegen der überwiegenden Meinung[384] nicht grundsätzlich gleich mit der Befugnis zur Vornahme von Beschlussfeststellungen, sondern der Erwerb der Beschlussfeststellungskompetenz setzt die Erfüllung erhöhter Anforderungen an die Bestellung des Versammlungsleiters (bei einfacher Stimmenmehrheit nur Bestellung eines „einfachen" Versammlungsleiters, bei statutarischer Bestellung oder Einstimmigkeit Bestellung eines „qualifizierten" Versammlungsleiters)[385] oder darüber hinaus sogar eine ausdrückliche bzw. bewusste Ermächtigung durch die Gesellschafter voraus.[386]

Vor dem Hintergrund dieser Differenzierung erklärt sich, dass vereinzelt selbst für die bloße Bestellung des Versammlungsleiters schon äußerst hohe Anforderungen – etwa Bestellung nur durch Satzungsregelung oder Einstimmigkeit der Gesellschafter (siehe zu den Voraussetzungen der Bestellung des Versammlungsleiters Teil A Ziff. A.II.1) – angenommen werden.[387] Geht man mit der überwiegenden Auffassung davon aus, dass das Amt des Versammlungsleiters

---

383 Vgl. zu dieser Terminologie *Noack*, GmbHR 2017, 792, 795 sowie *Altmeppen*, in: Altmeppen, § 48, Rn. 12ff.

384 Vgl. BGH, Beschl. v. 4.5.2009 – II ZR 166/07, NZG 2009, 1309 und BGH, Urt. v. 21.6.2010 – II ZR 230/08, GmbHR 2010, 977, wo jeweils eine Kompetenz des Versammlungsleiters zur Beschlussfeststellung vorausgesetzt wird; OLG Frankfurt a.M., Beschl. v. 4.12.1998 – 5 W 33/98, NZG 1999, 406; *Liebscher*, in: MüKo-GmbHG, § 48, Rn. 107b; *Hüffer/Schäfer*, in: GK-GmbHG, § 48, Rn. 32; *Seibt*, in: Scholz, § 48, Rn. 53; *Bayer*, in: Lutter/Hommelhoff, § 48, Rn. 17a; *Schindler*, in: BeckOK-GmbHG, § 48, Rn. 44; *Kleemann*, S. 105ff; *Niemz*, S. 99; *Bunz*, NZG 2017, 1366, 1369; *Lange*, NJW 2015, 3190, 3192; *Werner*, GmbHR 2006, 127, 128; *ders.*, GmbHR 2020, 1168, 1168f.; *Wicke*, notar 2017, 235, 242f.

385 *Zöllner/Noack*, in: Baumbach/Hueck, § 48, Rn. 16 und 17b.; *Römermann*, in: Michalski, § 47, Rn. 589; ablehnend *Bunz*, NZG 2017, 1366, 1369, wonach den Gesellschaftern das Bewusstsein fehlt, nur wegen des Erreichens eines bestimmten Quorums bei der Bestellung des Versammlungsleiters, diesen mit erheblich mehr Macht auszustatten als bei Nicht-Erreichen dieses Quorums, sowie *Kleemann*, S. 109f., der dies vor allem mit der Rechtssicherheit und einem Vergleich mit dem Aktienrecht begründet.

386 KG, Beschl. v. 12.10.2015 – 22 W 74/15, NZG 2016, 384, wonach diese Ermächtigung auch konkludent erfolgen kann, solange nur ein entsprechendes Bewusstsein der Gesellschafter vorhanden ist; *Hoffmann/Köster*, GmbHR 2003, 1327, 1329.

387 Mit den weitreichenden Befugnissen des Versammlungsleiters werden die hohen Voraussetzungen an die Bestellung des Versammlungsleiters etwa begründet bei OLG Frankfurt a.M., Beschl. v. 4.12.1998 – 5 W 33/98, NZG 1999, 406.

grundsätzlich mit der Beschlussfeststellungskompetenz verbunden ist, so müssen denklogisch für die Bestellung dieselben (hohen) Voraussetzungen gelten wie für die isolierte Verleihung der Kompetenz zur Beschlussfeststellung. Dies vorausgeschickt werden im Folgenden die verschiedenen Ansichten bezüglich der erforderlichen Legimitation des Versammlungsleiters zur Vornahme verbindlicher Beschlussfeststellungen dargelegt:

Zunächst lässt sich festhalten, dass der satzungsmäßige Versammlungsleiter nach sämtlichen vertretenen Auffassungen die Beschlussfeststellungskompetenz innehat bzw. ihm diese zugewiesen werden kann.[388] Probleme bereitet folglich allein der durch Gesellschafterbeschluss bzw. die Geschäftsordnung der Gesellschafterversammlung bestellte Versammlungsleiter.

Zum Teil wird hier die Einstimmigkeit der Gesellschafter gefordert.[389] Dafür wird als Argument vor allem ins Feld geführt, dass andernfalls die Minderheit in der Gesellschafterversammlung benachteiligt werden könnte, indem etwa Stimmen wegen (vermeintlicher) Treuwidrigkeit oder des (vermeintlichen) Vorliegens von Stimmrechtsverboten nach § 47 Abs. 4 GmbHG unberücksichtigt bleiben.[390] Außerdem ließe sich weder mit einfacher noch mit qualifizierter Mehrheit entgegen dem gesetzlichen Normalfall eine Beschlussfeststellung mit konstitutiver Wirkung einführen.[391]

Nach vielfach vertretener Auffassung soll es für eine hinreichende Legitimation auch ausreichend sein, wenn der Versammlungsleiter im Einvernehmen aller anwesenden Gesellschafter Beschlussfeststellungen vornimmt.[392]

---

388 Vgl. nur BGH, Urt. v. 21.6.2010 – II ZR 230/08, GmbHR 2010, 977; OLG Frankfurt a.M., Beschl. v. 4.12.1998 – 5 W 33/98, NZG 1999, 406; *Liebscher*, in: MüKo-GmbHG, § 48, Rn. 107b; *Zöllner/Noack*, in: Baumbach/Hueck, § 48, Rn. 16 und 17b; *Wiester*, GmbHR 2008, 189, 195; *Hoffmann/Köster*, GmbHR 2003, 1327, 1329; so auch *Noack*, GmbHR 2017, 792, 795, wonach sich bei satzungsmäßiger Bestellung eines Versammlungsleiters trotz Fehlens einer ausdrücklichen Ermächtigung grundsätzlich im Wege der Auslegung ergibt, dass dieser auch zur Vornahme verbindlicher Beschlussfeststellungen befugt ist.

389 OLG Frankfurt a.M., Beschl. v. 4.12.1998 – 5 W 33/98, NZG 1999, 406; *Zöllner/Noack*, in: Baumbach/Hueck, § 48, Rn. 16 und 17b; *Römermann*, in: Michalski, § 47, Rn. 589; *Wiester*, GmbHR 2008, 189, 195; *Hoffmann/Köster*, GmbHR 2003, 1327, 1329.

390 *Römermann*, in: Michalski, § 47, Rn. 589.

391 *Noack*, GmbHR 2017, 792, 796.

392 OLG Celle, Urt. v. 27.3.1997 – 9 U 154/96, OLGR Celle 1998, 340; OLG Jena, Urt. v. 25.4.2012 – 2 U 520/11, GmbHR 2013, 149; OLG Stuttgart, Beschl. v. 20.11.2012, GmbHR 2013, 472; *Zöllner/Noack*, in: Baumbach/Hueck, Anh. § 47, Rn. 120; *Wiester*, GmbHR 2008, 189, 195; a.A. *Kleemann*, S. 106f.

Die am weitestgehende und zugleich wohl überwiegende Auffassung lässt hingegen bereits die einfache Stimmenmehrheit genügen.[393] Dies wird vor allem damit begründet, dass andernfalls die durch das Erfordernis der Erhebung der fristgebundenen Anfechtungsklage erstrebte Rechtssicherheit nicht erreicht werden könnte.[394] Gerade in Fällen, bei denen es zu einer gerichtlichen Auseinandersetzung komme, werde in der Regel auch keine Einigkeit über die Person des Versammlungsleiters erzielt werden können.[395] Außerdem folge aus § 47 Abs. 1 GmbHG, dass der Mehrheitsbeschluss dem allgemeinen Prinzip des GmbH-Rechts entspreche[396] und es leuchte nicht ein, dass bei satzungsmäßiger Bestellung nur eine qualifizierte Mehrheit, bei der Bestellung ad hoc hingegen die Einstimmigkeit der Gesellschafter zur Verleihung der Beschlussfeststellungskompetenz erforderlich sei.[397] Soweit sich die Gesellschafter bei der Bestellung des Versammlungsleiters über dessen Beschlussfeststellungskompetenz nicht bewusst seien, handele es sich insofern um einen unbeachtlichen Rechtsfolgenirrtum.[398] Auch sei die Gesellschafterminderheit dem Handeln des Versammlungsleiters nicht schutzlos ausgeliefert, da sie zum einen die Möglichkeit zur Erhebung der Anfechtungsklage habe und zum anderen bei unrichtigen Beschlussfeststellungen eine Schadensersatzhaftung des Versammlungsleiters im Raum stehe.[399] Schließlich mache auch die Beschlussfeststellung durch

---

393 BGH, Beschl. v. 4.5.2009 – II ZR 166/07, NZG 2009, 1309; *Liebscher*, in: MüKo-GmbHG, § 48, Rn. 107b; *Hüffer/Schäfer*, in: GK-GmbHG, § 48, Rn. 32; *Seibt*, in: Scholz, § 48, Rn. 53; *Bayer*, in: Lutter/Hommelhoff, § 48, Rn. 17a; *Schindler*, in: BeckOK-GmbHG, § 48, Rn. 41 und 44; *Bunz*, NZG 2017, 1366, 1368; *Lange*, NJW 2015, 3190, 3192; *Werner*, GmbHR 2006, 127, 128; *Wertenbruch*, GmbHR 2020, 875, 878ff.; *Kleemann*, S. 105ff.; *Jansen*, S. 206f.; *Niemz*, S. 99; so auch *Altmeppen*, NJW 2016, 2833, 2837; *ders.*, GmbHR 2018, 225, 230 und *Ernst*, FS Leenen, 2012, S. 1, 14, die die Beschlussfeststellungskompetenz der Gesellschaftermehrheit auch ohne Zutun eines Versammlungsleiters zubilligen; dahingehend auch *Gerauer*, S. 175ff., wonach die Beschlussfeststellung durch die Gesellschafterversammlung selbst „mit der jeweils erforderlichen Mehrheit" erfolgen kann.

394 *Hüffer/Schäfer*, in: GK-GmbHG, § 48, Rn. 32; *Schindler*, in: BeckOK-GmbHG, § 48, Rn. 44; *Werner*, GmbHR 2006, 127, 128; *Jansen*, S. 207.

395 OLG Celle, Urt. v. 27.3.1997 – 9 U 154/96, OLGR Celle 1998, 340.

396 *Bayer*, in: Lutter/Hommelhoff, § 48, Rn. 17a; *Bunz*, NZG 2017, 1366, 1368; *Werner*, GmbHR 2006, 127, 128; *Wertenbruch*, GmbHR 2020, 875, 879.

397 *Bunz*, NZG 2017, 1366, 1369; *Liebscher*, in: MüKo-GmbHG, § 48, Rn. 107a.

398 *Wertenbruch*, GmbHR 2020, 875, 880f.

399 *Bayer*, in: Lutter/Hommelhoff, § 48, Rn. 17a; *Bunz*, NZG 2017, 1366, 1369; *Lange*, NJW 2015, 3190, 3192; *Werner*, GmbHR 2006, 127, 128.

einen nur durch einfachen Mehrheitsbeschluss legitimierten Versammlungsleiter insofern einen entscheidenden Unterschied, als in ihrer Folge – anders als bei Fehlen einer Beschlussfeststellung – für jeden Gesellschafter ersichtlich sei, wogegen sich eine Beschlussmängelklage zu richten habe.[400]

b. Stellungnahme

Die Beschlussfeststellungskompetenz ist das zentrale Merkmal des Versammlungsleiteramtes. Dies gilt in der AG, wo die Beschlussfeststellungskompetenz des Leiters der Hauptversammlung in § 130 Abs. 2 S. 1 AktG selbstverständlich vorausgesetzt wird,[401] und muss gleichsam für den Leiter der GmbH-Gesellschafterversammlung gelten. Wenn die GmbH-Gesellschafter schon in Abweichung vom gesetzlichen Normalfall und in Anlehnung an das Aktienrecht einen Versammlungsleiter installieren, dann ist auch davon auszugehen, dass dieser grundsätzlich, d.h. in Ermangelung einer abweichenden Regelung, über die Kernkompetenz eines aktienrechtlichen Versammlungsleiters verfügen soll. Eine andere Betrachtungsweise erscheint praxisfern, da den meisten GmbH-Gesellschaftern schon die Rechtskenntnis fehlen wird, um eine solche Differenzierung vornehmen zu können.

Vor allem aber kann nur dann die in der Regel durch die Bestellung eines Versammlungsleiters bezweckte Rechtssicherheit gewährleistet werden, wenn dieser unabhängig von der Art und Weise seiner Bestellung und dem Vorliegen eines besonderen Bewusstseins der Gesellschafter bzw. gar einer ausdrücklichen Ermächtigung die Beschlussfeststellungskompetenz innehat. Zwar bedeutet dies, dass es in den Händen der Gesellschaftermehrheit liegt, durch welche Person die Folgen der vorläufigen Wirksamkeit ausgelöst werden und damit insbesondere die Klageobliegenheit im Rahmen von Beschlussmängelstreitigkeiten bestimmt wird (siehe oben Teil A Ziff. B.VI.2.c.aa). Jedoch ist der Versammlungsleiter bei der Ausübung seines Amtes zur Neutralität verpflichtet und ihm darf – angesichts drohender Schadensersatzpflichten (siehe Teil B) – seine Integrität unterstellt werden.[402] Die Zwischenschaltung dieser neutralen Instanz gewährleistet, dass die Gesellschafterminderheit gerade nicht der Gesellschaftermehrheit schutzlos

---

400 *Böttcher/Grewe*, NZG 2002, 1086, 1089.

401 *Kubis*, in: MüKo-AktG, § 119, Rn. 158; *Kleemann*, S. 110.

402 Vgl. BGH, Urt. v. 21.6.2010 – II ZR 230/08, GmbHR 2010, 977, wonach davon auszugehen ist, dass der Gesellschafter-Versammlungsleiter auch bei Befangenheit i.S.v. § 47 Abs. 4 GmbHG in Bezug auf den Beschlussgegenstand sein Amt rechtmäßig ausüben wird.

ausgeliefert ist. Der Gesellschafterminderheit stehen außerdem hinreichende Rechtsschutzmöglichkeiten zur Verfügung. Dass sich die Klageobliegenheit zu ihren Lasten verschiebt, erscheint angesichts der Tatsache, dass sie eben die Minderheit in der Gesellschaft darstellt und damit naturgemäß in einer schwächeren Position ist, angemessen. Überdies soll das Grundkonzept der verbindlichen Beschlussfeststellung primär in den (weit überwiegenden) „gesunden" Fällen und nicht den „kranken" Fällen von fehlerhaften Gesellschafterbeschlüssen und/oder fehlerhafter bzw. missbräuchlicher Beschlussfeststellung zu sachgerechten Ergebnissen führen.[403] Den „kranken" Fällen kann mittels Ausnahmeregelungen begegnet werden (siehe Teil A Ziff. B.VI.5).

Es lässt sich damit festhalten, dass der Leiter der GmbH-Gesellschafterversammlung unabhängig von der Art und Weise seiner Bestellung – nach hier vertretener Auffassung also bei satzungsmäßiger Bestellung, Bestellung durch Regelung in der Geschäftsordnung der Gesellschafterversammlung, durch einfachen Gesellschafterbeschluss oder Tätigwerden im Einvernehmen der anwesenden Gesellschafter – stets die Beschlussfeststellungskompetenz innehat, soweit die Gesellschafter nicht ausdrücklich etwas anderes regeln bzw. beschließen. Dies gilt ungeachtet des Vorliegens eines dahingehenden Bewusstseins der Gesellschafter oder einer ausdrücklichen Zuweisung dieser Kompetenz.

4. *Umfang der Pflicht zur ordnungsgemäßen Beschlussfeststellung*

a. *Keine Pflicht zur Vornahme der Beschlussfeststellung*

Nach herrschender Auffassung ist der Versammlungsleiter jedenfalls nicht uneingeschränkt zur Beschlussfeststellung verpflichtet. Treten Unsicherheiten über das Beschlussergebnis auf – zum Beispiel hinsichtlich des Bestehens von Stimmverboten i.S.v. § 47 Abs. 4 GmbHG –, so soll es ihm freistehen, sich im Rahmen seines pflichtgemäßen Ermessens der Feststellung zu enthalten.[404]

403 *K. Schmidt*, GmbHR 1992, 9, 13.

404 Vgl. BGH, Urt. v. 28.1.1980 – NJW 1980, 1527, wo das Unterlassen der Beschlussfeststellung seitens des Versammlungsleiters als selbstverständliche Möglichkeit behandelt wird; sowie *Liebscher*, in: MüKo-GmbHG, § 48, Rn. 118; *Raiser/Schäfer*, in: GK-GmbHG, Anh. § 47, Rn. 95; *Bunz*, NZG 2017, 1366, 1369; *Böttcher/Grewe*, NZG 2002, 1086, 1088; *Jansen*, S. 217; so im Grundsatz auch *Bayer*, in: Lutter/Hommelhoff, § 48, Rn. 17a; weitergehend *K. Schmidt*, GmbHR 1992, 9, 13, der in Zweifelsfällen sogar eine Verpflichtung zur Unterlassung der Beschlussfeststellung annimmt; ähnlich *Werner*, GmbHR 2020, 1168, 1172f, wonach der Versammlungsleiter in

Unklar bleibt, ob diese Grundsätze immer gelten sollen oder nur, wenn sich eine Pflicht zur Vornahme der Beschlussfeststellung aus der Gesellschaftssatzung ergibt. Vorzugswürdig erscheint die letztgenannte Annahme. Der Versammlungsleiter kann danach stets – das heißt auch unabhängig vom Bestehen von Unsicherheiten über das Beschlussergebnis – von der Beschlussfeststellung absehen, soweit nicht statutarisch eine solche Pflicht vorgesehen ist. Aus dem Zweck des Versammlungsleiteramtes, für die Fassung wirksamer Beschlüsse zu sorgen (siehe oben Teil A Ziff. A.I.1), lässt sich keinerlei Verpflichtung des Versammlungsleiters zur Vornahme von Beschlussfeststellungen ableiten.[405] GmbH-Gesellschafterbeschlüsse bedürfen zu ihrer Wirksamkeit eben gerade keiner Feststellung des Beschlussergebnisses.

Eine grundsätzliche Pflicht zur Beschlussfeststellung kann aber in der Gesellschaftssatzung ausdrücklich vorgesehen werden.[406] Außerdem ist eine dahingehende Verpflichtung des Versammlungsleiters stets anzunehmen, wenn die Satzung die Beschlussfeststellung als obligatorische Wirksamkeitsvoraussetzung für Beschlüsse der Gesellschafterversammlung vorsieht.[407] Dann gebietet es der Zweck des Versammlungsleiteramtes, dass der Inhaber des Amtes auch von seiner Kompetenz Gebrauch macht. Andernfalls würde er schließlich das Zustandekommen eines wirksamen Beschlusses vereiteln. Mit der herrschenden Meinung[408] ist jedoch anzunehmen, dass der Versammlungsleiter auch bei Bestehen einer dahingehenden statutarischen Pflicht nach pflichtgemäßem Ermessen von der Beschlussfeststellung absehen darf, wenn hinsichtlich des festzustellenden Beschlussergebnisses Unsicherheiten tatsächlicher oder rechtlicher Art bestehen. Im Hinblick auf eine mögliche Schadensersatzhaftung ist ihm dies auch dringend anzuraten (siehe zu den hohen Voraussetzungen für das Vorliegen eines schuldausschließenden Rechtsirrtums in solchen Fällen Teil B Ziff. D.IV.2).

---

unklaren Situationen den Gebrauch seines Beschlussfeststellungsrechts begründen können muss.

405 So auch *Liebscher*, in: MüKo-GmbHG, § 48, Rn. 118, der auf die Stellung des Versammlungsleiters als Moderator abstellt; *Ganzer*, in: Rowedder/Schmidt-Leithoff, § 47, Rn. 21; *Bunz*, NZG 2017, 1366, 1369; a.A. *Kleemann*, S. 113f.

406 *Schindler*, in: BeckOK-GmbHG, § 48, Rn. 44; *Hillmann*, in: Henssler/Strohn, § 47, Rn. 21.

407 *Liebscher*, in: MüKo-GmbHG, § 48, Rn. 118; *Kleemann*, S. 113.

408 Siehe Nachweise in Fn 404.

b. *Inhaltliche Prüfungspflicht*

Von der Frage einer Pflicht zur Vornahme der Beschlussfeststellung an sich zu unterscheiden ist diejenige, auf welche Art und Weise der Versammlungsleiter bei der Feststellung des Beschlussergebnisses vorzugehen hat. Denkbar wäre, dass ihm lediglich das rein mathematische Auszählen der Stimmen obliegt. Oder aber er könnte verpflichtet sein, die Wirksamkeit der jeweiligen Stimmabgabe rechtlich zu bewerten (Bestehen von Stimmverboten i.S.v. § 47 Abs. 4 GmbHG, inhaltliche Rechtswidrigkeit des Beschlusses, etc.).

Es erscheint indessen äußerst schwer, diese beiden Felder voneinander zu trennen. Wie ist etwa bei dem „bloßen Auszählen“ der Stimmen zu verfahren, wenn Höchst- oder Mehrstimmrechte bestehen? Jedenfalls kann den Zwecken der verbindlichen Beschlussfeststellung, insbesondere der Schaffung von Rechtssicherheit, nur durch eine umfassende Prüfungskompetenz und damit auch -pflicht des Versammlungsleiters Genüge getan werden.[409] Die Ingangsetzung des Laufs der Anfechtungsfrist ist nur dann gerechtfertigt, wenn bereits eine Vorprüfung des festzustellenden Beschlusses auch in rechtlicher Hinsicht stattgefunden hat. Anderenfalls würde die Bestandskraft materiell-rechtlich falscher Gesellschafterbeschlüsse sehenden Auges in Kauf genommen. Im Fall der rechtzeitigen Anfechtung würden solche Beschlüsse einer gerichtlichen Überprüfung nicht standhalten und damit der Aufgabe des Versammlungsleiters, für das Zustandekommen wirksamer Beschlüsse Sorge zu tragen, zuwiderlaufen.[410] Daher kann die Prüfungskompetenz des Versammlungsleiters im Rahmen der Beschlussfeststellung auch nicht durch die Gesellschaftssatzung beschränkt, sondern nur die Beschlussfeststellungskompetenz gänzlich ausgeschlossen werden.[411] Der Versammlungsleiter wird hierdurch keineswegs überfordert, da es ihm jedenfalls in Zweifelsfällen freisteht, von der Beschlussfeststellung abzusehen.

Wiederum eine andere Frage ist, wie weit diese rechtliche Prüfungspflicht im jeweiligen Einzelfall reicht. Jedenfalls sobald dem Versammlungsleiter Umstände bekannt werden, die für die rechtliche Bewertung der abgegebenen Stimmen relevant sein könnten, hat er diese auch in seine Erwägungen einzubeziehen.

---

409 *Zöllner/Noack*, in: Baumbach/Hueck, Anh. § 47, Rn. 121ff.; *Kleemann*, S. 111; *Werner*, GmbHR 2006, 127, 129; *ders.*, GmbHR 2020, 1168, 1169; *Jansen*, S. 218; *Noack*, GmbHR 2017, 792, 797f.; so im Grundsatz auch *Böttcher/Grewe*, NZG 2002, 1086, 1088.

410 *Kleemann*, S. 111.

411 A.A. *Böttcher/Grewe*, NZG 2002, 1086, 1088, die die Möglichkeit einer satzungsmäßigen Beschränkung der Prüfungskompetenz annehmen.

Soweit infolge der Kenntniserlangung solcher Umstände rechtliche Unsicherheiten über das Eingreifen eines Stimmrechtsausschlusses bestehen, soll er dazu verpflichtet sein, nach dem Grundsatz „in dubio pro voce" vorzugehen und die Stimme mitzuzählen.[412] Für ein solches Vorgehen besteht jedoch keine Notwendigkeit. Es steht dem Versammlungsleiter in solchen Fällen gerade frei, von einer verbindlichen Beschlussfeststellung abzusehen (siehe oben Teil A Ziff. B.VI.4.a)

5. *Ausschluss der Beschlussfeststellungskompetenz*

Nachdem vorstehend dargelegt wurde, dass der Versammlungsleiter unabhängig von der Art und Weise seiner Bestellung grundsätzlich stets zur Beschlussfeststellung befugt ist (siehe Teil A Ziff. B.VI.3), ist nunmehr danach zu fragen, ob von diesem Grundsatz in bestimmten Fallkonstellationen Ausnahmen zu machen sind. Derartige Ausnahmeregelungen könnten geboten sein, um das Ziel der verbindlichen Beschlussfeststellung – die Schaffung von Rechtssicherheit – mit der Verhinderung von Missbrauchsfällen in Ausgleich zu bringen.

a. *Interessen des Versammlungsleiters durch den festzustellenden Beschluss unmittelbar berührt*

Eine Fallkonstellation, in welcher ein missbräuchliches Vorgehen des Versammlungsleiters denkbar erscheint, ist diejenige, dass durch den festzustellenden Beschluss Interessen des Versammlungsleiters selbst unmittelbar berührt werden. Ein Gesellschafter-Versammlungsleiter ist in diesem Fall gemäß § 47 Abs. 4 GmbHG von der Abstimmung ausgeschlossen. Als Versammlungsleiter hätte er jedoch die Möglichkeit, seine Stimme trotz bestehendem Stimmverbotes bei der Beschlussfassung zu berücksichtigen, und könnte damit quasi als Richter in eigener Sache fungieren. Daher wird zum Teil angenommen, dass eine erfolgte Beschlussfeststellung unter solchen Umständen nach § 47 Abs. 4 GmbHG analog keine Wirkung entfaltet.[413] Wie zuvor bereits ausführlich dargelegt wurde, kann diese Ansicht jedoch nicht überzeugen (siehe hierzu die Diskussion eines Stimmverbotes des Versammlungsleiters bei seiner Abwahl wegen zu befürchtenden Interessenkonfliktes unter Teil A Ziff. A.III.3.c.bb). Anders als bei der Ausübung seines Stimmrechts ist der Versammlungsleiter bei der Vornahme von Beschlussfeststellungen nicht frei, sondern als neutrale Instanz an Recht

412 *Bayer*, in: Lutter/Hommelhoff, § 48, Rn. 17a; *Kleemann*, S. 112; *Hügel/Klepsch*, NZG 2005, 905; *Noack*, GmbHR 2017, 792, 798; siehe zum Vorgehen des GmbH-Versammlungsleiters im Hinblick auf § 47 Abs. 4 GmbHG eingehend *Jansen*, S. 211ff.

413 Siehe Nachweise in Fn 156.

und Gesetz gebunden.[414] Die Möglichkeit der Anfechtung des festgestellten Beschlusses sowie die gegebenenfalls im Raum stehende Haftung des Versammlungsleiters (siehe Teil B) bieten ausreichende Gewähr für die ordnungsgemäße Amtsausübung trotz bestehenden Interessenkonflikts bezüglich des festzustellenden Beschlusses. Eines darüberhinausgehenden Korrektivs bedarf es nicht.

b. Grundlagenbeschlüsse

Zum Teil wird außerdem vertreten, dass bei satzungsändernden Beschlüssen i.S.v. § 53 GmbHG sowie bei sonstigen Grundlagenbeschlüssen (etwa Beschlüssen betreffend den Abschluss von Unternehmensverträgen sowie Umwandlungsbeschlüssen) eine verbindliche Beschlussfeststellung von vornherein ausscheiden soll.[415] Dies wird vor allem mit dem bei Satzungsänderungen besonders relevanten Minderheitenschutz sowie dem Grundsatz der Satzungsautonomie begründet.[416] Es bedarf jedoch gerade bei derart bedeutsamen Beschlüssen in besonderem Maße der Schaffung von Rechtssicherheit durch die Herbeiführung der vorläufigen Wirksamkeit des Beschlusses. Auch ist bei solchen Beschlüssen von keinem größeren Manipulationsrisiko als bei sonstigen Gesellschafterbeschlüssen auszugehen.[417] Der Gesetzgeber hat vielmehr mit dem qualifizierten Mehrheitserfordernis in § 53 Abs. 2 GmbHG sowie dem Zustimmungserfordernis in § 53 Abs. 3 GmbHG den Schutz der Gesellschafterminderheit erheblich erhöht im Vergleich zu einfachen Gesellschafterbeschlüssen. Durch dieses verschärfte Mehrheitserfordernis mag zwar ein erhöhter *Anreiz* für Manipulationen des Versammlungsleiters bestehen, die Manipulation von Beschlüssen wird aber gleichzeitig erschwert. Überdies bleibt angesichts des Erfordernisses der notariellen Beurkundung nach § 53 Abs. 2 S. 1 GmbHG kaum Raum für Manipulationen durch den Versammlungsleiter.[418]

c. Willkürlich oder vorsätzlich falsche Beschlussfeststellung

Eine wirkungsvolle Möglichkeit zum Ausschluss von Missbrauchsfällen könnte darin bestehen, dem Versammlungsleiter seine Beschlussfeststellungskompetenz in Fällen willkürlich oder vorsätzlich falscher Feststellung von

---

414 BGH, Urt. v. 21.6.2010 – II ZR 230/08, GmbHR 2010, 977.

415 *Hoffmann/Köster*, GmbHR 2003, 1327, 1333; ablehnend *Werner*, GmbHR 2006, 127, 129; *Jansen*, S. 226; *Seibt*, in: Scholz, § 48, Rn. 53.

416 *Hoffmann/Köster*, GmbHR 2003, 1327, 1333.

417 So aber *Hoffmann/Köster*, GmbHR 2003, 1327, 1333.

418 *Werner*, GmbHR 2006, 127, 129; *Jansen*, S. 226.

Gesellschafterbeschlüssen abzuerkennen.[419] Willkürliches Handeln des Versammlungsleiter in diesem Sinne ist nach einer Definition des BVerfG anzunehmen, wenn „Rechtsanwendung oder Verfahren unter keinem denkbaren Aspekt mehr rechtlich vertretbar sind und sich daher der Schluß aufdrängt, daß die Entscheidung auf sachfremden und damit willkürlichen Erwägungen beruht". Ob diese Voraussetzungen vorliegen, beurteilt sich allein anhand objektiver Kriterien – ungeachtet eines subjektiven Schuldvorwurfs.[420] Die vorstehend zitierte, in Bezug auf die richterliche Rechtsanwendung ergangene Entscheidung lässt sich auf den Versammlungsleiter übertragen, da auch dessen Tätigkeit die Vornahme rechtlicher Wertungen erfordert.[421]

Der Verlust der Befugnis zur Beschlussfeststellung bei vorsätzlich falschem oder willkürlichem Handeln hätte zur Folge, dass solchermaßen festgestellte Beschlüsse keine vorläufige Wirksamkeit entfalten und daher insbesondere der Lauf der Anfechtungsfrist nicht in Gang gesetzt wird. Statthafte Klageart wäre dann die fristungebundene allgemeine Feststellungsklage. Hiergegen wird eingewandt, dass dies zu einer erheblichen Rechtsunsicherheit führt, da die Frage des Vorliegens einer willkürlich oder vorsätzlich falschen Beschlussfeststellung häufig mit schwierigen rechtlichen Wertungen verbunden ist.[422] Außerdem wird auf das Fehlen einer Kategorie der willkürlich oder vorsätzlich falschen Beschlussfeststellung im aktienrechtlichen Diskurs zum Beschlussmängelrecht hingewiesen.[423]

Man stelle sich jedoch den Fall vor, dass ein (Gesellschafter-) Versammlungsleiter trotz Kenntnis vom Stimmverbot eines zustimmenden Gesellschafters, dessen Stimme ausschlaggebend ist, den Beschluss positiv feststellt. Muss sich ein (vermeintlich überstimmter) Gesellschafter, der erst nach einigen Monaten Kenntnis von dem Bestehen des Stimmverbots erlangt, infolge des Ablaufs der Anfechtungsfrist nun mit der Bestandskraft des Beschlusses abfinden? Es erscheint äußerst unbillig, solch ein Ergebnis aus Gründen der Rechtssicherheit in Kauf zu nehmen. Liegt ein offensichtlicher Willkürfall vor, so spricht für eine Aberkennung der Befugnis zur Beschlussfeststellung außerdem, dass sich die

---

419 *Seibt*, in: Scholz, § 48, Rn. 53; *Noack*, GmbHR 2017, 792, 798; *Böttcher/Grewe*, NZG 2002, 1086, 1088; *Werner*, GmbHR 2006, 127, 129; *ders.*, GmbHR 2020, 1168, 1170; *Hoffmann/Köster*, GmbHR 2003, 1327, 1332; *Jansen*, S. 225; ablehnend *Kleemann*, S. 124ff.; *Werner*, NJW 2015, 3190, 3193; *Fluck*, S. 118 (zum Verein).

420 BVerfG, Urt. v. 15.3.1989 – 1 BvR 1428/88, BVerfGE 80, 48.

421 *Hoffmann/Köster*, in: GmbHR 2003, 1327, 1332.

422 *Fluck*, S. 118 (zum Verein).

423 *Kleemann*, S. 125f.

Gesellschafter hier gerade nicht auf die vorgenommene Feststellung verlassen können.[424]

Dies führt auch nicht zu erheblicher Rechtsunsicherheit. Wie vorstehend bereits gezeigt (siehe Teil A Ziff. B.VI.2.c) sind die Auswirkungen der verbindlichen Beschlussfeststellung während des Laufs der Anfechtungsfrist beschränkt. Es besteht etwa ohnehin ein Ermessen der Geschäftsführung bei der Umsetzung des Beschlusses, sodass sich diesbezüglich infolge der Unwirksamkeit der Beschlussfeststellung keine großen Unterschiede ergeben. Nach Ablauf der (vermeintlich in Gang gesetzten) Anfechtungsfrist ist die Wirksamkeit des Beschlusses gegebenenfalls im Wege des einstweiligen Rechtsschutzes kurzfristiger Klärung zuzuführen. Hinsichtlich der Beseitigung des fehlerhaften Beschlusses auf dem Klageweg werden lediglich die Möglichkeiten erweitert, keineswegs wird der Rechtsschutz verkompliziert. Nach Ablauf der Anfechtungsfrist ist stets die allgemeine Feststellungsklage zu erheben, wobei im Rahmen der Zulässigkeit der Klage – bei der Frage der Subsidiarität zur Anfechtungsklage nach § 246 AktG analog – das Vorliegen einer willkürlich oder absichtlich falschen Beschlussfeststellung darzulegen und zu beweisen ist. Wird die Klage während der (vermeintlichen) Schwebezeit erhoben, so ist gegebenenfalls mit einem hilfsweisen Klageantrag zu arbeiten.[425] Durch die Aberkennung der Beschlussfeststellungskompetenz des Versammlungsleiters in Fällen von Willkür oder vorsätzlichem Fehlverhalten kann außerdem der Missbrauchsgefahr bei der Abberufung eines Mehrheitsgesellschafter-Geschäftsführers abgeholfen werden. Eines generellen Ausschlusses des Beschlussfeststellungsrechts bedarf es darüber hinaus nicht.[426]

6. *Verfahren und Form der Beschlussfeststellung*

Die wirksame Beschlussfeststellung durch den Versammlungsleiter setzt voraus, dass zum einen das Abstimmungsergebnis verkündet wird und zum anderen das rechtliche Beschlussergebnis festgestellt wird. Es muss folglich über das zahlenmäßige Abstimmungsergebnis hinaus verlautbart werden, ob der Beschlussantrag angenommen wurde oder nicht.[427] Diese Verlautbarung kann sowohl durch den Versammlungsleiter selbst als auch durch Dritte, beispielsweise einen

---

424 So *Noack*, GmbHR 2017, 792, 798; *Hoffmann*, NZG 1999, 1173, 1174.

425 Vgl. *Kleemann*, S. 125, der dies als Argument gegen die Annahme der Unwirksamkeit von willkürlich oder absichtlich falschen Beschlussfeststellungen betrachtet.

426 So auch *Jansen*, S. 226f.

427 BGH, Urt. v. 10.4.1989 – II ZR 225/88, NJW-RR 1989, 1056; *Wertenbruch*, in: MüKo-GmbHG, Anh. § 47, Rn. 229.

anwesenden Gesellschafter, erfolgen.[428] In diesem Fall ist die dritte Person lediglich Erklärungsbote des Versammlungsleiters. Nur wenn die seitens des Versammlungsleiters eingeräumte Botenmacht eingehalten wird, liegt eine ordnungsgemäße Beschlussfeststellung vor.[429] Mit dem Ende der Gesellschafterversammlung endet die Beschlussfeststellungskompetenz des Versammlungsleiters. Eine später erfolgende Beschlussfeststellung geht folglich ins Leere.[430]

Gesellschafterbeschlüsse bedürfen grundsätzlich – anders als Hauptversammlungsbeschlüsse gemäß § 130 Abs. 1, 2 AktG – weder bezüglich des Abstimmungsvorgangs, noch bezüglich einer gegebenenfalls nachfolgenden Beschlussfeststellung einer Protokollierung.[431] Dies gilt nicht, wo entweder gesetzliche Ausnahmeregelungen wie § 53 Abs. 2 oder § 48 Abs. 3 GmbHG existieren oder über diese gesetzlichen Vorschriften hinaus in der Gesellschaftssatzung ein (konstitutives) Protokollierungserfordernis vorgesehen ist. Schreibt die Satzung die schriftliche Dokumentation vor, ist im Wege der Auslegung zu ermitteln, ob die Protokollierung nur Beweiszwecken dienen oder Wirksamkeitsvoraussetzung der Gesellschafterbeschlüsse sein soll.[432] Im Zweifel ist ersteres anzunehmen.[433] Ungeachtet der Tatsache, ob ein Gesellschafterbeschluss oder die anschließende Beschlussfeststellung zu ihrer Wirksamkeit der Protokollierung bedürfen, ist ein Versammlungsleiter aus Beweiszwecken jedoch

---

428 OLG Stuttgart, Beschl. v. 20.11.2012 – 14 U 39/12, GmbHR 2013, 472; *Wertenbruch*, in: MüKo-GmbHG, Anh. § 47, Rn. 230.

429 *Wertenbruch*, in: MüKo-GmbHG, Anh. § 47, Rn. 230.

430 So ausdrücklich OLG Stuttgart, Beschl. v. 13.4.1994 – 2 U 303/93, NJW-RR 1994, 811; *Römermann*, in: Michalski, § 47, Rn. 585; *Werner*, GmbHR 2006, 127, 130; *Jansen*, S. 210f.; a.A. *Zöllner/Noack*, in: Baumbach/Hueck, Anh. § 47, Rn. 120b; *Abramenko*, GmbHR 2003, 1471.

431 BGH, Urt. v. 28.1.1980 – II ZR 84/79, NJW 1980, 1527; BGH, Urt. v. 28.1.1985 – II ZR 79/84, GmbHR 1985, 256; *Drescher*, in: MüKo-GmbHG, § 47, Rn. 56; *Hillmann*, in: Henssler/Strohn, § 47, Rn. 20; *Altmeppen*, in: Altmeppen, § 48, Rn. 32; *Werner*, GmbHR 2006, 127, 130; *Jansen*, S. 201; a.A. *Hoffmann/Köster*, GmbHR 2003, 1327, 1329f. sowie *Kleemann*, S. 134ff., die die schriftliche Dokumentation zwar nicht als Wirksamkeitsvoraussetzung des Beschlusses selbst, jedoch als unverzichtbare Voraussetzung der Beschlussfeststellung seitens des Versammlungsleiters betrachten.

432 *Drescher*, in: MüKo-GmbHG, § 47, Rn. 56; *Zöllner/Noack*, in: Baumbach/Hueck, § 48, Rn. 23; *Hüffer/Schäfer*, in: GK-GmbHG, § 48, Rn. 38.

433 OLG Stuttgart, Urt. v. 8.7.1998 – 20 U 112/97, NZG 1998, 994; *Zöllner/Noack*, in: Baumbach/Hueck, § 48, Rn. 23; *Drescher*, in: MüKo-GmbHG, § 47, Rn. 56; *Altmeppen*, in: Altmeppen, § 48, Rn. 32; *Hüffer/Schäfer*, in: GK-GmbHG, § 48, Rn. 38.

ohnehin stets zur Protokollierung der Gesellschafterversammlung verpflichtet (siehe oben Teil A Ziff. B.IV.10).

C. Mögliche Pflichtverstöße im Rahmen der Ausübung der Versammlungsleitung und ihre Konsequenzen

I. Allgemeines

Zwar ist der Teilnehmerkreis bei einer GmbH-Gesellschafterversammlung in der Regel überschaubar und Fälle sog. Berufskläger, welche den Ablauf von Hauptversammlungen großer Aktiengesellschaften gezielt stören, um anschließend die Gesellschaft mit der Erhebung einer Anfechtungsklage zu erpressen,[434] sind bei der GmbH – soweit ersichtlich – nicht bekannt und wegen ihrer (auch) personalistischen Struktur kaum vorstellbar. Dennoch gibt es auch bei der GmbH eine Vielzahl möglicher Fehlerquellen im Rahmen der Leitung der Gesellschafterversammlung. Dies begründet sich häufig gerade mit der geringen Zahl an Versammlungsteilnehmern. Insbesondere bei familiären Bindungen zwischen den Gesellschaftern kann hier eine neutrale Versammlungsleitung besonders herausfordernd sein, wenn es zu Streit kommt während der Gesellschafterversammlung. Der Versammlungsleiter ist dann mitunter gezwungen, schwierige Abwägungsfragen zu beantworten: Wann ist die Schwelle von der tagesordnungsbezogenen Diskussion zu unsachlichen Redebeiträgen oder gar Beleidigungen überschritten? Liegt bereits ein Grund zur Redezeitverkürzung bzw. zum Wortentzug vor? Daneben sind Fehler vor allem im Rahmen der Beschlussfeststellung durch den Versammlungsleiter denkbar. Stehen bei der Beschlussfassung Stimmverbote der Gesellschafter im Raum, so verlangt dies zum Teil anspruchsvolle, rechtliche Bewertungen seitens des Versammlungsleiters.

Nicht alle Fehler bei der Versammlungsleitung haben jedoch rechtlich relevante Auswirkungen. Bevor auf einzelne Fehler bei der Versammlungsleitung und ihre möglichen Konsequenzen eingegangen wird, wird nachfolgend zunächst der für das Handeln des Versammlungsleiters anzulegende Sorgfaltsmaßstab dargestellt und es werden die zur Verfügung stehenden Rechtsschutzmöglichkeiten gegen das Handeln des Versammlungsleiters aufgezeigt. Inwiefern die Fehler des Versammlungsleiters zu seiner persönlichen Haftung führen können, bleibt dabei dem zweiten Teil dieser Abhandlung vorbehalten (siehe Teil B).

---

434 Vgl. zu dieser Problematik etwa jüngst *Bayer/Möller*, NZG 2018, 801, 802f.

1. *Pflichtwidrigkeitsmaßstab bei Maßnahmen der Versammlungsleitung*

Der Versammlungsleiter befindet sich während der Gesellschafterversammlung in einer sehr speziellen Situation. Einerseits ist vom ihm gefordert, zügig über sein Handeln zu entscheiden. Andererseits stellen sich ihm mitunter komplizierte Rechtsfragen und/oder die Tatsachengrundlage seiner Entscheidung lässt sich nicht vollends aufklären. Sowohl das Untätigbleiben als auch die voreilige Ergreifung von Maßnahmen können in dieser Lage eine Pflichtverletzung darstellen.

Dieses auf den ersten Blick bestehende „Entscheidungsdilemma“[435] des Versammlungsleiters verliert jedoch dadurch an Schärfe, dass dem Versammlungsleiter bei vielen Entscheidungen ein Ermessensspielraum einzuräumen ist.[436] Geht es etwa um die Frage, ob die Redezeit eines Gesellschafters auf 15 oder 20 Minuten zu verkürzen ist, so handelt der Versammlungsleiter stets pflichtgemäß, soweit die Entscheidung auf einer sachgerechten Ermessensausübung beruht. Grenzen findet dieses Ermessen in den gesetzlichen und satzungsmäßigen Bestimmungen sowie den Grundsätzen der Gleichbehandlung, Verhältnismäßigkeit und Neutralität (siehe hierzu oben Teil A Ziff. B.III.2).[437]

Über seinen bei vielen Maßnahmen bestehenden Ermessensspielraum hinaus könnte dem Versammlungsleiter bei zweifelhafter Sach- oder Rechtslage eine Einschätzungsprärogative einzuräumen sein. So wird für den Hauptversammlungsleiter in der AG vertreten, dass sich dessen Entscheidungen zwar stets nach der objektiven Sach- und Rechtslage zu richten haben, ihm jedoch aufgrund der besonderen Entscheidungssituation ein gerichtlich nur eingeschränkt überprüfbarer Beurteilungsspielraum eingeräumt werden muss.[438] Bei rechtlichen Zweifelsfragen etwa müsse es genügen, wenn die der Entscheidung des Versammlungsleiters zugrundeliegende Rechtsauffassung „nach einer

---

435 So die Terminologie bei *Vetter*, FS Bergmann, 2018, S. 799, 818 (zur AG).

436 So zur AG BGH, Urt. v. 8.2.2010 – II ZR 94/08, DStR 2010, 707; *Mülbert*, in: GK-AktG, § 129, Rn. 252; *von der Linden*, NZG 2013, 208, 211; *Marsch-Barner*, FS Brambring, 2011, S. 267, 275; *Vetter*, FS Bergmann, 2018, S. 799, 810 und 820; *Pliquett*, S. 120.

437 *Marsch-Barner*, FS Brambring, 2011, S. 267, 275 (zur AG).

438 *Wicke*, in: Spindler/Stilz, Anh. § 119, Rn. 16; *Vetter*, FS Bergmann, 2018, S. 799, 811 und 820; *Marsch-Barner*, FS Brambring, 2011, S. 267, 281f.; *von der Linden*, NZG 2013, 208, 211; vgl auch *Schürnbrand*, NZG 2014, 1211, 1213, der offen lässt, ob die Haftungserleichterung im Wege einer entsprechenden Anwendung von § 93 Abs. 1 S. 2 AktG oder eines entschuldigenden Rechtsirrtums umzusetzen ist.

summarischen Prüfung plausibel erscheint und sich im Rahmen der Bandbreite vertretbarer Entscheidungen hält".[439] Liegen diese Voraussetzungen vor, so fehle es bereits an einer objektiven Sorgfaltspflichtverletzung.[440]

Für eine solche Haftungserleichterung wird vorgebracht, dass der Hauptversammlungsleiter zwar im Gegensatz zum Vorstand einer AG keine unternehmerischen Entscheidungen trifft. Seine Entscheidungen seien aber geprägt von einer Kombination aus Entscheidungsdruck und gesteigerter rechtlicher Unsicherheit – insbesondere angesichts der fehlenden Möglichkeit zureichender rechtlicher Beratung.[441] Zum Teil wird auch auf die Rechtsprechung des BGH bezüglich der Beurteilung von Pflichtverletzungen eines GmbH-Geschäftsführers abgestellt, wonach dessen Informationspflicht beschränkt ist, wenn eine benötigte Information nicht zur Verfügung steht und sie nur unter unangemessenem Aufwand beschafft werden kann.[442] Auch dem Hauptversammlungsleiter stünden nur sehr begrenzte zeitliche Ressourcen zur Klärung der Sach- und Rechtslage zur Verfügung. Hinzukomme, dass der Versammlungsleiter seine Entscheidungen nicht aufschieben könne, sondern in der Regel eine irgendwie geartete Entscheidung treffen müsse. Auch in der Untätigkeit könne schließlich eine Pflichtverletzung liegen. Der allgemeine zivilrechtliche Grundsatz, wonach Rechtsirrtümer auf Verschuldensebene zu berücksichtigen seien, könne auf den Hauptversammlungsleiter aufgrund seiner besonderen Entscheidungssituation nicht angewandt werden.[443]

Folgt man der Annahme einer der gerichtlichen Kontrolle entzogenen Einschätzungsprärogative des Versammlungsleiters auch bei der GmbH, so ist dies von entscheidender Bedeutung für der Versammlung nachfolgende Gerichtsverfahren. Denn eine aufgrund klarer Sach- und Rechtslage ermessensfehlerfrei getroffene Maßnahme des Versammlungsleiters kann weder zu einer

439 *Vetter*, FS Bergmann, 2018, S. 799, 818f.; dahingehend auch *Niemz*, S. 175ff., wonach dem Versammlungsleiter bei Entscheidungen aufgrund unklarer Rechtslage ein geschützter Handlungsspielraum einzuräumen ist, im Rahmen dessen insbesondere die Wahrscheinlichkeit der Rechtmäßigkeit der in Frage stehenden Maßnahme sowie die Intensität des durch die Maßnahme verursachten Eingriffs in die Mitgliedschaftsrechte des von ihr betroffenen Aktionärs relevant sein soll.

440 *Vetter*, FS Bergmann, 2018, S. 799, 819; *Marsch-Barner*, FS Brambring, 2011, S. 267, 281f.; so für Entscheidungen aufgrund unklarer Rechtslage auch *Niemz*, S. 180f.

441 *Schürnbrand*, NZG 2014, 1211, 1213.

442 So *Vetter*, FS Bergmann, 2018, S. 799, 817f. unter Verweis auf BGH, Beschl. v. 14.7.2008 – II ZR 202/07, NJW 2008, 3361.

443 *Vetter*, FS Bergmann, 2018, S. 799, 818f.

erfolgreichen Beschlussmängelklage führen, noch kann ein unmittelbares Vorgehen gegen eine solche Maßnahme – etwa im Wege einer allgemeinen Feststellungsklage – Erfolg haben (siehe zu den Rechtsschutzmöglichkeiten gegen Maßnahmen des Versammlungsleiters Teil A Ziff. C.I.2). Etwas anderes würde jedoch für Maßnahmen gelten, welche zwar von der Einschätzungsprärogative des Versammlungsleiters gedeckt sind, jedoch der objektiven Sach- oder Rechtslage zuwiderlaufen. Hier bliebe zwar ein unmittelbares Vorgehen gegen die betreffende Maßnahme mangels Vorliegens einer objektiven Sorgfaltspflichtverletzung ebenfalls erfolglos – *ex ante* betrachtet läge aufgrund des Beurteilungsspielraums schließlich kein Fehler des Versammlungsleiters vor. Ungeachtet dessen könnte jedoch eine Beschlussmängelklage durchaus auf eine solche Maßnahme gestützt werden, da sich die Rechtmäßigkeit hier objektiv aus der *ex post*-Perspektive beurteilt.[444]

Es erscheint indessen nicht überzeugend, eine derart weitgehende Einschätzungsprärogative zugunsten des Versammlungsleiters anzunehmen. Zwar mag sich der GmbH-Versammlungsleiter mitunter in der äußerst speziellen Situation befinden, bei nicht vollständig geklärter bzw. klärbarer Sach- und/oder Rechtslage rasch eine Entscheidung treffen zu müssen und hierbei wenig oder gar keinen rechtlichen Beistand zu haben. Jedoch vermag allein der Zeitdruck bei einer Entscheidung nach allgemeinen zivilrechtlichen Grundsätzen keine andere Beurteilung hinsichtlich des Vorliegens einer objektiven Pflichtverletzung zu rechtfertigen. Auch ein Chirurg, welcher unter äußerstem Zeitdruck während einer laufenden Operation eine Entscheidung treffen muss, begeht eine Pflichtverletzung, wenn er sich für das falsche Vorgehen entscheidet.

§ 93 Abs. 1 S. 2 AktG statuiert für die Vorstandshaftung einen absoluten Ausnahmetatbestand hinsichtlich dieser Grundsätze, der sich allein mit den Besonderheiten unternehmerischer Entscheidungen (siehe zu diesem Begriff unten Teil B Ziff. C.III.3.b) begründet. Nach überzeugender Auffassung soll aber § 93 Abs. 1 S. 2 AktG mangels Treffens von unternehmerischen Entscheidungen gerade keine entsprechende Anwendung auf den Hauptversammlungsleiter in der AG finden.[445] Erst recht kommt nach dieser Ansicht eine doppelt analoge

444 So zur AG auch *Vetter*, FS Bergmann, 2018, S. 799, 817 und 819; *Marsch-Barner*, FS Brambring, 2011, S. 267, 281f.; *Niemz*, S. 172f.; a.A. *von der Linden*, NZG 2013, 208, 211, der im Rahmen von Beschlussmängelstreitigkeiten denselben Prüfungsmaßstab zugrunde legen will.

445 *Poelzig*, AG 2015, 476, 484; *Mülbert*, in: GK-AktG, § 129, Rn. 252; *Pliquett*, S. 71ff.

Anwendung von § 93 Abs. 1 S. 2 AktG im Sinne einer Legal Judgement Rule[446] nicht in Betracht.[447] Diese werde auch schon für die Vorstandshaftung überwiegend abgelehnt.[448] Außerdem fehle es an einer vergleichbaren Interessenlage. Weder sei es erforderlich, die Risikobereitschaft des Hauptversammlungsleiters zu fördern bzw. eine Lähmung in seinem Handeln aufgrund risikoaversen Verhaltens zu verhindern, noch seien Rückschaufehler von Richtern zu befürchten. Überdies seien die Folgen einer Behandlung von rechtlichen Bewertungsfehlern bei der Versammlungsleitung auf der Schuldebene weniger schwerwiegend als bei fehlerhaften Vorstandsentscheidungen. Zwar werde – anders als bei Annahme eines entschuldigenden Rechtsirrtums – durch die Anwendung von § 93 Abs. 1 S. 2 AktG analog auch das Vorliegen eines wichtigen Grundes für die Abberufung des Versammlungsleiters ausgeschlossen. Doch habe die Abberufung aus wichtigem Grund bei Vorstandsmitgliedern ungleich schwerwiegendere Folgen als bei dem Hauptversammlungsleiter.[449] Es komme daher allein die Berufung auf einen entschuldigenden Rechtsirrtum in Betracht (siehe hierzu unten Teil B Ziff. D.IV.2).[450]

Die Annahme eines nicht justiziablen Beurteilungsspielraums des Leiters der GmbH-Gesellschafterversammlung würde indessen noch weiter gehen als die Regelung des § 93 Abs. 1 S. 2 AktG. Denn die Anwendung der Business Judgment Rule setzt voraus, dass bei Bestehen eines Ermessensspielraums des Leitungsorgans eine Entscheidung im Hinblick auf zu prognostizierende künftige Entwicklungen tatsächlicher Art getroffen wird (siehe hierzu unten Teil B Ziff. C.III.3.b). Die (analoge) Anwendung von § 93 Abs. 1 S. 2 AktG im Sinne einer „Legal Judgment Rule" wird insbesondere für Fälle einer unklaren Rechtslage diskutiert (Bsp.: Existenz divergierender Entscheidungen mehrerer Oberlandesgerichte bei Fehlen einer Entscheidung des BGH)[451]. Der dem Versammlungsleiter einzuräumende Beurteilungsspielraum hingegen würde auch dann

446 Vgl. zum aktienrechtlichen Diskurs über die Organhaftung bei Entscheidungen aufgrund unsicherer bzw. unklarer Rechtslage etwa *Spindler*, in: MüKo-AktG, § 93, Rn. 88f.; *Fleischer*, in: Spindler/Stilz, § 93, Rn. 29ff.; *Ritter*, in: MAH-AktR, § 22, Rn. 95; *Berger*, S. 307ff.; *Harnos*, Geschäftsleiterhaftung bei unklarer Rechtslage, S. 55ff.; *J. Bürkle*, VersR 2013, 792; *Buck-Heeb*, BB 2013, 2247; *Verse*, ZGR 2017, 174.

447 *Poelzig*, AG 2015, 476, 484; *Mülbert*, in: GK-AktG, § 129, Rn. 252; so auch *Niemz*, S. 175f..

448 *Mülbert*, in: GK-AktG, § 129, Rn. 252.

449 *Poelzig*, AG 2015, 476, 484.

450 *Poelzig*, AG 2015, 476, 484; *Mülbert*, in: GK-AktG, § 129, Rn. 252.

451 Vgl. zum Begriff der unklaren Rechtslage *Arden*, S. 2ff.

bestehen, wenn dieser beim Treffen einer gebundenen Entscheidung bezüglich der gegenwärtigen Faktenlage (Bsp.: Vorliegen der tatsächlichen Voraussetzungen eines Stimmverbotes) oder bezüglich der höchstrichterlich geklärten Rechtslage (Bsp.: Reichweite der Regelung des § 47 Abs. 4 GmbHG) aufgrund seiner speziellen Entscheidungssituation in Unklarheit ist und dennoch eine Entscheidung fällt. Es bedürfte äußerst gewichtiger Gründe, um eine derart weitgehende Haftungserleichterung auf Ebene der Pflichtverletzung zugunsten des Versammlungsleiters annehmen zu können.

Solche Gründe sind nicht ersichtlich. Vielmehr ist mit den Gegnern einer (doppelt) analogen Anwendung von § 93 Abs. 1 S. 2 AktG auf den Hauptversammlungsleiter in der AG[452] das Bestehen eines gerichtlich nicht überprüfbaren Beurteilungsspielraums des GmbH-Versammlungsleiters im Wege eines Erst-Recht-Schlusses abzulehnen.[453] Mangels Treffens unternehmerischer Entscheidungen durch den Versammlungsleiter lässt sich keine zwischen Vorstandstätigkeit und Versammlungsleitung vergleichbare Interessenlage annehmen. Es fehlt sowohl an dem Erfordernis, risikoaverses Verhalten einzuschränken bzw. eine Lähmung im Handeln zu verhindern, als auch an der Gefahr von Rückschaufehlern der Gerichte.[454] Denn der Versammlungsleiter muss ohnehin eine Entscheidung treffen. Das Unterlassen einer Entscheidung kann für ihn genauso risikoreich sein wie das Treffen einer Entscheidung. Die Gefahr von Rückschaufehlern kann von vornherein nur dann bestehen, wenn im Nachhinein über die Rechtmäßigkeit einer Entscheidung befunden wird, welche auf Prognosen über künftige Entwicklungen beruhte.[455] Aber auch jenseits der Argumente gegen eine entsprechende Anwendung von § 93 Abs. 1 S. 2 AktG sind keine Gründe ersichtlich, die allgemeinen zivilrechtlichen Grundsätze zu durchbrechen. Insbesondere vermag es nicht zu überzeugen, soweit diesbezüglich auf die Rechtsprechung des BGH zur Informationspflicht des GmbH-Geschäftsführers abgestellt wird.[456] Denn auch diese Rechtsprechung soll allein der Erleichterung unternehmerischer Entscheidungen dienen.[457] Die begrenzten zeitlichen Ressourcen des GmbH-Versammlungsleiters können aber keine hinreichende Begründung zur

---

452 Vgl. Nachweise in Fn. 447.

453 *Werner*, GmbHR 2020, 1168, 1172.

454 Vgl. zu dieser Argumentation *Werner*, GmbHR 2020, 1168, 1172; sowie zur AG *Poelzig*, AG 2015, 476, 484.

455 Vgl. zum Begriff des Rückschaufehlers *Schäfer*, ZIP 2005, 1253, 1253f. und *S. H. Schneider*, DB 2005, 707, 708f.

456 Vgl. zu dieser Argumentation *Vetter*, FS Bergmann, 2018, S. 799, 817ff.

457 BGH, Beschl. v. 14.7.2008 – II ZR 202/07, NJW 2008, 3361.

Übertragung der Haftungserleichterung zugunsten des GmbH-Geschäftsführers liefern.[458] Ungeachtet ihrer unternehmerischen Qualität haben Entscheidungen der Geschäftsführung überdies in der Regel deutlich weitreichendere Konsequenzen als diejenigen eines Versammlungsleiters. Es mangelt auch aus diesem Grund an einer hinreichenden Vergleichbarkeit der Entscheidungssituationen.

2. *Denkbare (Rechts-)Schutzmöglichkeiten gegen Maßnahmen des Versammlungsleiters*

Im Grundsatz gilt, dass Maßnahmen des Versammlungsleiters lediglich mittelbar, insbesondere im Rahmen von Beschlussmängelklagen, angreifbar sind.[459] Nur in Ausnahmefällen kommt die Erhebung einer allgemeinen Feststellungsklage betreffend die Rechtmäßigkeit des Handelns des Versammlungsleiters in Betracht.

a. *Herbeiführung eines Gesellschafterbeschlusses*

Die schnellste Möglichkeit, um auf fehlerhaftes Handeln des Versammlungsleiters zu reagieren, besteht darin, einen Gesellschafterbeschluss über die ergriffene Maßnahme herbeizuführen.[460] Denn der Versammlungsleiter unterliegt grundsätzlich den Weisungen der Gesellschafterversammlung (siehe oben Teil A Ziff. A.I.3.b). Dieses Vorgehen versagt jedoch dort, wo dem Versammlungsleiter seine Kompetenzen ausnahmsweise durch die Satzung zur weisungsfreien Ausübung zugewiesen wurden oder wenn es sich bei der rechtswidrigen Maßnahme um eine Beschlussfeststellung handelt, die nie den Weisungen der Gesellschafterversammlung unterliegen kann. Auch im Fall, dass der Versammlungsleiter zugleich Mehrheitsgesellschafter ist, stellt die Herbeiführung eines Gesellschafterbeschlusses augenscheinlich keine geeignete Schutzmöglichkeit der Minderheitsgesellschafter dar.

---

458 So aber *Vetter*, FS Bergmann, 2018, S. 799, 818.

459 *Hüffer/Schäfer*, in: GK-GmbHG, § 48, Rn. 37; *Römermann*, in: Michalski, § 48, Rn. 163; vgl. zur AG BGH, Urt. v. 11.11.1965 – II ZR 122/63, NJW 1966, 43; BGH, Urt. v. 8.2.2010 – II ZR 94/08; *Kubis*, in: MüKo-AktG, § 119, Rn. 177; *Drinhausen/Marsch-Barner*, AG 2014, 757, 765; *Marsch-Barner*, FS Brambring, 2011, S. 267, 270; *Pliquett*, S. 49f.

460 *Hüffer/Schäfer*, in: GK-GmbHG, § 48, Rn. 37; *Römermann*, in: Michalski, § 48, Rn. 164; *Seibt*, in: Scholz, § 48, Rn. 38.

b. Abberufung des Versammlungsleiters

Eine weitere kurzfristige Reaktionsmöglichkeit besteht in der Abberufung des Versammlungsleiters durch die Gesellschafter. Die diesbezüglichen Voraussetzungen bestimmen sich nach der Art und Weise seiner Bestellung (siehe oben Teil A Ziff. A.III.3). Der ad hoc bestellte Versammlungsleiter kann ohnehin ohne wichtigen Grund jederzeit durch einfachen Gesellschafterbeschluss wieder abberufen werden. Bei dem statutarisch bestellten Versammlungsleiter ist hingegen stets zu prüfen, ob ein wichtiger Grund für seine Abberufung gegeben ist. Entsprechend der Bestimmung des Begriffes „wichtiger Grund" im Rahmen der Abberufung des GmbH-Geschäftsführers nach § 38 Abs. 2 GmbHG ist zu fordern, dass derart gewichtige Umstände vorliegen, dass ein Verbleiben des Versammlungsleiters in seinem Amt für die Gesellschaft unzumutbar ist.[461] Hierbei sind alle Umstände des Einzelfalles abzuwägen.[462] Das Vorliegen eines wichtigen Grundes ist jedenfalls dann anzunehmen, wenn der Fehler bei der Versammlungsleitung eine grobe Pflichtverletzung darstellt, vgl. § 38 Abs. 2 S. GmbHG. Aber auch wenn sich einzelne für sich genommen „unwichtige Gründe" zu einem wichtigen Grund kumulieren, kann ein wichtiger Grund zur Abberufung des satzungsmäßig bestellten Versammlungsleiters gegeben sein.[463] Soweit der Versammlungsleiter nicht durch einfachen Gesellschafterbeschluss bestellt wurde, ist es folglich eine Frage der Schwere seines Pflichtverstoßes, ob die Gesellschafterversammlung ihn in Folge einer fehlerhaften Maßnahme wieder abberufen kann oder nicht. Daneben ist es freilich auch hier eine Frage des Mehrheitsverhältnisses in der Gesellschafterversammlung, ob die Abberufung des Versammlungsleiters eine geeignete Rechtsschutzmöglichkeit darstellt.

c. Beschlussmängelklage

Sinn der Durchführung von Gesellschafterversammlungen ist es, über die Angelegenheiten der Gesellschaft Beschluss zu fassen.[464] Kommt es zu Fehlern bei der Versammlungsleitung, so können sich diese folglich außerhalb der

---

461 So zum GmbH-Geschäftsführer BGH, Urt. v. 28.1.1985 – II ZR 79/84, GmbHR 1985, 156; BGH, Urt. v. 4.4.2017 – II ZR 77/16, GmbHR 2017, 701; OLG Naumburg, Urt. v. 23.2.1999 – 7 U (Hs) 25/98, NZG 2000, 44; *Oetker*, in: Henssler/Strohn, § 38 GmbHG, Rn. 27; *Beurskens*, in: Baumbach/Hueck, § 38, Rn. 6.

462 BGH, Urt. v. 4.4.2017 – II ZR 77/16, GmbHR 2017, 701 (zum Geschäftsführer).

463 Vgl. zum Geschäftsführer OLG Naumburg, Urt. v. 23.2.1999 – 7 U (Hs) 25/98, NZG 2000, 44 und *Beurskens*, in: Baumbach/Hueck, § 38, Rn. 6.

464 *Eickhoff*, S. 3.

Gesellschafterversammlung grundsätzlich allein in den gefassten Beschlüssen fortsetzen. Soll ein Gesellschafterbeschluss aufgrund einer Maßnahme des Versammlungsleiters auf dem Klageweg angegriffen werden, so erfordert dies insbesondere, dass je nach einschlägiger Klageart (siehe zum Beschlussmängelrecht in der GmbH Teil A Ziff. B.VI.2.b) ein Nichtigkeits- oder Anfechtungsgrund bzw. ein Grund zur Feststellung der (fehlenden) Beschlussfassung vorliegt. Die Möglichkeit der Erhebung einer Beschlussmängelklage ist praktisch die relevanteste Methode, um gegen fehlerhafte Maßnahmen der Versammlungsleitung vorzugehen.

d. *Allgemeine Feststellungsklage gegen Maßnahmen des Versammlungsleiters*

Einer allgemeinen Feststellungsklage gegen Maßnahmen des Versammlungsleiters fehlt es grundsätzlich am Feststellungsinteresse i.S.v. § 256 Abs. 1 ZPO. Bei Erhebung einer Beschlussmängelklage, die auf einen Fehler des Versammlungsleiters gestützt wird, ist die gerügte Maßnahme ohnehin inzident zu prüfen.[465] Aber auch wenn die fehlerhafte Maßnahme nicht im Rahmen einer Anfechtungs- oder Nichtigkeitsklage überprüft wird, scheidet die Erhebung einer allgemeinen Feststellungsklage in der Regel mangels Feststellungsinteresses aus, da sich die Leitungs- und Ordnungsmaßnahmen der Versammlungsleitung grundsätzlich mit dem Ende der Gesellschafterversammlung erledigen.

Für den Hauptversammlungsleiter in der AG wird jedoch vertreten, dass eine Feststellungsklage ausnahmsweise in zwei Fallkonstellationen in Betracht kommen soll: Zum einen bei Wiederholungsgefahr und zum anderen bei fehlerhaften Maßnahmen, die über die Gesellschafterversammlung hinaus fortwirken.[466] Ersteres ist denkbar, wenn ein Gesellschafter wegen vermeintlicher Beleidigungen des Saales verwiesen wurde und der Versammlungsleiter bereits deutlich macht, ihn im Rahmen künftiger Gesellschafterversammlungen wieder des Saales zu verweisen. Ein Beispiel für eine Maßnahme des Versammlungsleiters,

---

465 BGH, Urt. v. 11.11.1965 – II ZR 122/63, NJW 1966, 43 (zur AG).

466 *Marsch-Barner*, FS Brambring, 2011, S. 267, 270; *Kubis*, in: MüKo-AktG, § 119, Rn. 177; *Drinhausen/Marsch-Barner*, AG 2014, 757, 765; so auch *Niemz*, S. 139f., die darüber hinaus die Möglichkeit der Erhebung einer allgemeinen Feststellungsklage für möglich erachtet, wenn seitens des Hauptversammlungsleiters ein Beschlussantrag rechtswidrig zurückgewiesen wird; einschränkend *Pliquett*, S. 50f., wonach die Erhebung der allgemeinen Feststellungsklage auch bei Wiederholungsgefahr nur in Ausnahmefällen in Betracht kommt.

welche über die laufende Gesellschafterversammlung fortwirkt, wäre etwa die Ehrverletzung eines Gesellschafters. Die Zulassung des unmittelbaren Vorgehens gegen fehlerhafte Maßnahmen des Versammlungsleiters in den genannten Fällen erscheint überzeugend und sollte daher auf die GmbH übertragen werden.[467] Für den Fall der Wiederholungsgefahr ist insbesondere die Erhebung einer Zwischenfeststellungsklage i.S.v. § 256 Abs. 2 ZPO denkbar. Besteht hinsichtlich einer Maßnahme des Versammlungsleiters, die bereits inzident im Rahmen einer Beschlussmängelklage zu überprüfen ist, die Gefahr der Wiederholung in künftigen Gesellschafterversammlungen, so ist die nach der Rechtsprechung im Rahmen von § 256 Abs. 2 ZPO geforderte Möglichkeit der über den gegenwärtigen Streitgegenstand hinausreichenden Bedeutung des zu klärenden Rechtsverhältnisses[468] unproblematisch zu bejahen. Im Fall von Maßnahmen, deren Wirkung über die Gesellschafterversammlung hinaus fortreicht, ergibt sich die unmittelbare Angreifbarkeit daraus, dass hier die Verletzung anderer Rechtsgüter als (nur) das Mitgliedschaftsrecht der Gesellschafter im Raum steht (bei Beleidigungen etwa das allgemeine Persönlichkeitsrecht). Derartige Handlungen müssen unabhängig von der Bühne ihres Stattfindens auf dem ordentlichen Rechtsweg angreifbar sein – wobei freilich nicht ausschließlich an die Erhebung der allgemeinen Feststellungsklage zu denken ist, sondern beispielsweise auch an eine Leistungsklage gerichtet auf Unterlassung.[469]

e. *Einstweiliger Rechtsschutz gegen Maßnahmen des Versammlungsleiters*

Als letzte Möglichkeit des Vorgehens gegen fehlerhafte Maßnahmen bei der Versammlungsleitung ist schließlich der einstweilige Rechtsschutz in Erwägung zu ziehen.[470] Namentlich könnte der Erlass einer vorbeugenden einstweiligen Verfügung in Form der Regelungsverfügung nach § 940 ZPO gegen künftige Maßnahmen bei der Versammlungsleitung in Betracht kommen. Grundsätzlich ist hiergegen einzuwenden, dass es mangels Vorhersehbarkeit des Ablaufs künftiger Gesellschafterversammlungen an einem hinreichenden Verfügungsgrund

467 So auch *Kleemann*, S. 153.

468 Siehe etwa BGH, Urt. v. 17.5.1977 – VI ZR 174/74, NJW 1977, 1637; BGH, Urt. v. 5.5.2011 – VII ZR 179/10, NJW 2011, 2195; BGH, Urt. v. 23.4.2012 – II ZR 75/10, NJW-RR 2012, 1312.

469 Vgl. diesbezüglich zur AG eingehend *Niemz*, S. 135ff.

470 *Liebscher*, in: MüKo-GmbHG, § 48, Rn. 126; *Hüffer/Schäfer*, in: GK-GmbHG, § 48, Rn. 37; *Römermann*, in: Michalski, § 48, Rn. 166; *Seibt*, in: Scholz, § 48, Rn. 38.

für den Erlass einer solchen Regelungsverfügung fehlt. Etwas anderes muss aber ausnahmsweise dann gelten, wenn eine rechtswidrige Maßnahme beispielsweise aufgrund einer Ankündigung des Versammlungsleiters oder früherer rechtswidriger Eingriffe in das Mitgliedschaftsrecht eines Gesellschafters ernstlich zu besorgen ist.[471]

3. *Erforderlicher Zusammenhang zwischen fehlerhaftem Handeln des Versammlungsleiters und gefasstem Beschluss im Rahmen einer Beschlussmängelklage*

Nicht jeder Fehler bei der Versammlungsleitung kann zum Erfolg einer Klage gegen den im Rahmen der betreffenden Gesellschafterversammlung gefassten Beschluss führen. Es ist vielmehr nach Klageart und Fehlertyp zu unterscheiden: Wird eine Nichtigkeitsklage nach § 249 AktG analog erhoben, so ist erforderlich, dass die streitgegenständliche Maßnahme des Versammlungsleiters einen Nichtigkeitsgrund i.S.v. § 241 AktG analog darstellt und keine Heilung nach § 242 AktG analog eingetreten ist. Die in § 241 AktG aufgezählten Nichtigkeitsgründe sind auf Gesellschafterbeschlüsse in der GmbH entsprechend anwendbar, sofern nicht die Besonderheiten der GmbH eine Abweichung gebieten.[472] Der Katalog des § 241 AktG kann durch die Gesellschaftssatzung weder eingeschränkt, noch erweitert werden.[473]

Komplizierter stellt sich die Rechtslage bei der Anfechtungsklage dar. Hier ist zwischen materiellen Fehlern des angegriffenen Beschlusses und Verfahrensfehlern bei der Beschlussfassung zu differenzieren. Während inhaltliche Verstöße des Beschlusses gegen das Gesetz oder die Gesellschaftssatzung nach § 243 Abs. 1 AktG ohne zusätzliche Voraussetzungen zur Anfechtbarkeit führen, müssen Verfahrensverstöße zusätzlich für den betreffenden Beschluss erheblich sein.[474] Nach der heute herrschenden sog. Relevanztheorie ist hierbei maßgebend die „Relevanz" des Verfahrensverstoßes für das Mitgliedschafts- bzw. Mitwirkungsrecht des Gesellschafters im Sinne eines dem Beschluss anhaftenden Legitimationsdefizits, „das bei einer wertenden, am Schutzzweck der verletzten Norm orientierten Betrachtung die Rechtsfolge der Anfechtbarkeit gemäß § 243

---

471 *Liebscher*, in: MüKo-GmbHG, § 48, Rn. 126; a.A. *Drinhausen/Marsch-Barner*, AG 2014, 757, 766 (zur AG).

472 BGH, Urt. v. 16.12.1953 – II ZR 167/52, NJW 1954, 385; BGH, Urt. v. 17.2.1997 – II ZR 41/96, NJW 1997, 1510; *Wertenbruch*, in: MüKo-GmbHG, Anh. § 47, Rn. 22.

473 *Wertenbruch*, in: MüKo-GmbHG, Anh. § 47, Rn. 23ff.

474 *Wertenbruch*, in: MüKo-GmbHG, Anh. § 47, Rn. 153.

Abs. 1 AktG analog rechtfertigt".[475] Die Kausalität des Verfahrensfehlers für den gefassten Beschluss ist hingegen irrelevant.[476] Verstößt der Versammlungsleiter gegen seine Pflichten und wird hierdurch ein Mitgliedschaftsrecht – insbesondere das Stimmrecht nach § 47 GmbHG, das Teilnahmerecht nach § 48 GmbHG oder das Informationsrecht nach § 51a GmbHG – unmittelbar beeinträchtigt, so ist grundsätzlich von der Anfechtbarkeit des betroffenen Beschlusses auszugehen. Nur in Ausnahmefällen wird es der Gesellschaft hier möglich sein, mit dem Argument durchzudringen, der Fehler rechtfertige die Nichtigerklärung des Beschlusses dennoch nicht.[477]

Auch im Rahmen der allgemeinen Feststellungsklage nach § 256 ZPO ist in der vorstehend dargestellten Art und Weise das Vorliegen von Nichtigkeits- und Anfechtungsgründen zu prüfen. Kommt das Gericht zum Ergebnis, dass trotz Fehlens einer verbindlichen Beschlussfeststellung bzw. des Einigseins der Gesellschafter von einer erfolgten Beschlussfassung auszugehen ist, so darf die positive Feststellung des Beschlusses im Urteilswege dennoch nicht erfolgen, soweit Nichtigkeits- oder Anfechtungsgründe vorliegen. Im letztgenannten Fall ist jedoch erforderlich, dass der anfechtungsbegründende Mangel durch einen anfechtungsbefugten Beteiligten geltend gemacht wird.[478]

4. *Zusammenfassung*

Trotz des im Vergleich zur AG in der Regel deutlich geringeren Teilnehmerkreises bei GmbH-Gesellschafterversammlungen ist eine Vielzahl von Fehlern bei der Versammlungsleitung denkbar. Eine der häufigsten Fehlerquellen ist hierbei die Feststellung des Ergebnisses von gefassten Gesellschafterbeschlüssen. Des Weiteren ist eine erhöhte Fehleranfälligkeit der Versammlungsleitung vor allem bei zerstrittenem Gesellschafterkreis anzunehmen. Der Versammlungsleiter befindet sich in der Gesellschafterversammlung in einer besonderen Entscheidungssituation. Ihm werden schnelle Entscheidungen bei häufig unzureichend klarer Sach- und/oder Rechtslage abverlangt. Zu seinen Gunsten besteht bei vielen Entscheidungen ein Ermessensspielraum. Ein der gerichtlichen Kontrolle entzogener Beurteilungsspielraum ist ihm darüber hinaus nicht

---

475 BGH, Urt. v. 18.10.2004 – II ZR 250/02, NJW 2005, 828 (zur AG); *Wertenbruch*, in: MüKo-GmbHG, Anh. § 47, Rn. 171.

476 *Wertenbruch*, in: MüKo-GmbHG, Anh. § 47, Rn. 170.

477 *Marsch-Barner*, FS Brambring, 2011, S. 267, 279 (zur AG).

478 *Wertenbruch*, in: MüKo-GmbHG, Anh. § 47, Rn. 385; *Zöllner/Noack*, in: Baumbach/Hueck, Anh. § 47, 182.

einzuräumen. Fehlerhafte Maßnahmen des Versammlungsleiters sind grundsätzlich nur mittelbar angreifbar. Zu denken ist zunächst an die Herbeiführung eines Gesellschafterbeschlusses über die getroffene Maßnahme, falls der Versammlungsleiter den Weisungen der Gesellschafterversammlung unterliegt. Außerdem kommt die Abberufung des Versammlungsleiters in Betracht, wobei hierzu je nach Art seiner Bestellung ein wichtiger Grund erforderlich sein kann. Gerichtlich können fehlerhafte Maßnahmen bei der Versammlungsleitung in der Regel allein im Wege der Beschlussmängelklage erfolgreich angegriffen werden. Hierbei ist darzulegen und zu beweisen, dass der jeweilige Fehler einen Nichtigkeits- bzw. Anfechtungsgrund darstellt. In zwei Konstellationen kann ausnahmsweise unmittelbar im Wege der allgemeinen Feststellungsklage gegen eine Maßnahme des Versammlungsleiters vorgegangen werden: Zum einen kommt dies in Betracht bei Wiederholungsgefahr und zum anderen bei Fortwirkung der betreffenden Maßnahme über die Gesellschafterversammlung hinaus. Auch ein Vorgehen gegen künftige Maßnahmen des Versammlungsleiters im Wege des einstweiligen Rechtsschutzes ist nur in absoluten Ausnahmefällen möglich (etwa bei Ankündigung einer rechtswidrigen Maßnahme durch den Versammlungsleiter). Um infolge einer rechtswidrigen Maßnahme des Versammlungsleiters gefasste Beschlüsse erfolgreich im Wege der Nichtigkeitsklage angreifen zu können, muss ein Nichtigkeitsgrund i.S.v. § 241 AktG analog vorliegen und es darf keine Heilung nach § 242 AktG analog eingetreten sein. Bei der Anfechtungsklage ist zwischen inhaltlichen Fehlern des Beschlusses und Verfahrensfehlern zu differenzieren. Während erstere stets einen Anfechtungsgrund im Sinne von § 243 Abs. 1 AktG analog darstellen, bedürfen letztere zusätzlich der Erheblichkeit. Diese ist nach der sog. Relevanztheorie dann zu bejahen, wenn der streitgegenständliche Fehler Relevanz hat für das Mitgliedschaftsrecht des Gesellschafters. Bei fehlender vorläufiger Wirksamkeit des angegriffenen Beschlusses kann das Vorliegen eines Nichtigkeits- oder Anfechtungsgrundes nach den vorstehenden Grundsätzen im Rahmen der allgemeinen Feststellungsklage geltend gemacht werden.

II. Verletzung von Mitgliedschaftsrechten der Gesellschafter durch rechtswidrige Leitungs- oder Ordnungsmaßnahmen

Der Versammlungsleiter ist bei der Ausübung seiner Leitungs- und Ordnungsbefugnisse diversen Schranken unterworfen. Um eine angemessene Wahrung der Mitgliedschaftsrechte der Gesellschafter zu gewährleisten, ist er den Geboten der Gleichbehandlung, der Verhältnismäßigkeit und der Neutralität verpflichtet (siehe oben Teil A Ziff. B.III.2). Die Frage der rechtlichen Konsequenzen von

Fehlern in diesem Bereich lässt sich oft nur schwer beantworten. Denn Maßnahmen des Versammlungsleiters sind – wie vorstehend gezeigt (siehe Teil A Ziff. C.I.2) – grundsätzlich allein über das Beschlussmängelrecht angreifbar. Anders als Fehler bei der Beschlussfeststellung können sich rechtswidrige Leitungs- oder Ordnungsmaßnahmen jedoch nur mittelbar auf die Beschlüsse der Gesellschafterversammlung auswirken (Bsp.: Wegen des rechtswidrigen Ausschlusses eines Gesellschafters konnte dieser die Gesellschafterversammlung nicht von seiner Auffassung bezüglich eines Gegenstandes der Tagesordnung überzeugen). Es gilt daher im jeweiligen Einzelfall genau zu prüfen, ob eine Beschlussmängelklage auf die rechtswidrige Maßnahme des Versammlungsleiters gestützt werden kann bzw. ob die für eine Anfechtungsklage erforderliche Erheblichkeit des Verfahrensmangels zu bejahen ist. Exemplarisch werden nachfolgend drei mögliche Überschreitungen der Leitungs- und Ordnungsbefugnisse des Versammlungsleiters herausgegriffen.

1. Unsachgemäße Festlegung der Reihenfolge von Redebeiträgen

Melden sich die Gesellschafter im Rahmen der Debatte zu Wort, obliegt es dem Versammlungsleiter, die Reihenfolge ihrer Redebeiträge festzulegen (siehe oben Teil A Ziff. B.IV.6). Auch hierbei gilt es, die Mitgliedschaftsrechte der Gesellschafter angemessen zu wahren. Denn es ist vorstellbar, dass durch manipulatives Verhalten des Versammlungsleiters die Meinung der Gesellschafter bewusst in eine bestimmte Richtung gelenkt wird. Kommt etwa ein Gesellschafter eines bestimmten Lagers bei der Debatte immer zuletzt zu Wort, kann seinem Redebeitrag ein größeres Gewicht verliehen werden als den Beiträgen der anderen Gesellschafter. Besondere Bedeutung hat hier folglich die Verpflichtung des Versammlungsleiters zur Neutralität. Fehler wiegen für das Mitgliedschaftsrecht der Gesellschafter jedoch nicht so schwer wie bei anderen Maßnahmen. Daher wird sich das Vorliegen eines wichtigen Grundes für die Abberufung des Versammlungsleiters nur in äußersten Ausnahmefällen begründen lassen. Dasselbe muss für die Annahme der Erheblichkeit des Verfahrensfehlers im Rahmen einer Anfechtungsklage gegen einen in der betreffenden Gesellschafterversammlung gefassten Beschluss gelten.

2. Rechtswidrige Beschränkung des Rederechts bzw. Wortentzug

Die Rechtswidrigkeit von Beschränkungen des Rederechts bzw. eines Wortentzugs ist vor allem dann vorstellbar, wenn das Gleichbehandlungsgebot oder der Verhältnismäßigkeitsgrundsatz verletzt wird. Anders als bei der Aktiengesellschaft, wo bei fehlender Einberufung der Hauptversammlung für mehr als einen

Tag vielfach die Anfechtbarkeit bzw. sogar Nichtigkeit von nach 24 Uhr gefassten Beschlüssen angenommen wird,[479] besteht in der GmbH keine derart fixe Zeitvorgabe für die Dauer der Gesellschafterversammlung. Angesichts dessen sowie des in der Regel überschaubaren Kreises an Gesellschaftern kommen Beschränkungen des Rederechts unter dem Gesichtspunkt der Verhältnismäßigkeit bei der GmbH meist nur unter höheren Voraussetzungen als bei der AG in Betracht. Aufgrund des dem Versammlungsleiter im Rahmen der von ihm ergriffenen Leitungs- und Ordnungsmaßnahmen einzuräumenden Ermessensspielraums wird jedoch ein wichtiger Grund zur Abberufung des Versammlungsleiters nur bei krassen Verletzungen des Gleichbehandlungsgebotes oder des Verhältnismäßigkeitsgrundsatzes anzunehmen sein (Bsp.: bewusster Wortentzug zur Manipulation der Meinungsbildung in der Gesellschafterversammlung). Mangels Vorliegens eines Nichtigkeitstatbestandes i.S.v. § 241 AktG analog können nachfolgend gefasste Beschlüsse ausschließlich im Wege der Anfechtungsklage bzw. allgemeinen Feststellungsklage angegriffen werden. Soll die Beschlussmängelklage allein auf eine rechtswidrige Beschränkung des Rederechts bzw. einen rechtswidrigen Wortentzug gestützt werden, so ist erforderlich, dass auch die Erheblichkeit dieses Fehlers im Sinne der Relevanztheorie gegeben ist. Dies ist – unabhängig von der (potentiellen) Kausalität für das Beschlussergebnis – in der Regel zu bejahen.

3. *Rechtswidriger Saalverweis*

Da es sich bei einem Saalverweis um die einschneidendste Ordnungsmaßnahme handelt, gilt es für den Versammlungsleiter, besonders sorgfältig zu prüfen, ob eine solche Maßnahme unter Verhältnismäßigkeitsgesichtspunkten als ultima ratio ausnahmsweise in Betracht gezogen werden kann. Auch wenn durch einen Saalverweis das Stimmrecht des ausgeschlossenen Gesellschafters nicht berührt wird (siehe Teil A Ziff. B.V.5), so stellt dieser dennoch einen massiven Eingriff in dessen Mitgliedschaftsrecht dar. Jegliche Teilhabe am Diskurs in der Gesellschafterversammlung wird verhindert. Erfolgt der Ausschluss zu Unrecht, ist anzunehmen, dass eine Anfechtungsklage gegen den unrechtmäßigen Ausschluss nachfolgender Beschlüsse stets Erfolg hat. Die Erheblichkeit des Verfahrensfehlers im Sinne der Relevanz für das Mitgliedschaftsrecht des Gesellschafters ist wegen der Intensität des Eingriffs immer zu bejahen. Auch ein wichtiger Grund

---

479 BVerfG, Beschl. v. 20.9.1999 – 1 BvR 636/95, ZIP 1999, 1798; BGH, Urt. v. 8.2.2010 – II ZR 94/08, BGHZ 184, 239; vgl. zum Meinungsstand *Kubis*, in: MüKo-AktG, § 121, Rn. 35.

für die Abberufung des Versammlungsleiters wird hier weit häufiger anzunehmen sein als bei anderen Fehlern im Rahmen der Versammlungsleitung. Es ist von einem rechtskundigen und redlichen[480] Versammlungsleiter zu erwarten, dass er sich der Intensität dieser Maßnahme bewusst ist und mit entsprechendem Bedacht agiert.

4. *Zusammenfassung*

Auch bei der Ausübung seiner Leitungs- und Ordnungsbefugnisse können dem Versammlungsleiter aufgrund des Spannungsverhältnisses mit dem Mitgliedschaftsrecht der Gesellschafter zahlreiche Fehler unterlaufen. Da sich Maßnahmen in diesem Bereich nur mittelbar auf die gefassten Beschlüsse der Gesellschafterversammlung auswirken können, ist im Rahmen nachfolgender Anfechtungsklagen besonders die Erheblichkeit des betreffenden Verfahrensmangels problematisch. Exemplarisch zu nennen sind als mögliche Fehler die unsachgemäße Festlegung der Reihenfolge von Redebeiträgen, die rechtswidrige Beschränkung des Rederechts bzw. der rechtswidrige Wortentzug sowie der rechtswidrige Saalverweis. Je intensiver in das Mitgliedschaftsrecht eines Gesellschafters eingegriffen wird, umso eher ist bei Überschreitung des dem Versammlungsleiter einzuräumenden Ermessens das Vorliegen eines wichtigen Grundes für seine Abberufung sowie eines Anfechtungsgrundes in Bezug auf nachfolgende Beschlüsse zu bejahen.

III. Herbeiführung der Nichtigkeit eines Beschlusses

Es ist keine Maßnahme bei der Versammlungsleitung vorstellbar, die unmittelbar einen Nichtigkeitstatbestand aus dem abschließenden Katalog von § 241 AktG analog erfüllen könnte. Das Handeln des Versammlungsleiters kann für das Zustandekommen eines nichtigen Beschlusses jedoch zumindest mitursächlich sein. Es ist hier insbesondere eine Konstellation vorstellbar:

Ein Einberufungsmangel führt nach Ansicht des BGH und Teilen des Schrifttums auch bei der GmbH in entsprechender Anwendung von § 241 Nr. 1 AktG zur Nichtigkeit gefasster Beschlüsse.[481] Dies gilt ungeachtet der Maßgeblichkeit der

480 Vgl. zu dieser Terminologie *Zöllner/Noack*, in: Baumbach/Hueck, Anh. § 47, Rn. 121.

481 BGH, Urt. v. 16.12.1953 – II ZR 167/52, NJW 1954, 385; BGH, Urt. v. 7.2.1983 – II ZR 14/82, NJW 1983, 1677; BGH, Urt. v. 29.5.2000 – II ZR 47/99, NJW-RR 2000, 1278; OLG München, Urt. v. 9.1.2019 – 7 U 1509/18, GWR 2019, 86; *Wertenbruch*, MüKo-GmbHG, Anh. § 47, Rn. 27.

Stimme des nicht ordnungsgemäß geladenen Gesellschafters für das Beschlussergebnis.[482] Stellt der Versammlungsleiter trotz Vorliegens eines Einberufungsmangels fehlerhaft die Beschlussfähigkeit fest, so ist sein Handeln zwar nicht primär für die Nichtigkeit von in der Folge vermeintlich gefassten Beschlüssen verantwortlich – dies ist das für die Einberufung zuständige Gesellschaftsorgan. Es hätte ihm jedoch als rechtliche Kontrollinstanz zu verhindern oblegen, dass überhaupt auch nur der Schein eines wirksamen Beschlusses erregt wird. Handelt es sich um einen für die Gesellschaft nachteiligen Beschluss, dessen Nichtigkeit zunächst unentdeckt bleibt und der daher von der Geschäftsführung in Vollzug gesetzt wird, so kann der Fehler des Versammlungsleiters von praktisch nicht unerheblicher Relevanz sein. Ein Fehler in diesem Bereich wird dennoch nur ausnahmsweise einen wichtigen Grund zur Abberufung des Versammlungsleiters darstellen. Die Frage der ordnungsgemäßen Einberufung kann schwierige Rechtsfragen – insbesondere betreffend die Einberufungszuständigkeit –[483] aufwerfen. Liegt der Versammlungsleiter mit seiner Einschätzung fahrlässig falsch, so hat dies in der Regel keine Unzumutbarkeit seines weiteren Amtierens für die Gesellschaft zur Folge. Die trotz Beschlussunfähigkeit gefassten und damit nichtigen Gesellschafterbeschlüsse sind bei erfolgter Beschlussfeststellung im Wege der Nichtigkeitsklage nach § 249 AktG analog, andernfalls im Wege der allgemeinen Feststellungsklage – ebenfalls gestützt auf den Nichtigkeitsgrund des § 241 Nr. 1 AktG analog – angreifbar.

IV. Vereitelung der Beschlussfassung

Eine besondere Fallgruppe im Rahmen der möglichen Fehler des Versammlungsleiters bildet die Vereitelung der Beschlussfassung. Hierbei führt das fehlerhafte Handeln des Versammlungsleiters gerade nicht zu einer Beschlussfassung, sondern eine solche unterbleibt. Sollen wichtige Beschlüsse gefasst werden, kann auch dies erhebliche Nachteile für die Gesellschaft mit sich bringen. Im Folgenden werden exemplarisch einige Szenarien dargestellt, bei welchen das Handeln des Versammlungsleiters ursächlich ist für das Ausbleiben der Beschlussfassung.

---

482 BGH, Urt. v. 16.12.1953 – II ZR 167/52, NJW 1954, 385; *Wertenbruch*, MüKo-GmbHG, Anh. § 47, Rn. 27.

483 Vgl. hierzu *Wertenbruch*, MüKo-GmbHG, Anh. § 47, Rn. 28ff.

1. Unterlassen des zur Abstimmung Stellens eines Beschlussantrags

Die einfachste Möglichkeit bietet sich dem Versammlungsleiter zur Vereitelung der Beschlussfassung, indem er es unterlässt, einen gestellten Beschlussantrag zur Abstimmung zu stellen. Weicht der gestellte Beschlussantrag nicht evident von der Tagesordnung ab (siehe Teil A Ziff. B.IV.7), so ist in der Zurückweisung eines Antrags stets ein Pflichtverstoß des Versammlungsleiters zu sehen. Handelt der Versammlungsleiter hierbei vorsätzlich, so kann ein wichtiger Grund für seine Abberufung ohne Weiteres bejaht werden.

Eine Sonderkonstellation bildet in diesem Zusammenhang das Unterlassen des zur Abstimmung Stellens eines Antrags auf Abwahl des Versammlungsleiters selbst. Weist der Versammlungsleiter einen berechtigten Abwahlantrag zurück, so gehen nachfolgende Beschlussfeststellungen mangels hinreichender Legitimation des Versammlungsleiters ins Leere. Dies kann zur Anfechtbarkeit der gefassten Beschlüsse führen, wenn die Satzung eine förmliche Beschlussfeststellung als obligatorische Wirksamkeitsvoraussetzung der Gesellschafterbeschlüsse vorsieht (siehe Teil A Ziff. B.VI.1.b).

2. Fehlende Ermöglichung eines geordneten Ablaufs der Gesellschafterversammlung

Auch durch das Unterlassen erforderlicher Ordnungsmaßnahmen kann jedenfalls der satzungsmäßig bestellte und weisungsfrei agierende Versammlungsleiter eine Beschlussfassung durch die Gesellschafter vereiteln. Kommt es etwa zu lautstarken Auseinandersetzungen oder gar gezielten Störungen der Gesellschafterversammlung, so obliegt es dem Versammlungsleiter mittels der Ergreifung von Ordnungsmaßnahmen wieder für einen geordneten Versammlungsablauf zu sorgen und so die Fassung wirksamer Beschlüsse zu ermöglichen. Gelingt es dem Versammlungsleiter nicht, dieser Aufgabe gerecht zu werden, so kann dies einen wichtigen Grund für seine Abberufung darstellen. Schließlich ist es der primäre Zweck des Versammlungsleiteramtes, die Fassung wirksamer Beschlüsse zu ermöglichen (siehe Teil A Ziff. A.I.1).

V. Herbeiführung der vorläufigen Wirksamkeit eines Beschlusses durch fehlerhafte Beschlussfeststellung

Bei der verbindlichen Beschlussfeststellung durch den Versammlungsleiter handelt es sich um den wohl fehleranfälligsten Bereich der Versammlungsleitung. Es ist aus diesem Grund eine Vielzahl verschiedener Pflichtverstöße des

Versammlungsleiters vorstellbar. Im Folgenden werden ausgewählte Probleme im Rahmen der Beschlussfeststellung und ihre rechtlichen Konsequenzen dargestellt.

1. *Zählfehler*

Der banalste Fehler bei der Feststellung von Beschlussergebnissen ist der Zählfehler. Insbesondere bei einem größeren Gesellschafterkreis kann es vorkommen, dass der Versammlungsleiter etwa eine erhobene Hand übersieht oder sich schlicht verzählt. Ein solcher Fehler wird in der Regel – außer bei Vorsatz oder gehäuftem Auftreten – keinen wichtigen Grund zur Abberufung des Versammlungsleiters darstellen. Rechtsschutz besteht mangels Vorliegens eines Nichtigkeitsgrundes i.S.v. § 241 AktG analog allein in Form der Anfechtungsklage. Da es sich bei dem Zählfehler um einen Verfahrensmangel handelt, ist für das Vorliegen des Anfechtungsgrundes nach § 243 Abs. 1 AktG analog erforderlich, dass der Fehler auch relevant ist. Dies ist nur dann anzunehmen, wenn der Zählfehler für das festgestellte Beschlussergebnis ausschlaggebend ist.[484] Andernfalls erscheint eine Beeinträchtigung von Mitgliedschaftsrechten der Gesellschafter ausgeschlossen.

2. *Rechtliche Bewertungsfehler bei der Ermittlung des Beschlussergebnisses*

Deutlich häufiger als zu rein mathematischen Zählfehlern kann es zu fehlerhaften rechtlichen Bewertungen kommen. Denn bei der Feststellung des Beschlussergebnisses können – soweit man mit der hier vertretenen Auffassung eine umfangreiche rechtliche Prüfungskompetenz des Versammlungsleiters annimmt (siehe oben Teil A Ziff. B.VI.4.b) – mitunter anspruchsvolle Rechtsfragen aus dem Stegreif zu beantworten sein. Zunächst ist das richtige Quorum für die jeweilige Beschlussfassung zu ermitteln. Bei Bestehen diesbezüglicher gesetzlicher oder satzungsmäßiger Sonderregeln wird dem Versammlungsleiter die Kenntnis des Gesetzes bzw. der Satzung sowie die richtige Subsumtion des Beschlussgegenstandes unter die betreffende Regelung abverlangt.

Sodann hat der Versammlungsleiter über die Wirksamkeit der abgegebenen Stimmen zu befinden. Hierbei sind mannigfaltige Konstellationen vorstellbar, die zu einer genaueren rechtlichen Prüfung Anlass geben können:[485] Zu

---

484 BGH, Urt. v. 20.11.2018 – II ZR 12/17, ZIP 2019, 316; *Zöllner/Noack*, in: Baumbach/Hueck, Anh. § 47, Rn. 117.

485 Vgl. zu den nachfolgend genannten Konstellationen *Noack*, GmbHR 2017, 792, 797f.

denken ist insbesondere an die Abstimmung durch einen Gesellschafter trotz möglicherweise bestehenden Stimmverbotes nach § 47 Abs. 4 GmbHG. Nicht minder problematisch sind Fälle möglicherweise treuwidriger Stimmabgabe[486], der Fall, dass sich ein Gesellschafter-Geschäftsführer bei seiner Abberufung aus wichtigem Grund an der Abstimmung beteiligt,[487] oder der Fall, dass ein Anteilserwerber von seinem Stimmrecht vor Eintragung in die Gesellschafterliste Gebrauch macht (vgl. § 16 Abs. 1 S. 2 GmbHG)[488]. Ein Ausschluss vom Stimmrecht ist des Weiteren denkbar bei der Einziehung von Geschäftsanteilen[489] sowie bei der Ausschließung eines Gesellschafters[490]. Nimmt ein Gesellschafter nicht persönlich an der Gesellschafterversammlung teil und lässt sich bei der Beschlussfassung vertreten (vgl. § 47 Abs. 3 GmbHG), so muss der Versammlungsleiter prüfen, ob eine wirksame Bevollmächtigung zur Stimmrechtsausübung vorliegt.[491] Selbst wenn die vorstehend beschriebenen Hürden genommen sind, d.h. das richtige Quorum ermittelt und über die Wirksamkeit der Stimmabgaben zutreffend befunden wurde, kann es mit einer schlichten Addition der abgegebenen Stimmen nicht getan sein. Der Versammlungsleiter hat bei der Ermittlung des Abstimmungsergebnisses gegebenenfalls auch bestehende statutarische Höchst- oder Mehrstimmrechte zu berücksichtigen.[492]

Kommt es zu rechtlichen Bewertungsfehlern bei der Ermittlung des Abstimmungsergebnisses rechtfertigt dies ebenso wie bei Zählfehlern nur in Ausnahmefällen die Abberufung des Versammlungsleiters aus wichtigem Grund. Die Schwelle zur Unzumutbarkeit für die Gesellschaft wird in der Regel nicht erreicht. Auch erfüllt eine in rechtlicher Hinsicht fehlerhafte Beschlussfeststellung keinen der Katalogtatbestände des § 241 AktG. Es bietet sich damit regelmäßig nur die Möglichkeit der Anfechtung des fehlerhaften Beschlusses, wobei es wiederum an der für die Anfechtung wegen eines Verfahrensmangels nach

---

486 Vgl. hierzu *Drescher*, in: MüKo-GmbHG, § 47, Rn. 257ff.

487 Siehe hierzu die Nachweise oben unter Fn. 148, 149 und 150.

488 Vgl. hierzu *Heidinger*, in: MüKo-GmbHG, § 16, Rn. 161ff.

489 Vgl. hierzu *Strohn*, in: MüKo-GmbHG, § 34, Rn. 19f.; in diesem Zusammenhang hat jedoch die Entscheidung des BGH zur Geltung der Legitimationswirkung des § 16 Abs. 1 S. 1 GmbHG bei eingezogenen Geschäftsanteilen für eine Entschärfung der Problematik gesorgt, vgl. BGH, Urt. v. 20.11.2018 – II ZR 12/17, ZIP 2019, 316.

490 Vgl. hierzu *Strohn*, in: MüKo-GmbHG, § 34, Rn. 152ff.

491 Vgl. zu möglichen Problemen in diesem Zusammenhang *Drescher*, in: MüKo-GmbHG, § 47, Rn. 92ff. sowie *Wicke*, notar 2017, 235, 240.

492 Vgl. zur Zulässigkeit solcher Satzungsregelungen *K. Schmidt*, in: Scholz, Bd. 2, 11. Aufl. 2013, § 47, Rn. 11 m.w.N.

§ 243 Abs. 1 AktG analog erforderlichen Erheblichkeit bzw. Relevanz fehlt, wenn der Beschluss auch ohne den Fehler des Versammlungsleiters mit demselben Ergebnis – Zustimmung oder Ablehnung des Beschlussantrags – zustande gekommen wäre.

3. *Beschlussfeststellung trotz inhaltlich rechtswidrigem Beschluss*

Als weiterer Fall der fehlerhaften Beschlussfeststellung ist schließlich denkbar, dass der Versammlungsleiter einen Beschluss feststellt, obwohl dieser materiellrechtlich rechtswidrig ist. Denn nach hier vertretener Auffassung muss die rechtliche Prüfungskompetenz des Versammlungsleiters auch den Inhalt des festzustellenden Beschlusses umfassen. Der Rechtssicherheit wäre nicht gedient, wenn die Wirkungen der vorläufigen Wirksamkeit sehenden Auges trotz Rechtswidrigkeit des Beschlusses herbeigeführt werden könnten (siehe oben Teil A Ziff. B.VI.4.b). Rechtsschutz kann bei Feststellung eines inhaltlich rechtswidrigen Beschlusses sowohl in Form der Nichtigkeitsklage (soweit ein Nichtigkeitsgrund i.S.v. § 241 Nr. 3 oder 4 AktG analog gegeben ist) als auch der Anfechtungsklage bestehen.

4. *Sonderfall: Willkürlich oder vorsätzlich falsche Beschlussfeststellung*

Die mit der Beschlussfeststellungskompetenz verbundene Machtposition kann den Versammlungsleiter – insbesondere einen Gesellschafter-Versammlungsleiter – dazu verleiten, bei ihm unliebsamen Beschlüssen vorsätzlich ein falsches Beschlussergebnis festzustellen. Auch ist ein willkürliches Handeln des Versammlungsleiters bei der Beschlussfeststellung vorstellbar. In beiden Fällen geht nach vorzugswürdiger Auffassung die Beschlussfeststellung des Versammlungsleiters ins Leere, sodass solchermaßen festgestellte Beschlüsse fristungebunden mit der allgemeinen Feststellungsklage angegriffen werden können (siehe oben Teil A Ziff. B.VI.5.c). Wird das fehlerhafte Handeln des Versammlungsleiters erkannt, sind die Folgen für die Gesellschaft folglich in der Regel überschaubar. Denn der betreffende Beschluss kann auch nach Ablauf der Anfechtungsfrist noch erfolgreich auf dem Klageweg angegriffen werden. Ein solches willkürliches oder gar vorsätzliches Fehlverhalten bei der Versammlungsleitung stellt dennoch stets einen wichtigen Grund zur Abberufung des Versammlungsleiters dar, da das weitere Amtieren eines solchermaßen agierenden Versammlungsleiters der Gesellschaft nicht zugemutet werden kann.

5. *Zusammenfassung*

Bei der Beschlussfeststellung handelt es sich um den wohl fehleranfälligsten Bereich der Versammlungsleitung. Zum einen können dem Versammlungsleiter rein rechnerische Zählfehler unterlaufen (etwa das Übersehen einer erhobenen Hand oder das schlichte Verzählen). Deutlich häufiger dürfte es zu rechtlichen Bewertungsfehlern bei der Ermittlung des Abstimmungsergebnisses kommen. So können im Rahmen der Beschlussfeststellung mitunter anspruchsvolle Rechtsfragen zu beantworten sein: Von der Frage des richtigen Quorums über das Vorliegen etwaiger Stimmverbote bis hin zur Berücksichtigung von statutarischen Höchst- oder Mehrstimmrechten sind mannigfaltige Problemstellungen denkbar. Sowohl Zählfehler als auch rechtliche Bewertungsfehler werden in der Regel keinen wichtigen Grund zur Abberufung des Versammlungsleiters darstellen. Ist die Erheblichkeit eines solchen Fehlers im Sinne der Relevanztheorie zu bejahen, kann der festgestellte Beschluss jedoch im Wege der Anfechtungsklage erfolgreich angegriffen werden. Wegen seiner umfassenden Prüfungskompetenz hat der Versammlungsleiter im Rahmen der Beschlussfeststellung auch die inhaltliche Rechtmäßigkeit des festzustellenden Beschlusses zu prüfen. Rechtsschutz kann bei materiellen Fehlern des Beschlusses sowohl in Form der Nichtigkeitsklage als auch der Anfechtungsklage bestehen. Handelt der Versammlungsleiter bei der Beschlussfeststellung willkürlich oder vorsätzlich falsch, so entfaltet der Beschluss keine vorläufige Wirksamkeit. Ein solcher Beschluss kann folglich fristungebunden im Wege der allgemeinen Feststellungsklage angegriffen werden. Das willkürliche oder gar vorsätzliche Fehlverhalten stellt stets einen wichtigen Grund zur Abberufung des Versammlungsleiters dar.

VI. Unterlassen der Beschlussfeststellung

Neben der falschen Beschlussfeststellung kann auch in ihrem Unterlassen ein Pflichtverstoß des Versammlungsleiters liegen. Wie zuvor bereits ausgeführt wurde, besteht eine Pflicht des Versammlungsleiters zur Vornahme der Beschlussfeststellung nur, wenn sich dies aus der Satzung ergibt. Bei Fehlen einer solchen Satzungsregelung steht es dem Versammlungsleiter stets frei, von der Beschlussfeststellung abzusehen. Ist er hingegen statutarisch zur Feststellung des Beschlussergebnisses verpflichtet, so darf er nur bei Bestehen rechtlicher Unsicherheiten im Rahmen seines pflichtgemäßen Ermessens von der Beschlussfeststellung absehen (siehe oben Teil A Ziff. B.VI.4.a). Die unterlassene Beschlussfeststellung bildet wegen des bestehenden, breiten Ermessensspielraums auch bei satzungsmäßiger Verpflichtung nur in Ausnahmefällen einen Pflichtverstoß. Neben Willkürfällen sowie dem bewussten Vorschieben vermeintlicher rechtlicher Unsicherheit ist an Fälle zu denken, bei welchen der Versammlungsleiter grob sorgfaltswidrig die Klarheit der Rechtslage verkennt und aus diesem Grund von der Beschlussfeststellung absieht.

Einen Sonderfall könnte in diesem Zusammenhang das Unterlassen der Feststellung des Ergebnisses eines Beschlusses über die Abwahl des Versammlungsleiters selbst darstellen. Da hier ein Ausschluss der Beschlussfeststellungskompetenz nach dem Rechtsgedanken von § 47 Abs. 4 GmbHG nach vorzugswürdiger Auffassung abzulehnen ist (siehe oben Teil A Ziff. B.VI.5.a), obliegt es dem satzungsmäßig zur Beschlussfeststellung verpflichteten Versammlungsleiter auch im Rahmen der Abstimmung über seine eigene Abwahl, das zutreffende Beschlussergebnis zu ermitteln und zu verkünden. Es ergeben sich insoweit also keinerlei Unterschiede zur Beschlussfeststellung bei sonstigen Beschlüssen der Gesellschafterversammlung. Bei Unterlassen der Beschlussfeststellung aus sachfremden bzw. willkürlichen Gründen – insbesondere zur Verhinderung der vorläufigen Wirksamkeit eines positiven Abwahlbeschlusses – verstößt der Versammlungsleiter gegen seine Pflichten.

Jedenfalls bei Fällen des willkürlichen Unterlassens der Beschlussfeststellung bzw. des bewussten Vorschiebens vermeintlicher rechtlicher Unsicherheit ist das Vorliegen eines wichtigen Grundes zur Abberufung des Versammlungsleiters anzunehmen. Wurde die vorläufige Wirksamkeit des betreffenden Beschlusses nach der unterbliebenen Beschlussfeststellung seitens des Versammlungsleiters nicht auf andere Weise herbeigeführt – insbesondere durch das Einigsein der Gesellschafter (siehe oben Teil A Ziff. B.VI.1.c) –, so kann die rechtliche Unsicherheit über das Bestehen eines rechtmäßigen Beschlusses nur im Wege der allgemeinen Feststellungsklage beseitigt werden.

VII. Unberechtigte Übernahme der Versammlungsleitung

Als weiterer möglicher Pflichtverstoß soll schließlich auf den Fall eingegangen werden, dass der Versammlungsleiter die Versammlungsleitung zu Unrecht übernimmt.[493] Dies ist denkbar, wenn bei der Bestellung des Versammlungsleiters oder der Abberufung seines Amtsvorgängers Fehler unterlaufen sind bzw. der Versammlungsleiter gegen den Willen einiger oder gar aller anwesender Gesellschafter sein Amt einfach an sich reißt – insbesondere weil er sich fälschlicherweise für bestellt hält[494]. In all diesen Fällen führt die unberechtigte

493 Vgl. zur AG *Theusinger/Schilha*, in: BB 2015, 131, 134.

494 So der zugrundeliegende Sachverhalt bei LG Ravensburg, Urt. v. 8.5.2014 – 7 O 51/13 KfH 1, NZG 2014, 1233.

Amtsübernahme nicht per se zur Anfechtbarkeit oder Nichtigkeit der unter der Leitung eines solchen unbefugten Versammlungsleiters gefassten Beschlüsse. Beschlussfeststellungen sind jedoch mangels hinreichender Legitimation wirkungslos. Dies kann die Anfechtbarkeit der gefassten Gesellschafterbeschlüsse zur Folge haben, soweit die Gesellschaftssatzung eine förmliche Beschlussfeststellung zwingend voraussetzt (siehe oben Teil A Ziff. B.VI.4.a).

Es ist dennoch fraglich, ob die unberechtigte Übernahme der Versammlungsleitung überhaupt eine Pflichtverletzung des Versammlungsleiters darstellt. Nach einer Entscheidung des LG Ravensburg soll das Handeln des Hauptversammlungsleiters in der AG bei unberechtigter Übernahme der Versammlungsleitung nicht kausal sein für einen darauffolgenden Versammlungsabbruch, weil es dem Vorstand obliegt, Zweifelsfragen über die Versammlungsleitung zu klären.[495] Aus dieser Entscheidung könnte man folgern, dass die unberechtigte Übernahme der Versammlungsleitung nie einen Pflichtverstoß des GmbH-Versammlungsleiters darstellen kann, da es gar nicht in dessen Pflichtenkreis fällt, über die eigene Zuständigkeit zu befinden. Diese Annahme erscheint indes verfehlt. In der GmbH obliegt es nicht der Geschäftsführung, sondern allein der Gesellschafterversammlung, über Fragen der Versammlungsleitung zu entscheiden. Es fehlt damit an einer dritten Institution, welche gleichsam einem Schiedsrichter letztentscheidungsbefugt ist, wenn es beispielsweise zwischen den Gesellschaftern und dem vermeintlichen Versammlungsleiter zu Streit über die Wirksamkeit der Bestellung kommt. Aus diesem Grund ist dem Versammlungsleiter in der GmbH eine deutlich größere eigene Verantwortung zuzuschreiben als in der AG bei Übernahme des Amtes trotz Zweifeln an der Wirksamkeit der eigenen Bestellung. Überdies vermag es auch für die AG nicht zu überzeugen, den Versammlungsleiter jeglicher Verantwortung freizusprechen. Auch der Hauptversammlungsleiter sollte im Rahmen seines Auftrags, für einen geordneten Ablauf der Hauptversammlung und das Zustandekommen wirksamer Beschlüsse zu sorgen,[496] die eigene Legitimation sorgfältig prüfen und die Übernahme des Amtes gegebenenfalls ablehnen. Es ergibt sich mithin, dass der GmbH-Versammlungsleiter bei unberechtigter Übernahme seines Amtes gegen seine Pflichten verstößt.

495 LG Ravensburg, Urt. v. 8.5.2014 – 7 O 51/13 KfH 1, NZG 2014, 1233.
496 BGH, Urt. v. 11.11.1965 – II ZR 122/63, NJW 1966, 43.

Teil B: Die Haftung des Versammlungsleiters in der GmbH

A. Geschäftsführerhaftung nach § 43 Abs. 2 GmbHG

Im zweiten Teil der Arbeit geht es nunmehr um die persönliche Haftung des GmbH-Versammlungsleiters für Fehler bei der Ausübung seines Amtes gegenüber der Gesellschaft. Bei der Suche nach möglichen Anspruchsgrundlagen wird zunächst eine mögliche Organhaftung erörtert. Diese ist aus mehreren Gründen trotz der fehlenden Organstellung des Versammlungsleiters (siehe oben Teil A Ziff. A.I.3.a) in Betracht zu ziehen: Zum einen könnte die Geschäftsführerhaftung nach § 43 Abs. 2 GmbHG bzw. die Aufsichtsratshaftung nach § 93 Abs. 2 S. 1 AktG i.V.m. §§ 52 Abs. 1 GmbHG, 116 S. 1 AktG direkt einschlägig sein, weil die Tätigkeit eines Geschäftsführers bzw. Aufsichtsrates auch die Übernahme der Versammlungsleitung mitumfasst. Zum anderen könnte trotz der fehlenden Organstellung eine analoge Anwendung dieser Vorschriften auf den Versammlungsleiter in Betracht kommen.

I. Vorzüge der Organhaftung nach § 43 Abs. 2 GmbHG

Könnte die Gesellschaft den Versammlungsleiter nach § 43 Abs. 2 GmbHG haftbar machen, so hätte dies zwei wesentliche Vorteile für sie im Vergleich zu einer schuld- oder deliktsrechtlichen Haftung.[497] Zuvorderst ist hier die Darlegungs- und Beweislast in einem etwaigen Haftungsprozess zu nennen. Nach herrschender Meinung ist die Beweislastumkehr nach § 93 Abs. 2 S. 2 AktG auf die Geschäftsführerhaftung entsprechend anzuwenden – sowohl bezüglich der Pflichtverletzung als auch des Verschuldens.[498] Der in Anspruch genommene Geschäftsführer muss folglich in einem etwaigen Haftungsprozess seinerseits darlegen und beweisen, dass er pflichtgemäß gehandelt hat (vgl. § 43 Abs. 1 GmbHG) oder dass ihn kein Verschulden trifft. Des Weiteren gilt gemäß § 43 Abs. 4 GmbHG eine im Vergleich zur Regelverjährung bei schuldrechtlichen

---

497 Vgl. zur AG *Theusinger/Schilha*, BB 2015, 131, 141.

498 BGH, Urt. v. 4. 11.2002 – II ZR 224/00, NJW 2003, 358; BGH, Urt. v. 1.12.2008 – II ZR 102/07, NJW 2009, 850; *Fleischer*, in: MüKo-GmbHG, § 43, Rn. 270ff.; *Oetker*, in: Henssler/Strohn, § 43, Rn. 62; dahingehend auch *Berskens*, in: Baumbach/Hueck, § 43, Rn. 33ff.; a.A. Fleck, GmbHR 1997, 237, 239; *Kindler*, FS Goette, 2011, S. 231, 234f.

Ansprüchen nach §§ 195, 199 BGB deutlich längere Verjährungsdauer – statt drei fünf Jahre.

Für Gläubiger der Gesellschaft hingegen würde die Anwendung der Organhaftung auf den GmbH-Versammlungsleiter keine besonderen Vorzüge mit sich bringen im Vergleich zu einer schuldrechtlichen Haftung. Nach herrschender Meinung sind weder das Verbot von Anspruchsverzicht und Vergleichsabschluss nach § 93 Abs. 4 S. 3 AktG,[499] noch das eigene Verfolgungsrecht für Gesellschaftsgläubiger nach § 93 Abs. 5 AktG[500] analog auf die Geschäftsführerhaftung nach § 43 Abs. 2 GmbHG anwendbar

II. Direkte Anwendung

Wird ein GmbH-Geschäftsführer zum Versammlungsleiter bestellt, so könnte eine direkte Anwendung von § 43 Abs. 2 GmbHG in Betracht kommen. Fehler bei der Versammlungsleitung müssten dann eine Verletzung der Geschäftsführerpflichten darstellen. Dies wäre entweder der Fall, wenn die Leitung der Gesellschafterversammlung zu den originären Aufgaben eines Geschäftsführers zählt oder wenn die Befugnisse eines GmbH-Geschäftsführers durch die Gesellschaftssatzung entsprechend erweitert werden könnten.

1. *Leitung der Gesellschafterversammlung als originäre Aufgabe der Geschäftsführung in der GmbH?*

Die Pflichten eines GmbH-Geschäftsführers lassen sich grundlegend in Sorgfaltspflichten und Treuepflichten einteilen.[501] Die Sorgfaltspflicht ergibt sich bereits aus § 43 Abs. 1 GmbHG.[502] Sie wird von der Rechtsprechung so umschrieben, dass ein Geschäftsführer dazu verpflichtet ist, *„den Vorteil der Gesellschaft zu wahren und Schaden von ihr abzuwenden"*.[503] Als relevante Sorgfaltspflichtverletzungen i.S.v. § 43 Abs. 1 GmbHG kommen dabei von vornherein

---

499 *Fleischer*, in: MüKo-GmbHG, § 43, Rn. 281ff.; *Beurskens*, in: Baumbach/Hueck, § 43, Rn. 66; *Oetker*, in: Henssler/Strohn, § 43, Rn. 57; *Ziemons*, in: Michalski, § 43, Rn. 548.

500 *Fleischer*, in: MüKo-GmbHG, § 43, Rn. 325ff.

501 *Fleischer*, in: MüKo-GmbHG, § 43, Rn. 245; *Fleischer*, ZIP 2014, 1305, 1311.

502 OLG Jena, Urt. v. 8.8.2000 – 8 U 1387/98, NZG 2001, 86; *Fleischer*, in: MüKo-GmbHG, § 43, Rn. 245; *Ziemons*, in: Michalski, § 43, Rn. 54; anders *Berskens*, in: Baumbach/Hueck, § 43, Rn. 7, der in § 43 Abs. 1 GmbHG eine Generalklausel für die Treuepflicht des Geschäftsführers sieht.

503 BGH, Urt. v. 28.4.2008 – II ZR 264/06, NJW 2008, 2437.

nur organbezogene Tätigkeiten in Betracht.[504] Zwar besteht die Möglichkeit, die gesetzlichen Pflichten des Geschäftsführers der GmbH durch den Anstellungsvertrag zu erweitern bzw. zu konkretisieren. Auch bei einer Verletzung von Pflichten aus dem Anstellungsvertrag kommt dann grundsätzlich allein § 43 Abs. 2 GmbHG als spezielle Haftungsregelung zur Anwendung.[505] Etwas anderes muss jedoch auch hier gelten, wenn kein hinreichender Bezug zur Organstellung des Geschäftsführers vorliegt. An einem solchen Organbezug fehlt es immer dann, wenn die betreffende Tätigkeit in keinem sachlichen Zusammenhang mit den dienstlichen Pflichten des Geschäftsführers steht.[506]

Inhalt der Treuepflicht ist es, den Geschäftsführer wegen seiner Funktion als Verwalter fremden Vermögens und seiner besonderen Vertrauensstellung in besonderem Maße zur Loyalität gegenüber der Gesellschaft zu verpflichten.[507] Es geht bei Fehlern in diesem Bereich folglich nicht wie bei Sorgfaltspflichtverletzungen um Fälle von „mismanagement", sondern von „misappropiation".[508] Anders als im Aktienrecht sind weder die Verschwiegenheitspflicht (vgl. § 93 Abs. 1 S. 3 AktG), noch das Wettbewerbsverbot (vgl. § 88 Abs. 1 AktG) als besondere Ausprägungen der Treuepflicht der Geschäftsführer im GmbH-Recht kodifiziert.[509]

In Bezug auf Fehler unmittelbar bei der Versammlungsleitung ergibt sich, dass für diese allein eine Zuordnung zur Kategorie der Sorgfalts- und nicht der Treuepflichten denkbar erscheint. Es geht bei Maßnahmen des Versammlungsleiters nicht um die Loyalität gegenüber der Gesellschaft, sondern um die Förderung des Gesellschaftsinteresses durch das Gewährleisten eines geordneten Versammlungsablaufs – mit anderen Worten um die *Wahrung des Vorteils der Gesellschaft.* Entscheidende Frage für die Anwendbarkeit von § 43 Abs. 2 GmbHG ist folglich, ob der für eine relevante Sorgfaltspflichtverletzung

504 *Fleischer*, in: MüKo-GmbHG, § 43, Rn. 247.

505 BGH, Urt. v. 12.6.1989 – II ZR 334/87, NJW-RR 1989, 1255; OLG Koblenz, Urt. v. 10.6.1991 – 6 U 1650/89, GmbHR 1991, 416; OLG Brandenburg, Urt. v. 6.10.1998 – 6 U 278/97, NZG 1999, 210; *Beurskens*, in: Baumbach/Hueck, § 43, Rn. 26.

506 *Fleischer*, in: MüKo-GmbHG, § 43, Rn. 247; *Ziemons*, in: Michalski, § 43, Rn. 56f.; *Beurskens*, in: Baumbach/Hueck, § 43, Rn. 6; vgl. zur Abgrenzung zwischen den Organpflichten und den sonstigen Pflichten eines Geschäftsführers auch *U.H. Schneider*, FS Werner, 1984, S. 795, 812f.

507 *Ziemons*, in: Michalski, § 43, Rn. 205.

508 So die Terminologie bei *Fleischer*, NJW 2009, 2337, 2338 sowie *ders.*, ZIP, 2014, 1305, 1311.

509 *Fleischer*, in: MüKo-GmbHG, § 43, Rn. 245.

erforderliche Organbezug bei Leitung der Gesellschafterversammlung durch einen GmbH-Geschäftsführer zu bejahen ist.

Für den Fall, dass in der AG ein Versammlungsleiter durch die Hauptversammlung gewählt werden soll und ein Mitglied des Vorstands die Leitung dieser Wahl übernimmt, wird zum Teil die unmittelbare Anwendbarkeit von § 93 AktG bejaht. Die Leitung der Wahl des Versammlungsleiters sei Teil der originären Zuständigkeit des Einberufungsorgans Vorstand.[510] Diese Ansicht könnte auf die GmbH übertragbar sein, da auch hier gemäß § 49 Abs. 1 GmbHG die Einberufung der Gesellschafterversammlung grundsätzlich zu den gesetzlichen Aufgaben der Geschäftsführung gehört. Ungeachtet der Frage, inwiefern eine unmittelbare Anwendung der Organhaftungsregeln bei provisorischer Leitung der Hauptversammlung durch den Vorstand in der AG zu überzeugen vermag, kann die Leitung der Gesellschafterversammlung in der GmbH indessen nie Teil der originären Aufgaben der Geschäftsführung sein. Dies folgt jedenfalls daraus, dass die Gesellschafterversammlung in der GmbH – im Gegensatz zur AG – nicht zwingend einer Versammlungsleitung bedarf. Fehlt ein Versammlungsleiter, so werden Leitungs- und Ordnungsmaßnahmen durch die Gesellschafter selbst getroffen. Der GmbH-Versammlungsleiter leitet folglich seine Befugnisse lediglich von der Gesellschafterversammlung ab. Ein Geschäftsführer wird daher bei Übernahme und Durchführung der Gesellschafterversammlung nie in seiner Funktion als Geschäftsführer, sondern immer nur als Funktionsgehilfe der Gesellschafterversammlung tätig (siehe eingehend Teil A Ziff. A.I.3.). Es fehlt mithin an jeglichem Bezug zur Organstellung des Geschäftsführers.

2. *Erweiterung der Aufgaben der Geschäftsführung um die Versammlungsleitung durch Satzungsregelung?*

Ein hinreichender Organbezug ist auch bei Bestehen einer Satzungsregelung, wonach die Leitung der Gesellschafterversammlung stets durch den bzw. einen der jeweils amtierenden Geschäftsführer durchzuführen ist, nicht anzunehmen. Durch eine solche Satzungsregelung werden nicht etwa die Aufgaben des Organs Geschäftsführung erweitert, sondern es wird das eigenständige Amt des Versammlungsleiters abstrakt der Person zugewiesen, die gerade das Amt eines Geschäftsführers bekleidet. Zwar ist es – jedenfalls durch Satzungsregelung – grundsätzlich möglich, die Befugnisse der Geschäftsführung zu erweitern.[511]

---

510 *Theusinger/Schilha*, BB 2015, 131, 137; *Niemz*, S. 158.

511 *Stephan/Tieves*, in: MüKo-GmbHG, § 37, Rn. 77; *Lenz*, in: Michalski, § 37, Rn. 25ff.; *Wisskirchen/Kuhn*, in BeckOK-GmbHG, § 37, Rn. 36ff.; *Baukelmann*, in: Rowedder/

Dies folgt aus der Organisationsautonomie der GmbH-Gesellschafter.[512] Jedoch kann sich die Gesellschafterversammlung nicht der Versammlungsleitung zugunsten anderer Organe der GmbH begeben. Die Mitgliedschaftsrechte der Gesellschafter dürfen durch die Erweiterung der Geschäftsführungsbefugnisse nicht grenzenlos eingeschränkt werden. Es darf nicht zu tief in den Machtbereich der Gesellschafterversammlung eingedrungen werden.[513] Gerade dies wäre bei einer statutarischen Erweiterung der Befugnisse der Geschäftsführung um die Leitung der Gesellschafterversammlung aber der Fall. Ungeachtet des grundsätzlich bestehenden, umfassenden Weisungsrechts der Gesellschafterversammlung nach § 37 Abs. 1 GmbHG würde die Kontrolle über die Leitung der Gesellschafterversammlung ganz erheblich eingeschränkt. Um einen unliebsamen Geschäftsführer-Versammlungsleiter loszuwerden, müsste stets entweder der jeweilige Geschäftsführer abberufen werden oder die Gesellschaftssatzung unter Beachtung der Förmlichkeiten nach § 53 Abs. 2 GmbHG dahingehend geändert werden, dass die Leitung der Gesellschafterversammlung fortan nicht mehr von den Befugnissen der Geschäftsführung umfasst ist. Vor allem aber stellt die Ausübung des Stimmrechts der Gesellschafter in der Gesellschafterversammlung den absoluten Zentralbereich der Mitgliedschaftsrechte der Gesellschafter dar. Allein aus diesem Grund verbietet es sich, die Leitung der Gesellschafterversammlung einem dritten Gesellschaftsorgan zuzuweisen. Der organisatorische Ablauf der Gesellschafterversammlung muss allein dem Selbstorganisationsrechts der Gesellschafterversammlung unterstellt bleiben.

Eine satzungsmäßige Erweiterung der Befugnisse der Geschäftsführung um die Leitung der Gesellschafterversammlung ist mithin nicht möglich. Wird die Versammlungsleitung durch die Satzung dem Geschäftsführer zugewiesen, so muss eine solche Regelung dahingehend ausgelegt werden, dass eine statutarische Bestellung des jeweiligen Amtsinhabers zum Versammlungsleiter gewollt ist. Erst recht ist keine derartige Erweiterung der Befugnisse des Geschäftsführers durch einfachen Gesellschafterbeschluss möglich. Eine Haftung des Versammlungsleiters der GmbH-Gesellschafterversammlung nach § 43 Abs. 2 GmbHG

Schmidt-Leithoff, § 37, Rn. 35; *U. H. Schneider/S. H. Schneider*, in: Scholz, § 37, Rn. 43f.

512 *Ulmer*. FS Schwark, 2009, S. 271, 273.

513 *Wisskirchen/Kuhn*, in BeckOK-GmbHG, § 37, Rn. 38; *Kleindiek*, in: Lutter/Hommelhoff, § 37, Rn. 25.

muss folglich von vornherein ausscheiden, da es sich bei der Versammlungsleitung um keine aus der Geschäftsführung resultierende Aufgabe handelt.[514]

B. Aufsichtsratshaftung nach §§ 93 Abs. 2 S. 1, 116 S. 1 AktG

Als zweite Organhaftungsnorm ist für die Haftung des Versammlungsleiters einer GmbH § 93 Abs. 2 S. 1 AktG in Betracht zu ziehen. Sowohl Mitglieder eines fakultativen als auch eines gesetzlich zwingenden Aufsichtsrates können in entsprechender Anwendung von §§ 93 Abs. 2 S. 1, 116 S. 1 AktG gegenüber der Gesellschaft haftbar gemacht werden.[515] Dies folgt für den fakultativen Aufsichtsrat aus der Verweisung in § 52 Abs. 1 GmbHG, für den obligatorischen Aufsichtsrat aus § 25 Abs. 1 S. 1 Nr. 2 MitbestG bzw. § 1 Abs. 1 Nr. 3 Hs. 2 DrittelbG. Bei der AG ist die direkte Anwendung von § 93 Abs. 2 S. 1 AktG auf den Hauptversammlungsleiter umstritten.[516] Im Folgenden werden zunächst wiederum die Vorzüge einer Organhaftung nach §§ 93, 116 AktG gegenüber einer allgemeinen schuldrechtlichen Haftung für die Gesellschaft als Anspruchsgläubigerin dargelegt. Sodann wird geprüft, ob mit den Befürwortern der direkten Anwendbarkeit von §§ 93, 116 AktG in der AG eine Organhaftung schon aufgrund der Verweisungen in §§ 52 Abs. 1 GmbHG, 25 Abs. 1 S. 1 Nr. 2 MitbestG, 1 Abs. 1 Nr. 3 Hs. 2 DrittelbG bejaht werden kann.

I. Vorzüge der Organhaftung nach §§ 93 Abs. 2 S. 1, 116 S. 1 AktG

Wie die Geschäftsführerhaftung nach § 43 Abs. 2 GmbHG bringt auch die Organhaftung nach §§ 93, 116 AktG erhebliche Vorteile gegenüber einer allgemeinen schuld- oder deliktsrechtlichen Haftung für die GmbH als Gläubigerin

---

514 So auch *Werner*, GmbHR 2020, 1168, 1170, der eine Geschäftsführerhaftung mit dem Argument ablehnt, dass sonst für dieselbe Tätigkeit unterschiedliche Haftungsregime gelten würden, je nachdem, ob der Versammlungsleiter zugleich Geschäftsführer der Gesellschaft ist oder nicht; ohne nähere Begründung *Zöllner/Noack*, in: Baumbach/Hueck, § 48, Rn. 19 und *Kleemann*, S. 154.

515 *Spindler*, MüKo-GmbHG, § 52, Rn. 679.

516 Vgl. hierzu etwa *Koch*, in: Hüffer/Koch, § 129, Rn. 25; *Rieckers*, in: Spindler/Stilz, § 136, Rn. 43; *Pliquett*, S. 59ff.; *Theusinger/Schilha*, BB 2015, 131, 136f.; *Poelzig*, AG 2015, 476, 477f.; *Marsch-Barner*, FS Brambring, 2011, S. 267, 281; *Drinhausen/Marsch-Barner*, AG 2014, 757, 766f.; *von der Linden*, NZG 2013, 208, 209f.; *Vetter*, FS Bergmann, 2018, S. 799, 820f.; *Rose*, NZG 2007, 241, 245.

mit sich. Zu nennen sind wiederum vor allem die Beweislastumkehr nach § 93 Abs. 2 S. 2 AktG, welche im Gegensatz zu § 280 Abs. 1 S. 2 BGB bereits auf Ebene der Pflichtverletzung Anwendung findet, sowie die lange Verjährungsfrist von fünf Jahren – gemäß § 52 Abs. 4 GmbHG bei Mitgliedern eines fakultativen Aufsichtsrates bzw. gemäß §§ 93 Abs. 6, 116 S. 1 AktG in Verbindung mit §§ 25 Abs. 1 S. 1 Nr. 2 MitbestG, 1 Abs. 1 Nr. 3 Hs. 2 DrittelbG bei Mitgliedern eines obligatorischen Aufsichtsrates.

Auch für die Gesellschaftsgläubiger wäre die Anwendung der Organhaftungsregeln – jedenfalls bei Bestehen eines obligatorischen Aufsichtsrates – von Vorteil. So kann im Fall des zwingenden Aufsichtsrates die Gesellschafterversammlung erst drei Jahre nach Entstehung eines Anspruchs gemäß §§ 93, 116 AktG auf diesen für die Gesellschaft verzichten oder sich über ihn vergleichen, §§ 93 Abs. 4 S. 3, 116 S. 1 AktG i.V.m. §§ 25 Abs. 1 S. 1 Nr. 2 MitbestG, § 1 Abs. 1 Nr. 3 Hs. 2 DrittelbG.[517] Auch auf das Gläubigerverfolgungsrecht nach § 93 Abs. 5 AktG wird in den einschlägigen mitbestimmungsrechtlichen Vorschriften verwiesen, sodass von dessen Anwendbarkeit beim obligatorischen Aufsichtsrat auszugehen ist.[518]

II. Entsprechende Anwendung aufgrund Verweisung in § 52 Abs. 1 GmbHG bzw. § 25 Abs. 1 S. 1 Nr. 2 MitbestG, § 1 Abs. 1 Nr. 3 Hs. 2 DrittelbG

Eine Anwendbarkeit der Organhaftung nach §§ 93 Abs. 2 S. 1, 116 S. 1 AktG aufgrund der Verweisungen in GmbHG, MitbestG und DrittelbG kommt von vornherein nur dann in Betracht, wenn der handelnde Versammlungsleiter zugleich Aufsichtsratsmitglied ist. Dann ist analog zur aktienrechtlichen Diskussion über die direkte Anwendbarkeit von § 93 Abs. 2 S. 1, 116 S. 1 AktG bei Leitung der Gesellschafterversammlung durch ein Aufsichtsratsmitglied danach zu fragen, ob die Versammlungsleitung zu den originären Aufgaben des Aufsichtsrates in der GmbH gehört oder eine entsprechende Erweiterung seiner Aufgaben möglich ist.

---

517 *Spindler*, in: MüKo-GmbHG, § 52, Rn. 688.

518 Vgl. *Zöllner/Noack*, in: Baumbach/Hueck, § 52, Rn. 210; *W. Heermann*, in: GK-GmbHG, § 52, Rn. 265; ablehnend hingegen *Spindler*, in: MüKo-GmbHG, § 52, Rn. 694, der die mitbestimmungsrechtliche Verweisung für ein Redaktionsversehen hält.

1. *Aktienrechtlicher Diskurs*

Bei der AG wird diese Frage sehr unterschiedlich beantwortet. Zum Teil wird gar vertreten, dass ein Aufsichtsratsmitglied bei Leitung der Hauptversammlung stets der Organhaftung nach §§ 93, 116 AktG unterworfen sein soll.[519] Nach anderer Auffassung gehört die Versammlungsleitung zwar nicht zu den originären Aufgaben des Aufsichtsrates. Die Gesellschaftssatzung könne aber eine entsprechende Erweiterung der Befugnisse des Aufsichtsrates vorsehen, sodass die Anwendung der Organhaftungsregeln eröffnet werde.[520] Dies wird vor allem mit dem Wortlaut entsprechender Satzungsregelungen begründet. In der Regel weise die Satzung das Amt des Versammlungsleiters gerade nicht einer bestimmten Person zu, sondern dem jeweiligen Inhaber des Aufsichtsratsvorsitzes. Hierdurch werde deutlich, dass eine Verknüpfung zwischen der Versammlungsleitung und dem Amt des Aufsichtsratsvorsitzenden intendiert sei. Auch stehe einer solchen Aufgabenerweiterung mangels Eingriffs in die durch das Gesetz vorgegebene schützenswerte Kompetenzverteilung nicht die aus § 23 Abs. 5 AktG folgende Satzungsstrenge der AG entgegen.[521]

Nach ganz überwiegender Auffassung ist hingegen die Versammlungsleitung nie Teil der Aufsichtsratstätigkeit in der AG und damit eine direkte Anwendung der Organhaftungsregeln nach §§ 93 Abs. 2 S. 1, 116 S. 1 AktG ausgeschlossen.[522]

---

519 So ohne nähere Begründung *Rose*, NZG 2007, 241, 245; dahingehend wohl auch *Mülbert*, in: GK-AktG, § 129, Rn. 117, wonach das Aufsichtsratsmitglied bei gerichtlicher Bestimmung zum Versammlungsleiter eine Organpflicht zur Annahme der Bestellung treffen soll; vgl. auch *Lochner/Beneke*, ZIP 2015, 2010, 2014, die eine direkte Anwendbarkeit von §§ 93, 116 AktG auf den Hauptversammlungsleiter selbstverständlich voraussetzen.

520 *Mutter*, AG 2013, R161; *Pliquett*, S. 66ff.

521 *Pliquett*, S. 64f.

522 OLG München, Beschl. v. 29.2.2008 – 7 U 3037/07, BeckRS 2008, 7260; OLG Köln, Urt. v. 31.1.2013 – 18 U 21/12, NZG 2013, 548; LG Ravensburg, Urt. v. 8.5.2014 – 7 O 51/13 KfH 1, NZG 2014, 1233; *Koch*, in: Hüffer/Koch, § 129 AktG, Rn. 18 und 25; *Kubis*, in: MüKo-AktG, § 119, Rn. 184; *Wicke*, in: Spindler/Stilz, Anh. § 119, Rn. 2; *Theusinger/Schilha*, BB 2015, 131, 136f.; *Drinhausen/Marsch-Barner*, AG 2014, 757, 767; *Marsch-Barner*, FS Brambring, 2011, S. 267, 281; *Vetter*, FS Bergmann, 2018, S. 799, 821; *Langenbach*, S. 180; *Bachmann*, EWiR 2000, 157, 158; so im Grundsatz auch *Sauerwald*, S. 357f. und *Niemz*, S. 158, die jedoch zwischen Übernahme und Ausübung der Versammlungsleitung differenzieren und annehmen, dass hinsichtlich der Übernahme der Versammlungsleitung im Einzelfall eine Haftung von Aufsichtsratsmitgliedern nach §§ 93, 116 AktG in Betracht kommen kann.

So handele es sich bei der Tätigkeit als Versammlungsleiter grundsätzlich um eine zusätzliche Aufgabe zum Aufsichtsratsmandat, welches gemäß § 111 Abs. 1 AktG primär die sorgfältige Überwachung der Geschäftsführung zum Ziel habe.[523] Die Befugnisse des Hauptversammlungsleiters seien im Gegensatz zu denen des Aufsichtsrats in sachlicher und zeitlicher Hinsicht eng begrenzt – nämlich auf die in der Regel einmal jährlich zusammentretende Hauptversammlung.[524] Des Weiteren verbiete schon die aktienrechtliche Satzungsstrenge nach § 23 Abs. 5 AktG grundsätzlich eine Erweiterung der Aufgaben des Aufsichtsrates.[525] Jedenfalls könne die satzungsmäßige Bestimmung eines Aufsichtsratsmitglieds zum Versammlungsleiter nicht als Erweiterung des Pflichtenkreises des Aufsichtsrates ausgelegt werden.[526] Außerdem spreche gegen eine Anwendung der Organhaftung, dass das für die Versammlungsleiterhaftung einschlägige Haftungsregime dann durch den Zufall bestimmt werde, ob es sich bei dem handelnden Versammlungsleiter um ein Mitglied des Aufsichtsrates handele oder nicht. Allein die Tatsache der Mitgliedschaft im Aufsichtsrat rechtfertige keine strengere Haftung.[527]

Schließlich wird vertreten, dass der Hauptversammlungsleiter Organwalter eines eigenständigen Organs der Gesellschaft ist und sich deshalb eine unmittelbare Anwendung der §§ 116 S. 1, 93 Abs. 2 AktG von vornherein verbietet. Die Haftung des Hauptversammlungsleiters beruhe vielmehr auf dem korporationsrechtlichen Rechtsverhältnis zur Gesellschaft, ohne dass es diesbezüglich einer ausdrücklichen gesetzlichen Regelung bedürfe. Die Ausgestaltung einer solchen Haftung orientiere sich an den allgemeinen Grundsätzen der Organhaftung, welche sich im Wege einer Gesamtanalogie zu §§ 93, 116 AktG ermitteln lasse.[528]

2. *Leitung der Gesellschafterversammlung als originäre Aufgabe des Aufsichtsrates in der GmbH?*

Würde die Versammlungsleitung stets zu den Aufgaben eines Aufsichtsrates in der GmbH gehören, so wäre der Anwendungsbereich der Organhaftungsregeln

---

523 LG Ravensburg, Urt. v. 8.5.2014 – 7 O 51/13 KfH 1, NZG 2014, 1233; *von der Linden*, EWiR 17/2014, 551, 551; *Vetter*, FS Bergmann, 2018, S. 799, 821; *Langenbach*, S. 158ff.; *Sauerwald*, S. 357f.

524 *Von der Linden*, NZG 2013, 208, 209f.

525 *Poelzig*, AG 2015, 476, 478; Sauerwald, S. 358f.

526 *Langenbach*, S. 170ff. und 359f.

527 *Poelzig*, AG 2015, 476, 478; *Schürnbrand*, NZG 2014, 1211, 1213.

528 *Niemz*, S. 158f.

nach §§ 93 Abs. 2 S. 1, 116 S. 1 AktG aufgrund der Verweisungen in § 52 Abs. 1 GmbHG bzw. den einschlägigen mitbestimmungsrechtlichen Vorschriften eröffnet. Wie vorstehend bereits dargelegt ist dies bei der AG nach der im dortigen Diskurs weit überwiegenden Auffassung nicht der Fall. Die diesbezüglichen Argumente sind übertragbar: Auch in der GmbH besteht die primäre Aufgabe eines Aufsichtsrates in der Überwachung der Geschäftsführung[529] – § 111 Abs. 1 AktG findet sowohl beim fakultativen als auch beim obligatorischen Aufsichtsrat entsprechende Anwendung. Die Leitung der Gesellschafterversammlung, deren Zweck die Gewährleistung eines geordneten Ablaufs der Gesellschafterversammlung und damit das Zustandekommen wirksamer Beschlüsse ist, steht mit dieser Aufgabe in keinerlei Zusammenhang. Hinzukommt, dass nur für Mitglieder eines zwingenden Aufsichtsrates überhaupt von Gesetzes wegen eine Pflicht sowie die dazugehörige Befugnis zur Teilnahme an der Gesellschafterversammlung besteht (vgl. § 118 Abs. 3 i.V.m. §§ 25 Abs. 1 S. 1 Nr. 2 MitbestG, § 1 Abs. 1 Nr. 3 Hs. 2 DrittelbG).[530] Es erscheint aber schwer begreiflich, wie die Leitung der Gesellschafterversammlung zu den Pflichten des Mitglieds eines fakultativen Aufsichtsrates gehören kann, wenn von Gesetzes wegen nicht einmal eine Befugnis zur Teilnahme an der Gesellschafterversammlung besteht. Des Weiteren ist die Aufgabe der Leitung der Gesellschafterversammlung auch in der GmbH sachlich und zeitlich eng begrenzt. Gesellschafterversammlungen finden in der Regel nur ein bis wenige Male im Jahr statt, wohingegen die Aufsichtsratstätigkeit von dauerhafter Natur ist. Schließlich würde das Auffassen der Versammlungsleitung als originäre Aufsichtsratsaufgabe in der GmbH ebenfalls zu dem kaum nachvollziehbaren Ergebnis führen, dass dieselbe Tätigkeit – je nach Person des Versammlungsleiters – einmal den Organhaftungsregeln und ein andermal den allgemeinen zivilrechtlichen Haftungsregeln unterworfen wäre. Diesen Argumenten bleibt nichts entgegenzusetzen. Die Leitung der Gesellschafterversammlung ist folglich auch in der GmbH keine originäre Aufgabe des Aufsichtsrates.

3. *Erweiterung der Aufgaben des Aufsichtsrates um die Versammlungsleitung durch Satzungsregelung?*

Sowohl bei Bestehen eines obligatorischen als auch eines fakultativen Aufsichtsrates ist es in der GmbH grundsätzlich möglich, die Befugnisse des Aufsichtsrates

529 *Spindler*, in: MüKo-GmbHG, § 52, Rn. 261.
530 *Spindler*, in: MüKo-GmbHG, § 52, Rn. 359f.

durch die Gesellschaftssatzung zu erweitern.[531] An einem der aktienrechtlichen Satzungsstrenge vergleichbaren Grundsatz fehlt es im GmbH-Recht. Dennoch können die Kompetenzen des Aufsichtsrates auch in der GmbH nicht schrankenlos erweitert werden. Die Grenze zulässiger Erweiterungen der Befugnisse des Aufsichtsrates liegt dort, wo in die zwingende Kompetenzordnung der GmbH eingegriffen wird. Beispielsweise ist dem Aufsichtsrat das Recht zur Vertretung der Gesellschaft nach außen verwehrt (vgl. §§ 35 Abs. 1, 37 Abs. 2 GmbHG) und ihm darf auch nicht die alleinige Entscheidungsbefugnis über Strukturentscheidungen (wie beispielsweise eine Gesellschaftsumwandlung) zugewiesen werden.[532]

Wie bereits in Bezug auf die Geschäftsführerhaftung nach § 43 Abs. 2 GmbHG ausführlich dargelegt (siehe Teil B Ziff. A.II.2), würde durch die Erweiterung der Befugnisse eines anderen Gesellschaftsorgans um die Leitung der Gesellschafterversammlung in den zwingenden Kompetenzbereich der Gesellschafterversammlung eingegriffen, da durch eine solche Regelung die Mitgliedschaftsrechte der Gesellschafter zu sehr beschnitten würden. Die Aufgaben des Aufsichtsrates können folglich nicht um die Leitung der Gesellschafterversammlung erweitert werden. Soweit im aktienrechtlichen Diskurs für eine Erweiterung der Aufsichtsratsbefugnisse mit dem Wortlaut entsprechender Satzungsregelungen argumentiert wird, ist dies ohnehin ein äußert schwaches Argument. Allein die abstrakte Benennung des jeweiligen Inhabers eines Aufsichtsratsmandates lässt ohne weitere Anhaltspunkte nicht auf einen Willen zur satzungsmäßigen Erweiterung der Befugnisse des Aufsichtsrates schließen. Genauso gut könnte der Aktionär mit dem größten Anteil am Unternehmen zum Versammlungsleiter bestimmt werden. Designiert die Satzung ein Mitglied des Aufsichtsrates zum Versammlungsleiter, so stellt dies allein eine statutarische Bestellung des jeweiligen Aufsichtsrates zum Versammlungsleiter dar. Eine Haftung des Leiters der GmbH-Gesellschafterversammlung nach §§ 93 Abs. 2 S. 1, 116 S. 1 AktG i.V.m. § 52 Abs. 1 GmbHG, § 25 Abs. 1 S. 1 Nr. MitbestG bzw. § 1 Abs. 1 Nr. 3 Hs. 2 DrittelbG scheidet damit in jedem Fall aus.[533]

531 *Giedinghagen*, in: Michalski, § 52, Rn. 212; zum fakultativen Aufsichtsrat *Zöllner/Noack*, in: Baumbach/Hueck, § 52, Rn. 128.

532 *Giedinghagen*, in: Michalski, § 52, Rn. 213.

533 So auch *Werner*, GmbHR 2020, 1168, 1170, der eine Aufsichtsratshaftung mit dem Argument ablehnt, dass sonst für dieselbe Tätigkeit unterschiedliche Haftungsregime gelten würden, je nachdem, ob der Versammlungsleiter zugleich Aufsichtsrat der Gesellschaft ist oder nicht; ohne nähere Begründung *Kleemann*, S. 154.

C. Analoge Anwendung der Organhaftungsregeln nach § 43 Abs. 2 GmbHG und §§ 93 Abs. 2 S. 1, 116 S. 1 AktG

Nach Erörterung der direkten Anwendung der Geschäftsführerhaftung nach § 43 Abs. 2 GmbHG sowie der entsprechenden Anwendung der Aufsichtsratshaftung nach §§ 93 Abs. 2 S. 1, 116 S. 1 AktG aufgrund gesetzlicher Verweisung soll nachfolgend die analoge Anwendung dieser Organhaftungsregeln auf den GmbH-Versammlungsleiter diskutiert werden. Eine solche könnte insbesondere in Betracht kommen, wenn der GmbH-Versammlungsleiter zugleich Geschäftsführer oder Aufsichtsrat und damit Organ der Gesellschaft ist.[534] Im Aktienrecht wird die analoge Anwendung von §§ 93, 116 AktG kontrovers diskutiert. Nach einer Darstellung der diesbezüglichen Ansichten wird im Folgenden das Vorliegen der nach allgemeiner Auffassung für eine Analogie erforderlichen Voraussetzungen einer planwidrigen Regelungslücke[535] sowie einer vergleichbaren Interessenlage[536] untersucht.

I. Aktienrechtlicher Diskurs

Die analoge Anwendung der §§ 93 Abs. 2 S. 1, 116 S. 1 AktG auf die Tätigkeit als Versammlungsleiter wird im Aktienrecht nur äußerst vereinzelt bejaht.[537] Nach ganz überwiegender Auffassung ist eine Analogie zur Organhaftung abzulehnen.[538] So wird zum Teil bereits das Vorliegen einer planwidrigen Regelungslücke bezweifelt. Der Hauptversammlungsleiter sei im Aktienrecht ausdrücklich vorgesehen, ohne dass seine Haftung geregelt sei. Die nachträglich in das Aktiengesetz eingefügten Sonderhaftungstatbestände der §§ 93, 116 und 144 AktG

---

534 Vgl. zur Organstellung der Geschäftsführung einer GmbH *Stephan/Tieves*, in: MüKo-GmbHG, § 35, Rn. 13 sowie zur Organstellung des Aufsichtsrats einer GmbH *Spindler*, in: MüKo-GmbHG, § 52, Rn. 33.

535 BGH, Urt. v. 5.2.1981 – III ZR 66/80, NJW 1981, 1726; BGH, Urt. v. 4.5.1988 – VIII ZR 196/87, NJW 1988, 2109; BGH, Urt. v. 13.11.2001 – X ZR 134/00, GRUR 2002, 238.

536 BGH, Urt. v. 13.7.1988 – VIa ZR 55/87, NJW 1988, 2734.

537 Vgl. etwa *Hirschmann*, in: Hölters, § 136, Rn. 38; *Lochmann/Beneke*, ZIP 2015, 2010, 2014.

538 LG Ravensburg, Urt. v. 8.5.2014 – 7 O 51/13 KfH 1, NZG 2014, 1233; *Arnold*, in: MüKo-AktG, § 136, Rn. 59; *Wicke*, in: Spindler/Stilz, Anh. § 119, Rn. 16; *Theusinger/Schilha*, BB 2015, 131, 137f.; *Pliquett*, S. 104; *Poelzig*, AG 2015, 476, 478f.; *Drinhausen/Marsch-Barner*, AG 2014, 757, 766f.; *Marsch-Barner*, FS Brambring, 2011, S. 267, 281 *Schürnbrand*, NZG 2014, 1211, 1212f.; *von der Linden*, NZG 2013, 208, 210; *Vetter*, FS Bergmann, 2018, S. 799, 821; *Langenbach*, S. 188; *Sauerwald*, S. 366.

ließen den Schluss zu, dass es sich insoweit um eine bewusste Regelungslücke handele.[539]

Jedenfalls aber soll es an einer vergleichbaren Interessenlage fehlen. Dies wird zum einen mit der fehlenden Organstellung des Hauptversammlungsleiters begründet.[540] Zum anderen sprächen Sinn und Zweck der Organhaftung gegen eine Analogie. Der Haftungstatbestand des § 93 AktG sei das Gegenstück zur Ermächtigung der Gesellschaftsorgane zur treuhänderischen Verwaltung des Gesellschaftsvermögens. Durch ihn werde der Gesellschaft wegen des Auseinanderfallens von Handlungs- und Haftungsobjekt eine besondere Regressmöglichkeit zur Verfügung gestellt. Auch dienten die Organhaftungsregeln der Schadensprävention, indem sie die Handelnden zur Einhaltung ihrer Pflichten anhielten. Diese Zwecke gingen bei Leitung der Hauptversammlung mangels treuhänderischer Betätigung im Vermögensinteresse der Gesellschaft ins Leere.[541] Mangels treuhänderischer Verwaltung des Gesellschaftsvermögens sowie dem Treffen von risikobehafteten unternehmerischen Entscheidungen sei außerdem die Haftungsprivilegierung durch die Business Judgment Rule nach §§ 93 Abs. 1 S. 2, 116 S. 1 AktG nicht interessengerecht.[542] Dasselbe gelte für die Beweislastumkehr nach §§ 93 Abs. 2 S. 2, 116 S. 1 AktG, da im Gegensatz zur Situation bei der Haftung für unternehmerische Entscheidungen bei einem Streit über die Pflichtwidrigkeit der Versammlungsleitung typischerweise keine Beweisnot der Gesellschaft als Anspruchstellerin vorliege.[543] Schließlich seien die Aufgaben des Aufsichtsrates, d.h. insbesondere die permanente Überwachung der Geschäfte, auch allgemein nicht vergleichbar mit den eng begrenzten Aufgaben eines Hauptversammlungsleiters, der nur für die ordnungsgemäße Durchführung der Hauptversammlung zu sorgen habe.[544]

539 *Poelzig*, AG 2015, 476, 478f.; *Langenbach*, S. 180f.

540 LG Ravensburg, Urt. v. 8.5.2014 – 7 O 51/13 KfH 1, NZG 2014, 1233; *Theusinger/Schilha*, BB 2015, 131, 137; *Pliquett*, S. 96ff.; *Marsch-Barner*, FS Brambring, 2011, S. 267, 281; insofern a.A. *Poelzig*, AG 2015, 476, 478; *Vetter*, FS Bergmann, 2018, S. 799, 821; *Langenbach*, S. 181ff.

541 *Pliquett*, S. 102f.

542 *Poelzig*, AG 2015, 476, 479; *Theusinger/Schilha*, BB 2015, 131, 137; *von der Linden*, NZG 2013, 208, 210; *Langenbach*, S. 185f.

543 *Poelzig*, AG 2015, 476, 479; *Theusinger/Schilha*, BB 2015, 131, 137; *Drinhausen/Marsch-Barner*, AG 2014, 757, 767; *Schürnbrand*, NZG 2014, 1211, 1212f.; *von der Linden*, NZG 2013, 208, 210; *Langenbach*, S. 186f.; *Sauerwald*, S. 365f.

544 *Poelzig*, AG 2015, 476, 479; *Theusinger/Schilha*, BB 2015, 131, 137; *Drinhausen/Marsch-Barner*, AG 2014, 757, 767; *Schürnbrand*, NZG 2014, 1211, 1213.

II. Planwidrige Regelungslücke

Das Bestehen einer planwidrigen Regelungslücke impliziert, dass die gesetzlichen Regelungen gemessen an ihrer eigenen Regelungsabsicht unvollständig sind.[545] Das Fehlen einer Regelung zu dem betreffenden Gegenstand darf folglich nicht auf eine bewusste Entscheidung des Gesetzgebers zurückgehen, sondern muss quasi „ein Versehen" sein. Zur Beurteilung der Frage sind die bestehenden gesetzlichen Regelungen anhand von Gesetzeshistorie und Teleologie auszulegen.[546]

Ohne Zweifel besteht in Bezug auf die Haftung eines Organwalters in der GmbH, welcher als Versammlungsleiter fungiert, eine Regelungslücke im GmbH-Recht. Wie vorstehend gezeigt wurde, findet weder die Geschäftsführerhaftung nach § 43 Abs. 2 GmbHG noch die Aufsichtsratshaftung nach §§ 93 Abs. 2 S. 1, 116 S. 1 GmbHG in dieser Konstellation Anwendung. Andere GmbH-rechtliche Haftungsnormen kommen nicht in Betracht.

Fraglich ist jedoch, ob diese Regelungslücke auch planwidrig ist. Der Gesetzgeber hat sich im GmbHG – anders als im AktG – jedweder Regelung zur Versammlungsleitung enthalten. Insbesondere setzt das GmbHG keine verbindliche Beschlussfeststellung durch einen Versammlungsleiter voraus. Weder durch die GmbH-Novelle von 1980[547] noch durch das MoMiG von 2008[548] wurde das Amt des Versammlungsleiters thematisiert. Rückschlüsse hinsichtlich der (fehlenden) Planwidrigkeit, wie sie im Aktienrecht aufgrund des Fehlens von Sonderhaftungstatbeständen bei gleichzeitiger Existenz gesetzlicher Bestimmungen zur Leitung der Hauptversammlung gezogen werden,[549] verbieten sich daher von vornherein. Auch das Fehlen von jeglicher gesetzlichen Regelung zur Versammlungsleitung könnte allerdings so beabsichtigt sein. Eine bewusste Entscheidung des Gesetzgebers, sich trotz gänzlichen Fehlens gesetzlicher Bestimmungen zu dieser Materie einer Regelung der Versammlungsleitung zu enthalten, würde aber implizieren, dass er die Einrichtung des Versammlungsleiteramtes gänzlich ablehnt. Dies kann indessen nicht angenommen werden. Ein solcher Wille des Gesetzgebers ergibt sich weder aus der Gesetzessystematik noch den Gesetzesbegründungen zum GmbHG. Vielmehr ist davon auszugehen, dass der Gesetzgeber an anderen Stellen im GmbH-Recht größeren Handlungsbedarf gesehen

545 BGH, Urt. v. 13.11.2001 – X ZR 134/00, GRUR 2002, 238.

546 *Grüneberg*, in: Palandt, Einl., Rn. 55.

547 Vgl. BGBl. 1980 I, S. 836.

548 Vgl. BGBl. 2008 I, S. 2026.

549 Vgl. Nachweise in Fn. 539.

hat und allein aus diesem Grund keine Regelung zur Versammlungsleitung in das GmbH-Gesetz aufgenommen hat. Die Planwidrigkeit kann folglich bejaht werden.

III. Vergleichbare Interessenlage

Die sog. Gesetzes- bzw. Einzelanalogie bedarf außerdem des Bestehens einer vergleichbaren Interessenlage. Eine solche liegt dann vor, wenn „der Gesetzgeber bei einer Interessenabwägung, bei der er sich von den gleichen Grundsätzen hätte leiten lassen wie beim Erlaß der entsprechend anzuwendenden Gesetzesvorschrift, zu dem gleichen Abwägungsergebnis gekommen wäre".[550] Um eine solche fiktive Interessenabwägung vornehmen zu können, wird im Folgenden zunächst der mit den Organhaftungsnormen nach § 43 Abs. 2 GmbHG und §§ 93 Abs. 2 S. 1, 116 S. 1 AktG verfolgte Regelungszweck ermittelt. Sodann werden die nach Maßgabe dieses Regelungszwecks relevanten Argumente für und wider eine entsprechende Anwendung der Organhaftung dargestellt und anschließend gegeneinander abgewogen. Hierbei ist vorliegend zu bedenken, dass es sich bei der Anwendung von §§ 93, 116 AktG auf den GmbH-Versammlungsleiter um eine Doppel-Analogie handeln würde. Wie vorstehend bereits festgestellt wurde, kommt eine entsprechende Anwendung dieser Haftungsnormen aufgrund der Verweisung in § 52 Abs. 1 GmbHG, § 25 Abs. 1 S. 1 Nr. MitbestG bzw. § 1 Abs. 1 Nr. 3 Hs. 2 DrittelbG nicht in Betracht. Es muss daher im Wege der Analogie zum einen die fehlende Tätigkeit als Aufsichtsrat und zum anderen die abweichende Gesellschaftsform - GmbH statt Aktiengesellschaft - überwunden werden. Die Hürden für die Bejahung einer vergleichbaren Interessenlage sind bezüglich dieser Haftungsnorm folglich besonders hoch anzusetzen.

1. *Regelungszweck der Organhaftung nach § 43 Abs. 2 GmbHG und nach §§ 93 Abs. 2 S. 1, 116 S. 1 AktG*

Als erster Regelungszweck sowohl der Geschäftsführerhaftung nach § 43 Abs. 2 GmbHG als auch der Aufsichtsratshaftung nach §§ 93 Abs. 2 S. 1, 116 S. 1 AktG ist die Wiedergutmachung zu nennen. Hat die Gesellschaft infolge des Handelns eines Geschäftsführers oder Aufsichtsrats Vermögensnachteile erlitten, so sollen diese ausgeglichen werden.[551] Des Weiteren soll die Organhaftung

550 BGH, Urt. v. 13.7.1988 - IVa ZR 55/87, NJW 1988, 2734.

551 Siehe zur Geschäftsführerhaftung BGH, Urt. v. 10.7.2018 – II ZR 24/17, NZG 2018, 1189 (zur AG); *Fleischer*, in: MüKo-GmbHG, § 43, Rn. 2 sowie ZIP, 2014, 1305, 1310;

der Schadensprävention dienen, indem sie die Handelnden mittels der drohenden persönlichen Haftung diszipliniert.[552] Darüber hinaus dient sie – wie insbesondere aus § 43 Abs. 3 GmbHG deutlich wird – auch dem Schutz der Gesellschaftsgläubiger.[553]

2. *Argumente für eine analoge Anwendung*

Gemessen am Zweck der Haftungsnormen nach § 43 Abs. 2 GmbHG und §§ 93 Abs. 2 S. 1, 116 S. 1 AktG, die Handelnden durch die präventive Wirkung einer drohenden persönlichen Inanspruchnahme zu größerer Sorgfalt anzuhalten, lassen sich mehrere Argumente für die analoge Anwendung dieser Vorschriften im Fall der Versammlungsleitung durch einen GmbH-Geschäftsführer oder -Aufsichtsrat finden.

So sind die Aufgaben eines GmbH-Versammlungsleiters zwar nicht Teil der Tätigkeit der Geschäftsführung oder des Aufsichtsrats (siehe oben Teil B Ziff. A.II.1 und Ziff. B.II.2), sie weisen jedoch durchaus Parallelen auf zu den Aufgaben eines Geschäftsführers oder Aufsichtsrats in der GmbH. Der Versammlungsleiter muss gleichsam über rechtliche Zweifelsfragen entscheiden. Während ein Geschäftsführer etwa über das Vorliegen der Voraussetzungen für die Kündigung eines Mitarbeiters der Gesellschaft entscheidet oder der Aufsichtsrat über die Erteilung der Zustimmung zu bestimmten Geschäften der Geschäftsführung, obliegt dem Versammlungsleiter die Entscheidung über die Wirksamkeit der abgegebenen Stimmen oder das Vorliegen der Voraussetzungen für einen Saalverweis. In beiden Fällen können die zu beantwortenden Rechtsfragen ähnlich komplex sein. Es lässt sich folglich argumentieren, dass es hier wie dort der präventiven Wirkung der Organhaftung bedarf, um die Akteure zu größtmöglicher Sorgfalt anzuhalten.

Eine weitere Parallele sowohl zur Tätigkeit als Geschäftsführer als auch als Aufsichtsrat lässt sich ziehen, da der Versammlungsleiter mittelbar ebenfalls in fremdem Vermögensinteresse tätig wird. Indem der Versammlungsleiter zum

---

U.H. Schneider, FS Werner, 1984, S. 795, 807; zur Aufsichtsratshaftung *Habersack*, in: MüKo-AktG, § 116, Rn. 2; *Hambloch-Gesinn/Gesinn*, in: Hölters, § 116, Rn. 3.

552 Siehe zur Geschäftsführerhaftung *Fleischer*, in: MüKo-GmbHG, § 43, Rn. 2 sowie ZIP, 2014, 1305, 1310; *U.H. Schneider*, FS Werner, 1984, S. 795, 807; zur Vorstandshaftung in der AG BGH, Urt. v. 10.7.2018 – II ZR 24/17, NZG 2018, 1189 und *Bayer/Scholz*, NZG 2014, 926, 928 sowie zur Aufsichtsratshaftung in der AG *Habersack*, in: MüKo-AktG, § 116, Rn. 2; *Hambloch-Gesinn/Gesinn*, in: Hölters, § 116, Rn. 3.

553 *Fleischer*, in: MüKo-GmbHG, § 43, Rn. 2; *U.H. Schneider*, FS Werner, 1984, S. 795, 807f.

Beispiel das Ergebnis eines Gesellschafterbeschlusses über den Abschluss eines für die Gesellschaft wirtschaftlich bedeutsamen Geschäfts verbindlich feststellt und so die vorläufige Wirksamkeit des gefassten Beschlusses herbeiführt, kann sein Handeln mittelbar Wirkung für die Vermögenslage der Gesellschaft zeitigen. Auch aus diesem Grund erscheint die präventive Wirkung der drohenden persönlichen Haftung interessengerecht. Überdies kommt dem Handeln des Versammlungsleiters in dem genannten Beispielsfall auch Relevanz für die Gesellschaftsgläubiger zu, sodass ein weiteres Regelungsziel der Organhaftung berührt wird.

Außerdem lässt sich in Bezug auf den Geschäftsführer-Versammlungsleiter argumentieren, dass auch der GmbH-Geschäftsführer rein organisatorische – also nicht-unternehmerische – Entscheidungen trifft und auch auf solche Maßnahmen die Haftung nach § 43 Abs. 2 GmbHG Anwendung findet. Genannt sei hier insbesondere die Aufgabe der Einberufung der Gesellschafterversammlung, die gemäß § 49 Abs. 1 GmbHG grundsätzlich den Geschäftsführern der Gesellschaft obliegt. Es ist auf den ersten Blick nur schwer nachvollziehbar, warum der Geschäftsführer bei der Einberufung der Gesellschafterversammlung der Haftung nach § 43 Abs. 2 GmbHG unterliegen soll, bei Leitung derselben jedoch nicht.

3. *Argumente gegen eine analoge Anwendung*

a. *Fehlende Organstellung des Versammlungsleiters*

Als Argument gegen eine analoge Anwendung der Organhaftungsregeln nach §§ 43 Abs. 2 GmbHG und §§ 93 Abs. 2 S. 1, 116 S. 1 AktG ist zunächst zu nennen, dass der GmbH-Versammlungsleiter kein Organ der Gesellschaft ist (siehe oben Teil A Ziff. A.I.3.a).[554] Sowohl die Geschäftsführerhaftung nach § 43 Abs. 2 GmbHG als auch die Aufsichtsratshaftung nach §§ 93 Abs. 2 S. 1, 116 S. 1 AktG resultiert grundsätzlich allein aus der Organstellung des Haftungsadressaten. So greift die Geschäftsführerhaftung etwa auch dann ein, wenn der Geschäftsführer zwar wirksam bestellt wurde und damit seine Stellung als Gesellschaftsorgan erworben hat, es jedoch am wirksamen Abschluss eines schuldrechtlichen

554 Dahingehend auch *Werner*, GmbHR 2020, 1168, 1170, der eine analoge Anwendung der Organhaftungsregeln auf den GmbH-Versammlungsleiter unter anderem unter Hinweis auf bestehende Zweifel an dessen Organstellung ablehnt.

Anstellungsvertrages zwischen dem Geschäftsführer und der Gesellschaft fehlt.[555]

Andererseits findet die Haftungsnorm des § 43 Abs. 2 GmbHG nach herrschender Auffassung – unter im Einzelnen strittigen Voraussetzungen – auch auf solche natürlichen Personen entsprechende Anwendung, die fehlerhaft zum Geschäftsführer bestellt wurden (sog. fehlerhafte Geschäftsführung)[556] oder sich mit Wissen der Gesellschafter de facto als Geschäftsführer gerieren, ohne dass auch nur ein fehlerhafter Bestellungsakt existiert (sog. faktische Geschäftsführung).[557] Die fehlende Organstellung des Versammlungsleiters kann daher nur ein schwaches Argument sein gegen eine Analogiebildung zu § 43 Abs. 2 GmbHG.

b. *Kein Treffen von unternehmerischen Entscheidungen durch den Versammlungsleiter*

Gemessen an den Regelungszielen von § 43 Abs. 2 GmbHG und §§ 93 Abs. 2 S. 1, 116 S. 1 GmbHG ist gegen eine analoge Anwendung der Vorschriften auf die Versammlungsleitertätigkeit außerdem einzuwenden, dass trotz vereinzelter Parallelen die Aufgaben der Geschäftsführung bzw. des Aufsichtsrats und des Versammlungsleiters in der GmbH grundverschieden sind.[558] Die Tätigkeit eines Geschäftsführers wie auch die eines Aufsichtsratsmitglieds wird wesentlich durch das Treffen unternehmerischer Entscheidungen geprägt.[559] Der Versammlungsleiter wird hingegen nie unternehmerisch tätig.

Zur Bestimmung des Begriffs der unternehmerischen Entscheidung kann auf die Gesetzesmaterialien und Literaturfundstellen zur aktienrechtlichen Regelung einer sog. Business Judgment Rule in § 93 Abs. 1 S. 2 AktG zurückgegriffen

---

555 BGH, Urt. v. 16.9.2002 – II ZR 107/01, NZG 2002, 1170; *Beurskens*, in: Baumbach/Hueck, § 43, Rn. 2.

556 *Ziemons/Pöschke*, in: BeckOK-GmbHG, § 43, Rn. 16; *Beurskens*, in: Baumbach/Hueck, § 43, Rn. 4; *Paefgen*, in GK-GmbHG, § 43, Rn. 19; *Ziemons*, in: Michalski, § 43, Rn. 22; *Fleischer*, in: MüKo-GmbHG, § 43, Rn. 219; *ders.*, GmbHR 2011, 337, 338.

557 BGH, Urt. v. 25.2.2002 – II ZR 196/00, NJW 2002, 1803; OLG München, Urt. v. 23.1.2019 – 7 U 2822/17, NJW-Spezial 2019, 113; *Ziemons/Pöschke*, in: BeckOK-GmbHG, § 43, Rn. 19; *Beurskens*, in: Baumbach/Hueck, § 43, Rn. 5; *Paefgen*, in GK-GmbHG, § 43, Rn. 19; *Ziemons*, in: Michalski, § 43, Rn. 22; *Fleischer*, in: MüKo-GmbHG, § 43, Rn. 225f.

558 *Werner*, GmbHR 2020, 1168, 1170.

559 Siehe jedoch zu den Grenzen des unternehmerischen Ermessens eines GmbH-Geschäftsführers *Fleischer*, NZG 2011, 521.

werden, da die diesbezüglichen Grundsätze nach ganz herrschender Auffassung in der GmbH entsprechend Anwendung finden.[560] Der Regierungsbegründung zu § 93 Abs. 1 S. 2 AktG zufolge sind die wesentlichen Charakteristika einer unternehmerischen Entscheidung, dass sie wegen ihrer Zukunftsbezogenheit Prognosen bedarf und ihr nicht justiziable Einschätzungen zugrunde liegen. Dies unterscheide sie von der Beachtung gesetzlicher, statutarischer oder anstellungsvertraglicher Pflichten, bei denen kein tatbestandlicher Beurteilungsspielraum bestehe.[561]

Diese Begriffsbestimmung findet im aktienrechtlichen Schrifttum überwiegend Anklang.[562] Nach einer abweichenden Auffassung hingegen ist primär darauf abzustellen, ob bei Bestehen mehrerer Handlungsalternativen ein Handeln in Unsicherheit erfolgt. Dies sei insbesondere – aber eben nicht ausschließlich – bei zukunftsgerichteten Prognoseentscheidungen der Fall.[563] Nach anderer Ansicht wiederum soll eine unternehmerische Entscheidung auszeichnen, dass das Organ seine Entscheidung frei und ungebunden, allein nach unternehmerischen Zweckmäßigkeitserwägungen zu treffen hat.[564]

Überzeugend erscheint es indessen mit den Gesetzesmaterialien die Abhängigkeit der Entscheidung von künftigen Entwicklungen sowie das darauf beruhende Erfordernis von nicht justiziablen, zukunftsgerichteten Prognoseentscheidungen als wesentliches Charakteristikum einer unternehmerischen Entscheidung anzusehen.[565] Der Begriff der Unsicherheit ist zu unscharf, um hieran das Vorliegen einer unternehmerischen Entscheidung festzumachen. Auch Entscheidungen der Geschäftsführung oder des Aufsichtsrats, welche auf gesetzlichen oder statutarischen Pflichten beruhen, können von bestehenden Unsicherheiten rechtlicher oder tatsächlicher Art geprägt sein. Gebunde Entscheidungen sind nach dem Willen des Gesetzgebers jedoch gerade nicht als unternehmerische

---

560 Siehe zur Geschäftsführerhaftung *Fleischer*, in: MüKo-GmbHG, § 43, Rn. 71; *Arden*, S. 201; sowie zum diesbezüglichen Meinungsstand *St. Fischer*, S. 99f.; zur Aufsichtsratshaftung *Giedinghagen*, in: Michalski, § 52, Rn. 306.

561 BT-Drs. 15/5092, S. 11.

562 Zustimmend etwa *Grigoleit/Tomasic*, in: Grigoleit, § 93, Rn. 42; *Hölters*, in: Hölters, § 93, Rn. 30; *Schäfer*, ZIP 2005, 1253, 1256; *S. H. Schneider*, DB 2005, 707, 709; *Fischbach*, S. 61f.

563 *Koch*, in: Hüffer/Koch, § 93, Rn. 18; *Dauner-Lieb*, in: Henssler/Strohn, § 93 AktG, Rn. 20f.

564 *St. Fischer*, S. 32f.; so wohl auch zu verstehen *Lutter*, ZIP 2007, 841, 843.

565 So auch *C. Jaeger*, in: BeckOK-GmbHG, § 52, Rn. 76; *Altmeppen*, in: Altmeppen, § 43, Rn. 11.

Entscheidungen einzuordnen und damit der Privilegierung durch die Business Judgment Rule nach § 93 Abs. 1 S. 2 AktG (analog) zu unterstellen.[566] Das Beruhen der Entscheidung auf unternehmerischen Zweckmäßigkeitsgesichtspunkten als wesentliches Merkmal unternehmerischer Entscheidungen zu betrachten, ist ebenfalls nicht überzeugend. Auch wenn unternehmerische Entscheidungen stets das Bestehen eines Ermessensspielraums voraussetzen, ist nicht jede Ermessensentscheidung der Geschäftsführung sogleich unternehmerische Entscheidung. Dann aber ist durch diese Definition nicht viel gewonnen. Der unbestimmte Begriff der unternehmerischen Entscheidung wird lediglich durch einen anderen unbestimmten Begriff – die unternehmerische Zweckmäßigkeit – ersetzt.

Zukunftsbezogene Prognoseentscheidungen lassen sich hingegen in der Regel ohne größere Probleme abgrenzen. Es geht bei solchen Entscheidungen darum, die Weichen für die zukünftige wirtschaftliche Entwicklung der Gesellschaft zu stellen. Chancen und Risiken für die Gesellschaft müssen seitens des jeweiligen Organs im Rahmen seiner Entscheidungsfindung sorgfältig abgewogen werden. Die Auswirkungen der getroffenen Entscheidung zeigen sich häufig erst deutlich später. Vor allem aber geht der primäre Zweck der Business Judgment Rule, die Vermeidung von sogenannten Rückschaufehlern in späteren gerichtlichen Verfahren,[567] bei Entscheidungen ohne Zukunftsbezug ins Leere. Nur hier besteht die Gefahr, dass zwar ex post betrachtet – unter Berücksichtigung der Entwicklungen im Nachgang zur Entscheidung – eine Pflichtverletzung vorlag, während aus der ex ante-Perspektive zum Entscheidungszeitpunkt dem Leitungsorgan kein Pflichtenverstoß vorzuwerfen ist.[568]

Legt man diese Definition des Begriffs der unternehmerischen Entscheidung zugrunde, so lässt sich keine Maßnahme der Versammlungsleitung darunter subsumieren. Zwar besteht zugunsten eines Versammlungsleiters teils ein Ermessensspielraum (siehe oben Teil A Ziff. C.I.1). Auch kann von einem Versammlungsleiter eine Prognoseentscheidung verlangt sein, wenn er etwa über die Verhängung eines Wortentzugs zu befinden hat: Sind weitere verbale Entgleisungen des Redners zu erwarten? Wird dieser in seinem Redebeitrag weiter von der Tagesordnung abweichen? Stets sind die Entscheidungen eines Versammlungsleiters aber auf die Gegenwart bzw. die ganz nahe Zukunft gerichtet. Denn Ziel jeglichen Handelns eines GmbH-Versammlungsleiters ist es, einen geordneten

566 BT-Drs. 15/5092, S. 11; vgl. auch *Fischbach*, S. 61.

567 Vgl. zum Begriff des Rückschaufehlers *Schäfer*, ZIP 2005, 1253, 1253f. und *S. H. Schneider*, DB 2005, 707, 708f.

568 *Schäfer*, ZIP 2005, 1253, 1256; *S. H. Schneider*, DB 2005, 707, 709; *Fischbach*, S. 61f.

Ablauf der Gesellschafterversammlung sowie das Zustandekommen wirksamer Gesellschafterbeschlüsse zu gewährleisten. Darüberhinausgehende bzw. weiter in der Zukunft liegende Ziele werden von einem redlichen Versammlungsleiter nie verfolgt. Aus demselben Grund kann es bei den Prognoseentscheidungen eines Versammlungsleiters im Gegensatz zu den Entscheidungen der Geschäftsführung oder des Aufsichtsrats auch nie um wirtschaftliche Aspekte gehen – ein weiterer wesentlicher Unterschied.

Nicht nur bei einem GmbH-Geschäftsführer, dessen Aufgabe gerade das Führen der Geschäfte der Gesellschaft, d.h. die Leitung ihres Unternehmens, ist,[569] sondern auch bei einem GmbH-Aufsichtsratsmitglied liegt es demgegenüber in der Natur seines Amtes, zukunftsbezogene Prognoseentscheidungen, mithin unternehmerische Entscheidungen, zu treffen. Zwar lassen sich die Kompetenzzuweisungen des Aktienrechts wegen der erheblichen strukturellen Unterschiede der beiden Gesellschaftsformen nicht uneingeschränkt auf die GmbH übertragen[570] – in der AG partizipiert der Aufsichtsrat über Mitsprache- und Mitentscheidungsbefugnisse unmittelbar an der Geschäftsführung und wird daher zuweilen auch als mit-unternehmerisches Organ der Gesellschaft bezeichnet.[571] Dennoch obliegt es auch dem Aufsichtsrat in der GmbH im Rahmen seiner Kontrollfunktion nach § 111 Abs. 1 AktG, unternehmerisch tätig zu werden. Die Ausübung von Zustimmungsvorbehalten etwa,[572] das Treffen von Personalentscheidungen oder die allgemeine Beratung mit der Geschäftsführung als typische Aufgaben des Aufsichtsrates in der GmbH bedürfen allesamt unternehmerischer Prognoseentscheidungen.[573]

Ohne das Treffen von unternehmerischen Entscheidungen, die oftmals besonders einschneidende Wirkungen für die Gesellschaft bis hin zur Insolvenz zeitigen können, ist das Bedürfnis nach einer präventiven Schadensverhinderung durch die abschreckende Wirkung eines speziellen Haftungstatbestands bei dem GmbH-Versammlungsleiter aber ungleich geringer als bei einem GmbH-Geschäftsführer oder -Aufsichtsrat. Auch Belange des Gläubigerschutzes werden durch unternehmerische Maßnahmen der Geschäftsführung oder

569 Vgl. *Stephan/Tieves*, in: MüKo-GmbHG, § 35, Rn. 79f.

570 *Spindler*, in: MüKo-GmbHG, § 52, Rn. 260.

571 *Habersack*, in: MüKo-AktG, § 111, Rn. 13; *Koch*, in: Hüffer/Koch, § 111, Rn. 13.

572 Vgl. hierzu BGH, Urt. v. 11.12.2006 – II ZR 243/05, NZG 2007, 187, wo die Haftung eines fakultativen Aufsichtsrates in der GmbH bejaht wird, weil dieser seine Zustimmung zu einem für die Gesellschaft nachteiligen Geschäft erteilt hat.

573 *C. Jaeger*, in: BeckOK-GmbHG, § 52, Rn. 76.

des Aufsichtsrats in der Regel erheblich intensiver berührt als durch Maßnahmen im nicht-unternehmerischen Bereich, sodass auch im Hinblick auf dieses Regelungsziel das Erfassen von Maßnahmen der Versammlungsleitung durch die Organhaftungsnormen nach § 43 Abs. 2 und §§ 93 Abs. 2 S. 1, 116 S. 1 AktG nicht angezeigt erscheint.

c. *Keine unmittelbare treuhänderische Verwaltung von Gesellschaftsvermögen*

Ein weiterer grundlegender Unterschied hinsichtlich der Aufgaben von Geschäftsführern und Aufsichtsräten zu denjenigen eines Versammlungsleiters ergibt sich aus der Tatsache, dass den Organmitgliedern in der GmbH die Verwaltung des Gesellschaftsvermögens und damit zugleich der Haftungsmasse der Gesellschaftsgläubiger obliegt.[574] Eine solche treuhänderische Verbundenheit besteht zwischen dem Versammlungsleiter und der Gesellschaft gerade nicht.

Es ist im Gegensatz zum Geschäftsführer nicht Aufgabe des Versammlungsleiters, die Geschäfte der Gesellschaft zu führen.[575] Er hat daher auch keine Befugnis, im Namen der Gesellschaft nach außen aufzutreten und Geschäfte mit Wirkung für und gegen sie abzuschließen (vgl. § 35 GmbHG). Des Weiteren trägt er nicht die „Finanzverantwortung" für die Gesellschaft.[576]

Auch eine treuhänderische Verbundenheit mit der Gesellschaft wie sie bei dem GmbH-Aufsichtsrat besteht, existiert bei dem GmbH-Versammlungsleiter nicht. So ist im Rahmen des Treffens von unternehmerischen Entscheidungen durch den Aufsichtsrat (z.B. bei der Erteilung der Zustimmung zur Akquisition einer Tochtergesellschaft) stets auch die Vermögenslage der Gesellschaft betroffen. Wirkt ein Mitglied des Aufsichtsrats einer GmbH mit einem leitenden Angestellten bei einem das Gesellschaftsvermögen schädigenden Geschäft zusammen und überschreitet es hierbei die Grenzen des unternehmerischen Ermessens, so kann dies den Straftatbestand der Untreue erfüllen; die allgemeine Überwachungspflicht des Aufsichtsrates nach § 111 Abs. 1 AktG begründet nach der Rechtsprechung des BGH eine Vermögensbetreuungspflicht im Sinne von § 266 Abs. 1 StGB.[577]

---

574 *U.H.Schneider*, FS Werner, 1984, S. 795, 807f.

575 Vgl. zum Begriff der Geschäftsführung *Stephan/Tieves*, in: MüKo-GmbHG, § 35, Rn. 79ff. und § 37, Rn. 11ff.

576 Vgl. zur diesbezüglichen Verantwortung des GmbH-Geschäftsführers *Fleischer*, in: MüKo-GmbHG, § 43, Rn. 62ff.

577 BGH, Beschl. v. 26.11.2015 – 3 StR 17/15, ZIP 2016, 966.

Wegen des Auseinanderfallens von Handelndem und Haftungsobjekt kommt der Wiedergutmachungsfunktion bei der Organtätigkeit um ein Vielfaches größere Bedeutung zu als bei der Leitung der GmbH-Gesellschafterversammlung. Dasselbe gilt für die präventive und gläubigerschützende Zielrichtung der Regelungen nach § 43 Abs. 2 und §§ 93 Abs. 2 S. 1, 116 S. 1 AktG. Das Schadenspotential ist sowohl für die Gesellschaft selbst als auch für ihre Gläubiger im Rahmen der Tätigkeit von Geschäftsführung und Aufsichtsrat um ein Vielfaches höher als bei Maßnahmen der Versammlungsleitung.

d. *Kein Auftreten nach außen*

Des Weiteren spricht gegen eine hinreichende Vergleichbarkeit der Aufgaben von Geschäftsführern bzw. Aufsichtsräten und dem Versammlungsleiter einer GmbH, dass der Versammlungsleiter nie unmittelbar nach außen hin tätig wird. Einzig von der Wahrnehmung des Hausrechts können auch gesellschaftsexterne Dritte betroffen sein. Hierbei handelt es sich jedoch gerade um keine originäre Aufgabe der Versammlungsleitung, sondern um eine solche der Gesellschafterversammlung, zu deren Wahrnehmung der Versammlungsleiter regelmäßig konkludent ermächtigt wird (siehe Teil A Ziff. B.V.6). Im Rahmen seiner Rechtsprechung zur faktischen Organhaftung stellt der BGH entscheidend darauf ab, ob auch ein nach außen hervortretendes Handeln der betreffenden Personen gegeben ist. Andernfalls fehle es an einem hinreichenden Vertrauenstatbestand, um eine Organhaftung gegenüber Dritten zu rechtfertigen.[578] Diese Überlegungen lassen sich auf den Versammlungsleiter einer GmbH übertragen. Der Gesichtspunkt des durch die Organhaftungsregeln bezweckten Gläubigerschutzes spricht entscheidend gegen eine Haftung nach § 43 Abs. 2 oder §§ 93 Abs. 2 S. 1, 116 S. 1 AktG, wenn nicht das Vertrauen gesellschaftsexterner Dritter durch ein nach außen gerichtetes Handeln in Anspruch genommen wird.

e. *Beweislastumkehr nach § 93 Abs. 2 S. 2 AktG analog passt nicht*

Nach herrschender Meinung findet die Beweislastumkehr nach § 93 Abs. 2 S. 2 AktG im Rahmen der Geschäftsführerhaftung nach § 43 Abs. 2 GmbHG sowohl hinsichtlich der Pflichtverletzung des Geschäftsführers als auch seines Verschuldens entsprechende Anwendung.[579] Im Rahmen der Aufsichtsratshaftung

---

578 BGH, Urt. v. 21.3.1988 – II ZR 194/87, NJW 1988, 1789; BGH, Urt. v. 25.2.2002 – II ZR 196/00, NJW 2002, 1803.

579 BGH, Urt. v. 4. 11.2002 – II ZR 224/00, NJW 2003, 358; BGH, Urt. v. 1.12.2008 – II ZR 102/07, NJW 2009, 850; *Fleischer*, in: MüKo-GmbHG, § 43, Rn. 270ff.; *Oetker*,

kommt die aktienrechtliche Beweislastumkehr aufgrund gesetzlicher Verweisung zur Anwendung (vgl. für die Aufsichtsratshaftung in der AG § 116 S. 1 AktG und in der GmbH § 52 Abs. 1 GmbHG bzw. § 25 Abs. 1 S. 1 Nr. 2 MitbestG, § 1 Abs. 1 Nr. 3 Hs. 2 DrittelbG).

Hintergrund dieser von den allgemeinen zivilrechtlichen Grundsätzen abweichenden Beweislast ist der Gedanke, „dass das jeweilige Organmitglied die Umstände seines Verhaltens und damit auch die Gesichtspunkte überschauen kann, die für die Beurteilung der Pflichtmäßigkeit seines Verhaltens sprechen, während die von ihm verwaltete Korporation in diesem Punkt immer in einer Beweisnot wäre".[580] Bei Maßnahmen der Versammlungsleitung geht dieser Ansatz völlig fehl. Das Handeln des Versammlungsleiters, für welches er unter Umständen haftbar gemacht werden kann, ist zu 100% transparent, da es sich stets unter Anwesenheit anderer Gesellschafter abspielt. Es gibt daher keine für die Beurteilung der Pflichtmäßigkeit seines Verhaltens relevanten Informationen, welche nicht gleichermaßen für die Gesellschafter verfügbar sind.[581] Auch aus diesem Grund erscheint die analoge Anwendung der Organhaftungsregeln nach § 43 Abs. 2 und §§ 93 Abs. 2 S. 1, 116 S. 1 AktG auf Maßnahmen der Versammlungsleitung nicht sachgerecht.

4. *Überwiegen der Argumente gegen eine analoge Anwendung*

Die Argumente gegen eine analoge Anwendung von § 43 Abs. 2 GmbHG und §§ 93 Abs. 2 S. 2, 116 S. 1 AktG bei Übernahme der Versammlungsleitung durch einen GmbH-Geschäftsführer oder Aufsichtsrat überwiegen deutlich.[582] Für die entsprechende Anwendung der Normen lassen sich hingegen nur äußerst schwache Argumente finden. Weder das Bestehen von Unsicherheiten rechtlicher oder tatsächlicher Art im Rahmen der Versammlungsleitertätigkeit, noch eventuelle mittelbare Auswirkungen des Versammlungsleiterhandelns für die Vermögenslage der Gesellschaft können eine hinreichende Vergleichbarkeit der

---

in: Henssler/Strohn, § 43, Rn. 62; a.A. Fleck, GmbHR 1997, 237, 239; *Kindler*, FS Goette, 2011, S. 231, 234f.

580 BGH, Urt. v. 4. 11.2002 – II ZR 224/00, NJW 2003, 358.

581 So zur AG auch *Niemz*, S. 183.

582 Anders *Niemz*, S. 196., wonach die Organhaftungsregeln auf den Versammlungsleiter der GmbH-Gesellschafterversammlung aufgrund dessen Stellung als fakultatives Gesellschaftsorgan unmittelbar anwendbar sind, ohne dass es diesbezüglich einer ausdrücklichen gesetzlichen Grundlage bedarf.

Aufgaben von Geschäftsführung und Aufsichtsrat mit denjenigen der Versammlungsleitung in der GmbH begründen.

Gegen eine Analogie spricht insbesondere, dass der Versammlungsleiter im Gegensatz zu Geschäftsführern und Aufsichtsräten keine unternehmerischen Entscheidungen trifft. Auch obliegt ihm nicht die Verwaltung des Gesellschaftsvermögens und es fehlt an einer nach außen gerichteten Tätigkeit. Dass der Geschäftsführer einer GmbH auch bei organisatorischen Tätigkeiten wie der Einberufung der Gesellschafterversammlung nach § 43 Abs. 2 GmbHG haftbar gemacht werden kann, rechtfertigt nicht die entsprechende Anwendung der Norm auf die Tätigkeit als Versammlungsleiter. Die Einberufung der Gesellschafterversammlung entspricht gerade nicht dem Leitbild der Aufgaben, die durch § 43 Abs. 2 GmbHG erfasst werden sollen. Wie sich an der Vorschrift des § 43 Abs. 3 GmbHG sowie der analogen Anwendbarkeit von § 93 Abs. 1 S. 2 AktG[583] zeigt, sind dies vielmehr die Aufgaben der Führung der Geschäfte als solche sowie der damit einhergehenden Verwaltung des Gesellschaftsvermögens. Gerade hier bedarf es in besonderem Maße der präventiven und gläubigerschützenden Wirkung einer speziellen Haftungsnorm.

Wenn nach dem Gesagten schon bei Übernahme der Versammlungsleitung durch einen Geschäftsführer oder ein Aufsichtsratsmitglied der GmbH keine vergleichbare Interessenlage besteht, dann verbietet sich eine analoge Anwendung von § 43 Abs. 2 und §§ 93 Abs. 2 S. 1, 116 S. 1 AktG im Fall der Versammlungsleitung durch sonstige Personen erst recht. Sie scheidet folglich für gesellschaftsfremde Dritte und Gesellschafter von vornherein aus.

IV. Zusammenfassung

Die analoge Anwendung der Organhaftung nach §§ 93 Abs. 2 S. 1, 116 S. 1 AktG auf die Tätigkeit als Versammlungsleiter wird im Aktienrecht von der ganz überwiegenden Auffassung abgelehnt. Zum Teil wird schon das Vorliegen einer planwidrigen Regelungslücke als erste Analogievoraussetzung bezweifelt. Jedenfalls soll es an einer vergleichbaren Interessenlage fehlen. Im GmbH-Recht kann zwar das Vorliegen einer planwidrigen Regelungslücke bezüglich der Haftung des Leiters der Gesellschafterversammlung bejaht werden. Mit dem aktienrechtlichen Diskurs ist eine analoge Anwendung der Organhaftungsregeln nach § 43 Abs. 2 GmbHG und §§ 93 Abs. 2 S. 1, 116 S. 1 AktG auf einen als Versammlungsleiter agierenden Geschäftsführer oder Aufsichtsrat in der GmbH jedoch mangels

583 *Fleischer*, in: MüKo-GmbHG, § 43, Rn. 71.

vergleichbarer Interessenlage klar abzulehnen. Regelungszwecke der Geschäftsführer- sowie der Aufsichtsratshaftung sind der Schadensausgleich, die Schadensprävention und der Gläubigerschutz. Gemessen an diesen Zielrichtungen des Gesetzgebers überwiegen die Argumente gegen eine Vergleichbarkeit der Interessenlagen bei Fehlern im Rahmen der Tätigkeit des Geschäftsführers oder Aufsichtsrats einer GmbH und bei Fehlern im Rahmen der Leitung der Gesellschafterversammlung weit. Insbesondere das fehlende Treffen von unternehmerischen Entscheidungen, das Fehlen einer treuhänderischen Verbundenheit mit dem Gesellschaftsvermögen sowie die rein gesellschaftsinterne Betätigung des Versammlungsleiters sprechen klar gegen das Bestehen einer vergleichbaren Interessenlage und damit gegen die entsprechende Anwendung der Organhaftungsregeln. Erst recht ist damit eine Analogie abzulehnen bei Übernahme der Versammlungsleitung durch sonstige Personen (etwa gesellschaftsfremde Dritte oder Gesellschafter).

D. Haftung nach § 280 Abs. 1 BGB

Nachdem vorstehend dargelegt wurde, dass die in der GmbH existierenden Organhaftungsnormen auf den Leiter der Gesellschafterversammlung weder direkt noch analog Anwendung finden, stellt sich nunmehr die Frage einer allgemeinen schuldrechtlichen Schadensersatzhaftung nach § 280 Abs. 1 BGB. Eine solche Haftung wird sowohl für den Versammlungsleiter in der AG als auch – zumindest im Ansatz – in der GmbH kontrovers diskutiert (siehe zum Meinungsstand Teil B Ziff. D.I.1.a). Insbesondere das Bestehen eines gesetzlichen oder vertraglichen Schuldverhältnisses als Grundvoraussetzung der Haftung sowie das Eingreifen von Haftungsbeschränkungen bzw. gar eines Haftungsausschlusses stehen hierbei im Fokus der Diskussion. Um zur Frage einer Haftung nach § 280 Abs. 1 BGB Stellung nehmen zu können, werden im Folgenden sämtliche Anspruchsvoraussetzungen eingehend untersucht.

I. Bestehen eines Schuldverhältnisses

Grundvoraussetzung einer Haftung nach § 280 Abs. 1 BGB ist das Bestehen eines Schuldverhältnisses zwischen Schuldner und Gläubiger. Nur ein solches kann die im Vergleich zum Deliktsrecht – insbesondere wegen der Beweislastumkehr nach § 280 Abs. 1 S. 2 BGB, der Zurechnung der Pflichtverletzung und des Verschuldens von Erfüllungsgehilfen nach § 278 BGB sowie der Ersatzfähigkeit von reinen Vermögensschäden – strengere Schadensersatzhaftung rechtfertigen. In Betracht kommen sowohl vertragliche als auch vertragsähnliche und gesetzliche Schuldverhältnisse.[584] Der § 280 Abs. 1 BGB zugrunde liegende Begriff des Schuldverhältnisses ist hierbei im Sinne eines komplexen schuldrechtlichen Rechtsverhältnisses mit verschiedenen Rechten und Pflichten und nicht im Sinne einer schlichten rechtlichen Forderungsbeziehung zu verstehen – dieses Begriffsverständnis liegt etwa § 362 BGB zugrunde.[585]

1. Korporationsrechtliches Rechtsverhältnis

Mit Bestellung zum Versammlungsleiter und Übernahme des Amtes entsteht nach allgemeiner Auffassung ein korporationsrechtliches Rechtsverhältnis zwischen der Gesellschaft und dem Inhaber des Versammlungsleiteramtes.[586] Durch dieses Rechtsverhältnis wird bestimmt, welchen Rechten und Pflichten der Versammlungsleiter unterworfen ist – unter welchen Voraussetzungen er etwa seines Amtes enthoben werden kann oder über welche Befugnisse er verfügt. Es erscheint jedoch fraglich, dass es sich bei diesem körperschaftlichen Rechtsverhältnis um ein taugliches Schuldverhältnis im Sinne von § 280 Abs. 1 BGB handelt.

a. Meinungsstand

In der aktienrechtlichen Literatur wird wie auch bei der GmbH von der überwiegenden Auffassung die Entstehung eines korporationsrechtlichen Rechtsverhältnisses zwischen Versammlungsleiter und Gesellschaft bejaht.[587] Denn ohne Bestehen eines solchen rechtlichen Verhältnisses ab Übernahme der Hauptversammlungsleitung sei es dem Zufall der Entstehung vertraglicher Bindungen

---

584 Vgl. zum Ganzen *Lorenz*, in: BeckOK-BGB, § 280, Rn. 2ff.

585 *Ernst*, in: MüKo-BGB, Einleitung (Einl. SchuldR), Rn. 10.

586 Siehe Nachweise in Fn. 70.

587 *Wicke*, in: Spindler/Stilz, Anh. § 119, Rn. 16; *von der Linden*, NZG 2013, 208, 211; *Schürnbrand*, NZG 2014, 1211, 1212; *Theusinger/Schilha*, BB 2015, 131, 138; *Poelzig*, AG 2015, 476, 479 und *Sauerwald*, S. 162ff. sprechen von einem korporationsrechtlichen, gesetzlichen Schuldverhältnis; *Niemz*, S. 108ff. nimmt die Entstehung eines korporationsrechtlichen Rechtsverhältnisses mit schuldrechtlichem Inhalt an; vgl. auch *Vetter*, FS Bergmann, 2018, S. 799, 821f. und *Langenbach*, S. 202, die zwar die Entstehung eines Schuldverhältnisses i.S.v. § 280 Abs. 1 BGB mit Übernahme der Versammlungsleitung annehmen, jedoch offenlassen, ob es sich hierbei um ein gesetzliches Schuldverhältnis handelt, ein korporationsrechtliches Rechtsverhältnis oder ein Rechtsverhältnis mit Doppelnatur; *Bachmann*, EWiR 2000, 157, 158 hält eine korporationsrechtliche oder auftragsähnliche Haftung für „nicht undenkbar"; a.A. *Pliquett*, S. 119.

überlassen, ob der Versammlungsleiter den durch Gesetz, Gesellschaftssatzung und Gewohnheitsrecht anerkannten Rechten und Pflichten unterworfen ist bzw. der Gesellschaft überhaupt eine rechtmäßige Amtsausübung schuldet.[588] Zum Teil wird angenommen, dass ein vertragliches Rechtsverhältnis kumulativ neben das korporationsrechtliche tritt bzw. treten kann.[589]

Bezüglich der Frage, auf welches Rechtsverhältnis sich eine etwaige Haftung des Hauptversammlungsleiters nach § 280 Abs. 1 BGB stützen lässt, divergieren die Auffassungen.[590] Teils wird auf das korporationsrechtliche Rechtsverhältnis,[591] teils auf ein vertragliches Rechtsverhältnis abgestellt.[592] Oder es werden beide Verhältnisse als mögliche Grundlage einer schuldrechtlichen Haftung in Betracht gezogen.[593] Für die Haftung aufgrund eines körperschaftlichen Rechtsverhältnisses mit der Gesellschaft wird vor allem vorgebracht, dass so in allen Fällen der Versammlungsleitung – bei satzungsmäßiger Bestimmung des Hauptversammlungsleiters, Wahl durch die Hauptversammlung oder gerichtlicher

---

588 *Langenbach*, S. 200f.

589 So *Wicke*, in: Spindler/Stilz, Anh. § 119, Rn. 16; *Schürnbrand*, NZG 2014, 1211, 1212; *Poelzig*, AG 2015, 476, 479; *Langenbach*, S. 202; vgl. auch *Sauerwald*, S. 175, der aber davon ausgeht, dass regelmäßig ein Rechtsbindungswille zur Eingehung einer vertraglichen Bindung fehlt.

590 Eine schuldrechtliche Haftung gänzlich ablehnend LG Ravensburg, Urt. v. 8.5.2014 – 7 O 51/13 KfH 1, NZG 2014, 1233; *Kubis*, in: MüKo-AktG, § 119, Rn. 185; *Niemz*, S. 159f., wonach der schuldrechtlichen Haftung neben der Organhaftung des Versammlungsleiters keine eigenständige Bedeutung zukomme.

591 *Von der Linden*, NZG 2013, 208, 211; *Theusinger/Schilha*, BB 2015, 131, 138f.; *Poelzig*, AG 2015, 476, 479; so wohl auch zu verstehen *Rose*, NZG 2007, 241, 245, der auf das „durch die Bestellung begründete Rechtsverhältnis zur Gesellschaft" abstellt, und *Vetter*, FS Bergmann, 2018, S. 799, 821, der die Haftung auf das kraft Gesetzes zwischen AG und Versammlungsleiter bestehende Schuldverhältnis stützt; im Ergebnis auch *Langenbach*, S. 202.

592 So *Marsch-Barner*, FS Brambring, 2011, S. 267, 281 und *Drinhausen/Marsch-Barner*, AG 2014, 757, 767 (jeweils ohne Erwähnung eines korporationsrechtlichen Rechtsverhältnisses); *Pliquett*, der die Frage des Bestehens eines Schuldverhältnisses bei Aufsichtsratsmitgliedern infolge der Annahme einer Haftung nach §§ 93, 116 AktG offenlässt und im Übrigen die Entstehung eines gesetzlichen (nicht: korporationsrechtlichen) oder vertraglichen Schuldverhältnisses bejaht; *Lochner/Beneke*, ZIP 2015, 2010, 2012 und 2014 setzen die Möglichkeit der schuldrechtlichen Haftung aufgrund eines Auftragsverhältnisses zwischen Hauptversammlungsleiter und AG selbstverständlich voraus.

593 *Wicke*, in: Spindler/Stilz, Anh. § 119, Rn. 16; *Sauerwald*, S. 368.

Bestellung nach § 122 Abs. 2 S. 3 AktG – eine einheitliche Anspruchsgrundlage gegeben sei.[594]

Bei der GmbH wird eine Schadensersatzhaftung gemäß § 280 Abs. 1 BGB überwiegend auf die Verletzung von Pflichten aus dem zwischen Versammlungsleiter und Gesellschaft bestehenden körperschaftlichen Rechtsverhältnis gestützt. Es wird insoweit von einem auftragsähnlichen, jedoch dem Körperschaftsrecht zuzuordnenden Rechtsverhältnis gesprochen.[595] Eine Mindermeinung stellt allein auf ein vertragliches Schuldverhältnis ab.[596] Nach wieder anderer Auffassung ist die Haftungsgrundlage alternativ in einem korporationsrechtlichen oder vertragsähnlichen Schuldverhältnis zu sehen, wobei bei aufgrund einfachem Gesellschafterbeschluss bestelltem Versammlungsleiter nur eine Haftung aufgrund eines vertragsähnlichen Schuldverhältnisses in Betracht komme.[597] Die Zahl der Fundstellen zum Themenkreis der Haftung des Leiters der GmbH-Gesellschafterversammlung ist äußerst spärlich. Die wenigen vorhanden Literaturstellen verzichten sämtlich auf eine nähere Begründung ihrer gefundenen Ergebnisse.

b. *Stellungnahme*

Um eine Schadensersatzpflicht des Versammlungsleiters nach § 280 Abs. 1 BGB begründen zu können, müsste dieser im Rahmen des mit der Gesellschaft bestehenden korporationsrechtlichen Rechtsverhältnisses auch Leistungspflichten im Sinne von § 241 Abs. 1 BGB unterliegen.[598] Eine Verletzung von Schutzpflichten i.S.v. § 241 Abs. 2 BGB wird in aller Regel kaum Relevanz haben für die Haftung des Versammlungsleiters (siehe zu diesem Sonderfall jedoch unten Teil B Ziff. D.II.3). Beispielhaft seien Fehler bei der Beschlussfeststellung

594 *Theusinger/Schilha*, BB 2015, 131, 138f.; *Langenbach*, S. 201f.

595 *Zöllner/Noack*, in: Baumbach/Hueck, § 48, Rn. 19; *Altmeppen*, in: Altmeppen, § 48, Rn. 13; *Noack*, GmbHR 2017, 792, 798; so wohl auch zu verstehen *Bayer*, in: Lutter/Hommelhoff, § 48, Rn. 14, wonach mit Annahme des Amtes ein zumindest auch schuldrechtliches Rechtsverhältnis zwischen Versammlungsleiter und GmbH zustande kommt.

596 So *Kleemann*, S. 154, der ein vertragliches Schuldverhältnis zwischen Versammlungsleiter und Gesellschaft ohne nähere Erläuterung unterstellt; vgl. auch *Jansen*, S. 439, die das Bestehen eines Vertrags selbstverständlich voraussetzt, sowie zu Personengesellschaften *J. Bayer*, S. 127ff.

597 *Werner*, GmbHR 2020, 1168, 1170f.

598 Vgl. zur Differenzierung zwischen Leistungspflichten und nicht-leistungsbezogenen Schutzpflichten *Lorenz*, in: BeckOK-BGB, § 280, Rn. 13.

oder der rechtswidrige Ausschluss eines Gesellschafters aus der Gesellschafterversammlung genannt. Hier lässt sich eine Haftung allein mit der Verletzung von leistungsbezogenen Pflichten und nicht mit einer Schutzpflichtverletzung begründen. Es geht nicht um die allgemeine Rücksichtnahme auf die Rechte, Rechtsgüter und Interessen der GmbH (vgl. § 241 Abs. 2 BGB), sondern um die Erfüllung einer konkreten Aufgabe – der Ermöglichung eines geordneten Ablaufs der Gesellschafterversammlung bzw. der Herbeiführung wirksamer Gesellschafterbeschlüsse (siehe hierzu oben Teil A Ziff. A.I.1).

Das Bestehen von Leistungspflichten des Versammlungsleiters im Sinne von § 241 Abs. 1 BGB aufgrund des mit der Gesellschaft bestehenden korporationsrechtlichen Rechtsverhältnisses ist jedoch abzulehnen. Im Ergebnis würde dies bedeuten, dass mit Übernahme der Versammlungsleitung stets ein Rechtsverhältnis mit Pflichten wie etwa bei einem Auftrag nach § 662 BGB entstünde. Das entscheidende Kriterium für das Vorliegen eines rechtsgeschäftlichen Vertrages, der Rechtsbindungswille, würde so überwunden und der Versammlungsleiter quasi in ein auftragsähnliches Rechtsverhältnis gezwungen. Vielmehr ist anzunehmen, dass es sich bei dem korporationsrechtlichen Rechtsverhältnis um reines Innenrecht der Gesellschaft handelt. Durch dieses Rechtsverhältnis werden die gegenseitigen Rechte und Pflichten von Versammlungsleiter und Gesellschaft im Organisationsgefüge einer GmbH ausgestaltet, ohne dass hiermit eine über das Gesellschaftsrecht hinausgehende Wirkung verbunden wäre. Die Verletzung von Pflichten des Versammlungsleiters oder die Überschreitung seiner Befugnisse hat in Bezug auf das mit der Gesellschaft bestehende körperschaftliche Rechtsverhältnis rein gesellschaftsinterne Auswirkungen – etwa das Bestehen eines wichtigen Grundes für seine Abberufung. Anders als bei der *korporationsrechtlichen* Haftung nach § 43 Abs. 2 GmbHG bzw. nach §§ 93 Abs. 2 S. 1, 116 S. 1 AktG i.V.m. § 52 Abs. 1 GmbHG, § 25 Abs. 1 S. 1 Nr. MitbestG, § 1 Abs. 1 Nr. 3 Hs. 2 DrittelbG vermag eine Verletzung dieses reinen Innenrechts der Gesellschaft eine *schuldrechtliche* Haftung nach § 280 Abs. 1 nicht zu begründen. Es fehlt am Bestehen einer *schuldrechtlichen* Primärpflicht, welche durch das Verhalten des Versammlungsleiters verletzt werden könnte.

Für dieses Ergebnis spricht auch, dass in der aktienrechtlichen Literatur bezüglich der Rechtsstellung des Aufsichtsrats zum Teil ausdrücklich zwischen der Entstehung eines korporationsrechtlichen und eines gesetzlichen Schuldverhältnisses differenziert wird.[599] Außerdem findet – soweit ersichtlich – bezüglich

599 *Vetter*, in: HdB börsennotierte AG, § 29, Rn. 1f.; *Spindler*, in: Spindler/Stilz, § 101, Rn. 9, der jedoch die Entstehung eines gesetzlichen Schuldverhältnisses neben dem

der Haftung des Vorstands (§ 93 Abs. 2 S. 1 AktG) und des Aufsichtsrats (§§ 93 Abs. 2 S. 1, 116 S. 1 AktG) eine parallel zur gesellschaftsrechtlichen Haftung bestehende Anspruchsgrundlage nach § 280 Abs. 1 BGB i.V.m. dem zwischen Vorstand bzw. Aufsichtsrat und der AG bestehenden körperschaftlichen Rechtsverhältnis[600] keine Erwähnung.[601] Es wird allein das Verhältnis der Organhaftung zur schuldrechtlichen Haftung nach § 280 Abs. 1 BGB wegen Verletzung des – zumindest bei Vorstandsmitgliedern regelmäßig bestehenden – Anstellungsvertrages mit der Gesellschaft diskutiert.[602] Dasselbe gilt für die GmbH-rechtliche Literatur zur Geschäftsführerhaftung (§ 43 Abs. 2 GmbHG) sowie der Haftung des Aufsichtsrates (§§ 93 Abs. 2 S. 1, 116 S. 1 AktG i.V.m. § 52 Abs. 1 GmbHG, § 25 Abs. 1 S. 1 Nr. MitbestG, § 1 Abs. 1 Nr. 3 Hs. 2 DrittelbG).[603]

Überdies hätte eine Haftung nach § 280 Abs. 1 BGB wegen Verletzung des zwischen Versammlungsleiter und GmbH bestehenden korporationsrechtlichen Rechtsverhältnisses quasi eine körperschaftliche Haftung durch die Hintertür zur Folge. Eine analoge Anwendung der Organhaftungsregeln auf den Leiter der Gesellschafterversammlung in der GmbH wurde vorstehend aber gerade mit gewichtigen Argumenten abgelehnt (siehe Teil B Ziff. C). Das zwischen Versammlungsleiter und der GmbH bestehende korporationsrechtliche Rechtsverhältnis dient folglich nicht als taugliches Schuldverhältnis i.S.v. § 280 Abs. 1 BGB.[604]

Auch die automatische Entstehung eines gesetzlichen Schuldverhältnisses mit Primärpflichten nach § 241 Abs. 1 BGB zusätzlich zum körperschaftlichen

---

korporationsrechtlichen Rechtsverhältnis ablehnt.

600 Vgl. zum Vorstand *Spindler*, in: MüKo-AktG, § 84, Rn. 9; *Fleischer*, in: Spindler/Stilz, § 84, Rn. 5; vgl. zum Aufsichtsrat *Habersack*, in: MüKo-AktG, § 101, Rn. 67; *Spindler*, in: Spindler/Stilz, § 101, Rn. 8; *Theusinger/Schilha*, BB 2015, 131, 138; für ein Rechtsverhältnis mit korporationsrechtlichem und schuldrechtlichem Charakter *Koch*, in: Hüffer/Koch, § 101, Rn. 2 a.E.

601 Vgl. zur Vorstandshaftung etwa *Spindler*, in: MüKo-AktG, § 93, Rn. 11; *Koch*, in: Hüffer/Koch, § 93, Rn. 36; *Dauner-Lieb*, in: Henssler/Strohn, § 93, Rn. 26; zur Aufsichtsratshaftung *Habersack*, in: MüKo-AktG, § 116, Rn. 80; *Koch*, in: Hüffer/Koch, § 93, Rn. 13f.; *Spindler*, in: Spindler/Stilz, § 116, Rn. 124ff.

602 *Spindler*, in: MüKo-AktG, § 93, Rn. 11; *Koch*, in: Hüffer/Koch, § 93, Rn. 36.

603 Vgl. zur Geschäftsführerhaftung etwa *Ziemons*, in: Michalski, § 43, Rn. 384f.; *Haas/Ziemons*, in: Ziemons/Jaeger, BeckOK-GmbHG, § 43, Rn. 9ff.; zur Aufsichtsratshaftung *Spindler*, in: MüKo-GmbHG, § 52, Rn. 679ff.; *Giedinghagen*, in: Michalski, § 52, Rn. 302; *C. Jaeger*, in: BeckOK-GmbHG, § 52, Rn. 75ff.

604 So für die AG auch *Wardenbach*, GWR 2014, 503.

Rechtsverhältnis ist aus den vorstehend aufgeführten Gründen abzulehnen. Es ist überdies nicht ersichtlich, wie sich die Entstehung eines solchen gesetzlichen Schuldverhältnisses dogmatisch begründen lässt. An gesetzlichen Bestimmungen zur Versammlungsleitung in der GmbH, aus welchen sich ein *gesetzliches* Schuldverhältnis ergeben könnte, fehlt es gerade.

2. (Quasi-)Vertragliches Schuldverhältnis

Nach Ablehnung des Bestehens eines korporationsrechtlichen oder gesetzlichen Schuldverhältnisses, auf welches sich eine Schadensersatzhaftung nach § 280 Abs. 1 BGB stützen ließe, soll nunmehr das Bestehen (quasi-)vertraglicher Beziehungen zwischen dem Versammlungsleiter einer GmbH und der Gesellschaft untersucht werden. Es kommen hierbei verschiedene Vertragsarten in Betracht.

a. Denkbare Arten (quasi-)vertraglicher Schuldverhältnisse

aa. Geschäftsbesorgungsvertrag

Erfolgt die Versammlungsleitung entgeltlich, könnte ein Geschäftsbesorgungsvertrag i.S.v. §§ 675ff. BGB zwischen Versammlungsleiter und Gesellschaft bestehen.[605] Dies setzt nach dem in Rechtsprechung und Literatur herrschenden engen Geschäftsbesorgungsbegriff voraus, dass Gegenstand des Vertrags eine selbstständige Tätigkeit wirtschaftlicher Art ist, bei welcher fremde Vermögensinteressen wahrgenommen werden.[606] Mit dem wirtschaftlichen Charakter der Tätigkeit ist dabei lediglich gemeint, dass sie allgemein dem Bereich des Wirtschaftslebens zuzuordnen ist.[607] Das Merkmal der Wahrnehmung fremder Vermögensinteressen erfordert zunächst einen Vermögensbezug der betreffenden Tätigkeit, d.h. der Geschäftsbesorger muss Einfluss erhalten auf die

605 Das Bestehen eines Geschäftsbesorgungsvertrags bei entgeltlicher Tätigkeit des Versammlungsleiters für möglich erachtend *Kleemann*, S. 27 und 154; *Werner*, GmbHR 2020, 1168, 1170; bei der AG *Sauerwald*, S. 165f.; *Langenbach*, S. 197; *Theusinger/Schilha*, BB 2015, 131, 138; *Poelzig*, AG 2015, 476, 479; *Drinhausen/Marsch-Barner*, AG 2014, 757, 767; *Marsch-Barner*, FS Brambring, 2011, S. 267, 281; *von der Linden*, NZG 2013, 208, 2010f.; bei Personengesellschaften *J. Bayer*, S. 128.

606 BGH, Urt. v. 25.4.1966 – VII ZR 120/65, NJW 1966, 1452; BGH, Urt. v. 29.4.2004 – III ZR 279/03, NJW-RR 2004, 989; *Heermann*, in: MüKo-BGB, § 675, Rn. 3; *Fischer*, in: BeckOK-BGB, § 675, Rn. 3; *Mansel*, in: Jauernig, § 675, Rn. 4; anderer Ansicht ist hingegen teilweise die arbeitsgerichtliche Rechtsprechung, vgl. etwa BAG, Urt. v. 21.9.1966 – 1 AZR 504/65, NJW 1967, 414.

607 *Heermann*, in: MüKo-BGB, § 675, Rn. 7.

Vermögenslage des Geschäftsherrn. Des Weiteren muss die Tätigkeit – zumindest auch – fremdnützig erfolgen.[608] Typische Beispiele von Geschäftsbesorgungsverträgen sind Verträge mit Rechtsanwälten und Steuerberatern, Verträge im Finanzbereich oder Baubetreuungsverträge.[609]

Schon das Merkmal der Selbstständigkeit bereitet bei der Einordnung der Leitung der GmbH-Gesellschafterversammlung als Geschäftsbesorgung i.S.v. § 675 Abs. 1 BGB Probleme. Zwar soll die Weisungsabhängigkeit des Geschäftsbesorgers in einzelnen Belangen unschädlich sein, jedoch ist zumindest ein gewisses Maß an Eigenverantwortlichkeit erforderlich, weshalb etwa Arbeitsverhältnisse nicht in den Anwendungsbereich von § 675 BGB fallen.[610] Wie vorstehend bereits dargelegt, unterliegt der Versammlungsleiter in der GmbH aber – abgesehen von der Beschlussfeststellung – grundsätzlich den Weisungen der Gesellschafterversammlung (siehe Teil A Ziff. A.I.3.b). Er kann daher in der Regel nur so lange selbstständig entscheiden, wie sein Handeln von der Gesellschafterversammlung gebilligt wird. Jedenfalls aber wird der Versammlungsleiter nicht in fremdem Vermögensinteresse tätig. Dies wurde bereits ausführlich im Rahmen der analogen Anwendbarkeit der Geschäftsführer- bzw. Aufsichtsratshaftung erörtert (siehe Teil B Ziff. C.III.3.c). Das Handeln des Versammlungsleiters mag mittelbar Einfluss haben auf die Vermögenslage der Gesellschaft. Die Versammlungsleitung dient jedoch unmittelbar weder der Mehrung, der Verwaltung oder auch nur der Haltung des Gesellschaftsvermögens.[611] Überdies besteht für eine gesetzliche Verweisung auf die Vorschriften der §§ 663, 665-670 und 672-674 BGB auch keine Notwendigkeit. Die für die Versammlungsleitung hiervon in der Regel einzig relevante Vorschrift des § 670 BGB ist auf Dienstverträge ohnehin entsprechend anzuwenden, soweit die gemachten Aufwendungen nicht bereits durch die vereinbarte Vergütung abgegolten werden.[612] Mit dem herrschenden Verständnis des Begriffs der Geschäftsbesorgung i.S.v. § 675 Abs. 1 BGB kommt das Bestehen eines Geschäftsbesorgungsvertrags zwischen Versammlungsleiter und Gesellschaft folglich nicht in Betracht.

---

608 *Heermann*, in: MüKo-BGB, § 675, Rn. 8.

609 Siehe *Heermann*, in: MüKo-BGB, § 675, Rn. 26ff.

610 *Heermann*, in: MüKo-BGB, § 675, Rn. 6.

611 *Heermann*, in: MüKo-BGB, § 675, Rn. 8.

612 So jedenfalls die ständige Rechtsprechung im Arbeitsrecht, vgl. BAG, Urt. v. 12.3.2013 – 9 AZR 455/11, NZA 2013, 1086; siehe zum Anwendungsbereich von § 670 BGB auch *Schäfer*, in: MüKo-BGB, § 670, Rn. 3ff.

bb. *Dienstvertrag*

Da es sich bei einem Geschäftsbesorgungsvertrag immer um einen Dienst- oder Werkvertrag mit spezieller Ausprägung handelt (vgl. § 675 Abs. 1 BGB), könnte einer entgeltlichen Versammlungsleitung zumindest ein Dienst- oder Werkvertrag zugrunde liegen. Während bei einem Dienstvertrag nach § 611 Abs. 1 BGB lediglich eine Dienstleistung als solche geschuldet ist, hat der Werkvertrag nach § 631 Abs. 1 BGB darüber hinaus die Erbringung eines bestimmten Erfolges zum Gegenstand.[613] Mangels eines abnahmefähigen Werkes als Ergebnis der Versammlungsleitung, kommt alleine das Bestehen eines Dienstvertrages in Betracht.[614] Gegenstand eines Dienstvertrages ist letztlich die Leistung menschlicher Arbeit zur Erbringung von Diensten aller Art.[615] Der Versammlungsleiter einer GmbH stellt gegen Zahlung eines Entgelts seine Arbeitskraft zur Verfügung, um so der Gesellschafterversammlung ihre Leitung abzunehmen. Bei entgeltlicher Tätigkeit des Versammlungsleiters sind mithin die Wesensmerkmale eines Dienstverhältnisses gegeben.

cc. *Auftrag*

Erfolgt die Versammlungsleitung unentgeltlich, kommt außerdem das Bestehen eines Auftragsverhältnisses i.S.v. §§ 662ff. BGB in Betracht.[616] Ein solches setzt voraus, dass sich der Auftragnehmer zur Vornahme rechtsgeschäftlicher oder tatsächlicher Handlungen verpflichtet, welche eigentlich der Sorge des Auftraggebers obliegen und der Förderung von dessen Interessen dienen.[617] Diese im Vergleich zum Verständnis des Begriffes der Geschäftsbesorgung i.S.v. § 675 Abs. 1 BGB (siehe oben Teil B Ziff. D.I.2.a.aa) sehr weiten Voraussetzungen sind bei der Versammlungsleitung in der GmbH zweifellos erfüllt. Die von dem Versammlungsleiter zu ergreifenden Maßnahmen – teils tatsächlicher, teils rechtsgeschäftlicher oder zumindest rechtsgeschäftsähnlicher Natur – liegen sämtlich

---

613 BGH, Urt. v. 16.7.2002 – X ZR 27/01, NJW 2002, 3323.

614 So zur AG auch *Pliquett*, S. 110.

615 *Baumgärtner*, in: BeckOK-BGB, § 611, Rn. 35.

616 So auch *Kleemann*, S. 27 und 154; *Werner*, GmbHR 2020, 1168, 1170; zur AG *Koch*, in: Hüffer/Koch, § 129 AktG, Rn. 25; *Sauerwald*, S. 166; *Langenbach*, S. 197; *Theusinger/Schilha*, BB 2015, 131, 138; *Poelzig*, AG 2015, 476, 479; *Drinhausen/Marsch-Barner*, AG 2014, 757, 767; *Marsch-Barner*, FS Brambring, 2011, S. 267, 281; zu Personengesellschaften *J. Bayer*, S. 128.

617 BGH, Urt. v. 21.6.2012 – III ZR 291/11, NJW 2012, 3366; BGH, Urt. v. 17.5.1971 – VII ZR 146/69, NJW 1971, 1404.

im Interesse der Gesellschaft als Auftraggeberin. Sie dienen der Herbeiführung wirksamer Gesellschafterbeschlüsse und damit der Handlungsfähigkeit der Gesellschaft.

dd. Gefälligkeitsverhältnis mit rechtsgeschäftlichem Charakter

Im Schrifttum wird zum Teil angenommen, dass zwischen reinem Gefälligkeitsverhältnis und vertraglichem Verhältnis noch eine dritte Kategorie existiert – das Gefälligkeitsverhältnis mit rechtsgeschäftlichem Charakter. Aus diesem sollen sich zwar keine Leistungspflichten, jedoch Schutzpflichten nach § 241 Abs. 2 BGB ergeben. Kommt es zu einer Verletzung solcher Pflichten, könne eine Schadensersatzhaftung nach § 280 Abs. 1 BGB auf ein solches Rechtsverhältnis gestützt werden.[618] Bezüglich der Haftung des Versammlungsleiters in der GmbH ist dieses rechtliche Konstrukt indessen wenig weiterführend, da dessen Pflichtverletzungen in aller Regel nicht das Integritätsinteresse der Gesellschaft verletzen und damit keine Schutzpflichtverletzungen i.S.v. § 241 Abs. 2 BGB darstellen (siehe oben Teil B Ziff. D.I.1.b). Überdies wird die Existenz eines Gefälligkeitsverhältnisses mit rechtsgeschäftlichem Charakter von der Rechtsprechung und auch Teilen der Literatur zu Recht abgelehnt. Fehlt es am Rechtsbindungswillen der Parteien, lässt sich auch keine an das Vertragsrecht angelehnte Haftung begründen.[619]

ee. Geschäftsführung ohne Auftrag

Jedenfalls die berechtigte Geschäftsführung ohne Auftrag nach §§ 677, 683 BGB vermag eine Schadensersatzhaftung nach § 280 Abs. 1 BGB wegen Fehlern bei der Ausführung des übernommenen Geschäfts zu begründen.[620] Das Vorliegen einer Geschäftsführung ohne Auftrag kommt bezüglich der Versammlungsleitung in der GmbH jedoch nur in eng begrenzten Ausnahmefällen in Betracht. Fehlt es dem Versammlungsleiter an einem hinreichenden Rechtsbindungswillen in Bezug auf eine vertragliche Bindung (siehe hierzu eingehend sogleich Teil B Ziff. D.I.2.b.cc), so scheidet auch das Vorliegen der Voraussetzungen von §§ 677ff. BGB von vornherein mangels Fremdgeschäftsführungswillens aus. Fehlt

---

618 *Petersen*, in: Medicus/Petersen, Rn. 368.

619 BGH, Urt. v. 4.8.2010 - XII ZR 118/08, NJW 2010, 3087 m.w.N.

620 Vgl. BGH, Urt. v. 30.11.1971 - VI ZR 100/70, NJW 1972, 475; *Schäfer*, in: MüKo-BGB, § 677, Rn. 122; *Mansel*, in: Jauernig, Vor §§ 677 ff., Rn. 4 und § 678, Rn. 3; *Gregor*, in: jurisPK-BGB, Bd. 2, § 677, Rn. 2 und 39; *Petersen*, in: Medicus/Petersen, Rn. 426; *Larenz*, S. 446; *Röthel*, Jura 2012, 598, 601.

es hingegen am Rechtsbindungswillen der Gesellschaft – etwa bei unberechtigter Übernahme der Versammlungsleitung –, so kann wegen des entgegenstehenden Willens der Gesellschaft als Geschäftsherrin allein eine unberechtigte Geschäftsführung ohne Auftrag gegeben sein.[621] Auf diese lässt sich aber nach vorzugswürdiger Auffassung die Schadensersatzhaftung nach § 280 Abs. 1 BGB gerade nicht stützen. Kommt es zu Schädigungen des Geschäftsherrn im Rahmen der Ausführung einer unberechtigten Geschäftsführung ohne Auftrag, haftet der Geschäftsführer daher mangels Entstehung eines gesetzlichen Schuldverhältnisses im Sinne von § 280 Abs. 1 BGB ausschließlich nach der Sondervorschrift des § 678 BGB (siehe hierzu Teil B Ziff. E) oder deliktsrechtlich nach § 823ff. BGB (siehe hierzu Teil B Ziff. F).[622]

b. Zustandekommen einer vertraglichen Bindung

Nunmehr stellt sich die Frage, ob und wie eine vertragliche Vereinbarung zwischen Versammlungsleiter und Gesellschaft – in Form des Dienstvertrags oder des Auftrags – tatsächlich zustande kommt. Nach allgemeinen zivilrechtlichen Regeln bedarf es hierzu des Vorliegens eines Antrags sowie einer kongruenten Annahme i.S.v. §§ 145ff. BGB.[623] Annahme und Antrag setzen jeweils insbesondere einen hinreichenden Rechtsbindungswillen des jeweils Erklärenden voraus.[624]

aa. Antrag der Gesellschaft

Die Initiative zum Abschluss eines schuldrechtlichen Vertrages zwischen Gesellschaft und Versammlungsleiter wird in der Regel von der Gesellschaft ausgehen, da es auch allein der Gesellschafterversammlung obliegt, den Versammlungsleiter (korporationsrechtlich) zu bestellen. Es ist bei der Ermittlung eines möglichen Antrags auf Abschluss eines schuldrechtlichen Vertrags im Wesentlichen zwischen zwei Fallkonstellationen zu differenzieren: der entgeltlichen und der unentgeltlichen Tätigkeit des Versammlungsleiters.[625] Wird der

---

621 *Schäfer*, in: MüKo-BGB, § 677, Rn. 109.

622 *Mansel*, in: Jauernig, Vor §§ 677 ff., Rn. 5 und § 678, Rn. 2; *Petersen*, in: Medicus/Petersen, Rn. 432; wohl auch BGH, Urt. v. 30.11.1971 – VI ZR 100/70, NJW 1972, 475 und *Gregor*, in: jurisPK-BGB, Bd. 2, § 677, Rn. 6; *Larenz*, S. 437 und 451; *Schwerdtner*, Jura 1982, 593, 593; a.A. *Röthel*, Jura 2012, 598, 601.

623 *Ellenberger*, in: Palandt, Vor § 145, Rn. 4.

624 *Ellenberger*, in: Palandt, Vor § 145, Rn. 2.

625 Siehe zur AG auch *Pliquett*, S. 110ff.

Versammlungsleiter gegen Zahlung eines Entgelts tätig, so ist in der Regel davon auszugehen, dass es im Vorfeld der jeweiligen Gesellschafterversammlung bereits zu Absprachen über die Rahmenbedingungen seiner Tätigkeit, insbesondere die Höhe seines Entgelts, kommt. Hierbei ist die Gesellschaft gemäß § 35 Abs. 1 S. 1 GmbHG durch die Geschäftsführer zu vertreten (zu den diesbezüglichen Befugnissen der Geschäftsführer im Innenverhältnis siehe sogleich). Ein Antrag auf Abschluss eines Dienstvertrags liegt dann – das Vorhandensein eines hinreichenden Rechtsbindungswillens vorausgesetzt – in der Tätigkeitsanfrage durch die Geschäftsführung der Gesellschaft an den designierten Versammlungsleiter.

Auch bei unentgeltlicher Tätigkeit des Versammlungsleiters kann es bereits im Vorfeld der Gesellschafterversammlung zu Absprachen zwischen dem Versammlungsleiter und der Geschäftsführung der Gesellschaft kommen, welche einen Antrag auf Eingehung eines Auftragsverhältnisses beinhalten. Dies wird aber die Ausnahme darstellen. Ein Vertragsschluss ist sonst in der Regel nur während der Gesellschafterversammlung denkbar. Da hier die Geschäftsführung der Gesellschaft nicht immer anwesend ist,[626] scheidet häufig auch die Erklärung eines Antrags i.S.v. § 145ff. BGB durch diese aus. Es stellt sich daher die Frage, ob auch die Gesellschafterversammlung zur Abgabe eines Antrags auf Abschluss eines schuldrechtlichen Vertrags mit dem Versammlungsleiter befugt ist.

Eine solche Befugnis könnte sich aus der Ziehung einer Parallele zur Situation beim Abschluss eines Anstellungsvertrages zwischen der Gesellschaft und einem Geschäftsführer ergeben.[627] So ist bei der Geschäftsführerbestellung in der GmbH eine Annexkompetenz der Gesellschafterversammlung zur gesetzlichen Befugnis nach § 46 Nr. 5 GmbHG (Bestellung, Abberufung und Entlastung von Geschäftsführern) bezüglich des Abschlusses eines schuldrechtlichen Anstellungsvertrages allgemein anerkannt. Es obliegt der Gesellschafterversammlung aufgrund dieser Annexkompetenz nicht nur über den Abschluss oder die Beendigung eines solchen Anstellungsvertrages selbst, sondern etwa auch über die Höhe der Geschäftsführervergütung, die Altersversorgung sowie Urlaubsregelungen – mithin die genaue inhaltliche Ausgestaltung des

626 Vgl. zu Teilnahmerecht und -pflicht der Geschäftsführer einer GmbH in der Gesellschafterversammlung MüKo-GmbHG, § 48, Rn. 47ff.

627 Gegen eine Annexkompetenz der Hauptversammlung in der AG hinsichtlich des Abschlusses schuldrechtlicher Verträge mit dem Hauptversammlungsleiter *Sauerwald*, S. 167; dahingehend auch *Langenbach*, S. 197 und *Niemz*, S. 46, die die Entstehung einer vertraglichen Bindung nur im Falle einer rechtsgeschäftlichen Einigung zwischen dem künftigen Versammlungsleiter und dem Vorstand der AG für möglich erachten.

Anstellungsvertrages – zu entscheiden.[628] Soll das Anstellungsverhältnis mit einem Gesellschafter-Geschäftsführer eingegangen werden, so unterliegt dieser nach überwiegender Meinung bei der diesbezüglichen Beschlussfassung in der Gesellschafterversammlung grundsätzlich trotz seiner Selbstbetroffenheit keinem Stimmverbot.[629] Außerdem ist die Gesellschafterversammlung zur Vertretung der Gesellschaft gegenüber den Geschäftsführern im Außenverhältnis berufen.[630]

Zwar ist bezüglich des Versammlungsleiters in der GmbH die Begründung einer Annexkompetenz der Gesellschafterversammlung zum Abschluss schuldrechtlicher Verträge aus dogmatischen Gründen nicht möglich. Denn Voraussetzung der Anerkennung einer Annexkompetenz ist immer die Anknüpfungsmöglichkeit an eine gesetzliche Zuständigkeitsregelung.[631] Die Kompetenz der Gesellschafterversammlung zur (korporationsrechtlichen) Bestellung eines Versammlungsleiters folgt jedoch nicht aus einer gesetzlichen Zuständigkeitszuweisung, sondern aus dem Selbstorganisationsrecht der Gesellschafterversammlung (siehe oben Teil A Ziff. A.I.2.b). Trotz dessen greifen Sinn und Zweck der Anerkennung einer Annexkompetenz hier gleichermaßen ein.[632] Auch bei der Bestellung eines Versammlungsleiters handelt es sich um eine ureigene Aufgabe der Gesellschafterversammlung. Es obliegt allein der Gesellschafterversammlung – bzw. ihren Hilfspersonen – über jegliche Fragen des Ablaufs und des Verfahrens der Versammlung zu entscheiden.[633] Dann muss sie aber auch dazu befugt sein, die in unmittelbarem Sachzusammenhang mit der korporationsrechtlichen Bestellung stehenden schuldrechtlichen Beziehungen der Gesellschaft zu dem jeweiligen Versammlungsleiter zu regeln. Denn diese können für einen geordneten Ablauf der Gesellschafterversammlung mittelbar ebenfalls von erheblicher Bedeutung sein. Soll etwa im Laufe der Gesellschafterversammlung ad hoc ein professioneller Versammlungsleiter – beispielsweise ein anwesender Rechtsanwalt zum Versammlungsleiter bestellt werden –, muss es der Gesellschafterversammlung auch ohne Mitwirkung der Geschäftsführung möglich

---

628 Siehe nur BGH, Urt. v. 25.3.1991 – II ZR 169/90, NJW 1991, 1680; BGH, Hinweisbeschl. v. 8.1.2007 – II ZR 267/05, GmbHR 2007, 606; BGH, Beschl. v. 26.11.2007 – II ZR 161/06, NZG 2008, 104; BGH, Urt. v. 14.5.2019 – II ZR 299/17, BeckRS 2019, 13454; *Fleischer/Wedemann*, GmbHR 2010, 449, 449f.; *Lieder*, NZG 2015, 569, 571.

629 *Lieder*, NZG 2015, 569, 572f.; *Drescher*, in: MüKo-GmbHG, § 47, Rn. 165f.

630 *Lieder*, NZG 2015, 569, 573.

631 *Lieder*, NZG 2015, 569, 569f.

632 Vgl. hierzu eingehend *Fleischer/Wedemann*, GmbHR 2010, 449, 454ff.

633 *Kleemann*, S. 26.

sein, eine verbindliche Vergütungsregelung zu treffen. Denn ohne Existenz einer solchen Regelung wird ein professioneller Versammlungsleiter häufig nicht zur Übernahme seines Amtes bereit sein.

Im Gegensatz zur echten Annexkompetenz ist jedoch keine ausschließliche Zuständigkeit der Gesellschafterversammlung zum Abschluss schuldrechtlicher Verträge mit dem GmbH-Versammlungsleiter anzunehmen. Insoweit besteht etwa zur Interessenlage bei Abschluss von Anstellungsverträgen mit Geschäftsführern der Gesellschaft ein wesentlicher Unterschied. Dort dient die Anerkennung einer ausschließlichen Zuständigkeit der Gesellschafterversammlung als Annexkompetenz zu § 46 Nr. 5 GmbHG insbesondere auch der Vermeidung von Interessenkonflikten.[634] Diese sind bei Abschluss von schuldrechtlichen (auch entgeltlichen) Verträgen zwischen GmbH und Versammlungsleiter nicht in gleichem Maße zu befürchten. Denn bei dem Abschluss von Anstellungsverträgen müsste die Geschäftsführung die Gesellschaft gemäß § 35 Abs. 1 S. 1 GmbHG gegenüber dem anzustellenden Geschäftsführer selbst vertreten, wohingegen bei schuldrechtlichen Verträgen mit dem Versammlungsleiter in der Regel die Vertretung gegenüber Gesellschaftern, Aufsichtsratsmitgliedern oder gesellschaftsfremden Personen im Raum steht. Überdies steht es der Gesellschafterversammlung stets frei, der Geschäftsführung Weisungen zu erteilen hinsichtlich eines abzuschließenden schuldrechtlichen Vertrages mit dem designierten Versammlungsleiter.

Es bleibt folglich festzuhalten, dass Gesellschafterversammlung und Geschäftsführung gleichermaßen über die Kompetenz und Vertretungsmacht zum Abschluss schuldrechtlicher Verträge mit dem GmbH-Versammlungsleiter verfügen. Ein Antrag der Gesellschaft gerichtet auf Abschluss eines schuldrechtlichen Vertrages (in Form des Dienstvertrags oder Auftrags) wird dem Versammlungsleiter – einen hinreichenden Rechtsbindungswillen vorausgesetzt – entweder im Vorfeld der betreffenden Gesellschafterversammlung im Rahmen von Absprachen über die Rahmenbedingungen seiner Tätigkeit durch die Geschäftsführung oder während der laufenden Gesellschafterversammlung durch die Gesellschafterversammlung selbst unterbreitet (siehe zu den verschiedenen Fallkonstellationen im Einzelnen Teil B Ziff. D.I.2.c).[635]

634 *Fleischer/Wedemann*, GmbHR 2010, 449, 455f.

635 So bei Personengesellschaften auch *J. Bayer*, S. 129, die im Bestellungsakt ein Angebot der Gesellschaft i.S.v. § 145 BGB erblickt.

bb. Annahme des Versammlungsleiters

Die Annahme des Versammlungsleiters bereitet deutlich weniger Probleme. Sie kann ausdrücklich erklärt werden – etwa bei Vereinbarung der Bedingungen der Tätigkeit eines professionellen Versammlungsleiters. Jedenfalls aber ist in der schlichten Aufnahme der Versammlungsleitung – einen hinreichenden Rechtsbindungswillen vorausgesetzt (siehe sogleich Teil B Ziff. D.I.2.b.cc) – stets eine konkludente Annahmeerklärung zu sehen.[636]

cc. Rechtsbindungswille

Sowohl der Antrag der Gesellschaft als auch die Annahme durch den Versammlungsleiter bedürfen zur Herbeiführung eines wirksamen Vertragsschlusses eines hinreichenden Rechtsbindungswillens des Erklärenden. Der Erklärende muss das Bewusstsein und den Willen haben, dass „sein Verhalten rechtsgeschäftlich verbindliche Geltung hat, dass es ‚konstitutive' Rechtsgestaltung im Sinne der Begründung, Änderung oder Aufhebung eines Rechtsverhältnisses bewirkt".[637] Das Vorliegen eines Rechtsbindungswillens der beteiligten Parteien ist mangels Bestehens eines gesetzlichen Schuldverhältnisses als taugliche Haftungsgrundlage (siehe oben Teil B Ziff. D.I.1) die entscheidende Voraussetzung für eine schuldrechtliche Haftung des Versammlungsleiters in der GmbH.

Bei der entgeltlichen Versammlungsleitung wird der Rechtsbindungswille sowohl auf Seiten der Gesellschaft als auch des Versammlungsleiters in der Regel ohne Weiteres zu bejahen sein. Denn ohne eine rechtsverbindliche Einigung über die Bedingungen der Tätigkeit des Versammlungsleiters hat dieser keinen klagbaren, vertraglichen Anspruch auf seine Vergütung und umgekehrt die Gesellschaft keinen vertraglichen Anspruch auf Übernahme und Durchführung der Versammlungsleitung.

Äußerst problematisch ist hingegen die Frage, ob Gesellschaft und Versammlungsleiter bei dessen unentgeltlichem Tätigwerden über einen hinreichenden Rechtsbindungswillen verfügen. Es stellt sich die Problematik der Abgrenzung von Auftragsverhältnis und Gefälligkeit bei unentgeltlichen Geschäften.[638] Zur Feststellung des Vorliegens eines Rechtsbindungswillens der Parteien ist nach den von der Rechtsprechung entwickelten Grundsätzen in diesen Fällen darauf abzustellen, wie sich das Handeln des Leistenden einem objektiven Beobachter

---

636 Ebenso *J. Bayer*, S. 129 (zu Personengesellschaften); so allgemein zur Organbestellung auch *Maties*, in: BeckOGK, Stand: 15.8.2020, § 611 BGB, Rn. 99.

637 *Armbrüster*, in: MüKo-BGB, Vor § 116, Rn. 23.

638 Siehe hierzu *Petersen*, in: Medicus/Petersen, Rn. 367; *Lorenz/Eichhorn*, JuS 2017, 6, 7.

darstellt. Erforderlich ist, dass „der Leistungsempfänger aus dem Handeln des Leistenden unter den gegebenen Umständen nach Treu und Glauben mit Rücksicht auf die Verkehrssitte" auf einen Rechtsbindungswillen schließen musste.[639] Die Rechtsprechung hat diesbezüglich einen ganzen Strauß von Kriterien entwickelt: Relevant seien insbesondere Art, Grund und Zweck der erbrachten Leistung. Außerdem sollen die wirtschaftliche und rechtliche Bedeutung – insbesondere für den Leistungsempfänger –, die Umstände ihrer Erbringung sowie die dabei bestehende Interessenlage der Parteien zu berücksichtigen sein. Auch die erkennbare Gefahr, in die der Begünstigte durch eine fehlerhafte Leistung geraten kann, könne auf einen Rechtsbindungswillen schließen lassen.[640]

Wendet man die vorstehenden Kriterien auf die Übernahme der Versammlungsleitung bei der GmbH an, so lässt sich kaum eine pauschale Aussage über das Bestehen eines hinreichenden Rechtsbindungswillens der Parteien treffen.[641] Vielmehr ist zwischen den verschiedenen Fallkonstellationen der Versammlungsleitung zu differenzieren. Wird im Hinblick auf zu erwartende Spannungen in der Gesellschafterversammlung ein Mitglied des Aufsichtsrates der Gesellschaft satzungsmäßig zum Versammlungsleiter bestellt, so ist auch im Falle der unentgeltlichen Betätigung in der Regel das Bestehen eines vertraglichen Schuldverhältnisses zu bejahen. Bei Ad hoc-Bestellung eines Gesellschafters für eine voraussichtlich reibungslos ablaufende Versammlung kann ein Rechtsbindungswille der Parteien hingegen kaum angenommen werden (siehe zu den verschiedenen Fallkonstellationen im Einzelnen sogleich Teil B Ziff. D.I.2.c).

c. *Stellungnahme zu den verschiedenen Fallkonstellationen*

aa. *Gesellschafter-Versammlungsleiter*

Wird ein Gesellschafter der GmbH zum Versammlungsleiter bestellt, ist im Falle der entgeltlichen Betätigung des Gesellschafters stets vom Bestehen eines Dienstvertrags auszugehen. Antrag und Annahme werden meist schon im Vorfeld zur Gesellschafterversammlung abgegeben, da es insbesondere bezüglich der Höhe des zu zahlenden Entgelts bereits zu diesem Zeitpunkt zu Absprachen der Parteien kommt. Ein hinreichender Rechtsbindungswille kann allein im Hinblick

639 BGH, Urt. v. 22.6.1956 – I ZR 198/54, NJW 1956, 1313; BGH, Urt. v. 18.12.2008 – IX ZR 12/05, NJW 2009, 1141.

640 BGH, Urt. v. 22.6.1956 – I ZR 198/54, NJW 1956, 1313; BGH, Urt. v. 18.12.2008 – IX ZR 12/05, NJW 2009, 1141.

641 A.A. *J. Bayer*, S. 128, wonach ein Rechtsbindungswille bezüglich der Tätigkeit eines Versammlungsleiters bei Personengesellschaften stets zu bejahen ist.

auf die sonst fehlende Klagbarkeit des Zahlungsanspruches des Versammlungsleiters ohne Weiteres bejaht werden.

Im Fall der unentgeltlichen Betätigung eines Gesellschafters als Versammlungsleiter der Gesellschaft ist zu differenzieren und eine genaue Subsumtion des jeweiligen Einzelfalls unter die von der Rechtsprechung zur Feststellung des Vorliegens eines hinreichenden Rechtsbindungswillens entwickelten Kriterien erforderlich. Antrag und Annahme werden hier regelmäßig erst in der jeweiligen Gesellschafterversammlung erklärt – durch die Bestellung des Versammlungsleiters und die darauffolgende Übernahme des Amtes.

Für das Bestehen eines Auftragsverhältnisses bzw. eines Rechtsbindungswillens der Parteien sprechen etwa die satzungsmäßige Bestellung, die Bestellung speziell im Hinblick auf konfliktträchtige Gesellschafterversammlungen oder auf Gesellschafterversammlungen mit besonders bedeutsamen Gesellschafterbeschlüssen. In den genannten Fällen kommt der Versammlungsleitung eine erhöhte wirtschaftliche und rechtliche Bedeutung zu und auch die erkennbare Gefahr für die Gesellschaft durch die seitens des Versammlungsleiters zu erbringende Leistung ist hier größer.

Gegen das Vorliegen eines Auftragsverhältnisses spricht insbesondere die Bestellung durch einfachen Gesellschafterbeschluss. Diese ist in der Regel ein Indiz gegen einen hinreichenden Rechtsbindungswillen vor allem auf Seiten des bestellten Gesellschafter-Versammlungsleiters. Nimmt dieser ad hoc die Wahl zum Versammlungsleiter an, so kann bei Fehlen besonderer Umstände – wie etwa der bevorstehenden Fassung äußerst wichtiger Gesellschafterbeschlüsse – aus der Sicht eines objektiven Beobachters nicht darauf geschlossen werden, dass die Eingehung vertraglicher Primärpflichten gewollt ist. Vielmehr hat der gewählte Versammlungsleiter allein das Bewusstsein, eine rein gesellschaftsinterne Aufgabe wahrzunehmen, ohne dass hierbei Rechte und Pflichten jenseits der Gesellschaftsgrenze (siehe zur Einordung des entstehenden körperschaftlichen Rechtsverhältnisses oben Teil B Ziff. D.I.1.b) begründet werden.

bb. Aufsichtsrats-/Beirats-Versammlungsleiter

Bei entgeltlicher Tätigkeit eines Aufsichtsrats- oder Beirats-Mitglied als Leiter der Gesellschafterversammlung sind kaum Unterschiede erkennbar zur entgeltlichen Betätigung eines Gesellschafters der GmbH. Wird eine zur Aufsichtsrats- oder Beirats-Tätigkeit zusätzliche Vergütung gezahlt, werden diesbezüglich in der Regel bereits im Vorfeld zur Gesellschafterversammlung rechtsverbindliche Absprachen getroffen. Ein Rechtsbindungswille zur Eingehung einer dienstvertraglichen Bindung kann dann unproblematisch bejaht werden.

Wird ein Mitglied des Aufsichtsrats oder Beirats der Gesellschaft unentgeltlich als Versammlungsleiter tätig, so gilt im Wesentlichen ebenfalls das bezüglich Gesellschafter-Versammlungsleitern bereits Gesagte. Aufgrund der erhöhten Professionalität von Aufsichtsrats- und Beiratsmitgliedern im Vergleich zu „einfachen Gesellschaftern" sollte die Schwelle für das Vorliegen eines Rechtsbindungswillens jedoch etwas niedriger angesetzt werden. Häufig wird es Aufsichtsrats- oder Beirats-Mitgliedern bereits an dem Bewusstsein fehlen, dass es sich bei der Versammlungsleitung um eine im Vergleich zu ihrer sonstigen Tätigkeit überobligatorische Aufgabe handelt – insbesondere bei satzungsmäßiger Bestellung des jeweiligen Amtsinhabers zum Versammlungsleiter. Jedenfalls werden die Inhaber eines solchen Amtes der Aufgabe der Versammlungsleitung in der Regel eine höhere Bedeutung beimessen als die Gesellschafter einer GmbH. Immerhin kommt ihnen eine besondere Stellung in der Gesellschaft zu. Dann kann aber auch am Maßstab eines objektiven Beobachters leichter auf einen Willen zu rechtsgeschäftlicher Bindung nach Maßgabe des Auftragsrechts gemäß §§ 662 ff. BGB geschlossen werden.

cc. Geschäftsführer-Versammlungsleiter

Wird ausnahmsweise ein Geschäftsführer zum Versammlungsleiter der Gesellschaft bestellt, so kann in der Regel von der Entstehung einer vertraglichen Bindung – im Wege der Erweiterung des Geschäftsführeranstellungsvertrages oder des Abschlusses eines zusätzlichen Dienstvertrages – zwischen der Gesellschaft und dem betreffenden Geschäftsführer ausgegangen werden. Im Fall der Gewährung einer zum Geschäftsführergehalt zusätzlichen Vergütung ergibt sich dies bereits aus den vorstehenden Ausführungen. Im Übrigen ist angesichts der äußerst verantwortungsvollen Stellung im Organisationsgefüge einer GmbH aus Sicht eines objektiven Beobachters davon auszugehen, dass die Parteien bei Bestellung eines Geschäftsführers zum Versammlungsleiter der zu erbringenden Leistung eine den rechtsunverbindlichen Bereich übersteigende Bedeutung beimessen. Nur bei Vorliegen besonderer Umstände kann im Einzelfall eine andere Bewertung angezeigt erscheinen.

dd. Unternehmensfremder Versammlungsleiter

Bei einem unternehmensfremden Versammlungsleiter ist eine vertragliche Bindung zwischen Gesellschaft und Versammlungsleiter nahezu immer zu bejahen. Von der Gesellschafterversammlung für das Amt in Betracht gezogen werden hier nur solche Personen, die persönlich oder fachlich in besonderem Maße zur Leitung der Gesellschafterversammlung geeignet sind. Kommt es aber zur

Bestellung solch professioneller Personen – beispielsweise von Rechtsanwälten – anstelle von Gesellschaftern oder den Inhabern anderer Ämter in der GmbH, muss sich einem objektiven Beobachter die erhöhte wirtschaftliche und rechtliche Bedeutung der zu erbringenden Leistung geradezu aufdrängen. Vom Vorliegen eines hinreichenden Rechtsbindungswillens ist daher in diesen Fällen – sowohl bei entgeltlichem als auch bei unentgeltlichem Tätigwerden – abgesehen von seltenen Ausnahmefällen immer auszugehen.

3. *Zusammenfassung*

Nach allgemeiner Auffassung entsteht zwischen Versammlungsleiter und Gesellschaft mit Übernahme des Amtes ein korporationsrechtliches Rechtsverhältnis. In der aktienrechtlichen Literatur wird hinsichtlich einer möglichen Haftung sowohl auf dieses korporationsrechtliche Verhältnis, als auch auf ein alternativ oder kumulativ bestehendes vertragliches Rechtsverhältnis abgestellt. In Bezug auf die GmbH wird die Haftung nach § 280 Abs. 1 BGB ganz überwiegend auf das körperschaftliche Rechtsverhältnis zwischen Versammlungsleiter und Gesellschaft gestützt. Diese Auffassung ist abzulehnen. Um eine taugliche Haftungsgrundlage bilden zu können, müssten durch das korporationsrechtliche Rechtsverhältnis einklagbare Primärleistungspflichten im Sinne von § 241 Abs. 1 BGB begründet werden. Ohne Existenz solcher Primärpflichten können leistungsbezogene Pflichtverletzungen des Versammlungsleiters auch nicht zu Sekundäransprüchen der Gesellschaft führen. Bei dem korporationsrechtlichen Rechtsverhältnis zwischen Versammlungsleiter und Gesellschaft handelt es sich indessen um reines Innenrecht der Gesellschaft, sodass Verletzungen von Pflichten aus diesem Verhältnis mangels Bestehens einer körperschaftlichen Haftungsnorm auch rein gesellschaftsinterne Folgen (wie etwa das Bestehen eines wichtigen Grundes zur Abberufung des Versammlungsleiters) zeitigen. Als (quasi-)vertragliche Schuldverhältnisse zwischen der Gesellschaft und dem Versammlungsleiter kommen allein der Dienstvertrag nach §§ 611ff. BGB (bei entgeltlicher Tätigkeit) und das Auftragsverhältnis nach §§ 662ff. BGB (bei unentgeltlicher Tätigkeit) in Betracht. Für das Vorliegen eines Geschäftsbesorgungsvertrags fehlt es an einer Betätigung in fremdem Vermögensinteresse. Das rechtliche Konstrukt eines Gefälligkeitsverhältnisses mit rechtsgeschäftlichem Charakter ist nach vorzugswürdiger Auffassung abzulehnen. Auch die berechtigte Geschäftsführung ohne Auftrag scheidet als Grundlage einer schuldrechtlichen Haftung des Versammlungsleiters nach § 280 Abs. 1 BGB aus. Der Antrag auf Abschluss eines schuldrechtlichen Vertrages zwischen Gesellschaft und Versammlungsleiter kann sowohl durch die Geschäftsführung, als auch durch die Gesellschafterversammlung selbst erklärt werden. Die diesbezügliche Befugnis der Gesellschafterversammlung ist eine Art Annex zu ihrer Kompetenz zur korporationsrechtlichen Bestellung des Versammlungsleiters. Der Antrag wird entweder im Vorfeld der Gesellschafterversammlung im Rahmen von Absprachen über die Bedingungen des Tätigwerdens des designierten Versammlungsleiters oder während der Gesellschafterversammlung selbst abgegeben. Die Annahme durch den Versammlungsleiter kann ebenfalls bereits im Voraus zur Gesellschafterversammlung ausdrücklich oder durch Übernahme der Versammlungsleitung konkludent erfolgen. Entscheidende Voraussetzung einer vertraglichen Bindung zwischen Versammlungsleiter und Gesellschaft und damit auch für eine schuldrechtliche Haftung ist der Rechtsbindungswille der Parteien. Das Vorliegen eines hinreichenden Rechtsbindungswillens beurteilt sich anhand eines Straußes verschiedener Kriterien und ist eine Frage des jeweiligen Einzelfalls. Bei entgeltlicher Tätigkeit des Versammlungsleiters ist ein Rechtsbindungswille der Parteien immer zu bejahen. Bei unentgeltlicher Betätigung des Versammlungsleiters ist insbesondere nach Art der Bestellung des Versammlungsleiters, Bedeutung der bevorstehenden Gesellschafterversammlung und Stellung des Amtsinhabers in der Gesellschaft zu differenzieren. Bei externen Versammlungsleitern ist ein Rechtsbindungswille nahezu immer und bei Geschäftsführer-Versammlungsleitern in der Regel zu bejahen. Bei Gesellschafter- und Aufsichtsrats- bzw. Beirats-Versammlungsleitern verbietet sich jegliche Pauschalisierung.

II. Schadensersatz statt oder neben der Leistung?

Entscheidende Vorfrage bei der Prüfung eines Schadensersatzanspruches gemäß § 280 Abs. 1 BGB ist stets, ob es sich um einen Schadensersatz statt oder neben der Leistung handelt. Denn im ersteren Fall müssen zusätzlich die Haftungsvoraussetzungen nach §§ 280 Abs. 3, 281ff. BGB erfüllt sein. Auch hinsichtlich des Bezugspunkts des Vertreten Müssens sowie auf Rechtsfolgenseite können sich infolge dieser Einordnung (erhebliche) Unterschiede ergeben.[642] Zur Abgrenzung der Schadensersatzarten ist zunächst auf die Art der Pflichtverletzung abzustellen. Das Vorliegen eines Schadensersatzes statt der Leistung kommt von vornherein nur in Betracht, wenn eine leistungsbezogene Pflicht i.S.v. § 241

642 *Lorenz*, in: BeckOK-BGB, § 280, Rn. 25f.; *Riehm*, in: BeckOGK, § 280 BGB, Stand: 15.10.2020, Rn. 204.

Abs. 1 BGB verletzt wurde.[643] Nur dann kann der Zweck der zusätzlichen Erfordernisse nach §§ 280 Abs 3, 281ff. BGB – die Begrenzung der Sekundärrechte des Schuldners –[644] überhaupt zum Tragen kommen. Bei Schutzpflichtverletzungen nach § 241 Abs. 2 BGB bestehen von vornherein ausschließlich Sekundärrechte. Im Übrigen ist die Abgrenzung zwischen Schadensersatz statt und neben der Leistung im juristischen Schrifttum umstritten[645] und auch aus der höchstrichterlichen Rechtsprechung lässt sich diesbezüglich keine einheitliche Linie erkennen.[646] Vorzugswürdig erscheint es anhand folgender Frage abzugrenzen: „Würde der geltend gemachte Schaden entfallen, wenn die Leistung jetzt bzw. im letztmöglichen Zeitpunkt (vor Wegfall der Leistungspflicht nach § 275, § 346 oder § 281 Abs. 4 BGB) noch erbracht wird bzw. worden wäre?“[647]

1. *Fehlerhafte Versammlungsleitung*

In Bezug auf die Leitung der GmbH-Gesellschafterversammlung ist im Wesentlichen zwischen zwei Fallgruppen zu differenzieren: Der Fall der fehlerhaften Versammlungsleitung ist von der gänzlichen Verweigerung der Versammlungsleitung zu unterscheiden. Im erstgenannten Fall wurde die gemäß § 241 Abs. 1 BGB geschuldete Leistung – d.h. die Dienstleistung i.S.v. § 611 Abs. 1 BGB bzw. die Geschäftsbesorgung i.S.v. § 662 BGB – zwar erbracht, entsprach jedoch nicht dem vertraglichen Pflichtenprogramm des Versammlungsleiters.

Anders als etwa das Kauf- oder Werkvertragsrecht, sieht das Gesetz weder für den Dienstvertrag, noch für den Auftrag ein Nacherfüllungsrecht des Dienstherrn bzw. Auftraggebers vor. Dennoch ist auch im Dienstvertragsrecht grundsätzlich das Bestehen eines Nacherfüllungsanspruchs des Dienstherrn und damit

---

643 *Lorenz*, in: BeckOK-BGB, § 280, Rn. 25; *Löwisch*, in: Staudinger, Vor §§ 280-285, Rn. A10.

644 *Lorenz*, in: BeckOK-BGB, § 280, Rn. 26.

645 Vgl. zum Streitstand *Lorenz*, in: BeckOK-BGB, § 280, Rn. 27ff.

646 *Riehm*, in: BeckOGK, Stand: 15.10.2020, § 280 BGB, Rn. 232ff.

647 *Lorenz*, in: BeckOK-BGB, § 280, Rn. 28f.; *ders.*, JuS 2008, 203, 204; *Petersen*, in: Medicus/Petersen, Rn. 237; *Ernst*, in: MüKo-BGB, § 280, Rn. 70; *Schwarze*, in: Staudinger, § 280, Rn. E3, und Vor §§ 280-285, Rn. C3ff.; abweichend *Tiedtke/Schmitt*, in: BB 2005, 615, 617, wonach auf den Zeitpunkt des Ablaufs einer gesetzten Frist zur Nacherfüllung abzustellen ist; a.A. *Riehm*, in: BeckOGK, Stand: 15.10.2020, § 280 BGB, Rn. 217ff. sowie *Stadler*, in: Jauernig, § 280, Rn. 3f., die anstatt nach zeitlichen Kriterien nach Art der jeweiligen Schadensposition differenzieren; a.A. *Benicke/Hellwig*, NJW 2014, 1697, 1702, wonach die Höhe des Schadensersatzes in einer wertenden Betrachtung einheitlich zu ermitteln ist.

einhergehend ein Recht des Dienstverpflichteten auf zweite Andienung anzuerkennen. Dies folgt aus Wortlaut und Telos von § 281 Abs. 1 BGB.[648] Wie sich bereits der Gesetzesbegründung zu § 281 BGB entnehmen lässt, ist der Wortlaut „Nacherfüllung" in § 281 Abs. 1 S. 1 BGB vertragstypenunabhängig zu beurteilen ist.[649] Dasselbe gilt für das Auftragsverhältnis.[650]

Das Bestehen eines Nacherfüllungsanspruchs kommt aber sowohl beim Dienstvertrag wie auch beim Auftrag von vornherein nur dann in Betracht, wenn die zu erbringende Dienstleistung bzw. Geschäftsbesorgung keinen absoluten Fixschuldcharakter aufweist und mit Ablauf des vereinbarten Leistungszeitpunkts keine Unmöglichkeit gemäß § 275 Abs. 1 BGB eintritt.[651] Die Leitung einer Gesellschafterversammlung weist in der Regel keinen solchen Fixschuldcharakter auf.[652] Dies würde voraussetzen, dass die vereinbarte Leistungszeit nach dem Sinn und Zweck des Vertrags und im Hinblick auf die Interessenlage der Parteien so wesentlich ist, dass eine verspätete Leistung für den Gläubiger völlig sinnlos ist.[653] Auch wenn die Wiederholung einer Gesellschafterversammlung, insbesondere bei großem Gesellschafterkreis, aus Sicht der Gesellschaft höchst unerwünscht sein mag, so ist sie dennoch möglich. Damit ist aber auch die Erbringung der seitens des Versammlungsleiters geschuldeten Leistung

648 *Latzel*, in: Staudinger, § 611, Rn. 242ff.; *Mansel*, in: Jauernig, § 611, Rn. 16; *Alexander*, JA 2015, 321, 325; so auch *Pliquett*, S. 106 (zur AG) und *J. Bayer* (zu Personengesellschaften), S. 156, die ein Recht des Versammlungsleiters zur Nacherfüllung bei fehlerhafter Versammlungsleitung ohne nähere Erklärung voraussetzen; a.A. OLG Düsseldorf, Urt. v. 23. Okt. 1997 – 13 U 227/96, GI 1998, 115, wonach ein Nacherfüllungsanspruch bei Dienstleistungen mit werkvertragsähnlichem Charakter aus § 633 BGB analog abzuleiten ist, und *Maties*, in: BeckOGK, Stand: 15.8.2020, § 611 BGB, Rn. 330, wonach der Dienstberechtigte bei werkvertragsähnlichen Dienstleistungen gemäß § 254 Abs. 2 S. 1 Hs. 2 BGB zur Einräumung der Möglichkeit zur Nachleistung verpflichtet sein kann; offenlassend BGH, Urt. v. 11.5.2006 – IX ZR 63/05, WM 2006, 1411, 1412.

649 BT-Drs. 14/6040, S. 138.

650 *Martinek/Omlor*, in: Staudinger, § 662, Rn. 34.

651 Vgl. zum Dienstvertrag *Mansel*, in: Jauernig, § 611, Rn. 16; *Maties*, in: BeckOGK, Stand: 15.8.2020, § 611 BGB, Rn. 320 und 330.

652 Anders für den Dienstvertrag eines GmbH-Geschäftsführers BGH, Urt. v. 7.12.1987 – II ZR 206/87, NJW-RR 1988, 420, wo der Fixschuldcharakter im Hinblick auf die vereinbarte Erbringung der geschuldeten Dienstleistungen an festen Arbeitstagen bejaht wird.

653 BGH, Urt. v. 28.5.2009 – Xa ZR 113/08, NJW 2009, 2743; *Lorenz*, in: BeckOK-BGB, § 275, Rn. 36.

zu einem späteren als dem vertraglich vorgesehenen Termin nicht von vornherein sinnlos. Es kann damit bei fehlerhafter Versammlungsleitung sowohl bei Bestehen eines Dienst- als auch eines Auftragsverhältnisses ein Nacherfüllungsanspruch der Gesellschaft bejaht werden.

In aller Regel wird es sich bei einem Dienstvertrag oder einem Auftragsverhältnis über die Versammlungsleitung aber um ein sog. relatives Fixgeschäft handeln. Ein solches liegt dann vor, wenn die Leistungszeit nach der Parteivereinbarung oder nach den für den Schuldner erkennbaren Interessen des Gläubigers so essentiell ist, dass eine nachträgliche Erfüllung nicht mehr als pflichtgemäße Leistung anzusehen ist.[654] Mithin muss das Geschäft mit der Leistungszeit „stehen und fallen".[655] Dies ist bei einem Vertrag über die Leitung der Gesellschafterversammlung einer GmbH anzunehmen. Für die Gesellschaft ist der Zeitpunkt der Erfüllung der seitens eines Versammlungsleiters vertraglich geschuldeten Pflichten von entscheidender Bedeutung. Schließlich ist die Gesellschafterversammlung unter Einhaltung gesetzlich bestimmter Formalitäten (vgl. § 51 GmbHG) für einen ganz bestimmten Zeitpunkt durch die Geschäftsführer einzuberufen.[656] Mit der Einhaltung dieses Zeitpunkts steht und fällt folglich für die Gesellschaft der Vertrag mit dem Versammlungsleiter. Gemäß § 281 Abs. 2 Alt. 2 BGB liegen damit regelmäßig besondere Umstände vor, die bei einer Abwägung der beiderseitigen Interessen die Gesellschaft dazu berechtigen, ohne vorherige Fristsetzung Schadensersatz statt der Leistung zu verlangen.[657] Es besteht daher zwar ein Recht der Gesellschaft, von dem Versammlungsleiter die Nacherfüllung der von ihm geschuldeten Leistungen zu verlangen, jedoch aufgrund des relativen Fixschuldcharakters der geschuldeten Leistung keine dahingehende Obliegenheit.[658]

Ersatzfähige Schäden im Rahmen eines Schadensersatzanspruchs statt der Leistung wegen Schlechtleistung des Versammlungsleiters sind all diejenigen, welche durch eine ordnungsgemäße (Nach-)Erfüllung des Versammlungsleiters im letztmöglichen Zeitpunkt hätten vermieden werden können. Je nach Erheblichkeit der Schlechtleistung (vgl. § 281 Abs. 1 S. 3 BGB) kann entweder der „kleine" oder der „große" Schadensersatz statt der Leistung geltend gemacht werden. Bei einem Dienstverhältnis ist als „kleiner" Schadensersatz statt der

654 *Ernst*, in: MüKo-BGB, § 323, Rn. 113.
655 Vgl. zu dieser Terminologie BGH, Urt. v. 17.1.1990 – VIII ZR 292/88, NJW 1990, 2065.
656 *Zöllner/Noack*, in: Baumbach/Hueck, § 51, Rn. 14.
657 *Lorenz*, in: BeckOK-BGB, § 281, Rn. 30.
658 Vgl. zum Dienstvertrag *Latzel*, in: Staudinger, § 611, Rn. 250.

Leistung seitens des Versammlungsleiters die Differenz zwischen dem Wert der erbrachten Schlechtleistung und dem Wert der ordnungsgemäßen Leistung zu ersetzen. Liegt eine erhebliche Verletzung der Pflichten des Versammlungsleiters im Sinne von § 281 Abs. 1 S. 3 BGB vor, so erfasst der Schadensersatzanspruch zumindest die gesamte seitens des Dienstberechtigten bereits gezahlte oder noch geschuldete Vergütung.[659] Außerdem kommt (alternativ) ein Anspruch der Gesellschaft auf Ersatz der Vergütung eines neuen Versammlungsleiters im Rahmen einer Wiederholung der Gesellschafterversammlung in Betracht.

Der entgangene Gewinn aus einer verpassten Geschäftschance kann – sowohl bei Bestehen eines Dienstvertrags als auch eines Auftragsverhältnisses – je nachdem, ob dieser durch eine hypothetische Nacherfüllung des Versammlungsleiters noch (hätte) erzielt werden können, als Schadensersatz neben der Leistung oder als Schadensersatz statt der Leistung einzuordnen sein. Wird bereits vor einer Wiederholung der fehlerhaften Gesellschafterversammlung ein wichtiger Geschäftsabschluss mangels wirksamen Zustimmungsbeschlusses der Gesellschafterversammlung durch die Gesellschaft verpasst, so handelt es sich hierbei um einen Schaden neben der Leistung in Form des Verzugsschadens. Auch durch die ordnungsgemäße Nacherfüllung durch den Versammlungsleiter im Rahmen der Folge-Gesellschafterversammlung kann der Schaden nicht mehr vermieden werden. Vielmehr wurde dieser allein durch den Verzug des Versammlungsleiters nach § 286 Abs. 2 Nr. 1 BGB verursacht.[660]

Als Schadensposten im Rahmen eines Schadensersatzanspruchs wegen Verzögerung der Leistung nach §§ 280 Abs. 1 und 2, 286 BGB kommen – das Fehlen eines Schadensersatzverlangens statt der Leistung und damit eines Erlöschens der Primärleistungspflicht vorausgesetzt (vgl. § 281 Abs. 4 BGB) – außerdem die Kosten einer erneut einberufenen Gesellschafterversammlung (z.B. Raummiete) in Betracht. Da diese Schäden auch bei ordnungsgemäßer Nacherfüllung des Versammlungsleiters nicht entfallen würden – d.h. auch nicht bei Ansetzung einer neuen Gesellschafterversammlung unter Leitung desselben Versammlungsleiters –, handelt es sich um Schäden neben der Leistung und zwar in Form des Verzugsschadens.[661] Der Schaden ist hier allein auf die Verzögerung der

659 *Latzel*, in: Staudinger, § 611, Rn. 260ff.

660 Anders zur AG *Pliquett*, S. 106, der hier einen einfachen Schadensersatz neben der Leistung annimmt.

661 Wie hier *J. Bayer*, S. 156 (zu Personengesellschaften); a.A. zur AG *Pliquett*, S. 105f. und *Sauerwald*, S. 403, Fn. 1975, die einen einfachen Schadensersatz neben der Leistung annehmen.

Leistung zurückzuführen.[662] Wegen des relativen Fixschuldcharakters der vertraglich geschuldeten Leistung des GmbH-Versammlungsleiters bedarf es zur Geltendmachung eines solchen Verzugsschadensersatzanspruches keiner vorherigen Mahnung seitens der Gesellschaft (vgl. § 286 Abs. 2 Nr. 1 BGB). Die Kosten einer durch die fehlerhafte Versammlungsleitung verursachten Beschlussmängelklage von Gesellschaftern sind hingegen als einfacher Schaden neben der Leistung einzuordnen.[663]

2. *Fehlende Übernahme der Versammlungsleitung*

Eine andere Situation stellt sich dar, wenn es gar nicht erst zur Übernahme der gemäß § 241 Abs. 1 BGB vertraglich geschuldeten Versammlungsleitung kommt. Beim Dienstvertrag kommt hier der vertraglich vereinbarte Vergütungsanspruch nicht zur Entstehung. Voraussetzung hierfür ist stets die Erbringung der geschuldeten Dienste.[664] Der Gesellschaft steht es aufgrund des relativen Fixschuldcharakters der geschuldeten Dienstleistung bzw. Geschäftsbesorgung (siehe oben Teil B Ziff. D.II.1) außerdem offen, ohne vorherige Fristsetzung zum („großen") Schadensersatz statt der Leistung überzugehen sowie etwaige Schäden neben der Leistung ersetzt zu verlangen.

Als Schäden statt der Leistung kommen – wie im Fall der fehlerhaften Versammlungsleitung – wiederum insbesondere die Kosten in Betracht, welche der Gesellschaft infolge des Tätigwerdens eines anderen (entgeltlich tätigen) Versammlungsleiters im Rahmen einer Wiederholung der Gesellschafterversammlung entstehen, wobei von diesen Kosten die ersparte Vergütung für den ursprünglich vorgesehenen Versammlungsleiter in Abzug zu bringen ist. Im Übrigen ergeben sich hinsichtlich möglicher Schadensposten keine nennenswerten Unterschiede im Vergleich zum Fall der fehlerhaften Versammlungsleitung (siehe oben Teil B Ziff. D.II.1).

3. *Sonderfall: Schutzpflichtverletzung*

Kaum Relevanz hat die Abgrenzung zwischen Schadensersatz statt und neben der Leistung für den Fall, dass der vertraglich gebundene Versammlungsleiter

---

662 Vgl. zu den Voraussetzungen des Verzugsschadensersatzes *Lorenz*, in: BeckOK-BGB, § 286, Rn. 68ff.

663 So zur AG auch *Pliquett*, S. 105f. und *Sauerwald*, S. 403, Fn. 1975 sowie zu Personengesellschaften *J. Bayer*, S. 155.

664 *Latzel*, in: Staudinger, § 611, Rn. 309.

Rechte, Rechtsgüter oder Interessen der Gesellschaft i.S.v. § 241 Abs. 2 BGB verletzt. Zu denken ist insbesondere an die Weitergabe von vertraulichen Informationen, von welchen der Versammlungsleiter im Rahmen seiner Amtsführung Kenntnis erlangt hat, an Dritte. Infolge solcher Schutzpflichtverletzungen erlittene Schäden sind grundsätzlich im Wege des einfachen Schadensersatzes nach § 280 Abs. 1 BGB zu ersetzen.[665] Allein über die Vorschrift des § 282 BGB können sich in Ausnahmefällen mittelbar auch Auswirkungen solcher Schutzpflichtverletzungen auf das Vorliegen eines Schadensersatzanspruchs statt der Leistung ergeben.[666]

4. *Folgen der Einordnung*

Hinsichtlich der Haftungsvoraussetzungen sind keine relevanten Auswirkungen aus der Einordung als Schadensersatz statt oder neben der Leistung erkennbar. Soweit es sich bei den geltend gemachten Schadenspositionen um Verzugsschäden oder um Schäden statt der Leistung handelt, bedarf ein Schadensersatzverlangen nach den vorstehenden Ausführungen wegen der festen Zeitvorgabe der Gesellschaft für die zu erbringende Leistung des Versammlungsleiters gemäß § 286 Abs. 2 Nr. 1 bzw. § 281 Abs. 2 Alt. 2 BGB keiner vorherigen Abmahnung oder Fristsetzung. Auch hinsichtlich des Bezugspunktes des Vertreten Müssens sind aus diesem Grund keine Unterschiede ersichtlich. Mangels Abmahnungs- bzw. Fristsetzungserfordernis liegen die Voraussetzungen für den Verzugsschadensersatz bzw. den Schadensersatz statt der Leistung schon zum Zeitpunkt der nicht oder fehlerhaft erbrachten Primärleistung vor, sodass sich auch das Vertreten Müssen auf diesen Zeitpunkt beziehen muss.[667] Einzig in Bezug auf die jeweils ersatzfähigen Schadensposten ergeben sich – wie vorstehend dargestellt – Abweichungen.

---

665 So auch *J. Bayer*, S. 156 (zu Personengesellschaften); vgl. auch *Lorenz*, in: BeckOK-BGB, § 280, Rn. 14.

666 *Lorenz*, in: BeckOK-BGB, § 280, Rn. 14.

667 Vgl. zum Bezugspunkt des Vertreten Müssens beim Verzugsschadensersatz *Lorenz*, in: BeckOK-BGB, § 286, Rn. 54 sowie beim Schadensersatz statt der Leistung *Lorenz*, in: BeckOK-BGB, § 281, Rn. 14.

III. Pflichtverletzung

1. Allgemeines

Eine schuldrechtliche Schadensersatzhaftung setzt gemäß § 280 Abs. 1 S. 1 BGB die Verletzung einer Pflicht aus dem Schuldverhältnis voraus. Der Begriff der Pflichtverletzung erfasst dabei sowohl Verstöße gegen Leistungspflichten i.S.v. § 241 Abs. 1 BGB als auch gegen Schutzpflichten i.S.v. § 241 Abs. 2 BGB.[668] Die Ermittlung der Reichweite der Leistungspflicht des Schuldners erfolgt bei vertraglichen Schuldverhältnissen insbesondere anhand einer Auslegung des zwischen den Parteien geschlossenen Vertrages.[669] Wurde zwischen Versammlungsleiter und Gesellschaft ein Dienstvertrag geschlossen oder ein Auftrag vereinbart, ist jedoch davon auszugehen, dass nur in den seltensten Fällen ausdrückliche Vereinbarungen darüber bestehen, welchen konkreten Pflichten der Versammlungsleiter bei der Ausübung seines Amtes unterliegen soll. Fehlt es bei einem Dienstvertrag an einer konkreten Bezeichnung der vertraglichen Verpflichtungen, so ergeben sich diese in der Regel entweder mittelbar aus der Tätigkeitsbeschreibung oder aus dem jeweiligen Berufsbild des Dienstverpflichteten (Bsp.: Berufsbild eines Arztes).[670] Bei Auftragsverhältnissen hat der Beauftragte bei Fehlen konkretisierender vertraglicher Vereinbarungen dem Willen und dem Interesse des Auftraggebers entsprechend zu handeln.[671] Schon aus diesen Grundsätzen lässt sich schlussfolgern, dass die korporationsrechtlichen Pflichten eines Versammlungsleiters in der GmbH auch auf schuldrechtlicher Ebene Geltung verlangen. Denn die Pflicht zur Einhaltung der korporationsrechtlichen Vorgaben für die Versammlungsleitung (siehe Teil A Ziff. B) ergibt sich mittelbar aus der Tätigkeitsbeschreibung „Leitung der GmbH-Gesellschafterversammlung" bzw. gebietet das Interesse der Gesellschaft als Auftraggeberin ihre Einhaltung. Überdies ist davon auszugehen, dass auch ohne dahingehende ausdrückliche Regelung die korporationsrechtlichen Pflichten von den Parteien konkludent zum Inhalt des schuldrechtlichen Vertrages gemacht werden.[672]

---

668 BT-Drs. 14/6040, S. 136.

669 *Lorenz*, in: BeckOK-BGB, § 280, Rn. 12.

670 *Maties*, in: BeckOGK, Stand: 15.8.2020, § 611 BGB, Rn. 251f.

671 *Fischer*, in: BeckOK-BGB, § 662, Rn. 11.

672 So ohne nähere Begründung auch *Pliquett*, S. 120 (zur AG) und *J. Bayer*, S. 158 (zu Personengesellschaften).

2. *Fehlerhafte Versammlungsleitung*

Zunächst soll nachfolgend der Fall der fehlerhaften Versammlungsleitung als ein Unterfall der Verletzung leistungsbezogener Pflichten im Sinne von § 241 Abs. 1 BGB behandelt werden. Hierbei ergeben sich bezüglich des gerichtlichen Prüfungsmaßstabs, der Wirkungen eines vorhergehenden gerichtlichen Beschlussmängelverfahrens sowie der Zurechenbarkeit des Handelns von Hilfspersonen mehrere Sonderfragen.

a. *Volle gerichtliche Überprüfungsmöglichkeit*

Zum Teil wird in der aktienrechtlichen Literatur angenommen, dass hinsichtlich von Pflichtverletzungen des Hauptversammlungsleiters von vornherein nur eine gerichtlich eingeschränkte Überprüfungsmöglichkeit besteht. Dem Versammlungsleiter sei bei offener Sach- oder Rechtslage aufgrund seiner besonderen Entscheidungssituation eine Einschätzungsprärogative zuzubilligen.[673] Dies ist abzulehnen. Es erscheint nicht sachgerecht, dem Versammlungsleiter über seinen ohnehin bei zahlreichen Maßnahmen bestehenden Ermessensspielraum hinaus einen derart weitgehenden Beurteilungsspielraum zuzubilligen. Insbesondere fehlt es an einer vergleichbaren Situation wie beim Treffen von unternehmerischen Entscheidungen durch die Geschäftsführung, wo die analoge Anwendung der Business Judgment Rule nach § 93 Abs. 1 S. 2 AktG in der GmbH allgemein anerkannt ist. Daher kann auch die Vorschrift des § 93 Abs. 1 S. 2 AktG – weder im Sinne einer Business Judgment Rule, noch im Sinne einer „Legal Judgment Rule“ – (doppelt) analoge Anwendung auf das Handeln des Versammlungsleiters in der GmbH finden (siehe ausführliche Begründung für die Ablehnung einer der gerichtlichen Kontrolle entzogenen Einschätzungsprärogative des Versammlungsleiters in der GmbH oben Teil A Ziff. C.I.1).

b. *Bindung an Ergebnisse eines vorhergehenden Beschlussmängelstreits*

Grundsätzlich ist das angerufene Gericht in Prozessen über die Haftung des GmbH-Versammlungsleiters in keiner Weise an das Urteil in einem vorhergehenden Beschlussmängelstreit gebunden. Dies ergibt sich aus der Reichweite der Rechtskraft nach §§ 322ff. ZPO in persönlicher sowie in sachlicher Hinsicht. Parteien eines Beschlussmängelstreits sind auf der Beklagtenseite die Gesellschaft und auf der Klägerseite in der Regel ein oder mehrere Gesellschafter der GmbH. Der Versammlungsleiter selbst ist hingegen nicht Partei des Rechtsstreits, da

---

673 Siehe Nachweise in Fn. 438.

dieser ja gerade den angegriffenen Beschluss festgestellt oder zumindest durch seine Maßnahmen (mittelbar) herbeigeführt hat. Die Rechtskraft eines Urteils wirkt aber grundsätzlich nur für und gegen die Parteien des Rechtsstreits.[674]

In sachlicher Hinsicht ist die Rechtskraftwirkung auf den Urteilstenor beschränkt.[675] Im Tenor einer Beschlussmängelklage wird nur das Vorliegen oder Nicht-Vorliegen eines bestimmten Beschlusses festgestellt (bei der allgemeinen Feststellungsklage), ein Beschluss für nichtig erklärt (bei der Anfechtungsklage) oder die Nichtigkeit eines Beschlusses festgestellt (bei der Nichtigkeitsklage). Über die Rechtmäßigkeit der Maßnahmen des Versammlungsleiters wird im Urteilsspruch hingegen keinerlei Aussage getroffen. Um bei Angriff eines Beschlusses wegen einer rechtswidrigen Maßnahme des Versammlungsleiters die in den Entscheidungsgründen getroffenen Feststellungen des Gerichts auch für einen späteren Haftungsprozess gegen den Versammlungsleiter fruchtbar zu machen, bedarf es daher der Streitverkündung gemäß §§ 72ff. ZPO.[676] Hierdurch erlangen – entweder infolge Beitritts des Versammlungsleiters als Streitverkündungsempfänger gemäß §§ 74 Abs. 1, 68 ZPO oder im Fall des unterlassenen Beitritts gemäß §§ 74 Abs. 3, 68 ZPO – auch die tatsächlichen und rechtlichen Feststellungen des Gerichts im Beschlussmängelverfahren Bindungswirkung für einen nachfolgenden Haftungsprozess zwischen Gesellschaft und Versammlungsleiter.[677]

c. *Zurechenbarkeit des Handelns von Hilfspersonen*

Anders als bei der AG stellt das Tätigwerden von Hilfspersonen des Versammlungsleiters in der GmbH die Ausnahme dar. Aufgrund des meist überschaubaren Gesellschafterkreises bedarf es in der Regel keiner aufwändigen Einlasskontrollen und auch das Auszählen der abgegebenen Stimmen bei der Beschlussfassung in der Gesellschafterversammlung kann durch den Versammlungsleiter allein bewältigt werden. Bedient sich der Versammlungsleiter – zulässigerweise (siehe oben Teil A Ziff. B.I) – dennoch einmal bei der Erfüllung seiner Aufgaben der Hilfe Dritter, so stellt sich die Frage der Zurechenbarkeit ihres Handelns. Besteht ein vertragliches Schuldverhältnis zwischen dem Versammlungsleiter und der Gesellschaft, so wird die Hilfsperson mit Wissen und Wollen des Versammlungsleiters in dessen vertraglichem Interesse tätig – bei der Erfüllung der

---

674 *Gruber*, in: BeckOK-ZPO, § 322, Rn. 30.
675 *Gruber*, in: BeckOK-ZPO, § 322, Rn. 27.
676 Vgl. hierzu *Pliquett*, S. 75.
677 *Dressler*, in: BeckOK-ZPO, § 68, Rn. 9ff.

Pflichten des Versammlungsleiters aus dem mit der Gesellschaft bestehenden Dienstvertrag oder Auftragsverhältnis – und ist damit als sein Erfüllungsgehilfe gemäß § 278 BGB anzusehen.[678] Etwaige Pflichtverletzungen durch die Hilfsperson sind folglich dem Versammlungsleiter zuzurechnen.[679] Auch kommt bei der GmbH im Gegensatz zur AG regelmäßig keine Berufung des Versammlungsleiters auf ein (erhebliches) Mitverschulden der Gesellschaft in Bezug auf die Auswahl und Ausbildung der Hilfskräfte in Betracht.[680] Denn es wird sich mangels Größe einer GmbH-Gesellschafterversammlung normalerweise nicht um spezielle Mitarbeiter der Gesellschaft oder die Mitarbeiter professioneller externer Dienstleistungsunternehmen handeln, sondern um spontan ausgewählte Helfer aus dem Teilnehmerkreis der Gesellschafterversammlung (siehe hierzu unten Teil B Ziff. D.V.2).

3. *Fehlende Übernahme der Versammlungsleitung*

Als zweiter Unterfall der Verletzung leistungsbezogener Pflichten im Sinne von § 241 Abs. 1 BGB kommt das gänzliche Unterbleiben der Übernahme der geschuldeten Versammlungsleitung in Betracht. Wie vorstehend bereits dargelegt wurde, besteht aus korporationsrechtlicher Sicht keine Verpflichtung des Versammlungsleiters zur Übernahme seines Amtes. Damit ist bei Verweigerung der Amtsübernahme das Vorliegen einer *korporationsrechtlichen* Pflichtverletzung ausgeschlossen. Um den Versammlungsleiter in diesem Fall dennoch haftbar machen zu können (etwa für Schäden infolge einer Wiederholung der Gesellschafterversammlung), bedarf es folglich einer *rein schuldrechtlichen* Pflicht zur Übernahme der Versammlungsleitung. Diese ergibt sich unmittelbar aus § 611 Abs. 1 bzw. § 662 BGB. Die Ausführung der zugesagten Geschäftsbesorgung bzw. Dienste ist gerade die zentrale Primärpflicht eines Dienstverpflichteten bzw. Beauftragten. Um einer schuldrechtlichen Haftung zu entgehen, ist eine fristgerechte Kündigung des jeweiligen Vertragsverhältnisses erforderlich. Dass ein Auftragsverhältnis vor Besorgung der vertragsgegenständlichen Geschäfte durch den Beauftragten gekündigt werden kann, folgt aus der

---

678 So auch *Theusinger/Schilha*, BB 2015, 131, 140 (zur AG) und *J. Bayer*, S. 168 (zu Personengesellschaften); a.A. *Sauerwald*, S. 387f. und *Niemz*, S. 171 (jeweils zur AG); vgl. zum Begriff des Erfüllungsgehilfen *Lorenz*, in: BeckOK-BGB, § 278, Rn. 11.

679 Vgl. zu den Rechtsfolgen von § 278 BGB *Lorenz*, in: BeckOK-BGB, § 278, Rn. 50.

680 So zur AG aber *Theusinger/Schilha*, BB 2015, 131, 140f.; weitergehend *Sauerwald*, S. 386ff., der u.a. unter Hinweis auf die Auswahl und Instruktion der Hilfspersonen des Hauptversammlungsleiters schon die Anwendbarkeit von § 278 BGB ablehnt.

Vorschrift des § 671 BGB. Soweit sich nicht ein anderes aus der Vereinbarung der Parteien ergibt, kann auch der freie Dienstvertrag bereits vor Dienstbeginn ordentlich gekündigt werden. Das Recht zur außerordentlichen Kündigung aus wichtigem Grund kann im Voraus ohnehin nicht wirksam ausgeschlossen werden.[681] Fehlt es an einer fristgerechten Kündigung, stellt die Verweigerung der Übernahme der Versammlungsleitung bei Bestehen eines Schuldverhältnisses folglich stets eine Pflichtverletzung i.S.v. § 280 Abs. 1 S. 1 BGB dar.

4. Sonderfall: Schutzpflichtverletzung

Schließlich kann als dritter Unterfall möglicher Pflichtverletzungen des Versammlungsleiters in der GmbH die Verletzung nicht-leistungsbezogener sog. Schutzpflichten im Sinne von § 241 Abs. 2 BGB Anlass für eine Schadensersatzhaftung des schuldrechtlich gebundenen Versammlungsleiters geben. Es sind diesbezüglich keine Besonderheiten erkennbar. Wie auch im Rahmen der fehlerhaften Versammlungsleitung muss sich der Versammlungsleiter das Handeln von Hilfspersonen zurechnen lassen (siehe oben Teil B Ziff. D.III.2.c).

IV. Vertreten Müssen

1. Allgemeines

Weitere Voraussetzung eines Schadensersatzanspruchs aus § 280 Abs. 1 BGB ist das Vertreten Müssen durch den Schuldner, welches gemäß § 280 Abs. 1 S. 2 BGB gesetzlich vermutet wird. Der Maßstab für das Vertreten Müssen ergibt sich aus §§ 276ff. BGB. Gemäß § 276 Abs. 1 S. 1 BGB hat der Schuldner grundsätzlich nur schuldhaftes, also vorsätzliches oder fahrlässiges eigenes Handeln zu vertreten. Ausnahmen von diesem Grundsatz folgen etwa aus § 278 BGB (Haftung auch für fremdes Verschulden) oder § 287 S. 2 BGB (Haftung auch für Zufall).[682] So hat sich der Versammlungsleiter das Verschulden – wie auch die Pflichtverletzung selbst (siehe vorstehend Teil B Ziff. D.III) – einer Hilfsperson gemäß § 278 BGB zurechnen zu lassen.[683] Verstößt der Versammlungsleiter nicht vorsätzlich gegen seine Pflichten, so kommt es für eine schuldrechtliche Haftung indes in der Regel entscheidend darauf an, ob ihm ein Fahrlässigkeitsvorwurf i.S.v. § 276 Abs. 2 BGB gemacht werden kann.

---

681 *Henssler*, in: MüKo-BGB, § 626, Rn. 56.

682 *Lorenz*, BeckOK-BGB, § 280, Rn. 31.

683 So auch *Theusinger/Schilha*, BB 2015, 131, 140 (zur AG) und *J. Bayer*, S. 168 (zu Personengesellschaften); a.A. *Sauerwald*, S. 387f. (zur AG).

Fahrlässig handelt gemäß § 276 Abs. 2 BGB, wer die im Verkehr erforderliche Sorgfalt außer Acht lässt. Es ist hierbei ein objektiver Sorgfaltsmaßstab anzulegen.[684] Maßstab ist demnach, „was von einem durchschnittlichen Anforderungen entsprechenden Angehörigen des jeweiligen Verkehrskreises in der jeweiligen Situation erwartet werden konnte, ohne Rücksicht darauf, ob der Handelnde nach seinen individuellen Fähigkeiten, Kräften, Erfahrungen und Kenntnissen die objektiv gebotene Sorgfalt erkennen und erbringen konnte".[685] Es erfolgt eine gruppenbezogene Betrachtung. Maßstab ist etwa, was von einem durchschnittlichen Anforderungen entsprechenden Allgemeinmediziner oder Gewerbetreibenden erwartet werden kann.[686]

Aufgrund dieses objektiven Sorgfaltsmaßstabs sind nur wenige Ausnahmefälle denkbar, in welchen ein GmbH-Versammlungsleiter sein pflichtwidriges Verhalten nicht zu vertreten hat. Denn ein durchschnittlichen Anforderungen entsprechender GmbH-Versammlungsleiter verfügt über ausreichende Kenntnisse und Fähigkeiten zur ordnungsgemäßen Erfüllung seiner Pflichten.[687] Eine differenziertere Sichtweise ist ausnahmsweise dort erforderlich, wo die gruppenbezogene Betrachtung des Sorgfaltsmaßstabs dies gebietet. So wird hinsichtlich des Verschuldens von Leitungsorganen in Kapitalgesellschaften vertreten, dass je nach Größe und Branche des Unternehmens oder etwa bei Vorliegen einer juristischen Vorausbildung ein unterschiedlicher Sorgfaltsmaßstab anzulegen ist.[688] Es erscheint sachgerecht, diese Überlegung auf die Versammlungsleitung in der GmbH zu übertragen. Jedenfalls bei einem professionellen, juristisch vorgebildeten Versammlungsleiter und einem unentgeltlich tätigen, juristischen Laien dürften (geringfügig) verschiedene Sorgfaltsanforderungen gelten. Diese werden aber nur in absoluten Ausnahmefällen zum Tragen kommen und eine unterschiedliche Bewertung in Bezug auf das Verschulden des Versammlungsleiters rechtfertigen.

---

684 *Lorenz*, in: BeckOK-BGB, § 276, Rn. 20.

685 *Lorenz*, in: BeckOK-BGB, § 276, Rn. 21.

686 Sie zu den genannten Beispielen Nachweise bei *Lorenz*, in: BeckOK-BGB, § 276, Rn. 22.

687 So auch *Pliquett*, S. 121f. (zur AG) und *J. Bayer*, S. 160 (zu Personengesellschaften); anders *Sauerwald*, S. 378, wonach an den Sorgfaltsmaßstab eines Hauptversammlungsleiter in der AG aufgrund seiner besonderen Entscheidungssituation keine zu hohen Anforderungen gestellt werden dürfen.

688 *Buck-Heeb*, BB 2016, 1347, 1350; *Arden*, S. 221.

2. *Schuldausschließender Rechtsirrtum*

Auf Ebene der Pflichtverletzung wurde vorstehend bereits erörtert, dass eine Haftungserleichterung zugunsten des Versammlungsleiters bei Bestehen von Unklarheiten in tatsächlicher oder rechtlicher Hinsicht abzulehnen ist (siehe Teil A Ziff. C.I.1). Ihm könnte jedoch auf Verschuldensebene eine Privilegierung zuzugestehen sein, wenn es infolge von rechtlichen Bewertungsfehlern zu Pflichtverletzungen kommt.

Nach allgemeinen Grundsätzen kann ein entschuldigender Rechtsirrtum nur unter sehr hohen Voraussetzungen angenommen werden, da andernfalls Schutzbehauptungen des Schuldners Tür und Tor geöffnet wäre. Der Schuldner muss stets die Rechtslage sorgfältig prüfen, gegebenenfalls Rechtsrat einholen und die höchstrichterliche Rechtsprechung beachten.[689] Ihn trifft grundsätzlich das Risiko einer Verkennung der Rechtslage.[690]

Für die Leitungsorgane in AG und GmbH haben sich in Rechtsprechung und Literatur einige konkretisierende Grundsätze zur Haftung bei rechtlichen Bewertungsfehlern herausgebildet. Jedenfalls bei Einholung von hinreichend qualifiziertem Rechtsrat ist ein schuldloses Handeln der Leitungsorgane trotz objektiver Verletzung ihrer Legalitätspflicht möglich (sog. „reliance defense")[691]. In seiner grundlegenden ISION-Entscheidung führt der BGH hierzu aus, dass sich der Vorstand einer AG bei Fehlen der erforderlichen Sachkunde „unter umfassender Darstellung der Verhältnisse der Gesellschaft und Offenlegung der erforderlichen Unterlagen von einem unabhängigen, für die zu klärende Frage fachlich qualifizierten Berufsträger" beraten lassen muss. Anschließend müsse er den erteilten Rechtsrat einer sorgfältigen Plausibilitätskontrolle unterziehen. Sind diese Voraussetzungen erfüllt, treffe den Vorstand auch bei objektiv unzutreffendem Rechtsrat keinen Verschuldensvorwurf. Das Verschulden des hinzugezogenen Rechtsanwalts könne dem Vorstand nicht nach § 278 BGB zugerechnet werden. Wenn ein Vorstand im Namen der Gesellschaft Dritte um Rechtsrat ersuche, sei in der Regel davon auszugehen, dass diese im Pflichtenkreis der Gesellschaft und nicht des Vorstands tätig werden.[692] Die Grundsätze dieser Entscheidung sollen nach überwiegender Auffassung auch auf die

689 *Caspers*, in: Staudinger, § 276, Rn. 55.
690 BGH, Urt. v. 20.9.2011 – II ZR 234/09, AG 2011, 876.
691 Vgl. zur Terminologie *Fleischer*, in: MüKo-GmbHG, § 43, Rn. 42.
692 BGH, Urt. v. 20.9.2011 – II ZR 234/09, AG 2011, 876.

Inanspruchnahme von Rechtsrat durch Geschäftsführer in der GmbH übertragbar sein.[693]

Nicht höchstrichterlich entschieden ist die Frage, wie die Leitungsorgane von Kapitalgesellschaften vorzugehen haben, wenn auch nach Einholung von Rechtsrat noch Zweifel an der geltenden Rechtslage verbleiben (sog. „odds-opinion“)[694]. Die ISION-Rechtsprechung des BGH bezieht sich allein auf den Fall, dass sich der Vorstand einer AG im Rahmen seiner Entscheidungsfindung auf ein inhaltlich falsches Rechtsgutachten bei klarer Rechtslage stützt.[695] Im Schrifttum gehen die Ansichten zum Vorgehen bei einer solch unklaren Rechtslage weit auseinander. Vorgeschlagen wird etwa, dass der Geschäftsleiter stets dazu verpflichtet ist, den sichersten Weg einzuschlagen. Verbleiben Rechtsmäßigkeitszweifel, habe er stets von der betreffenden Maßnahme abzusehen.[696] Nach der wohl überwiegenden sog. Vertretbarkeitstheorie soll ein Handlungsspielraum bestehen. Chancen und Risiken für die Gesellschaft seien bei der Entscheidung des Leitungsorgans gegeneinander abzuwägen.[697] Auch innerhalb dieser Lehre bestehen jedoch wiederum Differenzen hinsichtlich der Voraussetzungen, die an das Bestehen eines solchen Handlungsspielraums zu stellen sind.[698]

Wegen der besonderen Situation einer AG-Hauptversammlung – Unaufschiebbarkeit der zu treffenden Entscheidungen in Verbindung mit einem eng begrenzten Zeitrahmen für die Entscheidungsfindung – sowie im Hinblick auf die Fremdnützigkeit des Handelns eines Versammlungsleiters wird im aktienrechtlichen Schrifttum vorgeschlagen, für den Leiter der Hauptversammlung von den vorstehend dargestellten strengen Anforderungen an Leitungsorgane in AG und GmbH abzurücken. Insbesondere die in der ISION-Entscheidung des BGH aufgestellten Grundsätze bedürften einer Anpassung.[699] So soll etwa kein

---

693 BGH, Urt. v. 27.3.2012 – II ZR 171/10, NZG 2012, 672; *Fleischer*, in: MüKo-GmbHG, § 43, Rn. 42; *Klöhn*, in: Bork/Schäfer, § 43 Rn. 66; *Paefgen*, in: GK-GmbHG, § 43, Rn. 69; *Arden*, S. 211.

694 Vgl. zur Terminologie *Fleischer*, in: MüKo-GmbHG, § 43, Rn. 37.

695 Vgl. BGH, Urt. v. 20.9.2011 – II ZR 234/09, AG 2011, 876, wo es heißt: „angesichts der eindeutigen Rechtslage“.

696 So *Arden*, S. 203f. (zur GmbH) und S. 166f. (zur AG); zur AG auch *Müller*, DB 2014, 1301, 1306.

697 Vgl. zur GmbH etwa *Fleischer*, in: MüKo-GmbHG, § 43, Rn. 38; *Ziemons*, in: Michalski, § 43, Rn. 70f.; *Paefgen*, in: GK-GmbHG, § 43, Rn. 68; *Lücke/Simon*, in: Saenger/Inhester, § 43, Rn. 37; zur AG *Fleischer*, in: Spindler/Stilz, § 93, Rn. 30; *ders.*, FS Hüffer, 2010, S. 187, 198f.; *Bayer*, FS K. Schmidt, 2009, S. 85, 92; *Bicker*, AG 2014, 8, 10.

698 Siehe zum Meinungsstand *Fleischer*, in: MüKo-GmbHG, § 43, Rn. 37.

699 *Poelzig*, AG 2015, 476, 485; *Sauerwald*, S. 384ff.

schriftliches Gutachten erforderlich sein und auch an die seitens des Versammlungsleiters vorzunehmende Plausibilitätskontrolle seien geringere Anforderungen zu stellen als bei einem Geschäftsleiter.[700] Vielmehr liege ein entschuldbarer Rechtsirrtum bereits dann vor, wenn der Hauptversammlungsleiter „mit der gebotenen Sorgfalt zu der Einschätzung gelangt ist, dass seine Entscheidung rechtmäßig ist, auch wenn er dabei letztendlich irrt".[701]

Die Vertreter dieser Auffassung stellen hierbei auf eine Entscheidung des BGH zum Vorliegen eines entschuldbaren Rechtsirrtums beim Handeln eines Wohnungseigentumsverwalters ab.[702] In dieser Entscheidung hatte der BGH einem Wohnungseigentumsverwalter einen Beurteilungsspielraum zuerkannt, soweit er bei seinen Entscheidungen Rechtszweifeln unterliegt. Denn den üblicherweise von der Rechtsprechung angelegten strengen Anforderungen an das Vorliegen eines entschuldbaren Rechtsirrtums liege die Annahme zugrunde, dass derjenige schuldhaft handelt, der seine Interessen trotz rechtlicher Zweifel auf Kosten Dritter wahrnimmt. Diese Annahme gehe bei einem Wohnungseigentumsverwalter im Hinblick auf die Fremdnützigkeit seines Handelns fehl und es seien daher andere Maßstäbe anzulegen. Daneben sei die Einräumung eines Beurteilungsspielraums auch deshalb geboten, weil der Wohnungseigentümer eine irgendwie geartete Entscheidung treffen müsse und nicht im Hinblick auf seine bestehenden Zweifel einfach auf eine Entscheidung verzichten könne.[703]

Dieser Auffassung kann im Wesentlichen zugestimmt werden. Zwar ist ihr entgegenzuhalten, dass sowohl das Handeln eines Wohnungseigentumsverwalters als auch eines GmbH-Versammlungsleiters nicht immer ausschließlich im Interesse Dritter erfolgt. Ist der Wohnungseigentumsverwalter selbst Teil der Eigentümergemeinschaft, so können getroffene Maßnahmen zumindest mittelbar auch in seinem eigenen Interesse liegen. Dasselbe gilt für einen Gesellschafter-Versammlungsleiter in der GmbH. Außerdem stellt sich die Frage, wo die Grenze zwischen primär fremdnützigem und primär eigennützigem Handeln verläuft. Schließlich werden auch die Leitungsorgane in AG und GmbH zuvorderst im

---

700 *Sauerwald*, S. 384f.; Niemz, S. 173f., wonach dem Hauptversammlungsleiter nur dann ein Vorwurf zu machen sei, „wenn die Kurzantwort aus dem Backoffice zu einer offensichtlich überzogenen Maßnahme rät".

701 *Poelzig*, AG 2015, 476, 485.

702 Vgl. *Sauerwald*, S. 383 und *Poelzig*, AG 2015, 476, 485, jeweils unter Verweis auf BGH, Beschl. v. 21.12.1995 – V ZB 4/94, NJW 1996, 1216.

703 BGH, Beschl. v. 21.12.1995 – V ZB 4/94, NJW 1996, 1216.

Interesse der Gesellschaft tätig, ohne dass ihnen ein solch weitreichender Beurteilungsspielraum zugebilligt wird. Das entscheidende Argument ist nach hiesiger Auffassung indessen darin zu sehen, dass der Versammlungsleiter häufig einem (sofortigen) Entscheidungszwang unterliegt. Er muss sich etwa für oder gegen die Verhängung eines Wortentzugs entscheiden, wobei in der Regel eine von beiden Maßnahmen pflichtwidrig ist, und er muss diese Entscheidung auch noch innerhalb kürzester Zeit fällen, um einen praktikablen Ablauf der Gesellschafterversammlung zu gewährleisten. In dieser Situation erscheint es ausgeschlossen, den strengen Anforderungen der ISION-Rechtsprechung des BGH zu genügen. Mit den Stimmen in der aktienrechtlichen Literatur ist daher davon auszugehen, dass die Voraussetzungen für das Vorliegen eines schuldausschließenden Rechtsirrtums bei dem GmbH-Versammlungsleiter grundsätzlich niedriger anzusetzen sind als bei einem gewöhnlichen Schuldner.[704] Etwas anderes sollte hingegen dann gelten, wenn die Möglichkeit einer Unterlassung der jeweiligen Maßnahme besteht, ohne dass hiermit eine Pflichtverletzung verbunden wäre. Hinsichtlich der Beschlussfeststellung ist daher grundsätzlich an den allgemeinen Grundsätzen zum Vorliegen eines entschuldbaren Rechtsirrtums festzuhalten, da hier – außer bei Existenz einer ausdrücklichen satzungsmäßigen Regelung – keine Pflicht zum Tätigwerden durch den Versammlungsleiter besteht (siehe Teil A Ziff. B.VI.4.a). Hat der Versammlungsleiter beispielsweise begründete Zweifel an der Wirksamkeit der Stimmabgabe eines Gesellschafters, so ist das Vorliegen eines entschuldbaren Rechtsirrtums ausgeschlossen, wenn er dennoch die Beschlussfeststellung unter Berücksichtigung der betreffenden Stimme vornimmt.

V. Schaden

1. Allgemeines

Im Rahmen des Schadensersatzes nach § 280 Abs. 1 BGB ist grundsätzlich jeder durch die Pflichtverletzung kausal verursachte Schaden ersatzfähig. Erfasst sind insbesondere auch reine Vermögensschäden.[705] Im Hinblick auf das Kausalitätserfordernis ist im Rahmen der schuldrechtlichen Haftung nach § 280 Abs. 1 BGB vor allem die haftungsausfüllende Kausalität zwischen der Pflichtverletzung des

704 Anders wohl *Werner*, GmbHR 2020, 1168, 1172, der bezüglich einer möglichen Enthaftung des GmbH-Versammlungsleiters aufgrund rechtlicher Unsicherheiten vorbehaltlos auf die Grundsätze der ISION-Rechtsprechung des BGH verweist.

705 *Ernst*, in: MüKo-BGB, § 280, Rn. 31.

Schuldners und dem eingetretenen Schaden relevant. Nach der conditio sine qua non-Formel ist diese dann nicht gegeben, wenn das Verhalten des Schädigers hinweggedacht werden könnte, ohne dass der Erfolg entfiele (sog. Äquivalenztheorie).[706] Da diese Formel einen extrem weiten Filter darstellt, ist nach der sog. Adäquanztheorie zusätzlich erforderlich, dass die Pflichtverletzung des Schädigers „im allgemeinen und nicht nur unter besonders eigenartigen, ganz unwahrscheinlichen und nach dem regelmäßigen Verlauf der Dinge außer Betracht zu lassenden Umständen" zur Herbeiführung des eingetretenen Schadens geeignet war.[707] Schließlich muss auch der Schutzzweck der verletzten Norm den Ersatz des betreffenden Schadenspostens gebieten.[708]

Bei Schäden im Zusammenhang mit der Versammlungsleitung in der GmbH sind keine größeren Probleme bezüglich des Kausalitätserfordernisses ersichtlich.[709] Zwar wird das Handeln des Versammlungsleiters teilweise nicht monokausal für den eingetretenen Schaden sein. Stellt er etwa die Beschlussfähigkeit der Gesellschafterversammlung fest trotz Vorliegens eines Einberufungsmangels oder nimmt Beschlussfeststellungen unter Missachtung von Stimmverboten nach § 47 Abs. 4 GmbHG vor, so kann dies die Unwirksamkeit bzw. gar Nichtigkeit (vgl. § 241 Nr. 1 AktG) der gefassten Beschlüsse zur Folge haben und es können der Gesellschaft hieraus erhebliche wirtschaftliche Schäden entstehen. Zugleich kann in den genannten Fällen eine Pflichtverletzung des einberufenden Geschäftsführers (vgl. § 49 Abs. 1 GmbHG) bzw. des unter Missachtung eines bestehenden Stimmverbotes abstimmenden Gesellschafters[710] vorliegen. Dennoch ist die haftungsausfüllende Kausalität hier stets zu bejahen. Hätte der Versammlungsleiter jeweils pflichtgemäß gehandelt – d.h. die Beschlussfähigkeit nicht festgestellt bzw. das Stimmverbot berücksichtigt –, so wäre der Gesellschaft kein Schaden entstanden. Die zusätzliche Pflichtverletzung durch den einberufenden Geschäftsführer bzw. den abstimmenden Gesellschafter wird in der Regel zu einer gesamtschuldnerischen Haftung mit dem Versammlungsleiter nach §§ 421ff. BGB führen.[711]

---

706 *Oetker*, in: MüKo-BGB, § 249, Rn. 103.

707 BGH, Urt. v. 23.10.1951 – I ZR 31/51, BeckRS 1951, 31400385.

708 Siehe zu dieser Voraussetzung *Oetker*, MüKo-BGB, § 249, Rn. 120ff.

709 Vgl. auch *Sauerwald*, S. 403f.

710 Vgl. zur Schadensersatzpflicht bei Abstimmung unter Missachtung eines bestehenden Stimmverbots *Zöllner/Noack*, in: Baumbach/Hueck, § 47, Rn. 105.

711 Die volle Organhaftung des Versammlungsleiters bei der AG in solchen Fällen ebenfalls bejahend *Niemz*, S. 182.

2. *Mitverschulden*

Wie bei jedem Schadensersatzanspruch ist gemäß § 254 BGB auch im Rahmen der Schadensersatzhaftung des vertraglich gebundenen Versammlungsleiters nach § 280 Abs. 1 BGB ein etwaiges Mitverschulden der Gesellschaft als Anspruchsgläubigerin zu berücksichtigen.[712] Mitverschulden in Bezug auf die Schadensentstehung i.S.v. § 254 Abs. 1 BGB meint dabei „die Außerachtlassung derjenigen Sorgfalt, die ein ordentlicher und verständiger Mensch zur Vermeidung eigenen Schadens anzuwenden pflegt".[713] Darüber hinaus ist die Gesellschaft gemäß § 254 Abs. 2 S. 1 BGB dazu verpflichtet, den Schuldner vor der Gefahr eines ungewöhnlich hohen Schadens zu warnen und einen drohenden Schaden möglichst abzuwenden oder zu mindern. Hierzu ist erforderlich, diejenigen zumutbaren Maßnahmen zu ergreifen, „die ein vernünftiger, wirtschaftlich denkender Mensch nach Lage der Dinge ergreifen würde, um Schaden von sich abzuwenden oder zu mindern".[714]

In der AG-rechtlichen Literatur wird angenommen, dass ein erhebliches Mitverschulden der Gesellschaft zu bejahen ist, wenn Verfahrensfehler im Verantwortungsbereich des Hauptversammlungsleiters wesentlich auf eine strukturell unzureichende Organisationsstruktur der Hauptversammlung zurückzuführen sind.[715] Solche Organisationsmängel der Hauptversammlung sollen etwa vorliegen bei Defiziten im Bereich der Einlasskontrollen oder bei der Stimmauszählung sowie insbesondere bei Fehlen eines Leitfadens für die Leitung der Hauptversammlung.[716] In der GmbH dürfte ein Mitverschulden der Gesellschaft in dieser Hinsicht nur selten in Betracht kommen. Die Anfertigung eines Leitfadens für die Versammlungsleitung ist wegen der geringeren formellen Anforderungen in der GmbH äußerst unüblich. Ein dahingehender Sorgfaltsmaßstab kann im Rahmen des Mitverschuldens der Gesellschaft folglich kaum angenommen werden. Auch umfangreiche Einlasskontrollen oder aufwändige Stimmauszählungsverfahren bilden in der GmbH die Ausnahme.

Ein Mitverschulden der Gesellschaft bei Pflichtverletzungen des GmbH-Versammlungsleiters in Bezug auf die Auswahl etwaiger

---

712 Vgl. zum Anwendungsbereich von § 254 BGB *Lorenz*, in: BeckOK-BGB, § 254, Rn. 2ff.

713 BGH, Urt. v. 17.10.2000 – VI ZR 313/99, NJW 2001, 149.

714 BGH, Urt. v. 25.1.2018 – VII ZR 74/15, NJW 2018, 944.

715 *Sauerwald*, S. 407f.; siehe auch *Pliquett*, S. 129, der das Problem im Rahmen einer eventuellen Haftungsbeschränkung zugunsten des Hauptversammlungsleiters wegen der Grundsätze zur beschränkten Arbeitnehmerhaftung verortet.

716 *Sauerwald*, S. 407.

Hilfspersonen des Versammlungsleiters kommt ebenfalls nur in seltenen Ausnahmefällen in Betracht, da es sich bei diesen mangels Größe einer GmbH-Gesellschafterversammlung normalerweise nicht um spezielle Mitarbeiter der Gesellschaft oder die Mitarbeiter professioneller externer Dienstleistungsunternehmen handelt. Der Versammlungsleiter muss sich deren Verschulden gemäß § 278 BGB zurechnen lassen, soweit sie mit seinem Wissen und Wollen in seinem Pflichtenkreis tätig werden (siehe oben Teil B Ziff. D.III). Wird die jeweilige Hilfsperson jedoch ausnahmsweise nicht spontan aus dem Kreis der Versammlungsteilnehmer rekrutiert (Bsp.: Mitwirkung eines anwesenden Gesellschafters bei der Stimmauszählung auf Bitte des Versammlungsleiters hin), sondern eigens für die Gesellschafterversammlung engagiert, erfolgt ihre Auswahl und Instruktion in aller Regel durch die Gesellschaft und nicht den Versammlungsleiter. Dann muss sich die Gesellschaft auch etwaige Auswahl- oder Instruktionsmängel im Rahmen des Mitverschuldens entgegenhalten lassen.[717]

Zum anderen ist die Obliegenheit der Gesellschaft zur Schadensabwendung bzw. -minderung im Zusammenhang mit der Haftung des Versammlungsleiters von besonderer Bedeutung. Unterbleibt etwa aufgrund schwerwiegender Leitungsfehler des Versammlungsleiters eine dringend erforderliche Beschlussfassung durch die Gesellschafterversammlung, so obliegt es der Gesellschaft bzw. ihren Organen, ihr Möglichstes für eine rechtzeitige Fassung der erforderlichen Beschlüsse zu tun (insbesondere eine neue Gesellschafterversammlung einzuberufen).

VI. Haftungsbeschränkung/-ausschluss

Nunmehr soll das im Aktienrecht bereits viel diskutierte[718] Problem einer möglichen Beschränkung bzw. eines möglichen Ausschlusses der Haftung des Versammlungsleiters untersucht werden. Neben einer gewillkürten ausdrücklichen oder konkludenten Einschränkung der Haftung des Versammlungsleiters

717 *Theusinger/Schilha*, BB 2015, 131, 140f., die hier sogar einen Ausschluss des Schadensersatzanspruches gegen den Versammlungsleiter wegen überwiegenden Mitverschuldens der Gesellschaft für möglich erachten.

718 Siehe nur *Wicke*, in: Spindler/Stilz, Anh. § 119, Rn. 16; *Theusinger/Schilha*, BB 2015, 131, 140; *Poelzig*, AG 2015, 476, 480; *Drinhausen/Marsch-Barner*, AG 2014, 757, 767; *Schürnbrand*, NZG 2014, 1211, 1213; *von der Linden*, NZG 2013, 208, 211f.; *Mutter*, AG, R161; *Bachmann*, EWiR 2000, 157, 158; *Vetter*, FS Bergmann, 2018, S. 799, 822; *Pliquett*, S. 81ff. und S. 122ff; *Langenbach*, S. 206ff.; *Sauerwald*, S. 388ff.; vgl. zu Personengesellschaften auch *J. Bayer*, S. 160ff.

kommt die Anwendung verschiedener gewohnheitsrechtlicher und gesetzlicher Haftungsmilderungstatbestände in Betracht. In der GmbH-rechtlichen Literatur hat die Frage – wie auch allgemein die Haftung des Versammlungsleiters – bislang kaum Erörterung gefunden.[719]

1. *Verbandsrechtliche Haftungsbeschränkung*

Allein im Recht privater Verbände existieren verschiedene Institute zur Haftungsreduzierung, deren Anwendung auf die Versammlungsleitung in Betracht kommt.

a. *Anwendung von §§ 31a, 31b BGB (analog)*

In § 31a BGB ist eine gesetzliche Haftungsprivilegierung für Organmitglieder und besondere Vertreter in Vereinen vorgesehen. Werden diese unentgeltlich tätig oder höchstens für eine Vergütung von 720 € jährlich, ist ihre Haftung auf Vorsatz und grobe Fahrlässigkeit beschränkt. Darüber hinaus enthält § 31a Abs. 1 S. 3 BGB eine Beweislastumkehr zugunsten des Organwalters oder besonderen Vertreters. Eine parallele Regelung enthält § 31b BGB für bloße Vereinsmitglieder. Zwar stellt der Verein die Grundform jeder Körperschaft dar, sodass die §§ 21 ff. BGB bei Fehlen von Sonderregeln sowie Übereinstimmung von Normzweck und Interessenlage zumindest entsprechend auf die GmbH als sog. „Handelsverein" angewendet werden können.[720] Der Normzweck von §§ 31a, 31b BGB ist aber gerade nicht auf die GmbH übertragbar, sodass eine (entsprechende) Anwendung dieser Vorschriften auf die Versammlungsleitung in der GmbH abzulehnen ist.[721] Durch die Haftungsprivilegierung in §§ 31a, 31b BGB soll ehrenamtliches Engagement in (nicht-wirtschaftlichen) Vereinen gefördert werden.[722] Die Versammlungsleitung in Gesellschaften mit beschränkter Haftung stellt keine ehrenamtliche Tätigkeit dar, sondern dient trotz ihrer häufig unentgeltlichen Ausübung mittelbar in aller Regel der Gewinnerzielung

---

719 Vgl. die wenig ergiebigen Ausführungen bei *Zöllner/Noack*, in: Baumbach/Hueck, § 48, Rn. 19; *Bayer*, in: Lutter/Hommelhoff, § 48, Rn. 14; *Kleemann*, S. 155f.; *Niemz*, S. 197.

720 *Segna*, in: BeckOGK, Stand: 1.10.2020, § 21 BGB, Rn. 12; vgl. zur AG *Poelzig*, AG 2015, 476, 481.

721 *Werner*, GmbHR 2020, 1168, 1171; zur AG *Poelzig*, AG 2015, 476, 481; *Theusinger/Schilha*, BB 2015, 131, 140; *Sauerwald*, S. 189f.; *Pliquett*, S. 82ff. und S. 125f.; *Langenbach*, S. 208f.; *Niemz*, S. 169f.

722 BT-Drs. 16/10120, S. 6.

durch die Gesellschaft.[723] Auch wenn die GmbH gemäß § 1 GmbHG zu jedem gesetzlich zulässigen Zweck errichtet werden kann, entspricht es dem Leitbild des Gesetzgebers und auch dem praktischen Regelfall, dass sie mit Gewinnerzielungsabsicht am Wirtschaftsverkehr teilnimmt.[724] Überdies sprechen auch Gläubigerschutzaspekte gegen die Anwendung der Regeln der §§ 31a, 31b BGB auf die GmbH. So werden die Gläubiger eines eingetragenen Vereins aufgrund des Verbotes wirtschaftlicher Betätigung gemäß §§ 21f. BGB durch das Handeln von Organen oder Vereinsmitgliedern in der Regel deutlich weniger gefährdet als Gläubiger einer GmbH durch das Handeln ihrer Amtsinhaber.[725]

b. *Anwendung von § 708 BGB analog*

§ 708 BGB sieht für die Gesellschaft bürgerlichen Rechts nach §§ 705 ff. BGB eine Haftungsreduzierung auf die eigenübliche Sorgfalt i.S.v. § 277 BGB vor. Hintergrund der Regelung ist die typischerweise bestehende enge persönliche Verbundenheit der Gesellschafter und das damit einhergehende besondere Vertrauensverhältnis in Personengesellschaften.[726] Im Hinblick auf diesen Normzweck wurde von der Rechtsprechung jedoch selbst bei einer Publikums-KG, auf welche die Vorschrift des § 708 BGB aufgrund der Verweisung in §§ 105 Abs. 3, 161 Abs. 2 HGB grundsätzlich Anwendung findet, eine Haftungsprivilegierung der Gesellschafter wiederholt verneint.[727] Die körperschaftliche Struktur einer GmbH bzw. die hierauf beruhende Fungibilität ihrer Geschäftsanteile verbietet eine Anwendung von § 708 BGB mit dieser Rechtsprechung von vornherein.[728]

c. *Anwendung der Grundsätze der Girmes-Entscheidung des BGH*

In der aktienrechtlichen Literatur wird zudem die Übertragung der Grundsätze der sog. Girmes-Entscheidung des BGH auf die Leitung der Hauptversammlung

---

723 *Langenbach*, S. 208f. (zur AG); dahingehend auch *Pliquett*, S. 82ff. und S. 125f. (zur AG) und *J. Bayer*, S. 165 (zu Personengesellschaften).

724 *J. Schmidt*, in: Michalski, § 1, Rn. 5; *Fleischer*, in: MüKo-GmbHG, § 1, Rn. 12.

725 *Poelzig*, AG 2015, 476, 481 (zur AG).

726 *Schäfer*, in: MüKo-BGB, § 708, Rn. 5.

727 Siehe nur BGH, Urt. v. 4.7.1977 – II ZR 150/75, NJW 1977, 2311; BGH, Urt. v. 12.11.1979 – II ZR 174/77, NJW 1980, 589.

728 *Werner*, GmbHR 2020, 1168, 1171, der dies jedoch mit der Schutzbedürftigkeit der Gesellschaft begründet; zur AG *Theusinger/Schilha*, BB 2015, 131, 140; *Fleischer*, WM 2005, 909, 914; *Langenbach*, S. 209f.; *Sauerwald*, S. 388f.; *Pliquett*, S. 82 und 125; *Niemz*, S. 168f.; a.A. *Mutter*, AG 2013, R161; vgl. zur Anwendbarkeit von § 708 BGB auf die Versammlungsleitung bei Personengesellschaften *J. Bayer*, S. 161ff.

diskutiert.[729] In dieser hat der BGH entschieden, dass die Schadensersatzhaftung von (Klein-)Aktionären wegen treuepflichtwidriger Stimmausübung in der Hauptversammlung auf Vorsatz zu beschränken ist. Begründet wurde die Entscheidung vor allem mit der „gespannten und hektischen Atmosphäre einer Hauptversammlung", in welcher – insbesondere bei komplexen Tagesordnungspunkten – die sachgemäße Beurteilung des Beschlussgegenstands nur schwer möglich sei. Müsse der (Klein-)Aktionär in dieser Situation eine Haftung schon bei fahrlässig treuepflichtwidriger Ausübung seines Stimmrechts befürchten, so liege es nahe, dass er von der Ausübung seines Stimmrechts gänzlich abgeschreckt werde.[730] Im Hinblick auf diese Zielrichtung der Entscheidung, die Ausübung der Mitgliedschaftsrechte der Gesellschafter sicherzustellen, wird eine entsprechende Beschränkung der Haftung des Versammlungsleiters bei der AG weitgehend abgelehnt. Die Versammlungsleitung stelle eben gerade keinen Fall der Ausübung von Mitgliedschaftsrechten dar.[731] Dem kann für die GmbH vorbehaltlos zugestimmt werden. Auch hier soll die Versammlungsleitung zwar die ordnungsgemäße Ausübung der Mitgliedschaftsrechte durch die Gesellschafter ermöglichen, stellt selbst aber keinen Fall der Ausübung von Mitgliedschaftsrechten dar.[732]

d. *Haftungsausschluss wegen Handelns aufgrund eines Gesellschafterbeschlusses*

Wurde dem Versammlungsleiter zur Ergreifung oder Unterlassung von Maßnahmen seitens der Gesellschafterversammlung eine Weisung erteilt, so ist seine Haftung in der Regel ausgeschlossen.[733] Denn abgesehen von Fällen offensichtlicher Rechtswidrigkeit ist der weisungsabhängige Versammlungsleiter stets zur Befolgung der Beschlüsse der Gesellschafterversammlung verpflichtet (siehe oben Teil A Ziff. A.I.3.b). Auch wenn diese Beschlüsse ihn zur Ergreifung (nicht

---

729 *Bachmann*, EWiR 2000, 157, 158; *von der Linden*, NZG 2013, 208, 211; *Schürnbrand*, NZG 2014, 1211, 1213; *Poelzig*, AG 2015, 476, 483; *Langenbach*, S. 212f.; vgl. zu Personengesellschaften auch *J. Bayer*, 165f.

730 BGH, Urt. v. 20.3.1995 – II ZR 205/94, NJW 1995, 1739.

731 *Von der Linden*, NZG 2013, 208, 211; *Schürnbrand*, NZG 2014, 1211, 1213; *Poelzig*, AG 2015, 476, 483; *Langenbach*, S. 212f.; *Niemz*, S. 170f.; offen lassend *Bachmann*, EWiR 2000, 157, 158.

732 *Werner*, GmbHR 2020, 1168, 1172; so bezüglich Personengesellschaften auch *J. Bayer*, 165f.

733 A.A. zur AG *Pliquett*, S. 94f.; vgl. zur Haftung von Geschäftsführern bei Handeln auf Weisung der Gesellschafterversammlung auch *Arden*, S. 208ff.

offensichtlich) rechtswidriger Maßnahmen anweisen, handelt der Versammlungsleiter folglich bei Ausführung der Beschlüsse nicht pflichtwidrig. Es fehlt dann bereits an einer haftungsbegründenden Pflichtverletzung.

Anders zu beurteilen ist hingegen der Fall einer Entschließung der Gesellschafterversammlung. Hier gibt die Gesellschafterversammlung lediglich ihre Meinung kund, ohne dass irgendwelche Rechtsfolgen herbeigeführt werden sollen.[734] Versichert sich der Versammlungsleiter vor Ergreifung einer bestimmten Maßnahme auf diesem Weg der Zustimmung der Gesellschafterversammlung – anstatt sich seines Letztentscheidungsrechts zu begeben (siehe Teil A Ziff. B.I) –, so kann ihn dies keineswegs enthaften. Wegen des fehlenden Rechtsfolgewillens der Gesellschafter bleibt der Versammlungsleiter allein für seine Entscheidung verantwortlich.[735]

2. Gesamtanalogie zu §§ 521, 599, 690 BGB

Für den Fall der unentgeltlichen Tätigkeit des Versammlungsleiters wird auch eine Haftungsbeschränkung auf grobe Fahrlässigkeit bzw. die eigenübliche Sorgfalt im Wege einer Gesamtanalogie zu den §§ 521, 599, 690 BGB in Erwägung gezogen, jedoch nach ganz einhelliger Auffassung abgelehnt.[736] Begründet wird dies unter anderem damit, dass die Haftung des Versammlungsleiters auf einem korporationsrechtlichen und keinem vertragsrechtlichen Rechtsverhältnis beruht.[737] Nimmt man mit den vorstehenden Ausführungen an, dass als taugliche Grundlage einer schuldrechtlichen Haftung des Versammlungsleiters in der GmbH allein ein Auftrags- oder Dienstvertragsverhältnis in Betracht kommt, so kann diese Argumentation nicht verfangen. Nach überwiegender Auffassung wird jedoch auch im Auftragsrecht die Bildung einer Gesamtanalogie zu den §§ 521, 599, 690 BGB abgelehnt.[738] Zur Begründung einer solchen Analogie fehle

734 *K. Schmidt*, in: Scholz, Bd. 2, 11. Aufl. 2013, § 45, Rn. 19.

735 So auch *Kleemann*, S. 74.

736 *Werner*, GmbHR 2020, 1168, 1170f.; zur AG *Theusinger/Schilha*, BB 2015, 131, 140; *Poelzig*, AG 2015, 476, 480f.; *von der Linden*, NZG 2013, 208, 211; *Sauerwald*, S. 389f.; *Langenbach*, S. 206ff.; *Niemz*, S. 169; offen lassend *Bachmann*, EWiR 2000, 157, 158; vgl. zu Personengesellschaften auch *J. Bayer*, S. 164f.

737 *Poelzig*, AG 2015, 476, 481.

738 *Martinek/Omlor*, in: Staudinger, § 662, Rn. 41ff.; *Schäfer*, in: MüKo-BGB, § 662, Rn. 73; *Fischer*, in: BeckOK-BGB, § 662, Rn. 14; *Riesenhuber*, in: BeckOGK, Stand: 1.11.2020, § 662 BGB, Rn. 123f.; *Grüneberg*, in: Palandt, § 276, Rn. 45 und § 662, Rn. 11; *Lorenz*, JuS 2012, 6, 8; *Lorenz/Eichhorn*, JuS 2017, 6, 8f.; vgl. auch BGH, Urt. v. 24.9.2013 – I ZR 187/12, NJW-RR 2014, 733; a.A. *Petersen*, in: Medicus/Petersen, Rn. 369; vgl. auch *Grigoleit*, VersR 2018, 769, 780, wonach sich bei unentgeltlichen Verträgen eine

es schon am Erfordernis einer planwidrigen Regelungslücke. So habe der Gesetzgeber ganz bewusst von der Aufnahme einer gesetzlichen Haftungsmilderung in das Auftragsrecht abgesehen.[739] Durch den Auftrag werde ein besonderes Vertrauensverhältnis zwischen den Parteien begründet. Der Beauftragte verpflichte sich dazu, in fremdem Interesse tätig zu werden; der Auftraggeber vertraue auf eine objektiv ordnungsgemäße Ausführung des Auftrags. Dieser Interessenlage widerspräche eine Haftungserleichterung zugunsten des Beauftragten.[740]

Diese Argumente beanspruchen bei dem unentgeltlich tätigen Versammlungsleiter in der GmbH erst recht Geltung.[741] Dieser nimmt in ganz besonderem Maße Vertrauen für sich in Anspruch. Eine Beauftragung mit der Versammlungsleitung würde in aller Regel unterbleiben, wenn die Gesellschaft als Auftraggeberin nur Anspruch auf eine mit kleineren, auf leichter Fahrlässigkeit beruhenden Mängeln behaftete Auftragsausführung bzw. eine Auftragsausführung in der eigenüblichen Sorgfalt des Versammlungsleiters hätte. Auch kommt bei der Versammlungsleitung keine Haftungserleichterung aufgrund der im Auftragsrecht entsprechend anzuwendenden Vorschrift des § 680 BGB in Betracht.[742] Es sind keine Fälle vorstellbar, in denen die fakultative Versammlungsleitung der Abwehr einer der Gesellschaft drohenden dringenden Gefahr i.S.v. § 680 BGB dienen könnte.

3. *Anwendung der Grundsätze zur beschränkten Arbeitnehmerhaftung*

Im Aktienrecht wird des Weiteren darüber diskutiert, die Grundsätze zur beschränkten Arbeitnehmerhaftung bzw. zum innerbetrieblichen Schadensausgleich entsprechend auf den Versammlungsleiter anzuwenden.[743] Diese kommen immer dann zum Tragen, wenn ein Arbeitnehmer bei einer betrieblich veranlassten Tätigkeit einen Schaden verursacht hat. Dann muss sich der

---

Haftungsbeschränkung auf Vorsatz und grobe Fahrlässigkeit aus dem „Inhalt des Schuldverhältnisses" i.S.v. § 276 Abs. 1 S. 1 BGB ergibt.

739 *Schäfer*, in: MüKo-BGB, § 662, Rn. 73; *Lorenz/Eichhorn*, JuS 2017, 6, 8f.

740 *Martinek/Omlor*, in: Staudinger, § 662, Rn. 42; *Lorenz/Eichhorn*, JuS 2017, 6, 8f.

741 Gegen eine Haftungserleichterung auch *Kleemann*, S. 155.

742 Vgl. zur entsprechenden Anwendbarkeit von § 680 BGB im Auftragsrecht: OLG München, Urt. v. 6.4.2006 – 1 U 4142/05, NJW 2006, 1883; *Martinek/Omlor*, in: Staudinger, § 662, Rn. 43; *Schäfer*, in: MüKo-BGB, § 662, Rn. 77.

743 *Langenbach*, S. 210ff.; *Sauerwald*, S. 392f.; *Pliquett*, S. 85ff. und S. 127ff.; *Poelzig*, AG 2015, 476, 481f.

Arbeitgeber in analoger Anwendung von § 254 BGB die Betriebsgefahr seines Unternehmens zurechnen lassen. Dahinter steht der Gedanke, dass der Arbeitgeber kraft seines umfassenden Weisungsrechts zusammen mit der von ihm errichteten Organisation des Betriebes ganz wesentlich das Haftungsrisiko für den Arbeitnehmer prägt. Der Arbeitnehmer kann hingegen aufgrund seiner Eingliederung in die Betriebsorganisation und der faktischen Gegebenheiten des jeweiligen Arbeitsprozesses den vorherrschenden Arbeitsbedingungen in der Regel kaum ausweichen.[744]

Bis auf vereinzelte Stimmen[745] wird eine Übertragung dieser Grundsätze auf die Versammlungsleitung im aktienrechtlichen Schrifttum überwiegend abgelehnt.[746] Dies wird zuvorderst mit der fehlenden Weisungsgebundenheit des Versammlungsleiters begründet.[747] Auch bei Auftragsverhältnissen soll jedoch nach ganz überwiegender Auffassung die Anwendung der Grundsätze zur beschränkten Arbeitnehmerhaftung ausgeschlossen sein.[748] Da das deutsche Auftragsrecht – wie sich im Umkehrschluss aus § 665 BGB ergibt – grundsätzlich von einer strengen Weisungsgebundenheit des Beauftragten ausgeht,[749] kann die fehlende Weisungsgebundenheit folglich nicht das ausschlaggebende Argument gegen eine Übertragung der Grundsätze zur beschränkten Arbeitnehmerhaftung sein.

Entscheidend ist vielmehr, dass sowohl der durch ein Auftragsverhältnis als auch der durch einen freien Dienstvertrag gebundene Versammlungsleiter in keinem Unterordnungsverhältnis zur Gesellschaft als seinem Vertragspartner steht. Dadurch fehlt es an der für ein Arbeitsverhältnis charakteristischen besonderen Nähe des Versammlungsleiters zur Gesellschaft und den durch sie geschaffenen Risiken.[750] Zwar mag der organisatorische Rahmen einer Gesellschafterversammlung durch die Gesellschaft bzw. ihre Organe vorgegeben werden (Tagesordnung, Räumlichkeiten, anwesende Personen, etc.). Der Versammlungsleiter

---

744 *Preis*, in: ErfKomm, § 619a BGB, Rn. 10.

745 *Pliquett*, S. 127ff.; so für den Protokollführer in der kleinen AG auch *Harnos*, AG 2015, 732, 741.

746 *Langenbach*, S. 210ff.; *Sauerwald*, S. 392f.; *Poelzig*, AG 2015, 476, 481.

747 *Langenbach*, S. 211f.; *Sauerwald*, S. 392f.; *Poelzig*, AG 2015, 476, 482.

748 BGH, Urt. v. 30.4.1959 – II ZR 126/57, NJW 1959, 1221; *Schäfer*, in: MüKo-BGB, § 662, Rn. 76; *Martinek/Omlor*, in: Staudinger, § 662, Rn. 43; *Riesenhuber*, in: BeckOGK, Stand: 1.11.2020, § 662 BGB, Rn. 126.1; *Mansel*, in: Jauernig, § 662, Rn. 14; *Volker/Wiese*, in: Schulze, § 662, Rn. 11; *Grüneberg*, in: Palandt, § 276, Rn. 45.

749 *Fischer*, in: BeckOK-BGB, § 665, Rn. 1.

750 So allgemein zum Auftragsverhältnis auch *Schäfer*, in: MüKo-BGB, § 662, Rn. 76.

ist in der Gestaltung seiner Tätigkeit dennoch im Wesentlichen frei und etwaige Haftungsrisiken werden nicht durch die Gesellschaft vermittelt. Entscheidet sich der Versammlungsleiter für oder gegen eine bestimmte Maßnahme, so wird sein Haftungsrisiko hierbei durch den organisatorischen Rahmen der Gesellschafterversammlung weder vergrößert, noch verkleinert. Erteilt die Gesellschafterversammlung dem Versammlungsleiter eine Weisung, so führt dies ohnehin stets zu seiner Haftungsfreistellung (siehe oben Teil B Ziff. D.VI.1.d). Überdies beruhen die im Arbeitsrecht entwickelten Grundsätze zur Beschränkung der Arbeitnehmerhaftung auch auf der Treu- und Fürsorgepflicht des Arbeitgebers für seine Mitarbeiter.[751] Auch aus diesem Grund können die Grundsätze zur beschränkten Arbeitnehmerhaftung nicht auf die Leitung der Gesellschafterversammlung einer GmbH angewendet werden.[752]

Dasselbe muss für die im Rahmen der Organhaftung diskutierte gesellschaftsrechtliche Regressreduzierung gelten.[753] In Anlehnung an die vorstehend skizzierten arbeitsrechtlichen Grundsätze wird im Aktienrecht eine gesellschaftsrechtliche Haftungsbeschränkung zugunsten von Organen einer AG erwogen. Wie einen Arbeitgeber für seine Mitarbeiter soll auch die Gesellschaft eine Fürsorgepflicht für ihre Organe treffen.[754] Wenn aber aus den bereits dargelegten Gründen die Anwendung der Grundsätze zur beschränkten Arbeitnehmerhaftung auf den Versammlungsleiter in der GmbH ausscheidet, ist erst recht eine daran angelehnte gesellschaftsrechtliche Regressreduzierung abzulehnen. Denn gegen eine solche Haftungsbeschränkung lässt sich zusätzlich einwenden, dass der GmbH-Versammlungsleiter kein Organ der Gesellschaft ist und allein aufgrund des mit der Gesellschaft bestehenden schuldrechtlichen Vertrags haftet. Hintergrund der Diskussion einer gesellschaftsrechtlichen Regressreduzierung ist die Nicht-Anwendbarkeit der Grundsätze zur beschränkten Arbeitnehmerhaftung bei der Organhaftung wegen der erheblichen Unterschiede zwischen der Stellung eines Arbeitnehmers und derjenigen eines Gesellschaftsorgans.[755] Die Stellung des GmbH-Versammlungsleiters weist indessen in haftungsrechtlicher Hinsicht – insbesondere wegen der fehlenden organschaftlichen Fürsorgepflicht

751 BGH, Urt. v. 30.4.1959 – II ZR 126/57, NJW 1959, 1221.

752 Dahingehend zur AG auch *Langenbach*, S. 212.

753 So zur AG auch *Sauerwald*, S. 393f.; *Poelzig*, AG 2015, 476, 482; *Niemz*, S. 190 sieht hingegen schon gar kein Bedürfnis für eine solche Haftungsbeschränkung; a.A. wohl *Koch*, in: Hüffer/Koch, § 129, Rn. 25 und § 129, Rn. 51ff.

754 Vgl. *Koch*, in: Hüffer/Koch, § 93, Rn. 51a m.w.N.

755 *Koch*, in: Hüffer/Koch, § 93, Rn. 51.

der Gesellschaft sowie der Möglichkeit einer vertraglichen Abdingbarkeit der Haftung – deutlich größere Parallelen zur Arbeitnehmerhaftung auf als zur Organhaftung in der AG.[756]

4. *Gewillkürte Haftungsbeschränkung*

a. *Ausdrückliche Parteivereinbarung*

Sowohl im Rahmen eines Auftragsverhältnisses als auch eines Dienstvertrags steht es den Parteien frei, einen von § 276 BGB abweichenden Haftungsmaßstab zu vereinbaren (vgl. § 276 Abs. 1 S. 1 Hs. 2 und Abs. 3 BGB).[757] Neben dem Ausschluss der Haftung für einen bestimmten Verschuldensgrad (insbesondere einfache Fahrlässigkeit) ist beispielsweise auch eine höhenmäßige Begrenzung der Haftung möglich.[758] Handelt es sich um einen professionellen Versammlungsleiter, so mag eine solche Vereinbarung in der Praxis in seltenen Ausnahmefällen existieren. Bei einem ad hoc bestellten Versammlungsleiter wird sie nahezu immer fehlen. In Anbetracht des in diesem Teil der vorliegenden Arbeit aufgezeigten Haftungsrisikos des GmbH-Versammlungsleiters, ist die Vereinbarung einer Haftungsbeschränkung jedoch dringend anzuraten. Über die erforderliche Kompetenz zur Vereinbarung von Haftungserleichterungen verfügen – im Rahmen ihrer Befugnis zum Abschluss von schuldrechtlichen Verträgen mit dem Versammlungsleiter (siehe oben Teil B Ziff. D.I.2.b.aa) – sowohl die Geschäftsführung als auch die Gesellschafterversammlung, sodass etwa auch bei der Bestellung des Versammlungsleiters ad hoc durch einfachen Gesellschafterbeschluss ein vom gesetzlichen Regelfall abweichender Haftungsmaßstab wirksam vereinbart werden kann. Außerdem kann die Haftung des Versammlungsleiters für alle Fälle der Bestellung im Voraus in der Satzung der Gesellschaft beschränkt werden.[759] Der in der Satzung festgelegte Haftungsmaßstab wird dann – bei Fehlen ausdrücklicher, entgegenstehender Parteiabreden – konkludent in ein zwischen der Gesellschaft und dem Versammlungsleiter entstehendes Dienstvertrags- oder Auftragsverhältnis einbezogen (siehe zur Einbeziehung

---

756 Vgl. zur AG auch *Langenbach*, S. 394.

757 Vgl. zum Auftrag *Schäfer*, in: MüKo-BGB, § 662, Rn. 74; *Riesenhuber*, in: BeckOGK, Stand: 1.11.2020, § 662 BGB, Rn. 127; zum Dienstvertrag *Maties*, in: BeckOGK, Stand: 15.8.2020, § 611 BGB, Rn. 359ff.

758 *Caspers*, in: Staudinger, § 276, Rn. 131.

759 Vgl. zur Möglichkeit der Beschränkung der Haftung des Hauptversammlungsleiters in der AG *Niemz*, S. 187ff.

der korporationsrechtlichen Pflichten in das Vertragsverhältnis auch Teil B Ziff. D.III.1).

b. Stillschweigende Haftungsbeschränkung

Fehlt es diesbezüglich an einer ausdrücklichen Parteivereinbarung, stellt sich die Frage einer stillschweigenden Haftungsbeschränkung. In der GmbH-rechtlichen Literatur wird diese teilweise im Einzelfall – insbesondere bei Unentgeltlichkeit der Versammlungsleitung – für möglich erachtet.[760] Weitergehende Auffassungen nehmen an, dass eine stillschweigende Haftungsbeschränkung auf Vorsatz bei der Versammlungsleitung in der GmbH stets ohne Weiteres anzunehmen ist[761] bzw. dass bei einvernehmlicher oder satzungsmäßiger Bestellung in Verbindung mit einer unentgeltlichen Tätigkeit des Versammlungsleiters von einer Haftungsbeschränkung auf Vorsatz und grobe Fahrlässigkeit auszugehen ist.[762] Im Aktienrecht findet sich ebenfalls die Auffassung, dass je nach den Umständen des Einzelfalls eine konkludente Haftungserleichterung vorliegen oder sich ein anderer Haftungsmaßstab im Wege ergänzender Vertragsauslegung ergeben kann.[763]

Allgemein gilt für die Annahme einer stillschweigenden Haftungsbeschränkung, dass diese nur unter hohen Anforderungen möglich ist.[764] In Betracht kommt von vornherein nur ein Ausschluss der Haftung für leichte Fahrlässigkeit. Ein Haftungsverzicht für grobe Fahrlässigkeit erfordert stets eine ausdrückliche Vereinbarung.[765] Es müssen sich konkrete Anhaltspunkte für einen dahingehenden Parteiwillen finden lassen. Fehlt es an derartigen Anhaltspunkten, so kann sich eine Haftungsbeschränkung nur im Wege ergänzender Vertragsauslegung nach § 242 BGB ergeben.[766] Nach ständiger Rechtsprechung ist hierbei „unter Berücksichtigung aller in Betracht kommenden Umstände zu untersuchen, was redliche und verständige Parteien in Kenntnis der Regelungslücke nach dem Vertragszweck und bei sachgemäßer Abwägung ihrer beiderseitigen Interessen nach Treu und Glauben vereinbart hätten".[767] Maßgeblich ist der

---

760 *Zöllner/Noack*, in: Baumbach/Hueck, § 48, Rn. 19; *Bayer*, in: Lutter/Hommelhoff, § 48, Rn. 14.

761 *Kleemann*, S. 155f.

762 *Werner*, GmbHR 2020, 1168, 1172.

763 *Sauerwald*, S. 400ff.; *Pliquett*, S. 131ff.; ablehnend *Vetter*, FS Bergmann, 2018, S. 799, 824; vgl. zu Personengesellschaften auch *J. Bayer*, S. 166f.

764 *Caspers*, in: Staudinger, § 276, Rn. 119.

765 *Grüneberg*, in: Palandt, § 276, Rn. 37.

766 *Caspers*, in: Staudinger, § 276, Rn. 119; *Grüneberg*, in: Palandt, § 276, Rn. 37.

767 *Busche*, in: MüKo-BGB, § 157, Rn. 47 m.w.N.

Zeitpunkt des Vertragsschlusses.[768] Im Wege ergänzender Vertragsauslegung kann eine Beschränkung der Haftung demnach nur dann angenommen werden, falls davon auszugehen ist, dass der Schädiger bei hypothetischer vorheriger Erörterung der Frage nach einer Haftungsbeschränkung verlangt hätte und der Geschädigte diese billigerweise nicht hätte ablehnen dürfen.[769] Von wesentlicher Bedeutung für oder gegen die Annahme einer vertraglichen Haftungserleichterung sollen nach der höchstrichterlichen Rechtsprechung die versicherungsrechtlichen Gegebenheiten sein.[770]

An konkreten Anhaltspunkten für eine konkludente Haftungsbeschränkung zugunsten des Versammlungsleiters in der GmbH wird es in der Regel fehlen. Als ein solcher Anhaltspunkt käme etwa in Betracht, dass der ad hoc bestellte Gesellschafter-Versammlungsleiter vor Übernahme seines Amtes Bedenken anmeldet wegen seiner Unerfahrenheit bei der Versammlungsleitung und die übrigen Gesellschafter ihn unter pauschalem Hinweis auf ein geringes (Haftungs-)Risiko der Tätigkeit zur Amtsübernahme bewegen. Meist verbleibt daher nur die Ermittlung des hypothetischen Parteiwillens im Wege der ergänzenden Vertragsauslegung.

In Fällen, bei welchen von der Rechtsprechung eine stillschweigende Haftungsbeschränkung bejaht wurde, handelte es sich häufig um außervertragliche Rechtsbeziehungen – insbesondere sog. Gefälligkeitsfahrten –, wo allein eine deliktische Haftung im Raum stand.[771] Vorliegend geht es hingegen um den Haftungsmaßstab im Rahmen der vertraglichen Haftung des Versammlungsleiters. Um hier überhaupt zu einer Anspruchsgrundlage zu gelangen, muss schon eine gewichtige Hürde genommen werden – der Rechtsbindungswille der Parteien. Zu dessen Bejahung bedarf es einer umfassenden Betrachtung der Umstände des Einzelfalls (siehe zu den Kriterien eingehend oben Teil B Ziff. D.I.2.b.cc). Wurde aber insbesondere im Hinblick auf die Art der zu besorgenden Aufgabe, ihren Grund und Zweck sowie ihre wirtschaftliche und rechtliche Bedeutung der Rechtsbindungswille bejaht, so scheint es nur in äußersten Ausnahmefällen

768 *Busche*, in: MüKo-BGB, § 157, Rn. 50.

769 *Caspers*, in: Staudinger, § 276, Rn. 119; *Grüneberg*, in: Palandt, § 276, Rn. 37.

770 Vgl. etwa BGH, Urt. v. 18.12.1979 – VI ZR 52/78, NJW 1980, 1681; BGH, Urt. v. 13.7.1993 – VI ZR 278/92, NJW 1993, 3067; BGH, Urt. v. 14.11.2002 – III ZR 87/02, NJW 2003, 578; BGH, Urt. v. 29.1.2008 – VI ZR 98/07, NJW 2008, 1591; BGH, Urt. v. 20.2.2009 – VI ZR 28/08, NJW 2009, 1482.

771 Siehe etwa BGH, Urt. v. 14.11.1978 – VI ZR 178/77, NJW 1979, 414; BGH, Urt. v. 14.2.1978 – VI ZR 216/76, VersR 1978, 625; OLG Frankfurt a.M., Urt. v. 18.8.2015 – 22 U 39/14, NJW 2015, 3522.

begründbar, gleichzeitig im Wege ergänzender Vertragsauslegung aus ebendiesen Umständen einen hypothetischen, auf eine Haftungsbeschränkung auf Vorsatz und grobe Fahrlässigkeit gerichteten Parteiwillen herauszulesen. Vielmehr ist davon auszugehen, dass dann in aller Regel nach dem hypothetischen Parteiwillen gerade ein möglichst hoher Sorgfaltsmaßstab Vertragsinhalt sein soll. Inwiefern die versicherungsrechtlichen Gegebenheiten im Einzelfall zu einer anderen Beurteilung führen können, lässt sich nach derzeitigem Stand nicht abschließend beantworten, da die Frage eines eventuellen Schutzes des GmbH-Versammlungsleiters durch eine D&O-Versicherung bislang – soweit ersichtlich – weder in Schrifttum noch Rechtsprechung Erörterung gefunden hat.[772] Eine „Beschränkung" der schuldrechtlichen Haftung des Leiters der GmbH-Gesellschafterversammlung ergibt sich folglich in erster Linie aus dem Erfordernis des Vorliegens eines hinreichenden Rechtsbindungswillens.

5. *Zusammenfassung*

Neben gewillkürten Haftungsbeschränkungen wird im aktienrechtlichen und – zumindest im Ansatz – auch im GmbH-rechtlichen Schrifttum die Anwendung verschiedener gewohnheitsrechtlicher oder gesetzlicher Haftungsmilderungstatbestände auf den Versammlungsleiter diskutiert. Die Anwendung keines dieser Institute kann vollends überzeugen. Eine analoge Anwendung von §§ 31a, 31b BGB scheidet insbesondere wegen des zuwiderlaufenden Normzwecks dieser Vorschriften, der Förderung ehrenamtlichen Engagements, aus. Im Hinblick auf die körperschaftliche Struktur einer GmbH und die damit einhergehende Fungibilität ihrer Geschäftsanteile verbietet sich aus demselben Grund eine entsprechende Anwendung von § 708 BGB. Eine Haftungsbeschränkung auf Vorsatz nach den Grundsätzen der sog. Girmes-Entscheidung des BGH ist wegen der Zielrichtung der Entscheidung, die Ausübung der Mitgliedschaftsrechte der Gesellschafter sicherzustellen, ebenfalls abzulehnen. Wird der Versammlungsleiter zur Ergreifung oder Unterlassung einer bestimmten Maßnahme durch die Gesellschafterversammlung angewiesen, so enthaftet ihn dies grundsätzlich. Ist die Weisung nicht offensichtlich rechtswidrig, fehlt es bereits am Vorliegen einer Pflichtverletzung. Eine Gesamtanalogie zu den §§ 521, 599, 690

---

772 Vgl. zur AG aber *Heidel*, in: Heidel, Vor §§ 129-132, Rn. 74f.; *Ihlas*, in: MüKo-VVG, Bd. 3, Kap. 320, Rn. 193ff.; *Pliquett*, S. 143ff.; *Sauerwald*, S. 416ff.; *Niemz*, S. 186f.; Theusinger/*Schilha*, BB 2015, 131, 140; *Poelzig*, AG 2015, 476, 488; *Drinhausen/Marsch-Barner*, AG 2014, 757, 768; *Schürnbrand*, NZG 2014, 1211, 1213; *von der Linden*, NZG 2013, 208, 212; *Vetter*, FS Bergmann, 2018, S. 799, 824f.

BGB bei Unentgeltlichkeit der Versammlungsleitung ist mangels Bestehens einer planwidrigen Regelungslücke mit der ganz herrschenden Auffassung im Aktien- sowie im Auftragsrecht abzulehnen. Auch kommt die Anwendung der Grundsätze zur beschränkten Arbeitnehmerhaftung nicht in Betracht, da es an der für einen Arbeitnehmer typischen Nähe des Versammlungsleiters zu seinem Vertragspartner und den durch diesen geschaffenen Risiken fehlt. Es werden keine nennenswerten, nicht ohnehin bestehenden Haftungsrisiken durch die seitens der GmbH vorgegebene Organisationsstruktur der Gesellschafterversammlung vermittelt. Erst recht scheidet damit die im Rahmen der Organhaftung diskutierte gesellschaftsrechtliche Regressreduzierung aus. Eine gewillkürte ausdrückliche Haftungsbeschränkung kann sowohl in Form des Ausschlusses der Haftung für einen bestimmten Verschuldensgrad als auch einer betragsmäßigen Begrenzung der Haftung wirksam durch die Geschäftsführung sowie die Gesellschafterversammlung vereinbart werden und ist dringend anzuraten. Es bietet sich insbesondere eine Haftungsbeschränkung in der Satzung an, da diese in der Regel in ein zwischen der Gesellschaft und dem Versammlungsleiter entstehendes Auftrags- oder Dienstvertragsverhältnis einbezogen wird. Ein stillschweigender Ausschluss der Haftung für einfache Fahrlässigkeit ist nur in äußersten Ausnahmefällen anzunehmen. Für eine dahingehende konkludente Einigung der Parteien wird es in der Regel an hinreichend konkreten Anhaltspunkten für einen entsprechenden Parteiwillen fehlen. Auch die ergänzende Vertragsauslegung führt zumeist zu keinem anderen Ergebnis. Die entscheidende „Beschränkung" der Haftung des Versammlungsleiters in der GmbH ist damit allein im Rechtsbindungswillen der Parteien zu sehen.

E. Haftung wegen unberechtigter Geschäftsführung ohne Auftrag

Bei Fehlen eines vertraglichen Rechtsverhältnisses könnte als Grundlage einer Haftung des Leiters der GmbH-Gesellschafterversammlung auch die Geschäftsführung ohne Auftrag in Betracht kommen. Vorstehend wurde bereits erörtert, dass die berechtigte GoA hierbei von vornherein ausscheidet (siehe Teil B Ziff. D.I.2.a.ee). Auch am Vorliegen der Voraussetzungen für eine unechte GoA nach § 687 Abs. 2 BGB fehlt es bei der Versammlungsleitung in der GmbH stets. Denn neben einem Fremdgeschäftsführungsbewusstsein erfordert der Tatbestand des § 687 Abs. 2 BGB, dass der Geschäftsanmaßer mit Eigengeschäftsführungsabsicht handelt, d.h. die Vorteile aus dem Geschäft ausschließlich für sich will.[773] Das Vorliegen einer solchen Absicht ist bei der Versammlungsleitung in der GmbH von vornherein ausgeschlossen, da sie sich unmittelbar immer nur zum Vor- oder Nachteil der Gesellschaft auswirkt. Vorteile für die als Versammlungsleiter agierende Person können sich daher nur mittelbar ergeben.

Möglich ist hingegen eine Haftung nach § 678 BGB. Diese setzt die Besorgung eines (objektiv oder subjektiv) fremden Geschäfts mit Fremdgeschäftsführungsabsicht gegen den (wirklichen oder mutmaßlichen) Willen des Geschäftsherrn, die diesbezügliche Erkennbarkeit für den Geschäftsführer sowie die fehlende Berechtigung zur Besorgung des Geschäfts voraus.[774] Bei der Versammlungsleitung handelt es sich ohne Zweifel um eine Geschäftsbesorgung i.S.v. § 677 BGB. Es gilt derselbe weite Geschäftsbegriff wie im Rahmen des Auftrags.[775] Auch ist dieses Geschäft für die als Versammlungsleiter agierende Person objektiv fremd, da der Versammlungsleiter mit seinen Maßnahmen in den Rechts- und Interessenkreis der Gesellschaft eingreift.[776] Wie vorstehend bereits dargelegt wurde scheidet das Vorliegen eines Fremdgeschäftsführungswillens i.S.v. §§ 677ff. BGB von vornherein aus, wenn ein hinreichender Rechtsbindungswille des Versammlungsleiters zur Eingehung einer vertraglichen Bindung fehlt (siehe Ausführungen unter Teil B Ziff. D.I.2.a.ee). Für die unberechtigte GoA kommt daher allein die Konstellation der angemaßten Versammlungsleitung in Betracht. Hier ist zwar der sich die Versammlungsleitung anmaßenden Person der Wille zur Eingehung einer rechtlichen Bindung zu unterstellen, auf Seiten der Gesellschaft fehlt dieser hingegen. Eine die unberechtigte GoA ausschließende schuldrechtliche Schadensersatzhaftung scheidet folglich aus. Der Versammlungsleiter handelt jedoch sowohl mit Fremdgeschäftsführungsbewusstsein – ihm ist bewusst mit seinem Handeln in den Rechts- und Interessenkreis der Gesellschaft einzugreifen – als auch in der Absicht, (zumindest auch) ein fremdes Geschäft zu führen.[777] Dass der Versammlungsleiter in dieser Situation irrig davon ausgeht, zugleich seine eigenen (rein gesellschaftsinternen) Pflichten aus einem mit der Gesellschaft bestehenden korporationsrechtlichen Rechtsverhältnis bzw. seine

---

773 *Schäfer*, in: MüKo-BGB, § 687, Rn. 23.

774 *Schäfer*, in: MüKo-BGB, § 678, Rn. 6ff.

775 Vgl. zu dieser Voraussetzung *Thole*, in: BeckOGK, Stand: 1.12.2020, § 677 BGB, Rn. 86ff.

776 Vgl. zu dieser umstrittenen Definition BGH, Urt. v. 27.5.2009 – VIII ZR 302/07, NJW 2009, 2590; BGH, Urt. v. 23.9.1999 – III ZR 322/98, NJW 2000, 72; *Gehrlein*, in: BeckOK-BGB, § 677, Rn. 13.

777 Vgl. zu diesen beiden Voraussetzungen *Schäfer*, in: MüKo-BGB, § 677, Rn. 47f.

schuldrechtlichen Pflichten gegenüber der Gesellschaft zu erfüllen, ist für die Annahme eines Fremdgeschäftsführungswillens unschädlich.[778] Des Weiteren handelt der Versammlungsleiter gegen den tatsächlichen Willen der Gesellschaft, da die Gesellschafterversammlung ihn gerade nicht zum Versammlungsleiter bestellt hat.[779] Aus der fehlenden Bestellung bzw. dem fehlenden Bestehen eines schuldrechtlichen Vertrags folgt auch, dass es am Vorliegen eines Auftrags oder einer sonstigen Berechtigung des Versammlungsleiters fehlt (§ 677 BGB).[780]

Einzig problematisch ist das Tatbestandsmerkmal der Erkennbarkeit des entgegenstehenden Willens der Gesellschaft als Geschäftsherrin. Es gilt der allgemeine Verschuldensmaßstab des § 276 BGB, wobei sich der Verschuldensvorwurf im Rahmen von § 678 BGB allein auf die Übernahme, nicht die Ausführung, des Geschäfts bezieht.[781] Bei Fehlen anderer Gesichtspunkte, soll entscheidend für die Erkennbarkeit des entgegenstehenden Willens das objektive Interesse des Geschäftsherrn sein.[782] In aller Regel wird sich der Versammlungsleiter bei Anmaßung der Versammlungsleitung aber fälschlicherweise für den wirksam bestellten Amtswalter halten und aus diesem Grund davon ausgehen, dass sein Handeln dem Willen der Gesellschaft entspricht.[783] Er unterliegt in dieser Situation folglich einem Rechtsirrtum. Dieser ist nach allgemeinen Grundsätzen nur in seltensten Ausnahmefällen entschuldbar.[784] Auch kommt hier keine Herabsetzung dieser Maßstäbe in Anlehnung an eine Entscheidung des BGH zum Wohnungseigentumsverwalter[785] in Betracht (siehe oben Teil B Ziff. D.IV.2). Denn anders als bei Ausführung der Versammlungsleitung unterliegt der Versammlungsleiter bei der Übernahme seines Amtes keinem vergleichbaren Entscheidungsdruck. Ihm steht schließlich grundsätzlich stets die Ablehnung der Amtsübernahme frei (siehe Teil A Ziff. A.II.2). In der Regel ist der entgegenstehende Wille der Gesellschaft für den angemaßten Versammlungsleiter demnach erkennbar.

Folge einer Haftung nach § 678 BGB ist, dass der Geschäftsführer dem Geschäftsherrn alle kausal und zurechenbar durch die unberechtigte Übernahme

---

778 *Schäfer*, in: MüKo-BGB, § 677, Rn. 48.

779 Vgl. zu dieser Voraussetzung *Schäfer*, in: MüKo-BGB, § 678, Rn. 7ff.

780 Vgl. zu dieser Voraussetzung *Schäfer*, in: MüKo-BGB, § 677, Rn. 75ff.

781 *Schäfer*, in: MüKo-BGB, § 678, Rn. 11.

782 *Sprau*, in: Palandt, § 678, Rn. 3.

783 So der zugrunde liegende Sachverhalt bei LG Ravensburg, Urt. v. 8.5.2014 – 7 O 51/13 KfH 1, NZG 2014, 1233.

784 *Caspers*, in: Staudinger, § 276, Rn. 55.

785 BGH, Beschl. v. 21.12.1995 – V ZB 4/94, NJW 1996, 1216.

der Geschäftsführung entstandenen Schäden zu ersetzen hat. Die Gesellschaft ist folglich so zu stellen, als habe die Übernahme der Versammlungsleitung nie stattgefunden.[786] Als ersatzfähiger Schaden kommen damit insbesondere die Kosten einer Wiederholung der Gesellschafterversammlung in Betracht. Diese wurden kausal und zurechenbar durch die Anmaßung der Versammlungsleitung verursacht. Denn mangels wirksamer Bestellung fehlt dem angemaßten Versammlungsleiter die Kompetenz zur verbindlichen Beschlussfeststellung (siehe oben Teil A Ziff. A.II.3.a). Um dringenden Gesellschafterbeschlüssen zur vorläufigen Wirksamkeit zu verhelfen, ist daher eine umgehende Wiederholung der Gesellschafterversammlung unter Leitung eines wirksam bestellten Versammlungsleiters unerlässlich. Die Kausalität des Schadens kann in einem solchen Fall trotz des vorsätzlichen Dazwischentretens Dritter (hier des einberufenden Organs der Gesellschaft) ohne Weiteres bejaht werden.[787]

F. Deliktsrechtliche Haftung

Eine deliktsrechtliche Haftung des Versammlungsleiters einer GmbH gegenüber der Gesellschaft ist nur in absoluten Ausnahmefällen denkbar. § 823 Abs. 1 BGB scheidet als Anspruchsgrundlage von vornherein aus, da die Verletzung absolut geschützter Rechtsgüter der Gesellschaft i.S.v. § 823 Abs. 1 BGB durch eine fehlerhafte Versammlungsleitung nahezu ausgeschlossen ist.[788] Typische Schadensposten wie die Kosten der Wiederholung der Gesellschafterversammlung oder der aufgrund einer verpassten Geschäftschance entgangene Gewinn sind rein vermögensrechtlicher Natur. Das Vermögen als solches ist aber gerade kein von § 823 Abs. 1 BGB geschütztes Rechtsgut.[789] Auch ist kein relevantes Schutzgesetz i.S.v. § 823 Abs. 2 BGB ersichtlich, welches durch die Versammlungsleitung verletzt werden könnte. Insbesondere fehlt es an der für eine Haftung nach § 823 Abs. 2 i.V.m. § 266 StGB erforderlichen qualifizierten

---

786 *Schäfer*, in: MüKo-BGB, § 678, Rn. 12f.

787 Vgl. zur Problematik des Dazwischentretens Dritter *Oetker*, in: MüKo-BGB, § 249, Rn. 157f.

788 *Werner*, GmbHR 2020, 1168, 1171; zur AG *Pliquett*, S. 139f.; *Sauerwald*, S. 408; *Langenbach*, S. 225; *Niemz*, S. 155; *Theusinger/Schilha*, B 2015, 131, 136; *von der Linden*, NZG 2013, 208, 212; zu Personengesellschaften *J. Bayer*, S. 171f.

789 *Sprau*, in: Palandt, § 823, Rn. 11.

Vermögensbetreuungspflicht des GmbH-Versammlungsleiters (siehe hierzu oben Teil B Ziff. C.III.3.c).[790]

Für eine deliktsrechtliche Haftung verbleibt nur die Anspruchsgrundlage des § 826 BGB, welche auch reine Vermögensschäden erfasst.[791] Eine Haftung nach § 826 BGB setzt voraus, dass der Versammlungsleiter die Gesellschaft vorsätzlich und sittenwidrig geschädigt hat. Er muss folglich die Schädigung der Gesellschaft zumindest billigend in Kauf genommen haben.[792] Ein sittenwidriges Handeln setzt nach der Rechtsprechung des BGH ein Verhalten voraus, *„das nach seinem Gesamtcharakter, der durch umfassende Würdigung von Inhalt, Beweggrund und Zweck zu ermitteln ist, gegen das Anstandsgefühl aller billig und gerecht Denkenden verstößt"*.[793] Diese Anforderungen werden nur in den seltensten Fällen einer fehlerhaften Versammlungsleitung erfüllt, geschweige denn nachweisbar sein.[794] Der Versammlungsleiter müsste etwa durch seine Leitungsmaßnahmen gezielt die Insolvenz der Gesellschaft herbeiführen, um daraus – beispielsweise aufgrund der Beteiligung an einem Konkurrenzunternehmen – persönliche Vorteile zu ziehen.

---

790 *Werner*, GmbHR 2020, 1168, 1171; zur AG *Kubis*, in: MüKo-AktG, § 119, Rn. 186; *Pliquett*, S. 140; *Sauerwald*, S. 409f.; *Langenbach*, S. 225; *Niemz*, S. 155; *Theusinger/Schilha*, BB 2015, 131, 136; *von der Linden*, NZG 2013, 208, 212; zu Personengesellschaften *J. Bayer*, S. 172; a.A. zur AG *Heidel*, in: Heidel, Rn. 71; *Drinhausen/Marsch-Barner*, AG 2014, 757, 768.

791 *Sprau*, in: Palandt, § 826, Rn. 1.

792 *Sprau*, in: Palandt, § 826, Rn. 11.

793 BGH, Urt. v. 19.11.2013 – VI ZR 336/12, NJW 2014, 383.

794 *Werner*, GmbHR 2020, 1168, 1171; zur AG LG Ravensburg, Urt. v. 8.5.2014 – 7 O 51/13 KfH 1, NZG 2014, 1233; *Kubis*, in: MüKo-AktG, § 119, Rn. 186; *Heidel*, in: Heidel, Rn. 71; *Koch*, in: Hüffer/Koch, § 129, Rn. 25; *Pliquett*, S. 140f.; *Sauerwald*, S. 410; *Langenbach*, S. 226; *Niemz*, S. 155; *Theusinger/Schilha*, BB 2015, 131, 136; *Drinhausen/Marsch-Barner*, AG 2014, 757, 768; *von der Linden*, NZG 2013, 208, 212; *Vetter*, FS Bergmann, 2018, S. 799, 820; zu Personengesellschaften *J. Bayer*, S. 172f.

Fazit

Nachfolgend werden die wesentlichen Ergebnisse der vorliegenden Arbeit zusammengefasst:

Teil A: Der Versammlungsleiter in der GmbH und seine Pflichten

A. Der Versammlungsleiter in der GmbH

Die Funktion des Versammlungsleiters in der GmbH besteht darin, für einen geordneten Ablauf der Gesellschafterversammlung und die Fassung wirksamer Gesellschafterbeschlüsse zu sorgen. Sämtliche Pflichten und Befugnisse des Versammlungsleiters leiten sich von dieser Aufgabe ab.

Im Gegensatz zur AG ist das Amt des Versammlungsleiters bei der GmbH rein fakultativer Natur. Die Bestellung eines Versammlungsleiters ist zulässig und trotz des meist kleinen Gesellschafterkreises häufig auch zweckmäßig.

Der Versammlungsleiter ist kein Organ der Gesellschaft, sondern lediglich ein Funktionsgehilfe der Gesellschafterversammlung. Er leitet seine Befugnisse von der Gesellschafterversammlung ab und ist grundsätzlich deren Weisungen unterworfen. Trotz seiner fehlenden Organstellung steht der Versammlungsleiter in einem körperschaftlichen Rechtsverhältnis zur Gesellschaft, durch welches seine Rechte und Pflichten gegenüber der Gesellschaft vermittelt werden.

Als mögliche Amtsträger kommen sowohl gesellschaftsinterne als auch -externe, geschäftsfähige, natürliche Personen in Betracht.

Der Versammlungsleiter kann durch Regelung in der Satzung oder in der Geschäftsordnung der Gesellschafterversammlung, durch einfachen Gesellschafterbeschluss oder durch ein Tätigwerden im (stillschweigenden) Einverständnis sämtlicher anwesender Gesellschafter bestellt werden. Bei Bestellung im Wege der Satzungsregelung kann ein Sonderrecht i.S.v. § 35 BGB entstehen, was nach teilweise vertretener – jedoch abzulehnender Auffassung – erhöhte Voraussetzungen für die Abberufung des Versammlungsleiters zur Folge haben soll.

Es besteht keine korporationsrechtliche Pflicht des Versammlungsleiters zur Übernahme seines Amtes. Eine dahingehende Pflicht kann sich allein aus einem vertraglichen Schuldverhältnis zwischen dem Versammlungsleiter und der Gesellschaft ergeben.

Kommt es zu Fehlern bei der Bestellung des Versammlungsleiters sind nachfolgend gefasste Beschlüsse nicht per se anfechtbar oder gar nichtig. Ein fehlerhaft bestellter Versammlungsleiter kann jedoch keine wirksamen Beschlussfeststellungen vornehmen. Werden infolge von Fehlern bei der

Bestellung des Versammlungsleiters Gesellschafterbeschlüsse im Rahmen einer parallelen Schein-Gesellschafterversammlung gefasst, so sind diese nichtig. Fehler bei der Wahl zum Aufsichtsratsmitglied bleiben hingegen bis zum Zeitpunkt der gerichtlichen Erklärung der Nichtigkeit der Wahl für die Ausübung des Versammlungsleiteramtes ohne Folgen.

Dem Versammlungsleiter steht es frei, jederzeit sein Amt niederzulegen. Bei satzungsmäßiger Bestellung kann der Versammlungsleiter – auch bei Bestehen eines Sonderrechts i.S.v. § 35 BGB – durch die Gesellschafterversammlung außer durch Satzungsänderung mit einer Drei-Viertel-Mehrheit aus wichtigem Grund abberufen werden. In allen anderen Fällen der Bestellung ist eine Abberufung jederzeit auch ohne Vorliegen eines wichtigen Grundes mit einfachem Mehrheitsbeschluss möglich. Ist der Versammlungsleiter zugleich Gesellschafter, unterliegt er nur bei Abberufung aus wichtigem Grund einem Stimmverbot. Voraussetzung ist, dass ein solcher substantiiert behauptet wurde. Keinen wichtigen Grund in diesem Sinne stellt die Befangenheit des Versammlungsleiters in Bezug auf einen Punkt der Tagesordnung dar.

Fehler bei der Abberufung des Versammlungsleiters haben nicht per se die Anfechtbarkeit oder gar Nichtigkeit gefasster Gesellschafterbeschlüsse zur Folge. Sie verhindern jedoch die Wirksamkeit erfolgter Beschlussfeststellungen durch den abzuberufenden Versammlungsleiter. Werden infolge von Fehlern bei der Abberufung des Versammlungsleiters Gesellschafterbeschlüsse im Rahmen einer parallelen Schein-Gesellschafterversammlung gefasst, so sind diese nichtig.

B. Pflichten des Versammlungsleiters

Die Pflichten des Versammlungsleiters folgen primär aus dem zwischen ihm und der Gesellschaft bestehenden korporationsrechtlichen Verhältnis. Der Versammlungsleiter darf sich bei der Erfüllung seiner Pflichten der Mitwirkung von Hilfspersonen bedienen.

Zuvorderst trifft den Versammlungsleiter einer GmbH die Verpflichtung zur Einhaltung der relevanten gesetzlichen Regelungen sowie des Binnenrechts der Gesellschaft.

Des Weiteren ist er zur Wahrung der Mitgliedschaftsrechte der Gesellschafter verpflichtet. Aufgrund des Spannungsverhältnisses zwischen seinem Handeln und den Mitgliedschaftsrechten der Gesellschafter muss er stets die Grundprinzipien der Gleichbehandlung, der Verhältnismäßigkeit sowie der Neutralität beachten.

Eine der Hauptpflichten des Versammlungsleiters ist die Pflicht zur Leitung der Gesellschafterversammlung. Diese umfasst die Eröffnung der Gesellschafterversammlung, die Feststellung der Anwesenheit, die Überprüfung der Beschlussfähigkeit, die Änderung der Reihenfolge der Tagesordnung, die Behandlung von Wortmeldungen und Anträgen, die Durchführung der Abstimmung, die Unterbrechung der Gesellschafterversammlung, ihre Protokollierung sowie ihre Schließung.

Die zweite Hauptpflicht besteht in der Ermöglichung eines geordneten Ablaufs der Gesellschafterversammlung. Hierbei stehen dem Versammlungsleiter als mögliche Maßnahmen der Ordnungsruf, die Beschränkung des Rederechts, der Wortentzug und der Saalverweis zur Verfügung. In der Regel wird der Versammlungsleiter konkludent außerdem zur Ausübung des Hausrechts ermächtigt.

Die zentralste Hauptpflicht des Versammlungsleiters ist die Pflicht zur ordnungsgemäßen Beschlussfeststellung. Anders als bei der AG gibt es in der GmbH keine Notwendigkeit zur Feststellung von Beschlüssen der Gesellschafterversammlung. Die Gesellschafterversammlung selbst hat keine Beschlussfeststellungskompetenz, jedoch werden dem Einigsein der Gesellschafter dieselben Wirkungen wie einer verbindlichen Beschlussfeststellung beigemessen. Der notariellen Beurkundung von Gesellschafterbeschlüssen kommt nicht die Wirkung einer verbindlichen Beschlussfeststellung zu. Die Bedeutung der Beschlussfeststellung liegt in der Herbeiführung der vorläufigen Wirksamkeit gefasster Beschlüsse. Vorläufig wirksame Beschlüsse sind anstatt im Wege der allgemeinen Feststellungsklage ausschließlich im Wege der Anfechtungs- oder Nichtigkeitsklage angreifbar und werden – außer im Falle der Nichtigkeit – mit Ablauf einer sich an § 246 Abs. 1 AktG analog orientierenden Anfechtungsfrist bestandskräftig. Sowohl für einen Notar im Rahmen der Prüfung nach § 40 Abs. 2 GmbHG als auch für die Kenntnis Dritter i.S.v. § 15 Abs. 1 HGB ist auch schon vor Ablauf der Anfechtungsfrist von der verbindlichen Wirkung vorläufig wirksamer Beschlüsse auszugehen. Hinsichtlich der Umsetzungspflicht für die Geschäftsführung, der Abberufung von Geschäftsführern sowie der Eintragung von Gesellschafterbeschlüssen in das Handelsregister sind die Folgen der vorläufigen Wirksamkeit gefasster Beschlüsse hingegen äußerst umstritten und es ergeben sich in Folge ihres Eintritts keine gravierenden Auswirkungen.

Der Versammlungsleiter hat in allen Fällen seiner Bestellung die Kompetenz zur verbindlichen Feststellung gefasster Beschlüsse.

Außer bei Bestehen dahingehender satzungsmäßiger Sonderregeln ist der Versammlungsleiter nicht zur Vornahme verbindlicher Beschlussfeststellungen verpflichtet. Im Rahmen der Vornahme der Beschlussfeststellung besteht eine umfassende rechtliche Prüfungspflicht hinsichtlich aller dem Versammlungsleiter bekannten Umstände (z.B. in Bezug auf das erforderliche Quorum oder das Vorliegen von Stimmrechtsausschlüssen).

Die Beschlussfeststellungskompetenz des Versammlungsleiters ist einzig im Fall von willkürlich oder vorsätzlich falschen Beschlussfeststellungen ausgeschlossen.

Eine wirksame Beschlussfeststellung setzt über die Verkündung des zahlenmäßigen Abstimmungsergebnisses hinaus die Verlautbarung des rechtlichen Beschlussergebnisses durch den Versammlungsleiter voraus. Eine Protokollierung ist anders als bei der AG grundsätzlich nicht erforderlich.

C. Mögliche Pflichtverstöße im Rahmen der Ausübung der Versammlungsleitung und ihre Konsequenzen

Bei vielen Maßnahmen der Versammlungsleitung besteht ein breiter Ermessensspielraum. Die Einräumung einer darüberhinausgehenden, der gerichtlichen Kontrolle entzogenen Einschätzungsprärogative zugunsten des Versammlungsleiters bei zweifelhafter Sach- oder Rechtslage ist ebenso wie die analoge Anwendung von § 93 Abs. 1 S. 2 AktG im Sinne einer Business Judgment Rule oder einer „Legal Judgment Rule“ abzulehnen.

Maßnahmen des Versammlungsleiters sind in der Regel nur mittelbar angreifbar. Als denkbare Rechtsschutzmöglichkeiten stehen die Herbeiführung eines anweisenden Gesellschafterbeschlusses, die Abberufung des Versammlungsleiters sowie die Erhebung einer Beschlussmängelklage zur Verfügung. In seltenen Ausnahmefällen kommt ein direktes Vorgehen gegen Maßnahmen der Versammlungsleitung im Wege der allgemeinen Feststellungsklage oder des einstweiligen Rechtsschutzes in Betracht. Um einen Fehler der Versammlungsleitung erfolgreich im Wege einer Beschlussmängelklage geltend machen zu können, ist die Relevanz des betreffenden Verfahrensverstoßes für das Mitgliedschafts- bzw. Mitwirkungsrecht des Gesellschafters erforderlich.

Es sind verschiedene Fallgruppen möglicher Pflichtverstöße des Versammlungsleiters zu unterscheiden. Denkbar ist insbesondere die Verletzung von Mitgliedschaftsrechten der Gesellschafter durch rechtswidrige Leitungs- oder Ordnungsmaßnahmen, die Herbeiführung der Nichtigkeit eines Beschlusses, die Vereitelung der Beschlussfassung, die Herbeiführung der vorläufigen Wirksamkeit eines Beschlusses durch fehlerhafte Beschlussfeststellung, das gänzliche Unterlassen der Beschlussfeststellung sowie die unberechtigte Übernahme der Versammlungsleitung.

Teil B: Die Haftung des Versammlungsleiters in der GmbH

A. Geschäftsführerhaftung nach § 43 Abs. 2 GmbHG

Die Organhaftung nach § 43 Abs. 2 GmbHG bringt für die Gesellschaft als Anspruchsgläubigerin zwei wesentliche Vorteile im Vergleich zur allgemeinen schuld- oder deliktsrechtlichen Schadensersatzhaftung mit sich: Zum einen ist sowohl in Bezug auf die Pflichtverletzung als auch das Verschulden die Beweislastumkehr nach § 93 Abs. 2 S. 2 AktG analog auf die Geschäftsführerhaftung anwendbar. Des Weiteren gilt gemäß § 43 Abs. 4 GmbHG eine im Vergleich zur Regelverjährung deutlich längere Verjährungsfrist.

Eine direkte Anwendung von § 43 Abs. 2 GmbHG auf die Tätigkeit eines Geschäftsführers der Gesellschaft als Versammlungsleiter scheidet von vornherein aus. Die Aufgabe der Versammlungsleitung ist mangels hinreichenden Organbezugs weder von den Sorgfaltspflichten, noch von der Treuepflicht eines GmbH-Geschäftsführers erfasst. Auch können die Pflichten eines Geschäftsführers in der GmbH nicht durch Regelung in der Satzung um die Leitung der Gesellschafterversammlung erweitert werden, da hierdurch zu tief in den Machtbereich der Gesellschafterversammlung eingedrungen würde.

B. Aufsichtsratshaftung nach §§ 93 Abs. 2 S. 1, 116 S. 1 AktG

Die aktienrechtliche Organhaftung nach §§ 93 Abs. 2 S. 1, 116 S. 1 AktG findet aufgrund gesetzlicher Verweisung in § 52 Abs. 1 GmbHG, bzw. § 25 Abs. 1 S. 1 Nr. 2 MitbestG und § 1 Abs. 1 Nr. 3 Hs. 2 DrittelbG auch auf den Aufsichtsrat einer GmbH Anwendung. Die Haftung nach §§ 93 Abs. 2 S. 1, 116 S. 1 AktG bringt für die Gesellschaft im Vergleich zur allgemeinen schuld- oder deliktsrechtlichen Schadensersatzhaftung wiederum die Vorteile der umfassenden Beweislastumkehr nach § 93 Abs. 2 S. 2 AktG sowie einer fünfjährigen Verjährungsfrist mit sich.

Eine entsprechende Anwendung der Aufsichtsratshaftung auf die Versammlungsleitung in der GmbH durch Mitglieder des Aufsichtsrates aufgrund der Verweisungen in § 52 Abs. 1 GmbHG bzw. § 25 Abs. 1 S. 1 Nr. MitbestG, § 1 Abs. 1 Nr. 3 Hs. 2 DrittelbG ist mit der überwiegenden Auffassung im Aktienrecht zur direkten Anwendbarkeit der Aufsichtsratshaftung auf den Leiter der Hauptversammlung abzulehnen. Insbesondere mangels hinreichenden Bezuges zur Überwachungsfunktion eines Aufsichtsrates nach § 111 Abs. 1 AktG handelt es sich bei der Leitung der Gesellschafterversammlung um keine originäre Aufsichtsratsaufgabe. Auch können die Aufgaben des Aufsichtsrates nicht um die Leitung der Gesellschafterversammlung erweitert werden, da hierdurch in den zwingenden Kompetenzbereich der Gesellschafterversammlung eingegriffen würde.

C. Analoge Anwendung der Organhaftungsregeln nach § 43 Abs. 2 GmbHG und §§ 93 Abs. 2 S. 2, 116 S. 1 AktG

Eine analoge Anwendung der Organhaftungsregeln nach § 43 Abs. 2 GmbHG und §§ 93 Abs. 2 S. 2, 116 S. 1 AktG auf den Versammlungsleiter ist abzulehnen.

Zwar ist hinsichtlich der Haftung des Versammlungsleiters von einer planwidrigen Regelungslücke im GmbHG auszugehen. Jedoch fehlt es an einer vergleichbaren Interessenlage. Angesichts der Regelungszwecke der Geschäftsführerhaftung sowie der Aufsichtsratshaftung – dem Schadensausgleich, der Schadensprävention sowie dem Gläubigerschutz – überwiegen die Argumente gegen eine Analogiebildung weit. Insbesondere wegen des fehlenden Treffens von unternehmerischen Entscheidungen, der fehlenden treuhänderischen Verwaltung fremden Vermögens sowie des fehlenden Auftretens nach außen ist eine hinreichende Vergleichbarkeit der Interessenlage bei Maßnahmen der Geschäftsführung bzw. des Aufsichtsrats und Maßnahmen der Versammlungsleitung abzulehnen.

D. Haftung nach § 280 Abs. 1 BGB

Bei dem zwischen Versammlungsleiter und Gesellschaft durch die Übernahme des Amtes entstehenden körperschaftlichen Rechtsverhältnis handelt es sich um kein Schuldverhältnis im Sinne von § 280 Abs. 1 BGB. Es fehlt an der Begründung von für eine Schadensersatzpflicht des Versammlungsleiters erforderlichen Leistungspflichten i.S.v. § 241 Abs. 1 BGB.

Als (quasi-)vertragliche Schuldverhältnisse, auf welche sich eine Schadensersatzpflicht nach § 280 Abs. 1 BGB stützen lässt, kommen allein ein Dienstvertrag sowie ein Auftragsverhältnis in Betracht. Weder ein Geschäftsbesorgungsvertrag, noch ein Gefälligkeitsverhältnis mit rechtsgeschäftlichem Charakter oder eine berechtigte Geschäftsführung ohne Auftrag können die Schadensersatzpflicht des Versammlungsleiters begründen.

Der für eine vertragliche Bindung in Form des Dienstvertrags oder Auftrags erforderliche Antrag der Gesellschaft wird entweder durch die Geschäftsführung der Gesellschaft im Vorfeld zur Gesellschafterversammlung oder durch die Gesellschafterversammlung selbst aufgrund einer Art Annexkompetenz im Rahmen der Bestellung des Versammlungsleiters erklärt. Die Annahme durch den Versammlungsleiter kann ebenso entweder bereits vor der Gesellschafterversammlung oder (konkludent) während der laufenden Gesellschafterversammlung erklärt werden.

Entscheidendes Kriterium für die Entstehung einer vertraglichen Bindung ist der Rechtsbindungswille von Gesellschaft und Versammlungsleiter. Dieser ist bei entgeltlichem Tätigwerden des Versammlungsleiters ohne Weiteres zu bejahen. Äußerst problematisch ist hingegen das Bestehen eines hinreichenden Rechtsbindungswillens bei unentgeltlicher Betätigung des Versammlungsleiters. Es verbietet sich diesbezüglich eine pauschalisierende Betrachtung. Vielmehr muss eine einzelfallbezogene Beurteilung anhand eines Straußes verschiedener

Kriterien erfolgen. Bei der Versammlungsleitung durch Geschäftsführer der Gesellschaft sowie unternehmensfremde Dritte ist in der Regel das Bestehen eines Rechtsbindungswillens der Parteien anzunehmen.

Werden Schäden der Gesellschaft infolge von Fehlern bei der Versammlungsleitung geltend gemacht, so handelt es sich sowohl im Fall der fehlerhaften Versammlungsleitung als auch bei gänzlicher Verweigerung der Amtsübernahme in der Regel um einen Schadensersatz statt der Leistung. Daneben kann ein Schadensersatzanspruch neben der Leistung bestehen.

Die korporationsrechtlichen Pflichten des Versammlungsleiters sind zugleich Maßstab für seine schuldrechtliche Haftung nach § 280 Abs. 1 BGB aufgrund fehlerhafter Versammlungsleitung. Pflichtverletzungen des Versammlungsleiters unterliegen der vollen gerichtlichen Kontrolle. Eine analoge Anwendung von § 93 Abs. 1 S. 2 AktG im Rahmen der schuldrechtlichen Pflichtverletzung des Versammlungsleiters kommt nicht in Betracht. Auch besteht ohne wirksame Streitverkündung keine Bindung an die Ergebnisse eines vorausgegangenen Beschlussmängelprozesses. Das Handeln von Hilfspersonen ist dem Versammlungsleiter grundsätzlich im Rahmen der Pflichtverletzung zuzurechnen. Ohne vorherige Kündigung des Dienstvertrags- oder Auftragsverhältnisses stellt die Verweigerung der Übernahme der Versammlungsleitung eine Verletzung der vertraglich geschuldeten Hauptleistungspflicht des Versammlungsleiters dar. Hinsichtlich möglicher Schutzpflichtverletzungen seitens des Versammlungsleiters sind keine Besonderheiten erkennbar.

Aufgrund des objektiven Sorgfaltsmaßstabs im Rahmen der Fahrlässigkeit nach § 276 Abs. 2 BGB sind nur wenige Ausnahmefälle denkbar, in welchen ein Versammlungsleiter sein pflichtwidriges Handeln nicht zu vertreten hat. Im Hinblick auf den sofortigen Entscheidungszwang, welchem der Versammlungsleiter häufig unterliegt, lässt sich jedoch in Anlehnung an die Rechtsprechung des BGH zur Wohnungseigentumsverwaltung das Vorliegen eines schuldausschließenden Rechtsirrtums unter erleichterten Voraussetzungen bejahen.

In Bezug auf das Vorliegen eines ersatzfähigen Schadens kommt ein Mitverschulden der Gesellschaft sowohl bei der Schadensentstehung als auch bei der Schadensabwendung in Betracht.

Eine generelle Haftungsbeschränkung zugunsten des Versammlungsleiters lässt sich aus gewohnheitsrechtlichen oder gesetzlichen Haftungsmilderungstatbeständen nicht herleiten. Die analoge Anwendung von §§ 31, 31b BGB oder 708 BGB scheidet ebenso aus wie eine Übertragung der Grundsätze der Girmes-Entscheidung des BGH, eine Gesamtanalogie zu §§ 521, 599, 690 BGB oder die Anwendung der Grundsätze zur beschränkten Arbeitnehmerhaftung. Die Haftung des Versammlungsleiters ist jedoch grundsätzlich ausgeschlossen bei Handeln aufgrund eines Gesellschafterbeschlusses. Außerdem kann die Haftung durch ausdrückliche Parteivereinbarung oder Regelung in der Satzung der Gesellschaft beschränkt werden. Ein solches Vorgehen ist angesichts des erheblichen Haftungsrisikos dringend anzuraten. Die Voraussetzungen einer stillschweigenden Haftungsbeschränkung durch die Parteien liegen in der Regel nicht vor.

E. Haftung wegen unberechtigter Geschäftsführung ohne Auftrag

Eine Haftung des Versammlungsleiters wegen unberechtigter Geschäftsführung ohne Auftrag kommt allein dann in Betracht, wenn dieser die Versammlungsleitung gegen den Willen der Gesellschafterversammlung an sich zieht. Entscheidende Voraussetzung einer solchen Haftung ist die Erkennbarkeit des entgegenstehenden Willens der Gesellschafterversammlung für die sich das Amt des Versammlungsleiters anmaßende Person.

F. Deliktsrechtliche Haftung

Für eine deliktsrechtliche Haftung des Leiters der Gesellschafterversammlung einer GmbH kommt allein die Anspruchsgrundlage des § 826 BGB in Betracht. Die Voraussetzungen für eine vorsätzliche sittenwidrige Schädigung der Gesellschaft durch den Versammlungsleiter werden aber nur in den seltensten Ausnahmefällen erfüllt sein.

Literaturverzeichnis

Abramenko, Andrik; Die Nachholung der Beschlußfeststellung außerhalb der Gesellschafterversammlung, in: GmbH-Rundschau 2003, Seite 1471-1474

Alexander, Christian; Leistungsstörungen im Dienstvertrag, Juristische Arbeitsblätter 2015, Seite 321-328

Altmeppen, Holger; Gesetz betreffend die Gesellschaften mit beschränkter Haftung: GmbHG, München, 10. Auflage 2021

(zitiert: *Bearbeiter*, in: Altmeppen)

Altmeppen, Holger; Beschlussfeststellung, Stimmrecht und Klageobliegenheit in der GmbH, in: GmbH-Rundschau 2018, Seite 225-231

Altmeppen, Holger; Machtverhältnisse bei Abberufung eines Gesellschafter-Geschäftsführers in der GmbH aus "wichtigem Grund", in: Neue Juristische Wochenschrift 2016, Seite 2833-2912

Altmeppen, Holger; Nochmals: Abberufung des Gesellschafter-Geschäftsführers in der GmbH aus wichtigem Grund, in: Zeitschrift für Wirtschaftsrecht 2017, Seite 1185-1190

Arden, Julius; Haftung der Geschäftsleiter und Aufsichtsratsmitglieder bei unklarer Rechtslage, Tübingen, 2018

Bachmann, Gregor; Anmerkung zu LG München I, Urt. v. 14.10.1999 - 5 HKO 8024/98, in: Entscheidungen zum Wirtschaftsrecht 2000, Seite 157-158

Bachmann, Gregor; Die Geschäftsordnung der Hauptversammlung, in: Die Aktiengesellschaft 1999, Seite 210-215

Hau, Wolfgang/Poseck, Roman; BeckOK BGB, München, 56. Edition, Stand: 1.11.2020

(zitiert: *Bearbeiter*, in: BeckOK-BGB)

Baumbach, Adolf/Hueck, Alfred; Gesetz betreffend die Gesellschaften mit beschränkter Haftung: GmbHG, München, 22. Auflage 2019

(zitiert: *Bearbeiter*, in: Baumbach/Hueck)

Bayer, Julia; Versammlungsleitung in Personengesellschaften, Frankfurt a.M., 2018

Bayer, Walter; Legalitätspflicht der Unternehmensleitung, nützliche Gesetzesverstöße und Regress bei verhängten Sanktionen - dargestellt am Beispiel von Kartellverstößen -, in: Bitter, Georg/ Lutter, Marcus/ Priester, Hans-Joachim/ Schön, Wolfgang/ Ulmer, Peter (Herausgeber), Festschrift für Karsten Schmidt zum 70. Geburtstag, Köln, 2009, Seite 85-103

Bayer, Walter; Zum Stimmverbot des Betroffenen bei Beschlussfassungen "aus wichtigem Grund", in: GmbH-Rundschau 2017, Seite 665-670

Bayer, Walter/Hoffmann, Thomas; Beschlussmängelklagen-Monitor 2016, in: Die Aktiengesellschaft 2017, Seite R155-R159

Bayer, Walter/Lieder, Jan; Anmerkung zu KG Berlin, Urt. v. 23.6.2022 – 23 AktG 1/11, in: Neue Zeitschrift für Gesellschaftsrecht 2011, Seite 1170-1175

Bayer, Walter/Möller, Sven; Beschlussmängelklagen de lege lata und de lege ferenda, in: Neue Zeitschrift für Gesellschaftsrecht 2018, Seite 801-811

Bayer, Walter/Scholz, Philipp; Haftungsbegrenzung und D&O-Versicherung im Recht der aktienrechtlichen Organhaftung. Grundsatzüberlegungen zum 70. DJT 2014, in: Neue Zeitschrift für Gesellschaftsrecht 2014, Seite 926-934

Benicke, Christoph/Hellwig, Jan F.; Das System der Schadensersatzhaftung wegen Leistungspflichtverletzung, in: Neue Juristische Wochenschrift 2014, Seite 1697-1702

Berger, Victoria Anna; Vorstandshaftung und Beratung, Baden-Baden, 2015

Bork, Reinhard/Schäfer, Carsten; GmbHG, Köln, 4. Auflage 2019

(zitiert: *Bearbeiter*, in: Bork/Schäfer)

Böttcher, Lars/Grewe, Daniel; Der Versammlungsleiter in der Gesellschaft mit beschränkter Haftung. Kompetenzen, Bestellung und Abberufung, in: Neue Zeitschrift für Gesellschaftsrecht 2002, Seite 1086-1090

Beyer, Thomas C. W.; Vorbeugender Rechtsschutz gegen die Beschlußfassung der GmbH-Gesellschafterversammlung, in: GmbH-Rundschau 2001, Seite 467-471

Bicker, Eike; Legalitätspflicht des Vorstands – ohne Wenn und Aber?, in: Die Aktiengesellschaft 2014, Seite 8-14

Buck-Heeb, Petra; Die Haftung von Mitgliedern des Leitungsorgans bei unklarer Rechtslage. Notwendigkeit einer Legal Judgment Rule?, Betriebs Berater 2013, Seite 2247-2257

Buck-Heeb, Petra; Die Plausibilitätsprüfung bei Vorliegen eines Rechtsrats – zur Enthaftung von Vorstand, Geschäftsführer und Aufsichtsrat, in: Betriebs Berater 2016, Seite 1347-1355

Bunz, Thomas; Ist Versammlungsleiter nicht gleich Versammlungsleiter?, in: Neue Zeitschrift für Gesellschaftsrecht 2017, Seite 1366-1370

Bürkle, Annegret; Rechte Dritter in der Satzung der GmbH, Frankfurt am Main, 1991

Bürkle, Jürgen; Aufsichtsrechtliche Legal Judgment: Sachlicher Anwendungsbereich und prozedurale Voraussetzungen, in: Versicherungsrecht 2013, Seite 792-802 von der Linden, Klaus; Haftung für Fehler bei der Leitung der Hauptversammlung, in: Neue Zeitschrift für Gesellschaftsrecht 2013, Seite 208-212

Drinhausen, Florian/Marsch-Barner, Reinhard; Zur Rechtsstellung des Aufsichtsratsvorsitzenden als Leiter der Hauptversammlung einer börsennotierten Gesellschaft, in: Die Aktiengesellschaft 2014, Seite 757-769

Drygala, Tim/Gehling, Christian; Die nichtige Aufsichtsratswahl – Überlegungen zur rechtspolitischen Korrektur, in: Zeitschrift für Wirtschaftsrecht 2014, Seite 1235-1258

Drygala, Tim/Staake, Marco/Szalai, Stephan; Kapitalgesellschaftsrecht. Mit Grundzügen des Konzern- und Umwandlungsrechts, Berlin/Heidelberg, 2012

Eickhoff, Andreas; Die Praxis der Gesellschafterversammlung. Einberufung, Ablauf, Beschlussfassung in der GmbH und GmbH & Co. KG, 4. Auflage, Köln, 2006

Ensenbach, Kai; Das Stimmrecht des Gesellschafters bei seiner Abberufung als Geschäftsführer aus wichtigem Grund, in: GmbH-Rundschau 2016, Seite 8-14

Ernst, Wolfgang; Der Beschluss als Organakt, in: Häublein, Martin/ Utz, Stephen (Herausgeber), Rechtsgeschäft, Methodenlehre und darüber hinaus. Liber Amicorum für Detlev Leenen zum 70. Geburtstag am 4. August 2012, Berlin/Boston, 2012, Seite 1-42

Fischbach, Jonas; Die Haftung des Vorstands im Aktienkonzern, Baden-Baden, 2009

Fischer, Sebastian; Der Rechtsstreit über die Abberufung des GmbH-Geschäftsführers, in: Betriebs Berater 2013, Seite 2819-2827

Fischer, Stephan; Die Business Judgment Rule als typübergreifendes Institut, Berlin, 2018

Fleck, Hans-Joachim; Die Drittanstellung des GmbH-Geschäftsführers, in: Zeitschrift für das gesamte Handels- und Wirtschaftsrecht 1985, Seite 387-418

Fleck, Hans-Joachim; Zur Beweislast für pflichtwidriges Organhandeln, in: GmbH-Rundschau 1997, Seite 237-240

Fleischer, Holger; Aktuelle Entwicklungen der Managerhaftung, in: Neue Juristische Wochenschrift 2009, Seite 2337-2343

Fleischer, Holger; Das unternehmerische Ermessen des GmbH-Geschäftsführers und seine GmbH-spezifischen Grenzen, in: Neue Zeitschrift für Gesellschaftsrecht 2011, Seite 521-527

Fleischer, Holger; Haftungsfreistellung, Prozesskostenersatz und Versicherung für Vorstandsmitglieder – eine rechtsvergleichende Bestandsaufnahme zur Enthaftung des Managements –, in: Zeitschrift für Wirtschafts- und Bankrecht 2005, Seite 909-920

Fleischer, Holger; Rechtsrat und Organwalterhaftung im Gesellschafts- und Kapitalmarktrecht, in: Kindler, Peter/ Koch, Jens/ Ulmer, Peter/ Winter, Martin (Herausgeber), Festschrift für Uwe Hüffer zum 70. Geburtstag, München, 2010, Seite 187-203

Fleischer, Holger; Ruinöse Managerhaftung: Reaktionsmöglichkeiten de lege lata und de lege ferenda, in: Zeitschrift für Wirtschaftsrecht 2014, Seite 1305-1316

Fleischer, Holger; Zur GmbH-rechtlichen Verantwortlichkeit des faktischen Geschäftsführers, in: GmbH-Rundschau 2011, Seite 337-346

Fleischer, Holger; Zur (Nicht-)Anwendbarkeit des Freigabeverfahrens nach § 246a AktG im GmbH-Recht, in: Der Betrieb 2011, Seite 2132-2137

Fleischer, Holger/Goette, Wulf; Münchener Kommentar zum Gesetz betreffend die Gesellschaften mit beschränkter Haftung: GmbHG, Band 2: §§ 35-52, München, 3. Auflage 2019

Band 3: §§ 53-88, München, 3. Auflage 2018

(zitiert: *Bearbeiter*, in: MüKo-GmbHG)

Fleischer, Holger/Wedemann, Frauke; Zur sogenannten Annexkompetenz im GmbH- und Aktienrecht, in: GmbH-Rundschau 2010, Seite 449-457

Fluck, Bernd; Fehlerhafte Vereinsbeschlüsse, Tübingen, 2017

Gerauer, Laura; Die Dogmatik des Gesellschafterbeschlusses, Berlin, 2019

Goette, Wulf/Habersack, Mathias/Kalss, Susanne; Münchener Kommentar zum Aktiengesetz, Band 2: §§ 76-117, München, 5. Auflage 2019

Band 3: §§ 118-178, München, 4. Auflage 2018

(zitiert: *Bearbeiter*, in: MüKo-AktG)

Grigoleit, Hans Christoph; Aktiengesetz. Kommentar, München, 2. Auflage 2020

(zitiert: *Bearbeiter*, in: Grigoleit)

Grigoleit, Hans Christoph; Unentgeltliche Verträge und Gefälligkeitsverhältnisse, in: Versicherungsrecht 2018, Seite 769-789

Grunewald, Barbara; Die Abberufung von Gesellschaftergeschäftsführern in der GmbH, in: Lieb, Manfred/ Noack, Ulrich/ Westermann, Harm Peter (Herausgeber), Festschrift für Wolfgang Zöllner. Band I, Köln, 1998, Seite 177-190

Gsell, Beate/Krüger, Wolfgang/Lorenz, Stephan/Reymann, Christoph/Henssler, Martin; Beck-Online.Grosskommentar, München

(zitiert: *Bearbeiter*, in: BeckOGK, *Stand*)

Harbath, Stephan; Freigabeverfahren für strukturändernde Gesellschafterbeschlüsse in der GmbH. Zur entsprechenden Anwendung des neuen § 246a AktG im GmbH-Recht, in: GmbH-Rundschau 2005, Seite 966-971

Harnos, Rafael; Geschäftsleiterhaftung bei unklarer Rechtslage, Berlin, 2013

Harnos, Rafael; Protokollierung der Hauptversammlungsbeschlüsse in der kleinen Aktiengesellschaft, in: Die Aktiengesellschaft 2015, Seite 732-742

Heidel, Thomas; Aktienrecht und Kapitalmarktrecht, Baden-Baden, 5. Auflage 2020

(zitiert: *Bearbeiter*, in: Heidel)

Henssler, Martin/Strohn, Lutz; Gesellschaftsrecht, München, 5. Auflage 2021

(zitiert: *Bearbeiter*, in: Henssler/Strohn)

Herberger, Maximilian/Martinek, Michael/Rüßmann, Helmut/Weth, Stephan/Würdinger, Markus/Junker, Markus/Beckmann, Roland Michael/Rüßmann, Helmut; Juris Praxiskommentar BGB. Band 2 – Schuldrecht, Saarbrücken, 9. Auflage, Stand: 1.2.2020

(zitiert: *Bearbeiter*, in: jurisPK-BGB, Bd. 2)

Herchen, Hilke; Beschlussmängel im GmbH- und Personengesellschaftsrecht, in: Gesellschaftsrechtliche Vereinigung (Herausgeber), Gesellschaftsrecht in der Diskussion 2016, Köln, 2017, Seite 83-128

Hirte, Heribert/Mülbert, Peter O./Roth, Markus; Aktiengesetz: AktG. Großkommentar, Band 7/1: §§ 118-130, Berlin, 5. Auflage 2017

(zitiert: *Bearbeiter*, in: GK-AktG)

Hoffmann, Jochen; Zur Abgrenzung zwischen Nichtigkeit und Anfechtbarkeit bei Gesellschafterbeschlüssen in der GmbH, in: Neue Zeitschrift für Gesellschaftsrecht 1999, Seite 1173-1175

Hoffmann, Jochen/Köster, Jan; Beschlußfeststellung und Anfechtungsklageerfordernis im GmbH-Recht, in: GmbH-Rundschau 2003, Seite 1327-1336

Hölters, Wolfgang; Aktiengesetz. Kommentar, München, 3. Auflage 2017

(zitiert: *Bearbeiter*, in: Hölters)

Hüffer, Uwe; Aktiengesetz, München, 14. Auflage 2020

(zitiert: *Bearbeiter*, in: Hüffer/Koch)

Hügel, Stefan/Klepsch, Michael; Entlastung und Stimmverbot bei Personenidentität im Konzern, in: Neue Zeitschrift für Gesellschaftsrecht 2005, Seite 905-909

Ihrig, Hans-Christoph; Zur Entscheidungskompetenz der Hauptversammlung in Fragen der Versammlungsleitung, in: Habersack, Mathias/ Hommelhoff, Peter (Herausgeber), Festschrift für Wulf Goette zum 65. Geburtstag, München, 2011, Seite 205-218

Jansen, Ulrike; Stimmrechtsausschluss bei der GmbH. Eine Betrachtung der Rechtsfolgenseite, Hamburg, 2011

Kindler, Peter; Vorstands- und Geschäftsführerhaftung mit Augenmaß – Über einige neuere Grundsatzentscheidungen des II. Zivilsenats des BGH zu §§ 93 AktG und 43 GmbHG, in: Habersack, Mathias/ Hommelhoff, Peter (Herausgeber), Festschrift für Wulf Goette zum 65. Geburtstag, München, 2011, Seite 231-238

Kleemann, Marcel; Der Leiter der GmbH-Gesellschafterversammlung, Frankfurt a.M., 2013

Koch, Jens; Gutachten F zum 72. Deutschen Juristentag. Empfiehlt sich eine Reform des Beschlussmängelrechts im Gesellschaftsrecht?, München, 2018

Kocher, Dirk/Feigen, Jan Philipp; Hilfspersonen des Versammlungsleiters, in: Neue Zeitschrift für Gesellschaftsrecht 2015, Seite 620-623

Krieger, Gerd; Abwahl des satzungsmäßigen Versammlungsleiters?, in: Die Aktiengesellschaft 2006, Seite 355-363

Kubis, Dietmar; Geklärte und ungeklärte Fragen bei der Geschäftsführer-Abberufung aus wichtigem Grund, in: Hoffmann-Becking, Michael/ Hüffer, Uwe/ Reichert, Jochem (Herausgeber), Liber amicorum für Martin Winter, Köln, 2011, Seite 387-402

Lange, Frank-Holger; Der Leiter der GmbH-Gesellschafterversammlung, in: Neue Juristische Wochenschrift 2015, Seite 3190-3194

Langenbach, David Maximilian; Der Versammlungsleiter in der Aktiengesellschaft. Zurückweisungskompetenz – Abwahl – Haftung, Tübingen, 2018

Langheid, Theo/Wandt, Manfred; Münchener Kommentar zum Versicherungsvertragsgesetz, Band 3: Nebengesetze, München, 2. Auflage 2017

(zitiert: *Bearbeiter*, in: MüKo-VVG, Bd. 3)

Larenz, Karl; Lehrbuch des Schuldrechts. Band II. Halbband 1. Besonderer Teil, 13. Auflage, München, 1986

Lieder, Jan; Annexkompetenz der Gesellschafterversammlung, in: Neue Zeitschrift für Gesellschaftsrecht 2015, Seite 569-579

Lieder, Jan; Reform des gesellschaftsrechtlichen Beschlussmängelrechts. Eine Nachlese zum 72. Deutschen Juristentag 2018 in Leipzig, in: Neue Zeitschrift für Gesellschaftsrecht 2018, Seite 1321-1333

Link, Jan; Gesellschafterliste und gutgläubiger Erwerb von GmbH-Anteilen aus Sicht der Notarpraxis, in: Rheinische Notar-Zeitschrift 2009, Seite 193-221

Lochner, Daniel/Beneke, Moritz; Der Besondere Vertreter in Hauptversammlung und Prozess. Aktuelle Praxisfragen, in: Zeitschrift für Wirtschaftsrecht 2015, Seite 2010-2016

Lohr, Martin; Versammlungsleiter der GmbH-Gesellschafterversammlung. Bestellung und Aufgabenkreis, in: GmbH-Steuerberater 2020, Seite 304-306

Lorenz, Stephan; Grundwissen – Zivilrecht: Auftrag und Geschäftsbesorgung, in: Juristische Schulung 2012, Seite 6-9

Lorenz, Stephan; Grundwissen – Zivilrecht: Schadensarten bei der Pflichtverletzung (§ 280 II, III BGB), in: Juristische Schulung 2008, Seite 203-206

Lorenz, Stephan/Eichhorn, Veronika; Grundwissen – Zivilrecht: Unentgeltliche Rechtsgeschäfte, Juristische Schulung 2017, Seite 6-9

Lutter, Marcus; Die Business Judgment Rule und ihre praktische Anwendung, in: Zeitschrift für Wirtschaftsrecht 2007, Seite 841-848

Lutter, Marcus/Hommelhoff, Peter; GmbH-Gesetz, Köln, 20. Auflage 2020

(zitiert: *Bearbeiter*, in: Lutter/Hommelhoff)

Lutz, Reinhard; Der Gesellschafterstreit in der GbR, PartG, OHG, KG, GmbH & Co. KG und GmbH. Mit Mustern und Checklisten, München, 6. Auflage 2020

Marsch-Barner, Reinhard; Zu den Rechtsfolgen von Fehlern bei der Leitung der Hauptversammlung, in: Rheinische Notarkammer (Herausgeber), Festschrift für Günter Brambring zum 70. Geburtstag, München, 2011, Seite 267-282

Marsch-Barner, Reinhard/Schäfer, Frank A.; Handbuch börsennotierte AG. Aktien- und Kapitalmarktrecht, Köln, 4. Auflage 2018

(zitiert: *Bearbeiter*, in: HdB börsennotierte AG)

Mayer, Dieter; Aufwertung der Gesellschafterliste durch das MoMiG – Fluch oder Segen?, in: Zeitschrift für Wirtschaftsrecht 2009, Seite 1037-1051

Medicus, Dieter/Petersen, Jens; Bürgerliches Recht. Eine nach Anspruchsgrundlagen geordnete Darstellung zur Examensvorbereitung, München, 27. Auflage 2019

(zitiert: *Bearbeiter*, in: Medicus/Petersen)

Mehrbrey, Kim Lars; Handbuch Gesellschaftsrechtliche Streitigkeiten. Corporate Litigation, Köln, 3. Auflage 2020

Meuer, Björn; Keine Übertragbarkeit des aktienrechtlichen Freigabeverfahrens (§ 246a AktG) auf die GmbH, in: GmbH-Rundschau 2013, Seite 729-737

Meyer, Justus; Die GmbH und andere Handelsgesellschaften im Spiegel empirischer Forschung (I), in: GmbH-Rundschau 2002, Seite 177-189

Michalski, Lutz/Heidinger, Andreas/Leible, Stefan/Schmidt, Jessica; Kommentar zum Gesetz betreffend die Gesellschaften mit beschränkter Haftung (GmbH-Gesetz), Band 2: §§ 35-88 GmbHG, EGGmbHG, München, 3. Auflage 2017

(zitiert: *Bearbeiter*, in: Michalski)

Mülbert, Peter O.; Empfiehlt sich eine Reform des Beschlussmängelrechts im Gesellschaftsrecht?, in: Neue Juristische Wochenschrift 2018, Seite 2771-2775

Müller, Hans-Friedrich; Geschäftsleiterhaftung und Vertrauen auf fachkundigen Rat, in: Der Betrieb 2014, Seite 1301-1307

Müller-Glöge, Rudi/Preis, Ulrich/Schmidt, Ingrid; Erfurter Kommentar zum Arbeitsrecht, München, 21. Auflage 2021

(zitiert: *Bearbeiter*, in: ErfKomm)

Münnich, Lutz; Anmerkung zu BGH, Urt. v. 21.6.2010 – II ZR 230/08, in: GmbH-Rundschau 2010, Seite 979-980

Mutter, Stefan; Versammlungsleitung – nur noch was für Mutige?, in: Die Aktiengesellschaft 2013, R161

Niemz, Katharina; Der Versammlungsleiter im Aktienrecht, Berlin, 2020

Noack, Ulrich; Anmerkung zu BGH, Urt. v. 20.11.2018 – II ZR 12/17 in: Kommentierte BGH-Rechtsprechung Lindenmaier-Möhring 2019, 417112

Noack, Ulrich; Der Versammlungsleiter im GmbH-Recht, in: GmbH-Rundschau 2017, Seite 792-800

Noack, Ulrich; Zur vorläufigen Wirksamkeit angefochtener Gesellschafterbeschlüsse – Handlungen während der Schwebezeit, in: Der Betrieb 2014, Seite 1851-1857

Palandt, Otto; Bürgerliches Gesetzbuch: BGB, München, 80. Auflage 2021

(zitiert: *Bearbeiter*, in: Palandt)

Pelz, Christian; Die persönliche Haftung des Geschäftsführers einer GmbH, in: Rheinische Notar-Zeitschrift 2003, Seite 415-433

Penzlin, Inga; Anmerkung zu BGH, Urt. v. 21.6.2010 – II ZR 230/08, in: Entscheidungen zum Wirtschaftsrecht 2010, Seite 783-784

Pliquett, Sebastian; Die Haftung des Hauptversammlungsleiters, Frankfurt a.M., 2015

Poelzig, Dörte; Die Haftung des Leiters der Hauptversammlung – Grundlage, Grenzen und Durchsetzung der Haftung, in: Die Aktiengesellschaft 2015, Seite 476-488

Priester, Hans-Joachim/Mayer, Dieter/Wicke, Hartmut; Münchener Handbuch des Gesellschaftsrechts. Band 3. Gesellschaft mit beschränkter Haftung, München, 5. Auflage 2018

(zitiert: *Bearbeiter*, in: MüHdB-GesR, Bd. 3)

Römermann, Volker; Münchener Anwaltshandbuch GmbH-Recht, München, 4. Auflage 2018

(zitiert: *Bearbeiter*, in: MAH-GmbHR)

Rose, Michael; Anträge auf Abwahl des durch die Satzung bestimmten Versammlungsleiters, in: Neue Zeitschrift für Gesellschaftsrecht 2007, Seite 241-245

Röthel, Anne; Rechtsfolgen der Geschäftsführung ohne Auftrag, in: Juristische Ausbildung 2012, Seite 598-604

Rowedder, Heinz/Schmidt-Leithoff, Christian; Gesetz betreffend die Gesellschaften mit beschränkter Haftung: GmbHG. Kommentar, München, 6. Auflage 2017

(zitiert: *Bearbeiter*, in: Rowedder/Schmidt-Leithoff)

Rützel, Stefan; Die gesellschaftsrechtliche Beschlußfeststellungsklage, in: Zeitschrift für Wirtschaftsrecht 1996, Seite 1961-1968

Säcker, Franz Jürgen/Rixecker, Roland/Oetker, Hartmut/Limperg, Bettina; Münchener Kommentar zum Bürgerlichen Gesetzbuch, Band 1: §§ 1-240, AllgPersönlR, ProstG, AGG, München, 8. Auflage 2018

Band 2: §§ 241-310, München, 8. Auflage 2019

Band 3: §§ 311-432, München, 8. Auflage 2019

Band 5: §§ 535-630h, BetrKV, HeizkostenV, WärmeLV, EFZG, TzBfG, KSchG, MiLoG, 8. Auflage 2020

Band 6: §§ 631-704, München, 8. Auflage 2020

Band 7: §§ 705-853, Partnerschaftsgesellschaftsgesetz, Produkthaftungsgesetz, München, 8. Auflage 2020

(zitiert: *Bearbeiter*, in: MüKo-BGB)

Saenger, Ingo/Inhester, Michael; GmbHG. Handkommentar, Baden-Baden, 4. Auflage 2020

(zitiert: *Bearbeiter*, in: Saenger/Inhester)

Sauerwald, Matthias; Der Versammlungsleiter im Aktienrecht, Baden-Baden, 2018

Schäfer, Carsten; Die Binnenhaftung von Vorstand und Aufsichtsrat nach der Renovierung durch das UMAG, in: Zeitschrift für Wirtschaftsrecht 2005, Seite 1253-1259

Schmidt, Karsten; Die Behandlung treuwidriger Stimmen in der Gesellschafterversammlung und im Prozeß. Bemerkungen zum „Cats"-Urteil des Hanseatischen OLG Hamburg, in: GmbH-Rundschau 1992, Seite 9-14

Schmidt, Karsten; Stimmrechtsausschluss bei der Beschlussfassung über die Abberufung aus wichtigem Grund, in: GmbH-Rundschau 2017, Seite 670-673

Schneider, Sven H.; Unternehmerische Entscheidungen als Anwendungsvoraussetzung für die Business Judgment Rule, in: Der Betrieb 2005, Seite 707-712

Schneider, Uwe H.; Haftungsmilderung für Vorstandsmitglieder und Geschäftsführer bei fehlerhafter Unternehmensleitung?, in: Hadding, Walther/ Immenga, Ulrich/ Mertens, Hans-Joachim/ Pleyer, Klemens/ Schneider, Uwe

H. (Herausgeber), Festschrift für Winfried Werner zum 65. Geburtstag am 17. Oktober 1984, Berlin, 1984, Seite 795-815

Scholz, Franz; GmbHG, Band 2: §§ 35-52, Köln, 12. Auflage 2021 Band 3: §§ 53-88, Köln, 12. Auflage 2020

(zitiert: *Bearbeiter*, in: Scholz)

GmbHG, Band 2: §§ 35-52, Köln, 11. Auflage 2013

(zitiert: *Bearbeiter*, in: Scholz, Bd. 2, 11. Aufl. 2013)

Scholz, Kai-Steffen; Die Versammlungsleitung in Personengesellschaften, in: Bernreuther, Jörn/ Freitag, Robert/ Leible, Stefan/ Sippel, Harald/ Wintzek, Ulrich (Herausgeber), Festschrift für Ulrich Spellenberg zum 70. Geburtstag, München, 2010, Seite 51-66

Schüppen, Matthias/Schaub, Bernhard; Münchener Anwaltshandbuch Aktienrecht, München, 3. Auflage 2018

(zitiert: *Bearbeiter*, in: MAH-AktR)

Schulze, Reiner; Bürgerliches Gesetzbuch. Handkommentar, Baden-Baden, 10. Auflage 2019

(zitiert: *Bearbeiter*, in: Schulze)

Schürnbrand, Jan; Organschaft im Recht der privaten Verbände, Tübingen, 2007

Schürnbrand, Jan; Rechtsstellung und Verantwortlichkeit des Leiters der Hauptversammlung, in: Neue Zeitschrift für Gesellschaftsrecht 2014, Seite 1211-1213

Schwerdtner, Peter; Geschäftsführung ohne Auftrag, in: Juristische Ausbildung 1992, Seite 593-599

Soergel, Hans-Theodor/Siebert, Wolfgang; Bürgerliches Gesetzbuch mit Einführungsgesetz und Nebengesetzen (BGB), Band 1: §§ 1-103, Stuttgart, 13. Auflage 2000

(zitiert: *Bearbeiter*, in: Soergel)

Spindler, Gerald/Stilz, Eberhard; Kommentar zum Aktiengesetz, Band 1: §§ 1-149, München, 4. Auflage 2019

(zitiert: *Bearbeiter*, in: Spindler/Stilz)

von Staudinger, Julius; BGB: Kommentar zum Bürgerlichen Gesetzbuch mit Einführungsgesetz und Nebengesetzen, Buch 2: §§ 255-304, Berlin, Neubearbeitung 2019

Buch 2: §§ 611-613, Berlin, 16. Auflage 2020

Buch 2: §§ 662-675b, Berlin, 16. Auflage 2017

(zitiert: *Bearbeiter*, in: Staudinger)

Stürner, Rolf; Bürgerliches Gesetzbuch: BGB mit Rom-I-, Rom-II-VO, Rom-III-VO, EUUnthVO/HUntProt und EuErbVO, München, 18. Auflage 2021

(zitiert: *Bearbeiter*, in: Jauernig)

Sudhoff, Heinrich; Rechte und Pflichten des Geschäftsführers einer GmbH und einer GmbH & Co., Köln, 14. Auflage 1994

Theusinger, Ingo/Schilha, Ralph; Die Leitung der Hauptversammlung – eine Aufgabe frei von Haftungsrisiken? Zugleich Besprechung des Urteils des LG Ravensburg vom 8.5.2014 - 7 O 51/13 KfH 1, in: Betriebs Berater 2015, Seite 131-141

Tiedtke, Klaus/Schmitt, Marco; Der Anwendungsbereich des kaufrechtlichen Schadensersatzes statt der Leistung nach §§ 437 Nr. 3, 280 Abs. 1 und 3, 281 Abs. 1 BGB. Anwendungsbereich, Abgrenzung und Bezugspunkt des Vertretenmüssens, in: Betriebs Berater 2005, Seite 615-624

Ulmer, Peter; Begründung von Rechten für Dritte in der Satzung einer GmbH?, in: Hadding, Walther/ Immenga, Ulrich/ Mertens, Hans-Joachim/ Pleyer, Klemens/ Schneider, Uwe H. (Herausgeber), Festschrift für Winfried Werner zum 65. Geburtstag am 17. Oktober 1984, Berlin, 1984, Seite 911-931

Ulmer, Peter; Der Zölibats-Geschäftsführer, in: Grundmann, Stefan/ Kirchner, Christian/ Raiser, Thomas/ Schwintowski, Hans-Peter/ Weber, Martin/ Windbichler, Christine (Herausgeber), Unternehmensrecht zu Beginn des 21. Jahrhunderts. Festschrift für Eberhard Schwark zum 70. Geburtstag, München, 2009, Seite 271-283

Ulmer, Peter; Nochmals: Begründung von Rechten für Dritte in der Satzung einer GmbH?, in: Wank, Rudolf/ Hirte, Heribert/ Frey, Kaspar/ Fleischer, Holger/ Thüsing, Gregor (Herausgeber), Festschrift für Herbert Wiedemann zum 70. Geburtstag, München, 2002, Seite 1297-1322

Ulmer, Peter (bis 2. Auflage)/Habersack, Mathias/Casper, Matthias (ab 3. Auflage)/Löbbe, Marc; Gesetz betreffend die Gesellschaften mit beschränkter Haftung (GmbHG). Großkommentar, Band 2: §§ 29-52 GmbHG, Tübingen, 3. Auflage 2020

Band 3: §§ 53-88, Tübingen, 2. Auflage 2016

(zitiert: *Bearbeiter*, in: GK-GmbHG)

Verse, Dirk A.; Organhaftung bei unklarer Rechtslage – Raum für eine Legal Judgment Rule?, in: Zeitschrift für Unternehmens- und Gesellschaftsrecht 2017, Seite 174-195

Vetter, Eberhard; Unternehmensexterne als Versammlungsleiter der Hauptversammlung, in: Drescher, Meinrad/ Drescher, Ingo/ Mülbert, Peter O./ Verse, Dirk A. (Herausgeber), Festschrift für Alfred Bergmann zum 65. Geburtstag am 13. Juli 2018, Berlin/Boston, 2018, Seite 799-825

Vorwerk, Volkert/Wolf, Christian; BeckOK ZPO, München, 39. Edition, Stand: 1.12.2020

(zitiert: *Bearbeiter*, in: BeckOK-ZPO)

Wardenbach, Frank; Anmerkung zu LG Ravensburg, Urt. v. 8.5.2014 – 7 O 51/13, in: Gesellschaftsrecht und Wirtschaftsrecht 2014, Seite 503

Werner, Rüdiger; Abberufung des Gesellschafter-Geschäftsführers aus wichtigem Grund, in: GmbH-Rundschau 2015, Seite 1185-1190

Werner, Rüdiger; Das Beschlussfeststellungsrecht des Versammlungsleiters, in: GmbH-Rundschau 2006, Seite 127-132

Werner, Rüdiger; Die Haftung des Versammlungsleiters bei der Beschlussfeststellung, in: GmbH-Rundschau 2020, Seite 1168-1173

Wertenbruch, Johannes; Wahl und Feststellungskompetenz des Versammlungsleiters der GmbH-Gesellschafterversammlung, in: GmbH-Rundschau 2020, Seite 875-883

Wicke, Hartmut; Fallstricke bei der Einberufung und Durchführung von Gesellschafterversammlungen, in: notar 2017, Seite 235-245

Wiester, Roland; Die Durchführung von Gesellschafterversammlungen bei der zerstrittenen Zweipersonen-GmbH, GmbH-Rundschau 2008, Seite 189-195

Wilsing, Hans-Ulrich/von der Linden, Klaus; Hauptversammlungsleitung durch einen Unternehmensfremden. Aktienrechtliche Spielräume und Zweckmäßigkeitsüberlegungen bei der Bestimmung der Person des Versammlungsleiters, in: Zeitschrift für Wirtschaftsrecht 2009, Seite 641-651

Ziemons, Hildegard/Jaeger, Carsten/Pöschke, Moritz; BeckOK GmbHG, München, 46. Edition, Stand: 1.11.2020

(zitiert: *Bearbeiter*, in: BeckOK-GmbHG)

Zöllner, Wolfgang; Beschluß, Beschlußergebnis und Beschlußergebnisfeststellung – Ein Beitrag zu Theorie und Dogmatik des Beschlußrechts –, in: Schneider, Uwe H./ Hommelhoff, Peter/ Schmidt, Karsten/ Timm, Wolfram/ Grunewald, Barbara/ Drygala, Tim (Herausgeber), Festschrift für Marcus Lutter zum 70. Geburtstag: Deutsches und europäisches Gesellschafts-, Konzern- und Kapitalmarktrecht, Köln, 2000, Seite 821-831

Abkürzungsverzeichnis

a.A.	andere Ansicht
Abs.	Absatz
a.E.	am Ende
AG	Aktiengesellschaft/ Die Aktiengesellschaft (Zeitschrift)
AktG	Aktiengesetz
AktR	Aktienrecht
Alt.	Alternative
Anh.	Anhang
Aufl.	Auflage
BayObLG	Bayerisches Oberlandesgericht
BB	Betriebs Berater
Bd.	Band
BeckOGK	beck-online.Grosskommentar
BeckOK	Beck'sche Online-Kommentare
BeckRS	Beck-Rechtsprechung
Beschl.	Beschluss
BGB	Bürgerliches Gesetzbuch
BGBl.	Bundesgesetzblatt
BGH	Bundesgerichtshof
BGHZ	Entscheidungen des Bundesgerichtshofs in Zivilsachen
Bsp.	Beispiel
BT-Drs.	Bundestagsdrucksache
BVerfG	Bundesverfassungsgericht
bzw.	beziehungsweise
DB	Der Betrieb
ders.	derselbe
d.h.	das heißt
DNotZ	Deutsche Notar-Zeitschrift
D&O-Versicherung	Directors-and- Officers-Versicherung
DrittelbG	Gesetz über die Drittelbeteiligung der Arbeitnehmer im Aufsichtsrat
Einl.	Einleitung
ErfKomm	Erfurter Kommentar zum Arbeitsrecht
etc.	et cetera
EWiR	Entscheidungen zum Wirtschaftsrecht

f.	folgende(r/s)
FamFG	Gesetz über das Verfahren in Familiensachen und in den Angelegenheiten der freiwilligen Gerichtsbarkeit
ff.	fortfolgende
Fn.	Fußnote
FS	Festschrift
GesR	Gesellschaftsrecht
GI	Gerling Informationen für wirtschaftsprüfende, rechts- und steuerberatende Berufe
GK	Großkommentar
GmbH	Gesellschaft mit beschränkter Haftung
GmbHG	Gesetz betreffend die Gesellschaften mit beschränkter Haftung
GmbHR	GmbH-Recht/ GmbH-Rundschau (Zeitschrift)
GmbH-StB	GmbH-Steuerberater
GRUR	Gewerblicher Rechtsschutz und Urheberrecht
GWR	Gesellschafts- und Wirtschaftsrecht
HdB	Handburch
HGB	Handelsgesetzbuch
Hinweisbeschl.	Hinweisbeschluss
h.M.	herrschende Meinung
Hs.	Halbsatz
i.S.v.	im Sinne von
i.V.m.	in Verbindung mit
JA	Juristische Arbeitsblätter
Jura	Juristische Ausbildung
jurisPK	juris PraxisKommentar
JuS	Juristische Schulung
Kap.	Kapitel
KG	Kammergericht/ Kommanditgesellschaft
LG	Landgericht
LMK	Kommentierte BGH-Rechtsprechung Lindenmaier-Möhring
MAH	Münchener Anwaltshandbuch
MitbestG	Mitbestimmungsgesetz
MoMiG	Gesetz zur Modernisierung des GmbH-Rechts und zur Bekämpfung von Missbräuchen
MüHdB	Münchener Handbuch
MüKo	Münchener Kommentar
m.w.N.	mit weiteren Nachweisen
NJW	Neue Juristische Wochenschrift

NJW-RR	Neue Juristische Wochenschrift – Rechtsprechungs-Report
NJW-Spezial	Neue Juristische Wochenschrift Spezial
Nr.	Nummer
NZG	Neue Zeitschrift für Gesellschaftsrecht
OLG	Oberlandesgericht
RNotZ	Rheinische Notar-Zeitschrift
Rn.	Randnummer
S.	Satz/ Seite
SchuldR	Schuldrecht
sog.	sogenannte(r/s)
StGB	Strafgesetzbuch
u.a.	unter anderem
UmwG	Umwandlungsgesetz
Urt.	Urteil
v.	vom
VersR	Versicherungsrecht
vgl.	vergleiche
VVG	Gesetz über den Versicherungsvertrag
WM	Zeitschrift für Wirtschafts- und Bankrecht
z.B.	zum Beispiel
ZGR	Zeitschrift für Unternehmens- und Gesellschaftsrecht
ZHR	Zeitschrift für das gesamte Handels- und Wirtschaftsrecht
Ziff.	Ziffer
ZIP	Zeitschrift für Wirtschaftsrecht
ZPO	Zivilprozessordnung

www.ingramcontent.com/pod-product-compliance
Ingram Content Group UK Ltd.
Pitfield, Milton Keynes, MK11 3LW, UK
UKHW021934290926
8980IPUK00016B/1615

9 783631 876640